面向"十三五"理实一体化系列规划教材·汽车类

U0711141

汽油发动机电控系统检修

主　编　刘新宇　曹彦杰　陈　强

副主编　赵力宁　魏　丽　陈　猛

参　编　栾琪文　张绍文　胡福祥

主　审　王永浩

北京理工大学出版社

BEIJING INSTITUTE OF TECHNOLOGY PRESS

内 容 简 介

本书通过对汽修企业典型工作任务的教学化处理，以项目引领、任务驱动方式组织教学内容，按照学生的认知规律，从易到难、从简单到复杂、从单一到综合组织各工作任务。

全书由 8 个项目组成，主要内容为发动机电控技术概述、电控汽油机空气供给系统故障检修、电控汽油机怠速控制系统故障检修、电控汽油机进气控制系统故障检修、电控汽油机燃油供给系统故障检修、电控汽油机点火系统故障检修、电控汽油机排放控制系统故障检修、电控汽油机常见故障诊断。在项目实施过程中，强调"理实一体化""教、学、做一体化"，以提升学生的实际应用能力。

本书内容丰富，实用性强，既适合作为高职高专院校、高级技工院校和技师学院汽车专业的理实一体化教材，也可以作为汽车维修专业技术人员的培训教材和参考用书。

图书在版编目（CIP）数据

汽油发动机电控系统检修 / 刘新宇，曹彦杰，陈强主编 . —北京：北京理工大学出版社，2019.8 重印

ISBN 978 - 7 - 5682 - 3642 - 3

Ⅰ. ①汽…　Ⅱ. ①刘…②曹…③陈…　Ⅲ. ①汽车 - 发动机 - 电气控制系统 - 车辆修理　Ⅳ. ①U472.43

中国版本图书馆 CIP 数据核字（2017）第 020381 号

出版发行 / 北京理工大学出版社有限责任公司

社　　址 / 北京市海淀区中关村南大街 5 号

邮　　编 / 100081

电　　话 / （010）68914775（总编室）

　　　　　　（010）82562903（教材售后服务热线）

　　　　　　（010）68948351（其他图书服务热线）

网　　址 / http：//www. bitpress. com. cn

经　　销 / 全国各地新华书店

印　　刷 / 北京国马印刷厂

开　　本 / 787 毫米 × 1092 毫米　1/16

印　　张 / 19.5　　　　　　　　　　　　　　　责任编辑 / 陈莉华

字　　数 / 455 千字　　　　　　　　　　　　　文案编辑 / 陈莉华

版　　次 / 2019 年 8 月第 1 版　第 4 次印刷　　责任校对 / 周瑞红

定　　价 / 49.80 元　　　　　　　　　　　　　责任印制 / 马振武

前 言

PREFACE

随着汽车电子技术的发展和日趋完善，汽车汽油发动机电控技术已达到较高水平，传统的维修理念和维修方法已经无法适应现代汽车汽油发动机电控系统检修的需求，这就要求汽车维修人员必须掌握先进的汽车汽油发动机电控系统的检修技术。

本教材的编写立足于高职教育层次，紧紧围绕着素质技能型人才的培养目标，根据汽车机电维修工岗位的职业能力与素质要求，以及国家职业资格标准对汽车维修高级工专业知识和能力的要求，以发动机电控系统典型故障检修的工作过程为导向，以学生为主体，以职业能力培养为中心，按照由简单到复杂、单一到综合的方式序化工作任务，符合学生认知规律，突出职业能力培养。

通过"汽油发动机电控系统检修"课程的学习，使学生具有对汽油发动机电控系统基本结构、基本原理的认知能力；具有利用现代诊断和检测设备进行发动机电控系统故障诊断、故障分析、零部件检测及维修更换等专业能力；具有环保意识、质量意识及与人沟通协作能力；具有查阅相关维修技术资料获取发动机电控系统检修基本信息的能力。能独立或与人合作完成汽油发动机电控系统检修的任务。

本教材具有以下特点：

（1）以汽车维修企业需求为依据，以学生就业为导向，合理安排教学内容；

（2）介绍了汽车电控发动机的新知识、新技术、新方法和新工艺，紧跟现代汽车维修行业发展的步伐；

（3）以培养学生实际操作能力为重点，培养学生掌握汽车汽油发动机电控系统的检修能力，突出实用性。

本教材内容丰富，实用性强，既适合作为高职高专类院校、高级技工院校和技师学院汽车专业的理实一体化教材，也可作为汽车维修专业技术人员的培训教材和参考书。

本教材共分 8 个项目，由烟台汽车工程职业学院刘新宇、曹彦杰、陈强主编。各部分的编写分工如下：项目二、项目三由烟台汽车工程职业学院刘新宇编写；项目一、项目五由烟台汽车工程职业学院曹彦杰编写；项目四由山东理工职业学院陈强编写；项目八由烟台汽车工程职业学院赵力宁编写；项目六由烟台汽车工程职业学院魏丽编写；项目七由山东服装职业学院陈猛编写。

在本教材编写过程中得到了相关单位领导和技术人员的大力支持，现任济南工程职业技术学院胡福祥老师，现任烟台市首席技师、烟台市机动车维修行业协会秘书长的烟台福利莱汽修总经理栾琪文，烟台东岳汽车有限公司生产制造工程师张绍文等人多年从事汽车维修、制造工作，具有丰富的实践经验。他们积极参与教材的研讨、编写，强化了教材质量。在此向所有参考资料的作者及支持本书编写的同志们致以衷心的感谢。

由于编者水平有限，书中难免有疏漏和不当之处，恳请使用本书的广大师生、业界专家批评指正。

编　者

目 录
·········· C O N T E N T S ··········

目
录

项目一

发动机电控技术概述

🏁 知识目标

- 了解汽车电子技术的发展过程。
- 掌握发动机电控系统的构成。
- 掌握发动机电控系统的控制内容。
- 掌握电控燃油喷射系统的组成。
- 了解电控燃油喷射系统的类型、特点。
- 熟悉常用汽车故障诊断检测工具及仪器。
- 掌握故障诊断的一般流程和排除方法。

🏁 能力目标

- 能够正确识别汽油发动机电控燃油喷射系统各主要部件。
- 能够正确使用汽车故障诊断检测工具及仪器。

项目概述 ✏️

自第一辆汽车问世以来，汽车发展已经经历了100多年，随着汽车技术和电子技术的发展，汽车电子技术也得到了迅速的发展，它已经成为一个国家汽车工业发展水平的标志。随着科学技术的进步，人们对汽车使用的要求进一步提高，21世纪的汽车控制技术将进入以电子控制技术为基础的智能化控制时代，智能化控制技术将把汽车的综合性能推上新的技术高度。本项目设置了3个学习任务，任务内容如下：

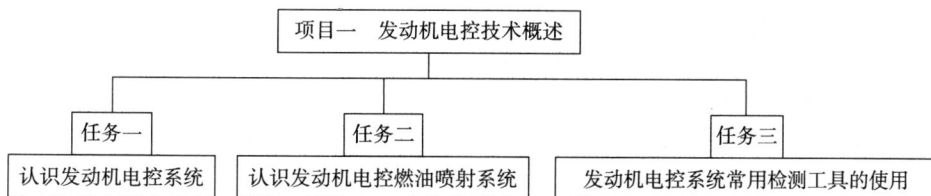

```
                    项目一  发动机电控技术概述
            ┌──────────────────┼──────────────────────┐
          任务一              任务二                  任务三
      认识发动机电控系统  认识发动机电控燃油喷射系统  发动机电控系统常用检测工具的使用
```

项目一 发动机电控技术概述

任务一　认识发动机电控系统

在本学习任务中要掌握以下知识：
(1) 汽车电子技术的发展过程。
(2) 发动机电控系统的构成。
(3) 发动机电控系统的控制内容。

相关知识

（一）汽车电子技术的发展过程

汽车电子技术的发展及其大规模地应用是从 20 世纪 70 年代末开始的，从 20 世纪 70 年代到 80 年代，大致经历了 3 个发展阶段。

第一个发展阶段为 1971 年以前，开始生产技术起点较低的交流发电机、电压调节器、电子闪光器、电子喇叭、间歇刮水装置、汽车收音机、电子点火装置和数字钟等。

第二个发展阶段为 1974—1982 年，以集成电路和 16 位以下的微处理器在汽车上的应用为标志。主要包括电子燃油喷射、自动门锁、声控驾驶、高速警告系统、自动灯光系统、自动除霜控制、防抱死系统、车辆导向、撞车预警传感器、电子正时、电子变速器、闭环排气控制、自动巡航控制、防盗系统、实车故障诊断等电子产品。这期间最具代表性的是电子汽油喷射技术的发展和防抱死（ABS）技术的成熟，使汽车的主要机械功能用电子技术来控制。但是，在此阶段机械与电器的连接并不十分理想。

第三个发展阶段为 1982—1990 年，微电脑在汽车上的应用日趋可靠和成熟，并向智能化方向发展。开发的技术或产品有胎压控制、数字式油压计、防睡器、牵引力控制、全轮转向控制、直视仪表板、声音合成与识别器、电子负荷调节器、电子道路监视器、蜂窝式电话、可热式挡风玻璃、倒车示警、高速限制器、自动后视镜系统、道路状况指示器、电子冷却控制和寄生功率控制等。

从 2005 年开始，可以说进入了汽车电子技术的第四个发展阶段。微波系统、多路传输系统、ASKS - 32 位微处理器、数字信号处理方式的应用，使通信与导向协调系统、自动防撞系统、动力最优化系统、自动驾驶与电子地图技术进入智能化阶段。

汽车电子化是现代汽车发展的重要标志。从现代汽车上所使用的电子设备的价格比例看，欧美汽车上所用的电子设备的价格已占到整车价格的 15% ~ 20%，而我国生产的汽车，目前所用的电子设备的价格只占到整车价格的 2.5%。从世界汽车电子市场的销售来看，1991 年，每辆汽车平均消耗电子产品的费用只占到整车的 10%，1998 年则接近 15%，而 2003 年已经提高到 20%，某些车型则更高。现代汽车电子技术的应用不仅提高了汽车的动力性、经济性和安全性，改善了汽车行驶的稳定性和舒适性，推动了汽车产业的发展，而且还为电子产品开拓了更加广阔的市场，从而推动了电子产业的发展。作为汽车产业和电子产业结合的产物，汽车电子产业的发展已经驶上了快车道。

（二）发动机电控系统的构成

现代汽油发动机电控系统尽管种类繁多，但作为一个控制系统，它们具有与其他电子控制系统相同的三个基本组成部分：传感器、电控单元（Electronic Control Unit，ECU）和执行器。汽油发动机电控系统的构成如图1-1所示。

传感器是电控系统获取外部信息的感受器。其作用是将反应发动机运行工况的机械动作、热状态等物理量，转换成相应的模拟或数字电信号，并输送给电控单元。每个传感器都是一个完整的测量装置，它们获取的各种信息，是电控系统做出各种控制决策的依据，如果没有这些传感器，电控单元就无法实现对发动机进行有效可靠的控制。一般而言，控制功能越多、控制内容越复杂、控制精度越高，所需传感器的数量就越多。

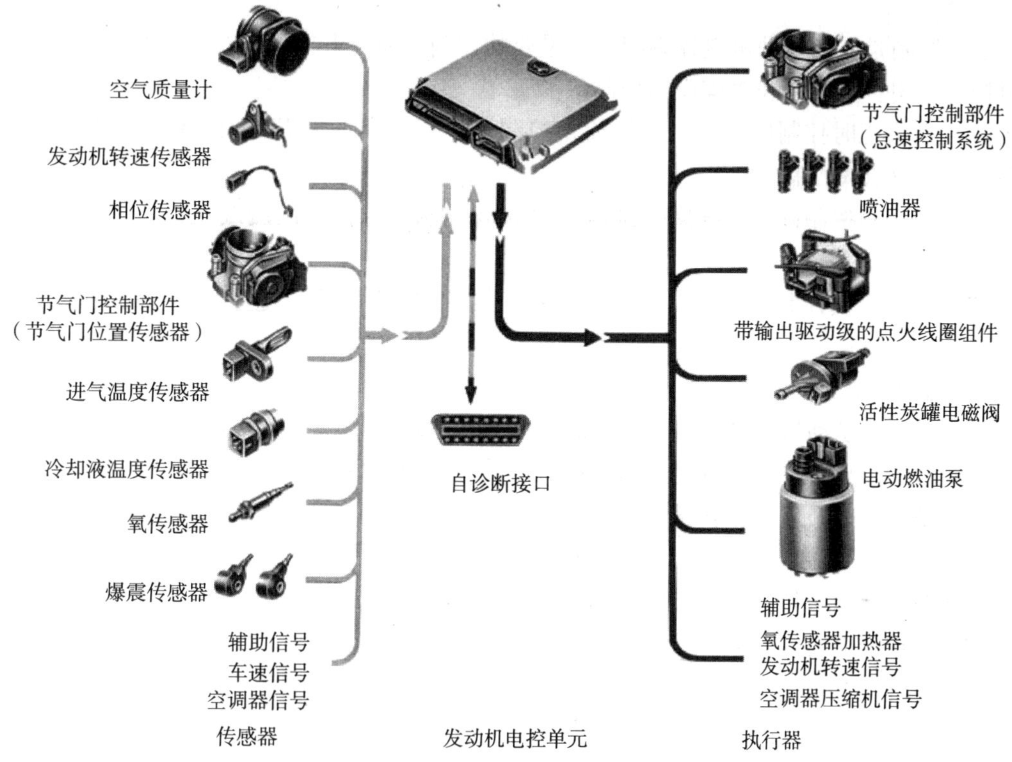

图1-1　汽油发动机电控系统的构成

电控单元（ECU）是电控系统的核心，它的主要任务是：向各种传感器提供它们所需的基准电压；接受传感器或其他装置输入的信号；储存输入的信息，运用内部已有的程序对输入信息进行运算分析，输出执行命令；根据发动机性能的变化，对预置值进行自动修正；将输入信息与设定的阈值进行比较，如果发现数据异常，确定故障位置，并把故障信息储存在存储器中。

执行器是电控系统完成控制功能的电气装置。它们的作用是在电控单元控制下，完成特定控制内容。在汽油发动机电控系统中，ECU一般通过对执行元件电磁线圈搭铁回路的控制，实现对执行元件机械动作或者事件的控制。

（三）发动机电控系统的控制内容

1. 汽油喷射控制

汽油喷射控制是汽油发动机电控系统最主要的控制功能，汽油喷射控制的主要内容包括喷油正时控制、喷油持续时间控制、停油控制和电动汽油泵控制等。

（1）喷油正时控制即喷油开始时刻控制，包括由曲轴转角位置触发的同步喷射控制和由发动机运行过程特定事件触发的异步喷射控制两种方式。

（2）喷油持续时间控制也就是喷油量的控制，包括发动机起动时的喷油持续时间控制和发动机起动后的喷油持续时间控制。

（3）停油控制包括减速停油控制、超速停油控制及停油后的恢复供油控制。

（4）电动汽油泵控制包括发动机起动前电动汽油泵的预运转控制、发动机正常运转时和发动机停机时电动汽油泵运转控制。

2. 点火控制

点火控制是汽油发动机电控系统一个重要的控制功能。电控系统对点火的控制包括点火正时控制、闭合角控制和爆震反馈控制。

（1）点火正时控制即最佳点火提前角控制，包括基本点火提前角的确定、基本点火提前角的修正及点火控制。

（2）闭合角控制即点火线圈一次侧通电时间控制，包括一次侧线圈接通时间的确定和通过电流的控制。

（3）爆震反馈控制是汽油发动机电控系统特有的控制功能，包括爆震检测和点火正时反馈修正。

3. 怠速控制

怠速控制是发动机辅助控制系统，其功能是在发动机怠速工况下，根据发动机冷却液温度、空调压缩机是否工作、变速器是否挂入挡位等，通过怠速控制阀对发动机的进气量进行控制，使发动机以最佳怠速转速运转。

4. 排气净化控制

排气净化控制包括基于氧传感器的空燃比反馈控制、废气再循环控制、活性炭罐电磁阀控制、二次控制喷射控制等。

（1）基于氧传感器的空燃比反馈控制：当汽油发动机在空燃比闭环控制工况区域运行时，ECU根据氧传感器的反馈信号，对喷油持续时间进行修正，把空燃比精确控制在14.7:1附近。

（2）废气再循环控制：在采用废气再循环控制的汽油发动机中，电控系统根据发动机的运行工况，通过真空电磁阀或比例电磁阀，控制废气再循环阀的开闭及开度，控制废气再循环过程，调整再循环的废气量。

（3）活性炭罐电磁阀控制：电控系统通过控制活性炭罐电磁阀，定时把新鲜空气引入活性炭罐，对活性炭层进行清洗。

（4）二次空气喷射控制：在采用二次空气喷射装置的汽油发动机中，电控系统根据发动机的运行工况及工作温度，控制二次空气喷射装置，把新鲜的空气喷入排气歧管或三元催化转换器。

5. 进气控制

进气控制是根据发动机转速和负荷的变化，对发动机的进气进行控制，以提高发动机的充气效率，从而改善发动机动力性。包括进气谐振增压控制、配气正时控制、涡轮增压控制等。

6. 故障自诊断系统

故障自诊断系统是汽油发动机电控系统中一个相对独立的系统，电控单元ECU都设有自诊断系统，对传感器、中央处理器、执行器及重要装置工作状态进行检测。当ECU检测到来自传感器或输送给执行元件的故障信号时，立即点亮仪表板上的故障指示灯，以提示驾驶人发动机有故障；同时，系统将故障信息以设定的故障码形式存储在存储器中，以便帮助维修人员确定故障类型和范围。对车辆进行维修时，维修人员可调取故障码。故障排除后，必须清除故障码，以免与新的故障信息混淆，给故障诊断带来困难。

7. 失效保护系统及应急备用系统

（1）失效保护系统的功能主要是当传感器或传感器电路发生故障时，控制系统自动按电脑中预先设定的参考信号值工作，以便发动机能继续运转。如冷却液温度传感器电路有故障时，失效保护系统将自动按设定的标准冷却液温度信号（80 ℃）控制发动机工作。

（2）应急备用系统的功能是当系统电脑发生故障时，自动启用备用系统，按设定的信号控制发动机转入强制运转状态，以防止车辆停驶在路途中，应急备用系统只能维持发动机运转的基本功能，不能保证发动机具有最佳性能。

⚙ 任务二 认识发动机电控燃油喷射系统

在本学习任务中要掌握以下知识：
（1）电控燃油喷射系统的组成。
（2）电控燃油喷射系统的分类。
（3）电控燃油喷射系统的优点。

相关知识

（一）电控燃油喷射系统的组成

汽车发动机电控燃油喷射系统由空气供给系统、燃油供给系统和电子控制系统三部分组成。

（1）空气供给系统的主要功用是为发动机提供形成可燃混合气所必需的清洁空气并控制发动机正常工作时的进气量。主要包括空气滤清器、空气流量传感器（进气压力传感器）、节气门体、节气门位置传感器、怠速控制阀、进气总管、进气歧管等，如图 1-2 所示。

（2）燃油供给系统的主要功用是向发动机提供燃烧时所需要的清洁汽油，主要由汽油箱、汽油泵、燃油滤清器、燃油压力调节器、燃油分配管、喷油器、活性炭罐、活性炭罐电

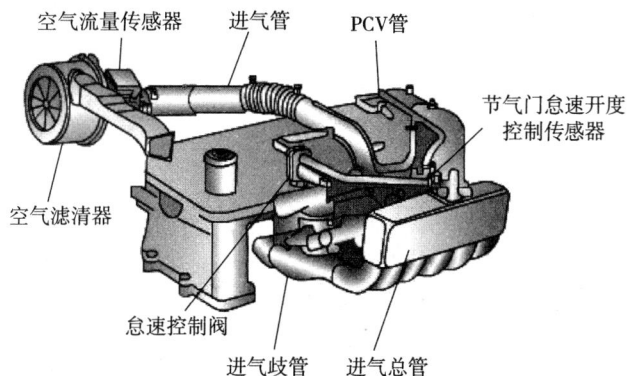

图 1-2 空气供给系统

磁阀、冷起动喷油器、燃油脉动阻尼器等组成，如图1-3所示。

（3）电子控制系统由传感器、电控单元ECU（Electronic Control Unit）、执行器等组成。ECU通过各种传感器（包括温度传感器、进气压力传感器、空气流量传感器、曲轴位置传感器、氧传感器、爆震传感器等）收集发动机的各部分工作状态信息，由负责传输的线路发送至ECU。在ECU接收了这些信号之后，就会对各种信号进行分析，便会得知发动机各部件的工作状态、运作情况的信息，然后根据事先设定的程序自动运算，继而发送指令到执行元件，命令执行元件工作，包括燃油喷射控制、点火控制、废气再循环控制、怠速等。其电控单元ECU外观结构如图1-4所示。

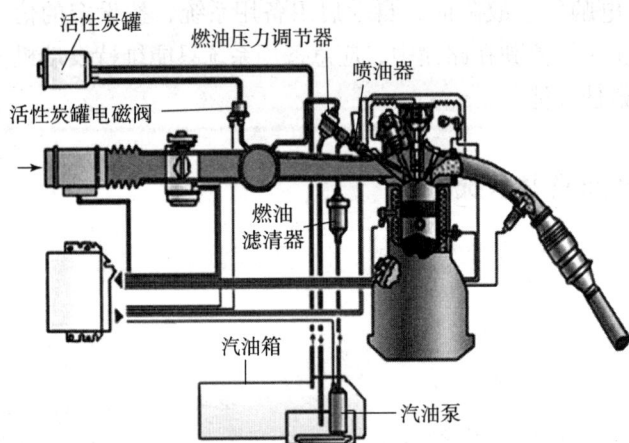

图1-3 燃油供给系统的总体结构   图1-4 ECU外观

发动机工作状态是一个闭环控制，通过固定的程序（不同工况下的空燃比以及点火正时）设定好发动机的工作规律。利用氧传感器的信号判断发动机的工作状态，混合气是稀还是浓；利用气缸上的爆震传感器信号判断点火正时是提前还是延后；水温传感器，可以判断发动机燃烧室温度是否正常来修正供油量，保护发动机等。将这些反应发动机运行工况状态的信息发送到ECU，ECU就会根据这些传感器的反馈，不断地调整喷油量以及点火正时。

电控单元ECU的输入信号包括各传感器的信号输入、起动信号、空调信号、变速器挡位等信息，输出信号用于控制执行机构的动作，包括喷油器、点火模块、怠速控制等。电控系统组成部件如图1-5所示。

传感器介绍

（二）电控燃油喷射系统的分类

1. 按喷射位置不同分类

按照喷射位置不同，电控燃油喷射系统可分为进气管喷射和缸内直接喷射两种类型。如图1-6、图1-7所示。

普通多点喷射发动机的喷油器是装在进气歧管上的，油、气在歧管内开始混合，然后再进入到气缸中燃烧。缸内直喷是直接把燃油喷射到气缸内。

多点电喷就是汽油发动机在工作过程中，汽油燃料的喷射过程是在进气歧管内，并由控制程序按照特定时序发出控制指令，通过喷油器完成。多点电喷是相对于单点电喷来说的，传统的汽油发动机是在进气总管内使用化油器将汽油与空气形成燃油混合气进入气缸内。

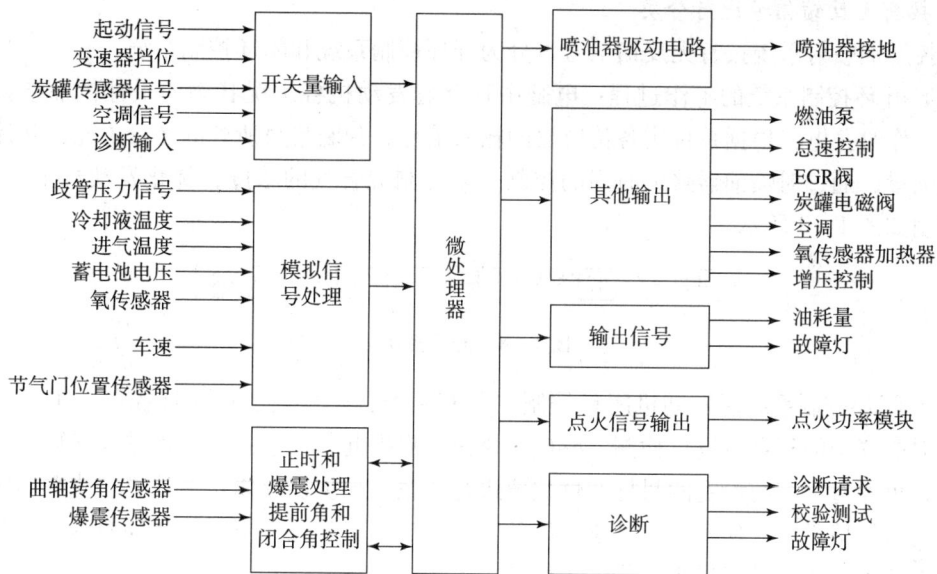

图 1-5　电控系统组成部件

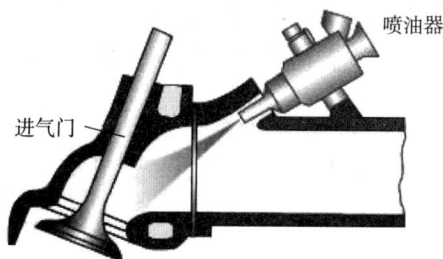

图 1-6　进气管喷射

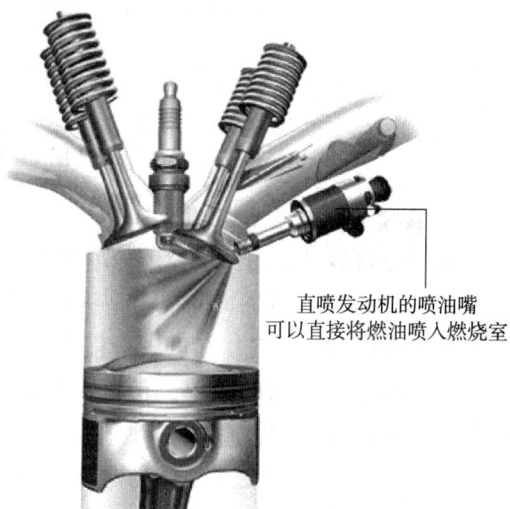

图 1-7　缸内直喷

缸内直喷的喷油器安装在气缸盖上，喷油器把汽油直接喷入发动机气缸内，在气缸内与已吸入的空气混合形成可燃混合气。

采用缸内直喷方式，并与一定的喷油规律相配合，能够实现分层稀薄燃烧，可以进一步降低汽油发动机有害物的生成量，提高汽油发动机的燃油经济性。

采用缸内直喷方式，气缸盖结构的复杂性增加，同时也增加了制造成本，需要能够耐高温和高压、动态响应速度快、可靠性高的喷油器。

虽然缸内直接喷射方式增加了汽油发动机结构和控制的复杂性，提高了电控汽油发动机的制造成本，但是它可以最大限度地降低汽油发动机有害物生成量，已成为未来超低排放电控汽油发动机的技术发展方向。

2. 按有无反馈信号进行分类

电控燃油喷射系统按有无反馈信号可分为开环控制系统和闭环控制系统。

（1）开环控制系统的工作过程：电脑中存储着发动机各工况状态的最佳供油参数，在发动机工作时，电脑根据系统中各传感器的输入信号，判断自身所处的运行工况，并计算出最佳喷油量，通过对喷油器喷射时间的控制，来控制混合气的浓度，优化发动机工作状态。开环控制如图1-8所示。

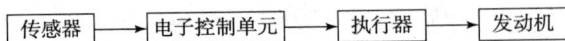

传感器 → 电子控制单元 → 执行器 → 发动机

图1-8 开环控制

（2）闭环控制系统。发动机闭环控制主要有两类：一是空燃比闭环控制，主要利用氧传感器对废气中的氧含量进行检测，感应空燃比，根据此信号，判断实际进入气缸的混合气空燃比，再通过电脑与设定的目标空燃比值进行比较，根据误差修正喷油量，使空燃比保持在设定的目标值附近，使发动机处于良好的工作状态。二是点火正时的闭环控制，主要是采用爆震传感器采集发动机爆震信号，来修正点火正时。

闭环控制如图1-9所示。

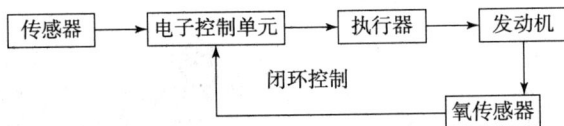

传感器 → 电子控制单元 → 执行器 → 发动机
　　　　　　　闭环控制　　　　　　　↓
　　　　　　　　　　　　　　　氧传感器

图1-9 闭环控制

3. 按喷油器数量不同分类

按喷油器数量不同，电控燃油喷射系统可分为单点喷射系统和多点喷射系统。

（1）单点喷射系统（SPI）：是指在节气门上方安装一个或者两个喷油器，向进气管中喷油以形成燃油混合气，在进气行程中燃油混合气被吸入气缸内。

单点喷射系统结构简单，但是，由于单点喷射系统的燃油是喷在进气总管内，油气混合物从进气总管到被吸入气缸的运动过程中，由于燃油的运动惯性，使各缸混合气的浓度存在一定的差异。

（2）多点喷射系统（MPI）：是指在每个进气歧管上各装有一个喷油器。电脑ECU根据各个传感器传来的信号，向喷油器发出指令，使喷油器间歇将燃油喷射到进气歧管内。

单点喷射与多点喷射示意图如图1-10所示。

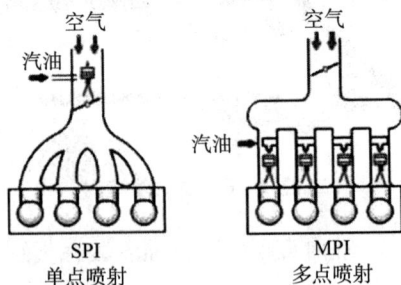

图1-10 单点喷射与多点喷射示意图

4. 按进气量测量方式分类

电控系统为了实现对空燃比的精确控制，必须对汽油发动机每个工作循环吸入的空气质量进行测量，才能根据预先设定的空燃比，计算出相应的循环基本喷油量。按照进气量测量方式分类，可分为采用直接测量方式的电控系统和采用间接测量方式的电控系统。

（1）直接测量方式电控系统采用空气流量传感器，直接测出单位时间内汽油发动机吸入空气的质量，然后根据发动机的转速，计算出发动机每一个工作循环吸入的空气量。典型电控系统是 Bosch（博世）公司研制的 L-Jetronic 系统和 LH-Jetronic 系统，如图 1 – 11、图 1 – 12 所示，现在已经全部升级为 LH-Motronic（将点火正时、怠速、废气再循环统一控制）集中控制的电控汽油喷射系统。

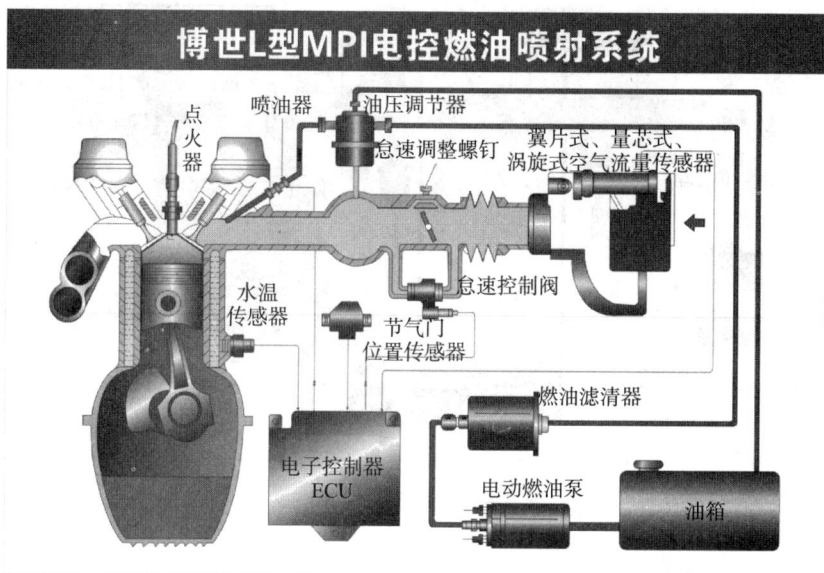

图 1 – 11　L 型电控系统

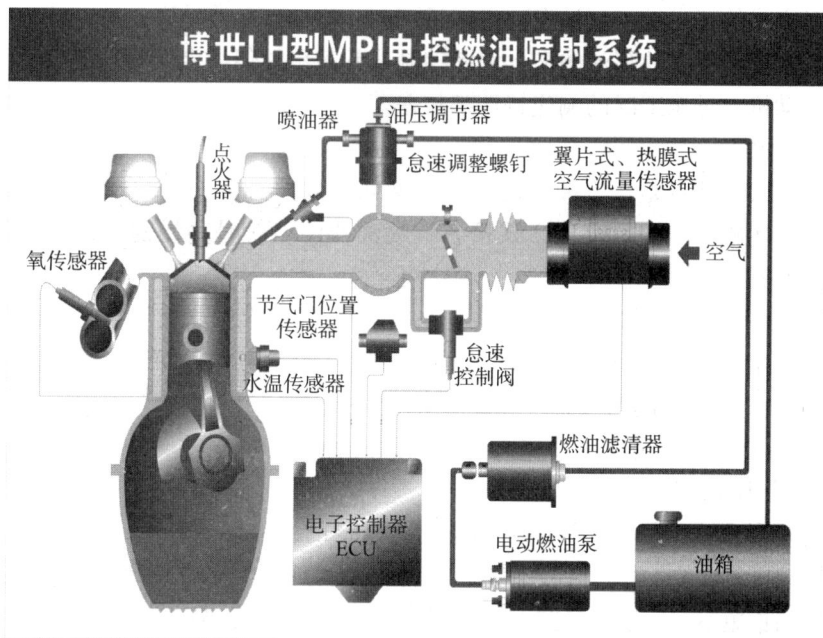

图 1 – 12　LH 型电控系统

（2）间接测量方式电控系统采用进气压力传感器，空气在进气歧管内流动时产生压力变化，所以进气压力传感器是通过检测发动机进气歧管内空气绝对压力（真空度）的变化，并转换为电信号，来间接地测量进气量，并与转速信号一起输送到电控单元 ECU，作为决定喷油器基本喷油量的依据。典型电控系统是 Bosch 公司研制的 D-Jetronic 系统，如图 1 - 13 所示。

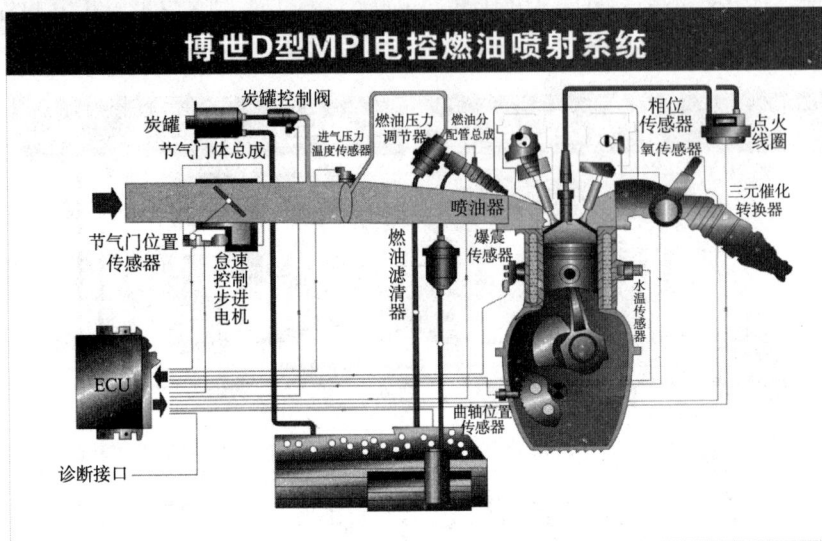

图 1 - 13　D 型电控系统

5. 按汽油喷射方式分类

按汽油喷射方式，电控燃油喷射可分为连续喷射和间歇喷射。

1）连续喷射方式

连续喷射方式的特点是：汽油发动机运行期间，喷油器是连续喷油的，这种喷射方式不需要考虑喷油正时和各缸的喷油顺序，因此控制非常简单，但混合气的均匀性、空燃比控制精度及汽油发动机对过渡工况的响应特性都较差。

2）间歇喷射方式

间歇喷射方式的特点是：汽油发动机运行期间，喷油器按一定的规律以间歇工作的方式，把汽油喷入各缸内。间歇喷射方式按各缸喷油器的喷射时序控制方式，可分为同时喷射、分组喷射和顺序喷射三种方式。

（1）同时喷射方式：同时喷射方式中，各缸喷油器开始喷油和停止喷油的时刻完全相同，为了减少各缸混合气形成时间上的差异，一般发动机每转一圈，各缸喷油器同时喷油一次，发动机一个工作循环所需的油量，分两次喷入进气歧管，因此这种喷射方式也称为同时喷射方式。

对于同时喷射方式，所有气缸的喷油是同时进行的，喷油正时与发动机各缸的工作过程没有关系，因此各缸混合气形成的时间长短不一，造成各缸在混合气均匀性上存在较大差异。但是，同时喷射方式具有不需要气缸判别信号、用一个控制电路就能控制所有的喷油器。早期的电控汽油发动机采用这种喷油控制方式。如图 1 - 14 所示为同时喷射方式示意图。

喷油	同时喷射		喷油
0° 180°	360°	540°	720°
进气	压缩	做功	排气
排气	进气	压缩	做功
做功	排气	进气	压缩
压缩	做功	排气	进气

图 1 - 14　同时喷射方式

（2）分组喷射方式：分组喷射方式是指把汽油发动机的全部气缸分为 2 组（四缸发动机）或者 3 组（六缸发动机），电控系统用两个或三个控制电路控制各组气缸的喷油器。汽油发动机运行时，各组气缸的喷油器按组依次喷射，同组内两个喷油器按同时喷射方式工作，每个工作循环各组喷油器都喷射一次。分组喷射方式的控制电路比同时喷射方式复杂，但各缸混合气的均匀性及空燃比控制精度都有了较大的提高。如图 1-15 所示为分组喷射方式示意图。

（3）顺序喷射方式：顺序喷射方式也称为独立喷射方式。发动机运行时，各缸喷油器按各缸的工作顺序，依次把汽油喷入各缸的进气歧管，发动机曲轴每转两圈，各缸喷油器按各缸点火顺序依次喷油一次。如图 1-16 所示为顺序喷射方式示意图。

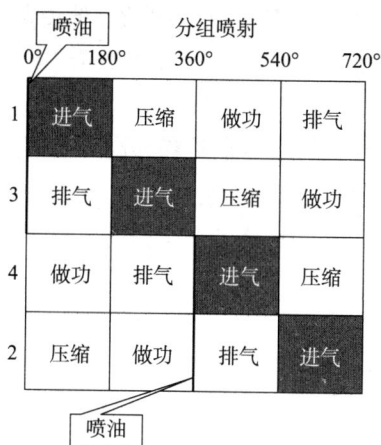

图 1-15　分组喷射方式

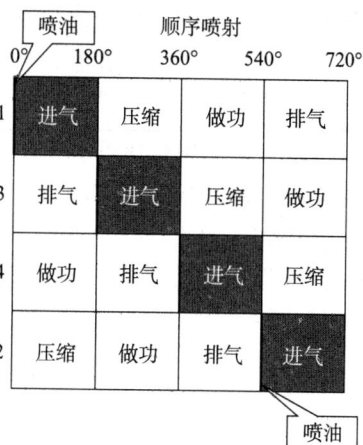

图 1-16　顺序喷射方式

（三）电控燃油喷射系统的优点

电子控制技术在汽油发动机上的应用，对于汽油发动机的综合性能提高具有十分明显的作用。仅就电控汽油喷射而言，使汽油发动机性能在以下几个方面具有明显改善和提高。

（1）改善了各缸混合气浓度的均匀性。

在电控多点喷射系统中，燃油喷在各缸的进气歧管内，从进气总管分流到各缸进气歧管的仅仅是空气，这样就能使各缸混合气的浓度基本一致，对于降低 CO 和 HC 的生成量具有显著的效果。

（2）使汽油发动机的动力性和经济性有一定程度的提高。

电控汽油喷射系统采用压力喷射方式形成混合气，这样可以降低进气系统的阻力，减少进气压力损失，使汽油发动机具有较高的充气效率，有利于提高汽油发动机的经济性和动力性。

（3）使汽油发动机有害物排放量显著减少。

现代电控汽油发动机都采用空燃比反馈控制，在空燃比闭环控制工况区域，通过反馈控制能把空燃比精确控制在 14.7∶1 附近，此时汽油发动机的三元催化转换器具有最高的净化效率，使排入大气中的 CO、HC 和 NO 大幅度减少。另外，有些电控汽油发动机还采用废气再循环、二次空气喷射、废气涡轮增压等多种综合技术措施，这些综合技术措施不仅可以提高汽油发动机的性能，而且可以进一步减少汽油发动机有害物的排放量。

（4）改善了汽油发动机过度工况的响应特性。

当汽油发动机运行工况发生变化时，电控系统能根据传感器的输入信号，迅速调整燃油喷射控制策略，提供与发动机运行工况相适应的空燃比。这样不仅提高了汽油发动机应对工况变化的响应速度，而且也改善了工况过渡过程的平稳性。

（5）使汽油发动机在不同地理及气候条件下都能保持良好的排放性能。

由于电控汽油喷射系统是根据进气质量来确定喷油量的，因此当汽车在不同地理环境或不同气候条件的地区行驶时，由大气压力和温度变化引起的进气密度变化，对电控系统的空燃比控制没有影响，使汽车在各种地理环境及气候条件下，都能保持良好的排放性能。

（6）提高了汽油发动机高低温起动性能和暖机性能。

发动机在高温或低温条件下起动时，电控系统根据起动时发动机冷却液的温度，提供与起动条件相适应的喷油量，使汽油发动机在高温和低温条件下都能顺利起动。低温起动后，电控系统又能根据冷却液的温度，自动调整怠速空气供给量和喷油量，缩短暖机时间，使发动机很快进入带负荷运行状态。

综上所述，采用电控汽油喷射系统后，汽油发动机在低排放、低油耗和高功率等方面有了很大的提高。随着科学技术的进步与发展，汽油发动机电控系统的控制功能将会得到进一步拓展，制造和使用成本将会进一步降低，可靠性和使用寿命将会进一步提高，电子控制技术将会使汽油发动机的综合性能迈上新的台阶。

❋ 任务三　发动机电控系统常用检测工具的使用

在本学习任务中要掌握以下知识：
（1）数字万用表的使用方法。
（2）故障诊断仪的使用方法。
（3）示波器的使用方法。

发动机电控系统很复杂，若出现故障，仅靠维修人员的工作经验是难以准确诊断和排除故障的，只有采用先进的故障诊断工具和仪器，才能快速而准确地进行故障诊断和检修，因此，汽车故障诊断仪和维修工具在汽车维修中具有很大的作用。在本任务中，主要介绍数字万用表、故障诊断仪及汽车示波器的使用。

一、相关知识

（一）数字万用表的使用方法

目前用于诊断和检测发动机电路故障的数字万用表类型很多，但功能基本相同。下面以UT-105数字万用表为例，介绍其主要功能的使用方法。

1. 交流、直流电压测量
● 根据电压的大小选择适当的电压测量量程；
● 检测时红表笔的一端插入"V/Ω"插孔中，黑表笔插入"COM"插孔中；
● 红表笔接触电路中待测点，黑表笔接触电路"地"端，读取测量值。

2. 直流电流测量
● 根据测量电流的大小选择适当的电流测量量程；
● 红表笔接触待测电路电压高的一端，黑表笔接触待测电路电压低的一端，读取测量值。

提示：如果要测量的电流大小不清楚时，应先用最大的量程来测量，然后再逐渐减小量程来精确测量。

3. 电阻的测量

- 应先关闭电路的电源；
- 根据电阻的大小选择适当的电阻测量量程；
- 检测时红表笔的一端插入"V/Ω"插孔中，黑表笔插入"COM"插孔中；
- 红、黑表笔分别接触电阻两端，观察记录读数。

提示：禁止用电阻挡测量电流或电压，禁止带电测量电阻，否则容易损坏万用表。

4. 二极管测量

- 检测时红表笔的一端插入"V/Ω"插孔中，黑表笔插入"COM"插孔中；
- 红、黑表笔分别接触二极管两端，观察读数；
- 若显示"000"，则说明二极管击穿短路；若显示"1"，则说明二极管正向不通。

5. 电路通断测量

- 检测时红表笔的一端插入"V/Ω"插孔中，黑表笔插入"COM"插孔中；
- 将功能量程开关转到蜂鸣挡；
- 将两表笔接触测试点，若有蜂鸣器响，说明线路通，否则为断路。

6. 温度测量

- 将选择开关旋转到温度挡位上；
- 将数字万用表配备的带测针的特殊插头插接到面板上插孔内，测针与被测温度的部位接触，温度稳定后，读取测量的温度值。

7. 数据保持（HOLD）

当检测数据稳定后，可以按下"HOLD"键，将检测数据保持，然后读取。

（二）故障诊断仪的使用方法

故障诊断仪又称解码器，其类型多种多样，由于原理不同，测试方法也存在一些差异，但是基本测试功能是相似的。

故障诊断仪有专用故障诊断仪和通用故障诊断仪之分。专用型故障诊断仪就是一般4S店内使用的，针对某一特定厂家开发的诊断仪，比如通用的 TECH – 2、福特的 WDS、大众的 V. A. G1552 等。通用型故障诊断仪目前市场上以国产为主，比较知名的有元征、金德、车博士、金奔腾等，提供的功能大同小异，国外的有 Bosch 和 SPX OTC 等。我们以金德 KT600 为例，介绍其主要功能及使用方法。设备结构如图 1 – 17 ~ 图 1 – 20 所示。

1. 查询控制单元版本号

在解码器功能菜单中，选择"查询控制电脑型号"选项，屏幕显示所测系统控制电脑相关信息，如电脑型号、系统类型、发动机型号等。

2. 读取故障码

在解码器功能菜单中，选择"读取故障码"选项，屏幕显示所测系统控制电脑存储的

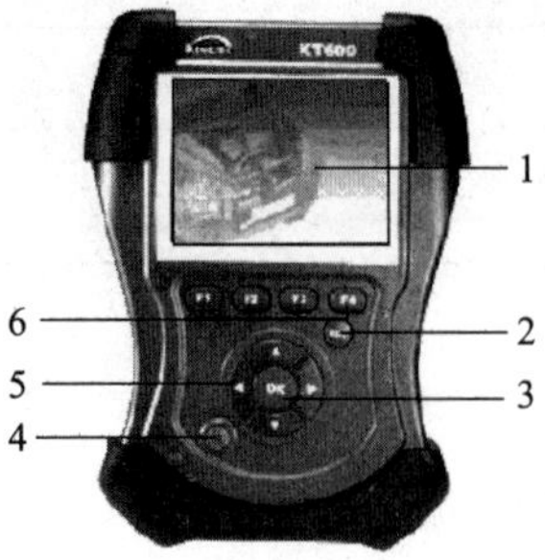

#	项目	说明
1	触摸屏	TFT640×480 6.4 英寸①真彩屏，触摸式
2	(ESC)	返回上级菜单、退出
3	(OK)	进入菜单、确认所选项目
4	⏻	电源开关
5	[▲][▼][▶][◀]	方向选择键
6	F4 F1 F2 F3	多功能辅助键

图 1-17 KT600 正面视图

#	项目	说明
1	打印盒	内装热敏打印机和 2 000 mA·h 锂电池
2	打印机卡扣	按下打印机卡扣，滑出打印盒盖板，安装打印纸
3	手持处	凹陷设计更人性化，有利于手持使用
4	卡锁	锁住诊断盒（或示波盒），确保它们和仪器的连接
5	胶套	保护仪器，防止磨损
6	保护带	防止手持时仪器滑落
7	触摸笔槽	用于插装触摸笔

图 1-18 KT600 背面视图

① 1 英寸=2.54 厘米。

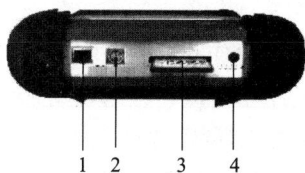

#	项目	说明
1	网口	直插网线可实现在线升级
2	PS/2	可外接键盘和鼠标，也可通过转接线转成串口和 USB 口
3	CF 卡	CF 卡插口
4	Power	接这个端口给主机供电

图 1 – 19　KT600 上接口视图

#	项目	说明
1	CH1	示波通道 1
2	CH2	示波通道 2
3	CH3	示波通道 3/触发通道（在三通道示波卡中）
4	CH4	示波通道 4
5	CH5	触发通道

图 1 – 20　KT600 下接口视图

故障码及相关内容。

3. 执行元件诊断

在解码器功能菜单中，选择"执行元件诊断"选项，屏幕显示驱动的执行元件，可按照屏幕提示逐一执行元件测试。

4. 系统基本调整

在汽车维修或者保养后，需要进行"系统基本调整"。所谓系统基本调整，是通过数据通道将一些数据写入控制单元中，将数据调整到生产厂家指定的基本值，或将某些元器件参数写入控制单元，从而使汽车达到最佳运行状态。比如节气门清洗后，需要对节气门进行数据的匹配。

5. 清除故障码

在解码器功能菜单中，选择"清除故障码"选项，可以清除系统控制电脑存储的故障码及相关内容。

（三）示波器的使用方法

汽车专用示波器从结构和功能上分有多种类型，目前汽车维修行业对汽车示波器的要求也越来越高，不但在功能上要求采样速度快、存储容量大，而且在款式上要求小型化、便携式、数字化、多功能等。我们以金德 KT600 为例，介绍其主要功能及使用方法。

在主界面上选择示波器分析仪，进入如图 1-21 所示菜单界面。

只要在 KT600 的菜单里按上下方向键可选择需要检测的项目，按"Enter"键可以进入下一级菜单，直到选择需要的测试项目，按"Enter"键可以返回上级菜单。

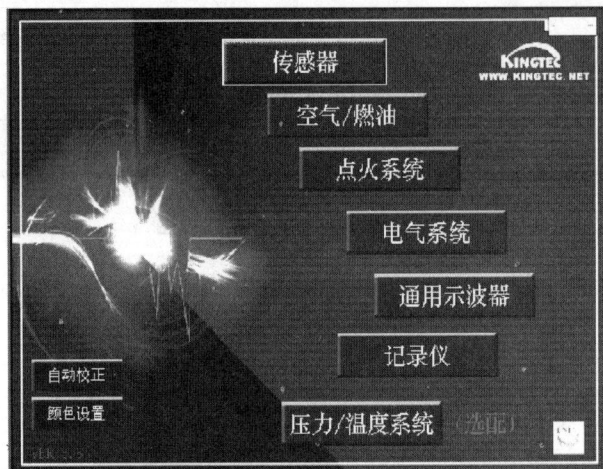

图 1-21　示波器主菜单

通用型示波器的调整方法

一般情况下，汽车专用示波器的波形显示不需要调整，当要做超出汽车专用示波器标准菜单以外的测试内容时，可以选择通用示波器功能，因此需要掌握一定的调整方法。在汽车专用示波器测试过程中如果有相似菜单，则调整方法也相同。

选择通用示波器，按"Enter"键确认，如图 1-22 所示，在屏幕上有 12 个选项：通道、周期、电平、幅值、位置、停止、存储、载入、光标、触发、打印、退出，以及 3 个功能选项：通道设置、自动设置、配置取存，按左右方向键可以对选择项目进行调整。

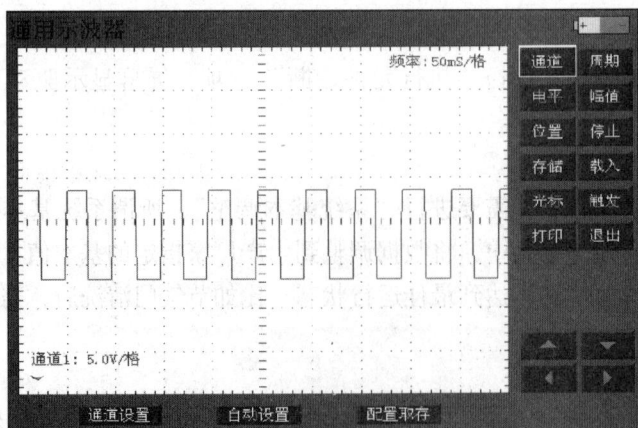

图 1-22　通用示波器

1. 通道调整

按功能键可以选择通道1（CH1）、通道2（CH2）、通道3（CH3）、通道4（CH4）任意组合方式，如图1-23所示。

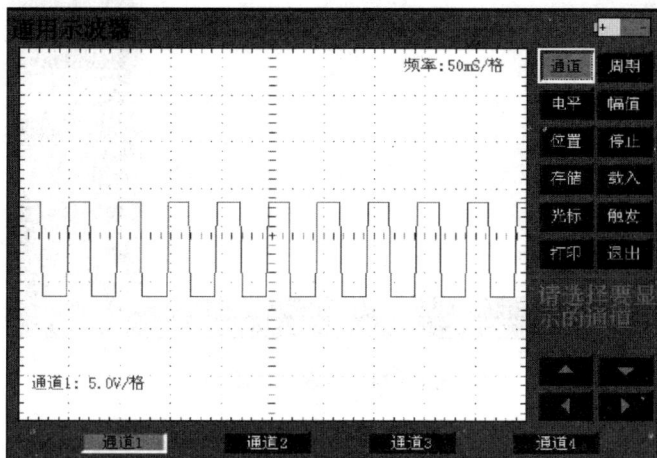

图1-23　通道调整

2. 周期调整

选择周期调整，按上下键可以改变每单格时间的长短，如果开机时设定的是10 ms/格，按向下键则会变为5 ms/格，波形就会变稀，按向上键则会变为20 ms/格，波形会变密。

3. 电平调整

对纵轴的触发电平进行调整，对于同一波形，选择不同的触发电平，波形在显示屏上的位置就会跟着变化，如果触发电平的数值超出波形的最大最小范围时，波形将产生游动，在屏幕上不能稳定住。

4. 幅值调整

按上下方向键可以调整纵向波形幅值的大小，KT600可以选择1:500、1:200、1:100、1:0.5、1:1.0、1:2.5、1:5、1:10和1:20。

5. 位置调整

选择位置调整可以对波形的上下显示位置进行调整，按向上方向键，波形就会上移，按向下方向键，波形就会向下移动。

6. 触发方式调整

选择触发方式调整，在高频（<50 ms/格）可以对波形的触发起点进行调整，使用功能键可以选择触发的方式：上升沿出发、下降沿出发、电平触发，如图1-24所示。

7. 波形的存储和载入

在选择通用示波器时，如果要存储当前波形，选择"存储"选项，（如果是刷新频率≥50 Hz/格系统会等待采集完当前屏波形后自动冻结波形），选项弹出文件存储的人机界面，用户可以设定存储波形的名字，然后保存波形数据（最多支持保存64个文件），如图1-25所示。保存完以后系统会自动退出存储界面。

如果要载入已存储的波形，选择"载入"选项，要是波形文件存在，系统将会自动浏

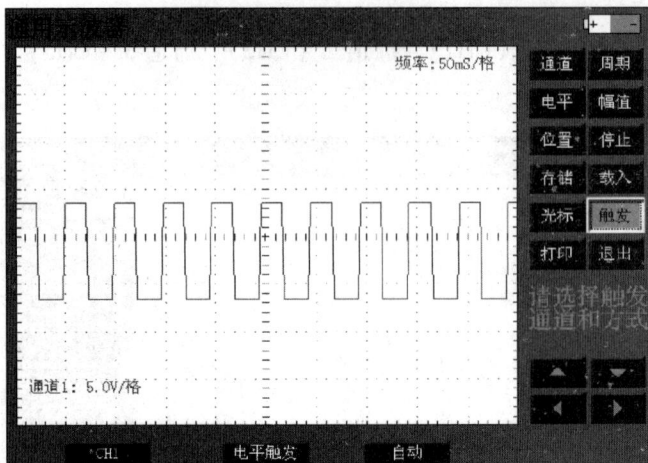

图1-24　触发方式调整

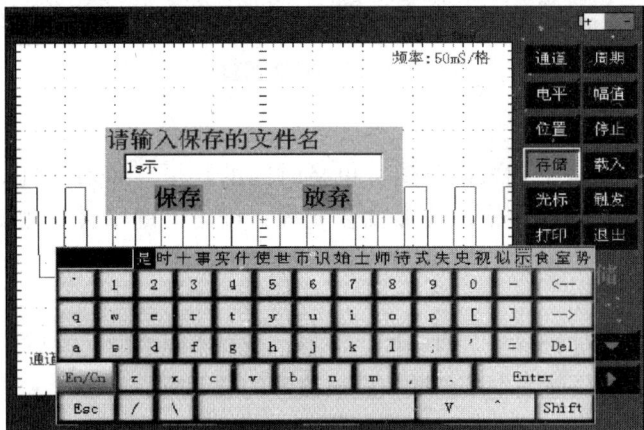

图1-25　波形存储

览到系统已保存的文件，用户可以根据自己需要调出波形。单击"退出"按钮按"Esc"键可以退出载入界面。

二、任务实施

（一）实施准备

（1）准备好实训用发动机、万用表、解码器、示波器、常用工具等。

（2）掌握本次实训课所用仪器及设备的使用方法。

（3）强调实训中的安全注意事项。

（二）实施内容

（1）万用表的使用方法。

（2）故障诊断仪的使用方法。

（3）示波器的使用方法。

检测注意事项：

◆ 测量电阻时，将点火开关置于"OFF"位置。

◆ 测量电压时，将点火开关置于"ON"位置。

◆ 点火开关打开时，严禁拔插各传感器及执行器接口，以免损坏 ECU。

◆ 仪器和测试连接线要远离汽车发动机的运动件，例如风扇、传动带等。

◆ 按照 7S 管理操作，文明生产、安全操作。

（三）实训操作

由实训指导老师根据实际情况，就车选择测试元件，由学生选择合适的仪器，独立进行操作，考查学生是否能够正确地使用仪器，是否能够完成老师给定的任务。

拓展知识

混合动力汽车

一、概述

车辆驱动系统由两个或多个能同时运转的单个驱动系统联合组成，车辆的行驶功率依据实际的车辆行驶状态由单个驱动系统单独或共同提供。因各个组成部件、布置方式和控制策略的不同，形成了多种分类形式。混合动力车辆的节能、低排放等特点引起了汽车界的极大关注并成为汽车研究与开发的一个重点。混合动力装置既发挥了发动机持续工作时间长，动力性好的优点，又可以发挥电动机无污染、低噪声的好处，二者"并肩战斗"，取长补短，汽车的热效率可提高 10% 以上，废气排放可改善 30% 以上。自 2010 年，全球进入汽车混合动力时代。

二、混合动力系统的分类

（1）根据混合动力驱动的连接方式，一般把混合动力汽车分为以下三类。

①串联式混合动力汽车（SHEV）：主要由发动机、发电机、驱动电机等三大动力总成用串联方式组成了 HEV 的动力系统。

②并联式混合动力汽车（PHEV）：其发动机和发电机都是动力总成，两大动力总成的功率可以互相叠加输出，也可以单独输出。

③混动式混合动力汽车（PSHEV）：综合了串联式和并联式的结构而组成的电动汽车，主要由发动机、电动 – 发电机和驱动电机三大动力总成组成。

（2）根据在混合动力系统中混合度的不同，混合动力系统还可以分为以下四类。

①微混合动力系统。代表的车型是 PSA 的混合动力版 C3 和丰田的混合动力版 Vitz。从严格意义上来讲，这种微混合动力系统的汽车不属于真正的混合动力汽车，因为它的电机并没有为汽车行驶提供持续的动力。

②轻混合动力系统。代表车型是通用的混合动力皮卡车。轻混合动力系除了能够实现用发电机控制发动机的起动和停止，还能够实现：a. 在减速和制动工况下，对部分能量进行吸收；b. 在行驶过程中，发动机等速运转，发动机产生的能量可以在车轮的驱动需求和发电机的充电需求之间进行调节。轻混合动力系统的混合度一般在 20% 以下。

③中混合动力系统。本田旗下混合动力的 Insight、Accord 和 Civic 都属于这种系统。中

混合动力系统采用的是高压电机。另外，中混合动力系统还增加了一个功能：在汽车处于加速或者大负荷工况时，电动机能够辅助驱动车轮，从而补充发动机本身动力输出的不足，从而更好地提高整车的性能。这种系统的混合程度较高，可以达到30%左右，目前技术已经成熟，应用广泛。

④完全混合动力系统。丰田的 Prius 和未来的 Estima 属于完全混合动力系统。该系统采用了 272 ~ 650 V 的高压起动电机，混合程度更高。与中混合动力系统相比，完全混合动力系统的混合度可以达到甚至超过 50%。技术的发展将使得完全混合动力系统逐渐成为混合动力技术的主要发展方向。

三、混合动力汽车的优点

①与传统汽车相比，由于内燃机总是工作在最佳工况，油耗非常低。

②内燃机主要工作在最佳工况点附近，燃烧充分，排放气体较干净；起步无怠速（怠速停机）。

③不需要外部充电系统，一次充电续驶里程、基础设施等问题得到解决。

④电池组的小型化使成本和重量低于电动汽车。

⑤发动机和电机动力可互补；低速时可用电机驱动行驶。

在目前的技术水平和应用条件下，混合动力汽车是电动汽车中最具有产业化和市场化前景的车型。混合动力汽车采用内燃机和电动机作为混合动力源，它既有燃料发动机动力性好、反应快和工作时间长的优点，又有电动机无污染和低噪声的好处，达到了发动机和电动机的最佳匹配。

项目总结

（1）电控燃油喷射系统由空气供给系统、燃油供给系统和电子控制系统三部分组成。

（2）发动机电控系统控制内容包括燃油喷射控制、点火控制、怠速控制、排气净化控制、进气控制、故障自诊断系统、失效保护及应急备用系统。

（3）电控技术在发动机上的应用，提高了发动机的动力性、经济性；改善了发动机的加速性和冷起动性能；降低了汽车尾气排放污染。

（4）发动机电控系统由传感器、电控单元 ECU 和执行器三部分组成。

（5）万用表的主要功能有：测量交流、直流电压，测量直流电流，测量电阻，测量二极管，测量温度，测量线路导通性等。

（6）故障诊断仪可以分为专用和通用故障诊断仪。主要功能有查询控制单元版本号、读取故障码、清除故障码、执行元件诊断、系统基本调整等。

（7）故障码有当前故障码和历史故障码。

练习题

一、理论题

（一）填空题

1. 电控燃油喷射系统按有无反馈信号可分为_____系统和_____系统。

2. 电控汽油喷射系统由_____、_____和_____三部分组成。

3. 汽油喷射系统按喷油时序分类可分为_____、_____、_____。

4. 发动机电控系统的控制内容有_____、_____、_____、_____、_____、_____。

5. 汽油机尾气排放物的主要成分是一氧化碳、碳化氢、_____。

（二）判断题

1. 每工作冲程供给气缸的燃油量用控制喷油器的开启持续时间来计算。（　　）

2. 不要轻易断开蓄电池负极，否则将丢失存储器中的故障代码。（　　）

3. 电子控制单元 ECU 仅用来控制燃油喷射系统。（　　）

4. 历史故障码通常是由偶发故障或以前的维修引起的。（　　）

5. MPI 为多点喷射，即一个喷油器给两个以上气缸喷油。（　　）

（三）简答题

1. 简述电控技术对发动机性能的影响。

2. 简述发动机电控系统的控制内容和控制方式。

二、实操题

1. 现有一卡罗拉汽车，故障指示灯亮，请用故障诊断仪读出故障码。

2. 请写出利用万用表检测继电器的步骤。

项目二
电控汽油机空气供给系统故障检修

知识目标

- 熟悉4S店汽车维修流程。
- 掌握空气流量传感器的作用、结构和工作原理。
- 掌握进气压力传感器的作用、结构和工作原理。
- 掌握节气门位置传感器的作用、结构和工作原理。
- 掌握冷却液/进气温度传感器的作用、结构和工作原理。
- 理解空气流量传感器、进气压力传感器、节气门位置传感器、冷却液/进气温度传感器故障对发动机工作性能造成的影响。
- 掌握故障诊断的一般流程和排除方法。

能力目标

- 能根据客户的描述现场验车并接车，按规定的程序利用仪器、仪表对故障车辆进行针对性的检查，确认故障现象，确定故障范围，并做准确记录。
- 能正确使用万用表对空气流量传感器、进气压力传感器、节气门位置传感器、冷却液/进气温度传感器、怠速控制系统及电路进行检测。
- 能正确使用故障诊断仪读取空气流量传感器、进气压力传感器、节气门位置传感器、冷却液/进气温度传感器、怠速控制系统的故障码与数据流。
- 能正确使用故障诊断仪、汽车专用示波器读取节气门位置传感器、冷却液/进气温度传感器的波形。
- 能根据检测结果判定故障点，并进行维修。
- 会进行工作质量检查。

项 目 概 述

（一）项目内容

空气供给系统用于将大气中的空气过滤后，按照发动机负荷的不同向发动机提供不同量的清洁空气。负荷越大，所提供的空气越多；反之，负荷越小，所提供的空气也越少。本项目设置了4个学习任务，任务内容如下：

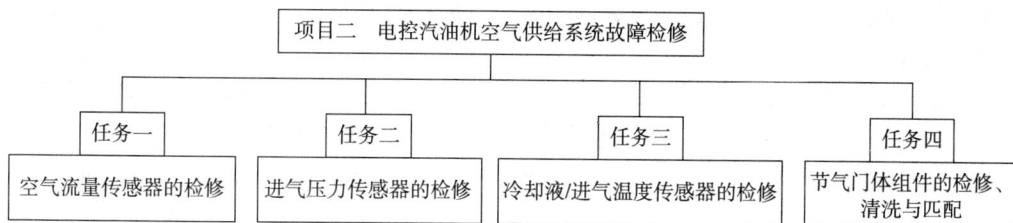

```
                  项目二  电控汽油机空气供给系统故障检修
    ┌──────────────┬──────────────┬──────────────┬──────────────┐
  任务一           任务二           任务三           任务四
 空气流量传感器    进气压力传感器    冷却液/进气温度    节气门体组件的检修、
 的检修           的检修           传感器的检修      清洗与匹配
```

（二）项目知识

1. 空气供给系统的作用

空气供给系统的作用是向发动机提供与负荷相适应的、清洁的空气，同时对流入发动机气缸的空气质量进行直接或间接计量。把进气量的多少以电信号的形式输送给电脑（ECU），使发动机在各种工况下都能与喷油器喷出的汽油混合，形成空燃比符合要求的可燃混合气，从而使发动机获得良好的燃油经济性和排放性，同时作为喷油的主要依据。

2. 空气供给系统的组成及基本原理

空气供给系统主要由空气滤清器、空气计量装置（空气流量传感器或进气压力传感器）、节气门体、怠速控制阀、进气温度传感器、进气总管、进气歧管等组成，如图2-1所示。

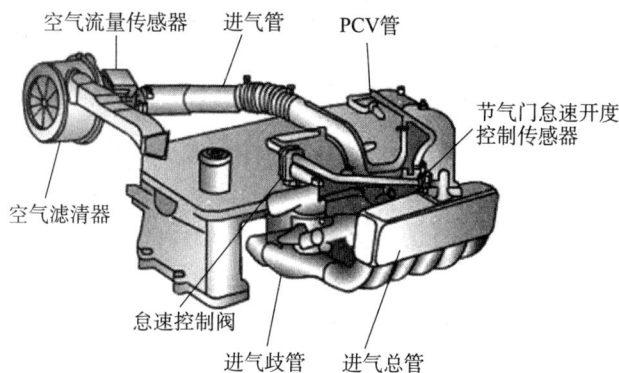

图2-1 空气供给系统的组成

空气供给系统为发动机可燃混合气的形成提供必需的空气。空气经空气滤清器、空气流量传感器（L型汽油发动机电控燃油喷射系统）、节气门体、进气压力传感器（D型汽油发动机电控燃油喷射系统）、进气总管、进气歧管进入各气缸。一般行驶时，空气的流量由通道中的节气门体来控制（节气门体由加速踏板操作）。踩下加速踏板时，节气门体打开，进入的空气量多。怠速时，节气门体关闭，空气由旁通气道通过（或不设怠速旁通通道，节气门开启一定角度，以提供怠速空气），实现怠速控制。在气温较低，发动机需要暖机时，ECU控制怠速控制阀（节气门）将怠速进气通道打开，提供暖机必需的空气量，此时，发动机转速比正常怠速高，成为快怠速。随着发动机冷却液温度升高，怠速控制阀使旁通气道开度逐渐减小（节气门开度逐渐减小），怠速空气量也随之减小，发动机转速逐渐降低至正常怠速。

3. 空气供给系统的分类

按进气量的测量方式分类，分为直接测量型和间接测量型。

1）直接测量型

在直接测量型的进气系统中，发动机工作时，空气经空气滤清器过滤后，流经空气流量传感器、节气门体（或怠速控制阀）进入进气总管、各缸进气歧管，与喷油器喷出的汽油混合，形成可燃混合气吸入气缸。直接测量型空气供给系统进气流程如图2-2所示。

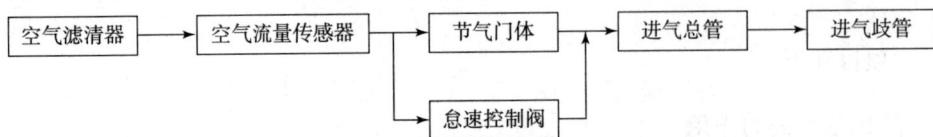

图2-2　直接测量型空气供给系统进气流程

直接测量型的进气系统采用空气流量传感器直接测量单位时间内进入气缸的空气量。电控单元根据测出的空气质量和发动机转速，计算每一循环的进气量，并由此计算出该循环基本喷油量。其测量精度高，反应速度快。直接测量型包括体积流量式和质量流量式两种。

（1）体积流量式：利用翼片式空气流量传感器或卡门旋涡式空气流量传感器，直接测量单位时间内进入气缸的空气体积流量。电控单元根据已测出的空气体积和发动机转速，计算出每一循环的进气空气体积流量，并进行大气压力和温度修正，再计算出该循环基本喷油量。这种测量方式精度较高，有利于提高混合气空燃比的控制精度。但存在需要进行大气压力和温度修正等缺点。

（2）质量流量式：利用热线式或热膜式空气流量传感器，直接测量单位时间内进入气缸的空气质量流量。电控单元根据已测出的空气质量和发动机转速，计算每一循环的进气质量流量，并由此计算出该循环基本喷油量。这种测量方式除测量精度高，响应速度快，结构紧凑外，由于其测出的是空气的质量，因此，不需要进行大气压力和温度修正。

2）间接测量型

在间接测量型进气系统中，空气经空气滤清器过滤后，流经节气门体（或怠速控制阀）、进气总管、进气歧管，与喷油器喷出的汽油混合，形成可燃混合气吸入气缸。进入发动机的空气量由进气压力传感器间接测量。间接测量型空气供给系统进气流程如图2-3所示。

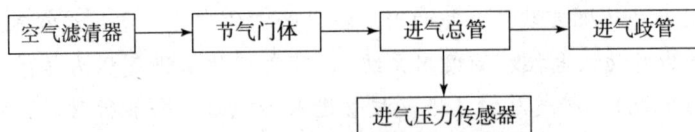

图2-3　间接测量型空气供给系统进气流程

间接测量型进气系统，利用进气压力传感器检测进气歧管内的绝对压力，电控单元根据进气歧管绝对压力值和发动机转速，推算出发动机每一循环的进气量，并由此计算出该循环基本喷油量。由于进气歧管中的空气压力是变化的，因此速度-密度方式不容易精确检测进入气缸的空气量。

任务一　空气流量传感器的检修

空气流量传感器（Mass Air Flow）简称MAF。

空气流量传感器又称为空气流量计，安装在空气滤清器和节气门之间的进气管上，如图2-1所示，用来测量进入气缸内空气量的多少，并将进气量信号转化成电信号输入控制单元。由电控单元计算出喷油量，控制喷油器向节气门（进气管）喷入与进气量成最佳比例的燃油。

在本学习任务中要掌握以下知识：

（1）空气流量传感器的作用、类型。

（2）空气流量传感器的结构和原理。

（3）空气流量传感器的检测方法。

一、相关知识

（一）空气流量传感器的类型及安装位置

空气流量传感器分为两种类型：质量型空气流量传感器和体积型空气流量传感器。质量型空气流量传感器分为热线式空气流量传感器和热膜式空气流量传感器；体积型空气流量传感器分为叶片式（翼片式）空气流量传感器和卡门旋涡式空气流量传感器。目前汽车上应用较多的为质量型空气流量传感器。如沃尔沃、丰田卡罗拉、尼桑千里马等轿车采用了热线式空气流量传感器。而马自达626、新捷达王、桑塔纳时代超人等轿车采用了热膜式空气流量传感器。

（二）空气流量传感器的结构及工作原理

1. 热线式空气流量传感器

1）结构

热线式空气流量传感器通常安装在空气滤清器后的进气道上，主要由防护网、取样管、热线电阻（铂丝，通电后发热）、温度补偿电阻、控制电路板和插接器组成。

热线式空气流量传感器有两种形式：一种是把热线电阻安装在主进气道中，称为主流量测量式，其结构如图2-4（a）所示；另一种是把热线电阻安装在旁通气道中，称为旁通测量式，结构如图2-4（b）所示。

2）工作原理

热线式空气流量传感器的内部控制电路如图2-5所示，图中R_H、R_K、R_A、R_B组成惠斯通电桥的4个臂，热线电阻R_H是惠斯通电桥电路的一部分，功率放大器A控制供给电桥4个臂的电流，使电桥保持平衡，当发动机起动后，空气通过流量传感器时，进入取样管内的空气流过热线电阻周围，吸收热量使其冷却而温度下降，热线电阻R_H的阻值也随之减小，使电桥失去平衡，此时放大器会自动增大供给热线电流，使热线恢复原来的温度和阻值，使电桥恢复平衡，放大器A所增大的电流大小取决于热线被冷却的程度，即取决于通过空气流量传感器的空气质量。放大器电流的增大，致使精密电阻R_A上的电压降增大，ECU根据电压变化计算出进入气缸的空气质量。

图2-4　热线式空气流量传感器

（a）主流量测量式空气流量传感器；（b）旁通测量式空气流量传感器

1—防护网；2—取样管；3—热线电阻；4—温度补偿电阻；5—控制电路板；6—插接器；7—热金属线和冷金属线；8—陶瓷螺纹管；9—接控制回路；10—冷线；11—热线；12—旁通气路；13—主通气路；14—通往发动机的空气流

空气流量传感器的作用的及工作原理

图2-5　热线式空气流量传感器的内部控制电路

热线式空气流量传感器电路及原理

　　桥式电路具有这样的特性，当对桥臂电阻的阻值之积相等（$R_K R_A = R_H R_B$）时，B点和C点的电位相等。当空气流经热线电阻R_H使其冷却时，温度降低，导致B点与C点间产生电位差，电桥电压失去平衡。运算放大器A检测到电位差并且施加电压给电路（增大流经热线电阻（发热元件）R_H的电流，使其温度保持高于温度补偿电阻的120 ℃）。这样热线电阻R_H的温度上升使热线阻值增大，直到B点和C点的电位相等（B、C电压升高）。利用这种桥式电路的特性，空气流量传感器通过检测C点电压，即输出电压U_o，从而将空气流量的变化转换为电压信号输入给ECU，ECU根据信号电压值计算出进入气缸内部的空气质量。

　　当发动机怠速时，空气量少，热线电阻受到的冷却程度小，阻值变化小，保持电桥平衡所需的电流小，故取样电阻 R_A 上的信号电压 U_o 低；当发动机负荷大时，空气流量增大，热线电阻受到的冷却程度大，信号电压升高。

温度补偿电阻 R_K（冷线电阻，即进气温度传感器）感知进气温度，如图 2-5 所示。与热线电阻 R_H 为同种性质材料的电阻（金属铂电阻），被同置于取样管内，用以补偿空气温度本身对空气流量电压信号的影响，控制电路提供的电流将使温度补偿电阻的温度始终低于热线电阻的温度 120 ℃，使进气温度的变化不至于影响热线测量进气量的准确度，从而使空气流量传感器的输出信号能准确地反映空气质量流量的大小。

热线式空气流量传感器长期使用后，会在热线上积累杂质，为了消除使用中热线上附着的胶质积炭对测量精度的影响，在一些空气流量传感器内还装有高温烧熔继电器及相关电路，具有自洁功能。每当发动机熄火（或起动）时，ECU 自动接通空气流量传感器壳体内的电子电路，加热热线，使其温度在 1 s 内升高 1 000 ℃，使黏附在热线上的灰尘烧掉。由于烧净温度必须非常精确，因此在发动机熄火 4 s 后，该电路才被接通。

由于热线式空气流量传感器测量的是进气质量流量，它已把空气密度、海拔高度等影响考虑在内，因此可以得到非常精确的空气流量信号。

别克、日产 MAXIMA、沃尔沃、丰田卡罗拉等轿车采用的是热线式空气流量传感器。

2. 热膜式空气流量传感器

热膜式空气流量传感器与热线式空气流量传感器结构类似，检测原理完全相同，都是直接检测发动机吸入空气的质量流量。其外形及结构如图 2-6 所示。只是热线式空气流量传感器的检测元件是金属铂丝，热膜式空气流量传感器的检测元件是金属铂膜。

空气流量传感器的
结构的及输出电压

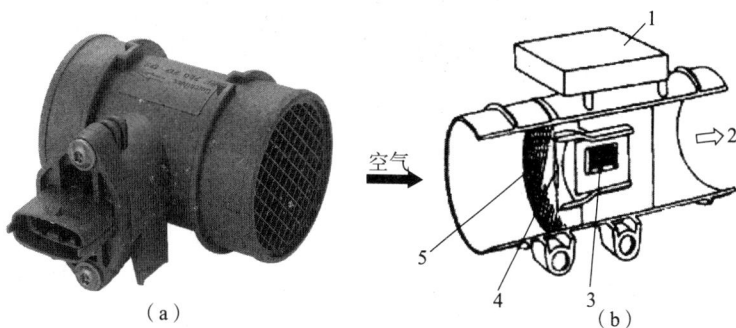

图 2-6 热膜式空气流量传感器
（a）外形；（b）结构组成
1—控制电路；2—通往发动机；3—热膜；4—温度补偿电阻；5—防护网

热膜式空气流量传感器是热线式空气流量传感器的改进产品，其发热元件采用平面形金属铂膜（厚约 200 μm）电阻器，故称为热膜电阻。热膜电阻是在氧化铝陶瓷基片上采用蒸发工艺淀积铂金属薄膜，制作成梳状图形的电阻，在其表面覆盖一层绝缘保护膜，再引出电极引线而成。

在热膜式空气流量传感器内部的进气通道上设有一个矩形护套（相当于取样管），热膜电阻设在护套中。为了防止污物沉积到热膜电阻上影响测量准确度，在护套的空气入口一侧设有空气过滤层，用以过滤空气中的污物。为了防止进气温度变化使测量准确度受到影响，在热膜电阻附近设有温度补偿电阻，温度补偿电阻和热膜电阻组成桥式控制电路，控制电路与线束插接器插座连接。与热线式空气流量传感器相比，热膜电阻的阻值较大，所以消耗电流较小，发热体不直接承受空气流动所产生的作用力，使用寿命较长。由于其发热元件表面制作有一层绝缘保护膜，因此不会因沾有尘埃而影响测量精度，但存在辐射热传导作用，因此响应特性略低于热线式空气流量传感器。

国产桑塔纳 2000GSi、捷达 GT（GTX）、帕萨特 B5 2.8L、通用别克等轿车采用热膜式空气流量传感器。

3. 叶片式空气流量传感器

叶片式空气流量传感器又称风门式、翼片式或活门式空气流量传感器，主要由测量叶片、缓冲叶片、缓冲室、复位弹簧、电位计、旁通空气道等组成；此外，还包括怠速调整螺钉、燃油泵开关、进气温度传感器等。其结构如图 2-7 所示。

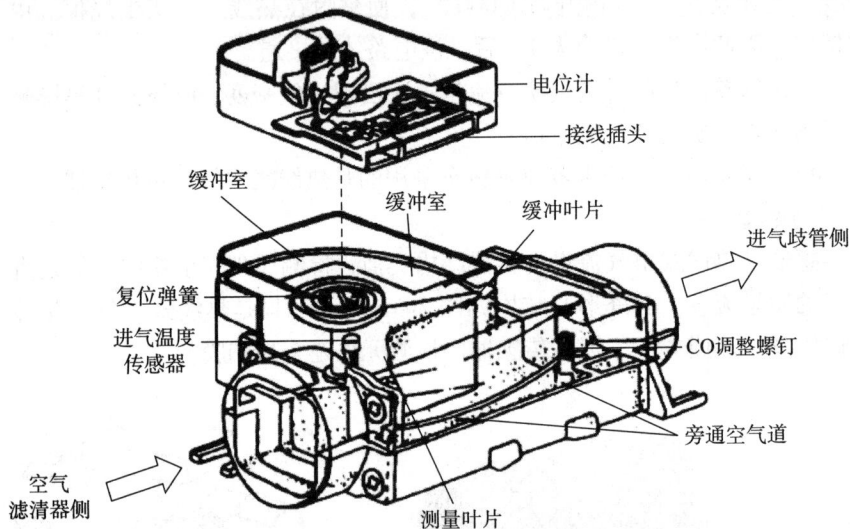

图 2-7　叶片式空气流量传感器

叶片式空气流量
传感器的结构

空气滤清器的空气通过空气流量传感器时，空气推力使测量叶片（测量板）打开一个角度，当吸入空气推开测量叶片的力与弹簧变形后的回位力相平衡时，测量叶片就停止转动。

与测量叶片同轴转动的电位计检测出测量叶片转动的角度后，将进气量转换成电压信号 V_S 送给 ECU。根据电路设计的不同，叶片式空气流量传感器又分为两种形式：一种在进气量增大时，V_S 值升高；另一种在进气量增大时，V_S 值降低。

燃油泵开关装在空气流量传感器内，只有在发动机运转，空气流量传感器测量叶片转动时，燃油泵开关才会闭合。只要发动机停止运转，燃油泵开关便处于断开状态，即使点火开关闭合，燃油泵也不工作。

叶片式空气流量传感器
的作用及工作原理

为了使测量叶片在吸入空气量急剧变化和气流脉动时仍平稳转动，在空气流量传感器上设置了与测量叶片做成一体的缓冲叶片（又称补偿板，一般将它们统称为叶片）和缓冲室。

在旁通空气道上设有怠速调整螺钉，调整该螺钉可以改变怠速时的混合气浓稀程度。

喷油量正比于流经叶片的空气量。怠速时流经叶片处的空气量由活动板与叶片间隙大小决定，而活动板的位置可由怠速调整螺钉调节。调节怠速调整螺钉时，不但改变了旁通气道的通道截面面积，同时改变了活动板与叶片的相对位置。发动机怠速时，空气分两路进入进气总管，一路流经叶片与活动板间隙，另一路流经旁通气道。

当怠速调整螺钉向外旋出时，旁通气道通道截面积加大，叶片与活动板间隙减小，喷油量亦减少，但因为进入气缸的空气总量不变，所以混合气变稀。反之，将怠速调整螺钉旋入，使旁通气道通道截面积减小，旁通气道允许通过的空气量减少的同时，叶片与活动板间隙增大，流经这里的空气量增加，喷油量增加，由于进入气缸的总空气量未变化，因此混合气变浓。

进气温度传感器将测得的进气温度信号送给 ECU，以便 ECU 发出指令，根据进气温度修正喷油量。

4. 卡门旋涡式空气流量传感器

卡门旋涡式空气流量传感器通常与空气滤清器外壳安装于一体，在其空气通道中央设置一锥状的涡流发生器，在涡流发生器后部将不断产生被称为卡门旋涡的涡流串。卡门旋涡的频率（f）与空气流速（v）之间存在如下关系：

$$f = 0.2v/d$$

其中 d 是涡流发生器外径尺寸。

测得卡门旋涡的频率就可以求得空气流速，空气流速乘以空气通路面积，就可以得到进气的体积流量。这样，测出卡门旋涡的频率，就可以得知空气流量的大小。

卡门旋涡式空气流量传感器与叶片式空气流量传感器测得的均是体积流量，因此在其传感器内装有进气温度传感器，以便对随气温而变化的空气密度进行修正，正确地计算出进气的质量流量。与叶片式空气流量传感器相比，卡门旋涡式空气流量传感器具有体积小、质量轻、进气道结构简单、进气阻力小及充气效率高等优点。

卡门旋涡式空气流量传感器有光电检测旋涡式和超声波检测旋涡式两种类型。

光电检测式空气流量传感器应用于丰田凌志 LS400 和皇冠 3.0 型轿车上，其外形及结构如图 2-8 所示，主要由涡流发生器、发光二极管（LED）、光敏晶体管、反光镜、集成电路和进气温度传感器等组成。

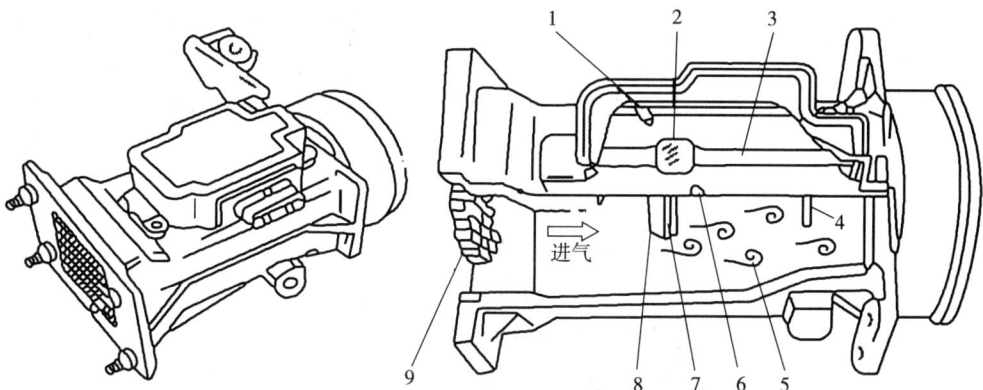

图 2-8　卡门旋涡式空气流量传感器（光电检测旋涡式）

1—发光二极管；2—反光镜；3—张紧带；4—进气温度传感器；5—涡流；
6—光敏晶体管；7—导压孔；8—涡流发生器；9—整流网栅

当空气流经涡流发生器时，会在涡流发生器的后部产生有规律的旋涡，从而导致涡流发生器两侧的空气压力发生变化。变化的压力经导压孔传向金属膜制成的反光镜，使反光镜产生振动，其振动频率与涡流发生的频率相等，而涡流发生频率与空气流速成正比；反光镜再将发光二极管投射的光反射给光敏晶体管，光敏晶体管受到光照射时导通，不受光照射时截止，光敏晶体管的导通和截止频率与涡流频率成正比。此信号输送给 ECU，ECU 则根据此信号确定发动机的进气量的大小。

超声波检测旋涡式空气流量传感器一般在三菱和猎豹等吉普车上使用，主要由超声波发生器、涡流发生器、超声波接收器和控制电路等组成，其结构如图 2 - 9 所示。

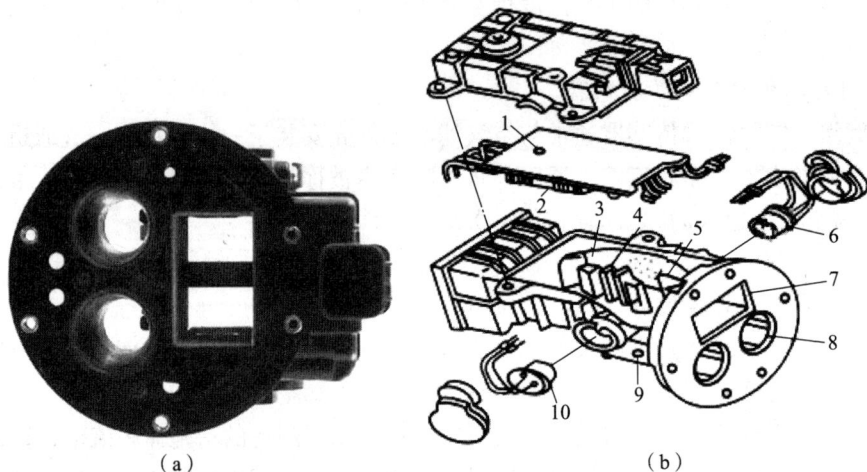

图 2 - 9　卡门旋涡式空气流量传感器（超声波检测旋涡式）

（a）外形；（b）结构图

1—传感器；2—集成控制电路；3—涡流发生器；4—涡流稳定板；5—涡流；
6—超声波发生器；7—主空气道；8—旁通空气道；9—进气温度传感器；10—超声波接收器

其控制原理如图 2 - 10 所示，发动机工作中，当空气流经涡流发生器时，产生有规律的涡流，在与空气流动方向垂直的方向上安装超声波发生器，在与其相对的位置上安装接收器。卡门旋涡造成空气密度变化，受其影响，超声波发生器发出的超声波到达接收器的时刻或变早或变晚，从而产生相位差，利用放大器将该信号转化成矩形波（该矩形波的脉冲频率即为卡门旋涡的频率），再利用压电原理将矩形波转换成电信号，此信号与涡流发生器的频率成正比，再输送给 ECU，则 ECU 根据此信号确定发动机进气量的大小。

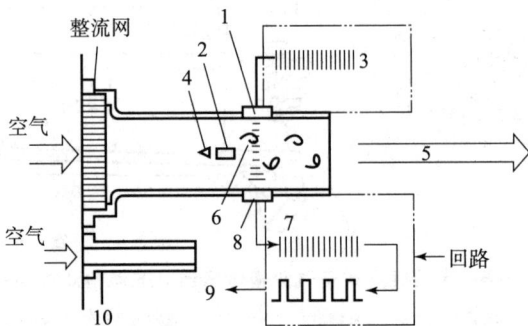

图 2 - 10　超声波检测旋涡式空气流量传感器原理图

1—信号发生器；2—涡流稳定板；3—超声波发生器；4—涡流发生器；5—通往发动机气缸；
6—卡门涡流；7—与涡流数对应的疏密声波；8—接收器；9—接入计算机；10—旁通通路

二、任务实施

（一）实施准备

（1）准备好实训用发动机、万用表、解码器、示波器、常用工具等。

（2）掌握本次实训课所用仪器及设备的使用方法。

（3）强调实训中的安全注意事项。

（二）实施内容

1. 热膜式空气流量传感器的检测与维护

1）热膜式空气流量传感器的常见故障及判断

热膜式空气流量传感器的故障分为两大类：一类是信号超出规定的范围，表示热膜式空气流量传感器已经失效。现代电控汽车具有失效保护功能，当某个传感器的信号失效时，ECU 会以一个固定的数值来代替，或者用其他传感器的信号代替有故障传感器的信号。热膜式空气流量传感器失效后，ECU 会用节气门位置传感器的信号代替；另一类是信号不准确（即性能漂移）。热膜式空气流量传感器信号不准确产生的危害性可能比没有信号的情况下产生的危害性更大，这是因为既然信号没能超出规定的范围，ECU 会按照这一不准确的空气流量信号控制喷油量，所以往往造成混合气过稀或过浓。如果没有空气流量信号，ECU 会利用节气门位置传感器的信号代替，发动机的怠速反而比较稳定。

利用这一特性，可以通过插拔插接器来判断热膜式空气流量传感器的性能。

（1）如果故障现象没有变化，说明热膜式空气流量传感器已经损坏。这是因为 ECU 确认热膜式空气流量传感器失效后，已经采用节气门位置传感器信号代替。此时有没有热膜式空气流量传感器的结果是一样的，所以故障现象没有变化。

（2）如果故障现象有所减轻，说明热膜式空气流量传感器的性能发生漂移。空气流量信号处在有效范围之内时，ECU 会按照失真的信号控制喷油量，从而引起明显的故障现象。拔下热膜式空气流量传感器的插接器后，ECU 认为热膜式空气流量传感器完全失效，就改用节气门位置传感器的信号来代替，所以发动机的工作状况会有所好转。

（3）如果故障现象有所恶化，说明热膜式空气流量传感器正常。这是因为在拔下插头前，ECU 按照正常的热膜式空气流量传感器信号控制喷油量。拔下插头后，ECU 会改用节气门位置传感器信号控制喷油，由于后者的控制准确度不如前者高，所以故障现象有所恶化。

另外，由于热膜式空气流量传感器信号是控制空燃比的主要依据，所以可以使用尾气分析仪测量发动机怠速工况以及 2 000 r/min 稳定工况时的尾气成分。如果与标准数值相差太大，则可能是热膜式空气流量传感器性能不良引起的故障。

2）热膜式空气流量传感器的检测

大众汽车上采用的空气流量传感器是热膜式空气流量传感器。现以桑塔纳 2000GSi AJR 发动机用的热膜式空气流量传感器为例说明检测过程。桑塔纳 2000GSi AJR 发动机控制系统电路图如图 2 – 11 所示，输出信号为数字信号。ECU（J220）上的端子 11 为电源线（ +5 V），端子 12 为信号负极线，端子 13 为信号正极线。检测项目如下：

（1）读取故障码。使用故障诊断仪（解码器）来读取故障码。连接故障诊断仪，按菜单引导选择对应选项，进入发动机控制单元，读取故障码；清除故障码后，起动发动机，再次读取故障码，确认故障现象，做好记录。如桑塔纳 2000GSi AJR 热膜式空气流量传感器故

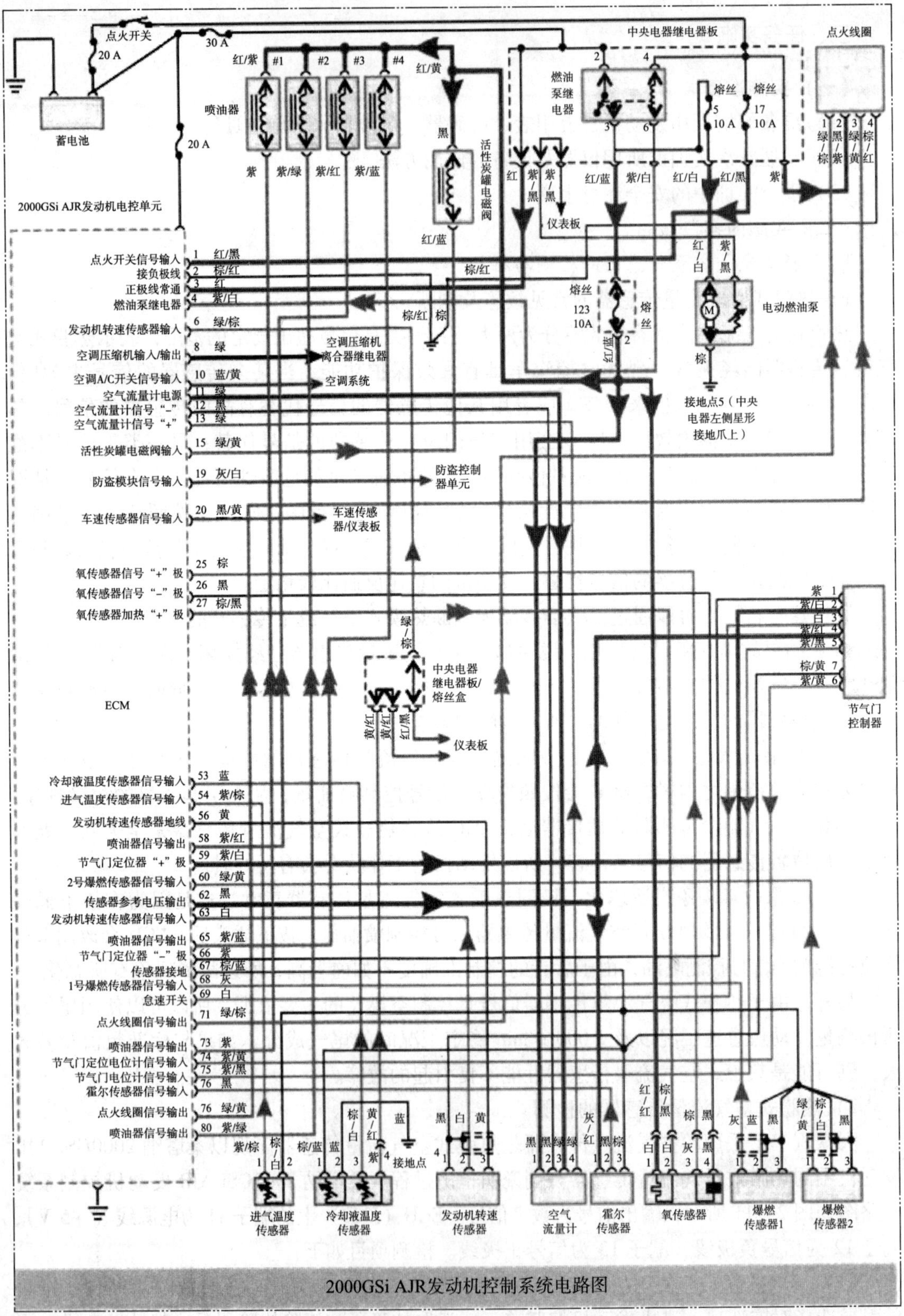

2000GSi AJR发动机控制系统电路图

图2-11　桑塔纳2000GSi AJR发动机控制系统电路图

障码00553，其含义是线路对地断路或短路。有些发动机（如桑塔纳3000）热膜式空气流量传感器（G70）失效后，ECU不直接给出热膜式空气流量传感器的故障码，而是通过其他故障码表现出来，通常是00561（混合气调整值超过调整极限）或者17916（达到怠速控制系统的理论上限值）。

发动机其他部件失常时也可能记录热膜式空气流量传感器的故障码。在维修实践中，常见以下几种情况记录热膜式空气流量传感器的故障码：

①节气门脏污，可能记录热膜式空气流量传感器的故障码；

②节气门位置传感器性能失常，可能记录热膜式空气流量传感器的故障码；

③氧传感器损坏，可能记录热膜式空气流量传感器的故障码。

（2）读取数据流。连接故障诊断仪，按菜单引导选择对应选项，进入发动机控制单元，读取热膜式空气流量传感器的各项参数，测试条件是发动机在运行中并达到工作温度。数据流的检测方法简便易行，数据直观准确，并能够随时观察到数据的动态变化，是当代汽车电子控制系统故障检测诊断的重要方法。数据应显示为在怠速下 2.0 ~ 4.0 g/s，如果小于 2.0 g/s 说明进气系统有泄漏，如果大于 4.0 g/s 说明发动机负荷过大。

（3）热膜式空气流量传感器的检测。

①从如图 2 - 11 所示的桑塔纳 2000GSi AJR 发动机控制系统电路图中拆画出热膜式空气流量传感器电路图，如图 2 - 12 所示。

②检查附加熔断器（30 A）是否良好。

③打开点火开关，将数字万用表设置在直流电压 20 V 挡，红色表笔置于热膜式空气流量传感器 2#端子，黑色表笔置于蓄电池负极或发动机进气歧管壳体，起动发动机应显示 12 V。若没有 12 V 电压，则用发光二极管试灯连接热膜式空气流量传感器 2#端子和搭铁点，起动发动机，检查试灯是否点亮。若试灯不亮，应检查熔断器至热膜式空气流量传感器 2#端子之间的线路是否良好；若正常应检查燃油泵继电器。

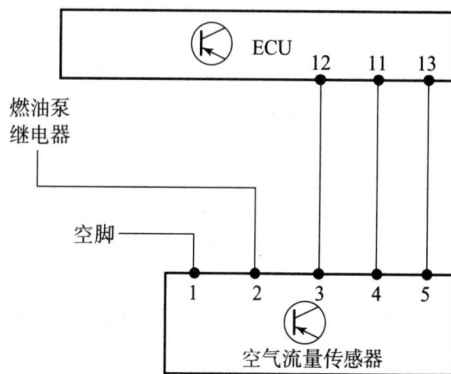

图 2 - 12　桑塔纳 2000GSi AJR 热膜式
空气流量传感器电路图

1—空脚；2—接燃油泵继电器；3—搭铁；
4—5 V 参考电压；5—信号电压

④搭铁测量。采用引外电源的方法（或用万用表的蜂鸣挡测量、或用电阻测量法）。将数字万用表设置在直流电压 20 V 挡，红色表笔置于蓄电池正极，黑色表笔置于 3#端子，应显示 12 V 电压。若没有 12 V 电压，则检查热膜式空气流量传感器 3#端子至 ECU 之间的线路是否正常。参见表 2 - 1，若线路正常，则说明发动机 ECU 有故障。

表 2 - 1　热膜式空气流量传感器 3#端子与 ECU 端子之间的阻值

线束测试	端子	测量条件	标准阻值/Ω
线束导通性测试	3#—12#	关闭点火开关	< 1.0
线束短路性测试	3#—11#、3#—13#	关闭点火开关	∞

⑤电源电压检测。若 2#端子有 12 V 电压（若试灯亮），打开点火开关，将红色表笔置

于热膜式空气流量传感器4#端子，黑色表笔置于蓄电池负极或发动机进气歧管壳体，应显示5 V电压。若没有5 V电压，则检查热膜式空气流量传感器4#端子至ECU之间的线路是否正常。参见表2-2，若线路正常，则说明发动机ECU有故障。若有5 V电压，则检查热膜式空气流量传感器的信号电压。

表2-2　热膜式空气流量传感器4#端子与ECU端子之间的阻值

线束测试	端子	测量条件	标准阻值/Ω
线束导通性测试	4#—11#	关闭点火开关	<1.0
线束短路性测试	4#—12#、4#—13#	关闭点火开关	∞

⑥信号电压测量。信号电压的测量分为单件测量和就车测量，检测的条件及标准值见表2-3。

表2-3　热膜式空气流量传感器各端子间的电压

端子	测量条件	标准电压/V
2#—搭铁	发动机运转	12
4#—搭铁	接通点火开关	5
5#—3#	发动机运转	在1.0~4.0之间变化
	接通点火开关	1
	怠速运转	1.5
	加速运转	2.8

A. 单件测量。取热膜式空气流量传感器总成部件，将蓄电池电压施加在热膜式空气流量传感器2#端子上，将5 V电压施加在热膜式空气流量传感器4#端子上，将数字万用表设置在直流电压20 V挡，测量热膜式空气流量传感器3#端子和5#端子应有1.5 V左右的电压；使用电吹风从热膜式空气流量传感器栅格一端向热膜式空气流量传感器吹入冷空气或者加热的空气，测量热膜式空气流量传感器3#端子和5#端子之间的电压，电压应顺势上升至2.8 V再回落。若不能满足上述条件，可以判定热膜式空气流量传感器有故障。

B. 就车测量。起动发动机至工作温度，将数字万用表设置在直流电压20 V挡，测量热膜式空气流量传感器5#端子的反馈信号，红色表笔置于热膜式空气流量传感器5#端子，黑色表笔置于热膜式空气流量传感器3#端子、蓄电池负极或进气歧管壳体，怠速时应显示电压1.5 V左右；急踩加速踏板时应显示2.8 V变化。若不符合上述变化，或电压反而下降，则在电源电压与参考电压完好的前提下，可以判定热膜式空气流量传感器损坏，必须进行更换。

若没有信号电压，则检查热膜式空气流量传感器5#端子至ECU之间的线路是否正常。参见表2-4，若线路正常，则说明发动机ECU有故障。

表2-4　热膜式空气流量传感器5#端子与ECU端子之间的阻值

线束测试	端子	测量条件	标准阻值/Ω
线束导通性测试	5#—13#	关闭点火开关	<1.0
线束短路性测试	5#—11#、5#—12#	关闭点火开关	∞

⑦热膜式空气流量传感器波形的检测。热膜式空气流量传感器没有任何运动部件，它能快速地对空气流量的变化做出反应。所以当发动机运转时，波形的幅值看上去在不断地波

动，如图 2-13 所示。

通常热膜式空气流量传感器输出信号电压范围是从怠速时超过 1 V 变至节气门全开时超过 4 V，当急减速时输出信号电压应比怠速时的电压稍低。

如果信号波形与上述情况不符，或热膜式空气流量传感器在怠速时输出信号电压太高（应为 1 V），而节气门全开时输出信号电压又达不到 4 V 时，则说明热膜式空气流量传感器已经损坏。

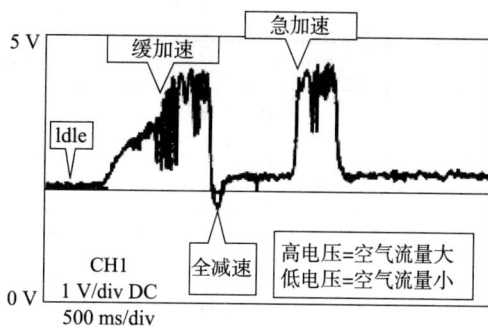

图 2-13 热膜式空气流量传感器的
输出信号波形

如果在车辆急加速时输出信号电压波形上升缓慢，而在车辆急减速时输出信号电压波形也下降缓慢，则说明传感器的热膜脏污。

3）热膜式空气流量传感器的维护

热膜式空气流量传感器脏污后会产生如下后果：在怠速时热膜式空气流量传感器的信号偏大，而在加速及大负荷时信号偏小，需要定期检查与维护。

（1）热膜是否具有自洁能力的检查方法是：先将线束插头插好，拆下空气滤清器，起动发动机并将转速升高到 2 500 r/min 以上，再使发动机怠速运转，然后使发动机熄火，同时从热膜式空气流量传感器的进气口处观察热膜，应在 5 s 后红热并持续 1 s，否则，自洁功能失效。

（2）热膜被污染后，可以在热机、怠速状态下，拆下空气滤清器的滤网，采用汽化器清洗剂直接喷射热膜，以清除黏附在其上的积炭。

注意：空气流量传感器是一个故障多发部件。空气流量传感器损坏后，若一时找不到原厂配件，就面临着零件的通用互换问题。如果发动机安装了不同型号的空气流量传感器，会使喷油量的控制不准确。在开环控制阶段，可能导致发动机的耗油量增加、三元催化转换器的温度过高；在闭环控制阶段，氧传感器会不断对混合气浓度进行修正，使空燃比频繁变动，最终导致发动机工作不稳定。

4）实训操作

（1）利用实训车辆或台架，完成热膜式空气流量传感器的检测。

（2）根据故障诊断的逻辑顺序写出检测步骤。

（3）将检测数据填入表 2-5 中，并得出分析结论。

表 2-5 热膜式空气流量传感器检测记录

检测项目		检测条件	标准值	测量值	结论
故障码	故障记录				
数据流	空气流量数据				
电压	2#端子供电电压				
	4#端子供电电压				
	5#端子供电电压				

检测项目		检测条件	标准值	测量值	结论
导线导通性	3#—12#				
	4#—11#				
	5#—13#				
导线间的绝缘性	3#—11#				
	3#—13#				
	4#—12#				
	4#—13#				
	12#—13#				
	5#—11#				
	5#—12#				

2. 热线式空气流量传感器的检测与维护

下面以丰田卡罗拉汽车 1ZR – FE 发动机维修手册上空气流量传感器检修步骤为例，介绍热线式空气流量传感器的检测方法。丰田卡罗拉汽车 1ZR – FE 发动机热线式空气流量传感器电路图如图 2 – 14 所示。

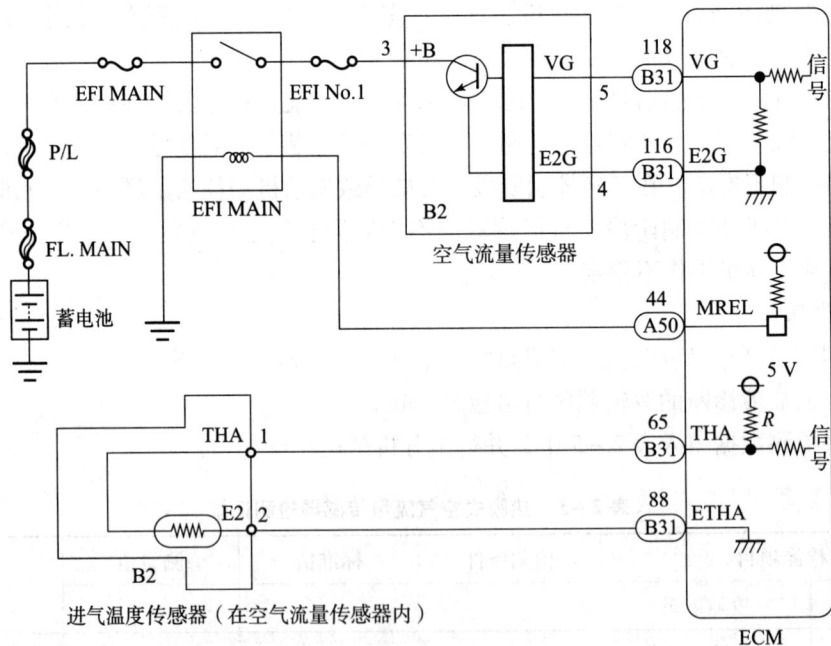

图 2 – 14　丰田卡罗拉 1ZR – FE 发动机热线式空气流量传感器电路图

1）使用智能检测仪读取故障码

（1）将智能监测仪连接到 DLC3。

（2）打开点火开关或起动发动机，并打开检测仪。

（3）读取发动机故障代码。

（4）若有故障码，则会读取以下故障码（DTC）：

DTC 号	DTC 检测条件	故障现象	故障部位
P0100	质量空气流量计电压低于 0.2 V 或高于 4.9 V 达 3 s	质量或体积空气流量电路	• 质量空气流量计电路断路或短路； • 质量空气流量计； • ECM
P0102	质量空气流量计电压低于 0.2 V 达 3 s	质量或体积空气流量电路低输入	• 质量空气流量计电路断路或短路； • 质量空气流量计； • ECM
P0103	质量空气流量计电压高于 4.9 V 达 3 s	质量或体积空气流量电路高输入	• 质量空气流量计电路断路或短路； • 质量空气流量计； • ECM

提示：当设置这些 DTC 时，选择智能检测仪的如下菜单项以检查空气流率：Powertrain/Engine and ECT/Data List/MAF。

质量空气流率/($g \cdot s^{-1}$)	故　　　障
约 0.0	• 质量空气流量计电源电路断路 • VG 电路断路或短路
271.0 或以上	• E2G 电路断路

检查程序：

提示：使用智能检测仪读取定格数据。存储 DTC 时，ECM 将车辆和驾驶条件信息记录为定格数据。进行故障排除时，定格数据有助于确定故障出现时车辆是运行还是停止、发动机是暖机还是冷机、空燃比是大还是小，以及其他数据。

2）使用智能监测仪读取数值（质量空气流率）

（1）将智能监测仪连接到 DLC3。

（2）起动发动机，并打开检测仪。

（3）选择以下菜单项：Powertrain/Engine and ECT/Data List/MAF。

（4）读取检测仪上的值如下：

检测结果	故障部位
质量空气流率为 0.0 g/s	检测热线式空气流量传感器电源电压
质量空气流率为 271.0 g/s 或更高	检测热线式空气流量传感器搭铁情况
质量空气流率在 1.0 g/s 和 270.0 g/s（发动机运转情况下，节气门打开或关闭时该值必须改变）之间	检查间歇性故障

3）检查热线式空气流量传感器的电源电压

（1）断开热线式空气流量传感器插接器。

（2）将点火开关置于"ON"位置。

（3）根据下表中的值测得电压：

检测仪连接	开关状态	规定状态
B2 – 3（＋B）—车身搭铁	点火开关置于"ON"位置	9～14 V

（4）重新连接热线式空气流量传感器插接器。

若电压异常，检查熔丝（EFI No. 1）；

若电压正常，检查热线式空气流量传感器（VG电压）。

4）检查热线式空气流量传感器的VG电压

（1）断开热线式空气流量传感器插接器。

（2）向端子＋B和E2G之间施加蓄电池电压。

（3）将检测仪正极（＋）探针连接端子VG，检测仪负极（－）探针连接端子E2G。

（4）根据下表中的值测得电压：

检测仪连接	条件	规定状态
5（VG）—4（E2G）	向端子＋B和E2G之间施加蓄电池电压	0.9～4.9 V

（5）重新连接热线式空气流量传感器插接器。

若电压异常，更换热线式空气流量传感器；

若电压正常，检查线束和插接器（热线式空气流量传感器—ECM）。

5）检查线束和插接器

（1）断开热线式空气流量传感器插接器。

（2）断开ECM插接器。

（3）根据下表中的值测得电阻。

标准电阻（短路检查）：

检测仪连接	条件	规定状态
B2 – 5（VG）—B31 – 118（VG）	始终保持连接	小于1 Ω
B2 – 4（E2G）—B31 – 116（E2G）	始终保持连接	小于1 Ω

标准电阻（断路检查）：

检测仪连接	条件	规定状态
B2 – 5（VG）或B31 – 118（VG）—搭铁	始终保持连接	10 kΩ 或更大

（4）重新连接热线式空气流量传感器插接器。

（5）重新连接ECM插接器。

若异常，维修或更换线束或插接器（热线式空气流量传感器—ECM）。

若正常，更换 ECM。

6）检查熔丝（EFI No. 1）

（1）从发动机室继电器盒上拆下熔丝（EFI No. 1）。

（2）根据下表中的值测得电阻：

检测仪连接	条件	规定状态
EFI No. 1 熔丝	始终保持连接	小于 1 Ω

（3）重新安装熔丝（EFI No. 1）。

若异常，更换熔丝（EFI No. 1）；

若正常，维修或更换线束或插接器（热线式空气流量传感器—集成继电器）。

7）检查线束和插接器（热线式空气流量传感器—搭铁）

（1）断开热线式空气流量传感器插接器。

（2）根据下表中的值测得电阻：

检测仪连接	条件	规定状态
B2-4（E2G）—车身搭铁	始终保持连接	小于 1 Ω

（3）重新连接热线式空气流量传感器插接器。

若异常，检查线束和插接器（热线式空气流量传感器—ECM）。

8）检查线束和插接器（热线式空气流量传感器—ECM）

（1）断开热线式空气流量传感器插接器。

（2）断开 ECM 插接器。

（3）根据下表中的值测得电阻。

标准电阻（断路检查）：

检测仪连接	条件	规定状态
B2-4（E2G）—B31-116（E2G）	始终保持连接	小于 1 Ω

标准电阻（短路检查）：

检测仪连接	条件	规定状态
B2-4（E2G）或 B31-116（E2G）—车身搭铁	始终保持连接	10 kΩ 或更大

（4）重新连接热线式空气流量传感器插接器。

（5）重新连接 ECM 插接器。

若异常，维修或更换线束或插接器（热线式空气流量传感器—ECM）。

若正常，更换 ECM。

3. 叶片式空气流量传感器的检修

在 L 型电控燃油喷射系统中，最早采用的空气流量传感器就是叶片式空气流量传感器。

测量叶片和缓冲叶片制成一体，安装在空气流量传感器壳体内的转轴上，转轴的一端装有复位弹簧，电位计安装在空气流量传感器壳体的上方，电位计的滑动触点与测量叶片为同轴结构。

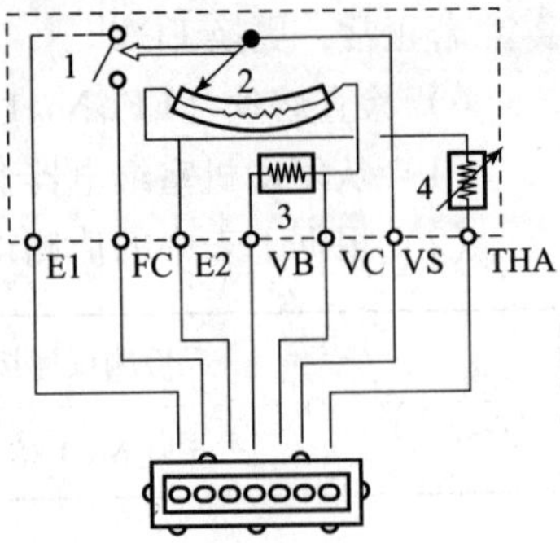

图 2-15　叶片式空气流量
传感器的内部电路图

1—燃油泵控制开关；2—电位计；
3—附加电阻；4—进气温度传感器

由于叶片式空气流量传感器只能检测进气的体积流量，所以 ECU 必须根据进气温度传感器信号对喷油量进行修正。进气温度传感器安装在叶片式空气流量传感器主空气通道进气口处。此外在部分车型的叶片式空气流量传感器中，装有燃油泵控制开关，用来控制燃油泵电路。带有燃油泵控制开关的叶片式空气流量传感器线束插接器有 7 个端子，其内部电路如图 2-15 所示，各接线端的名称和作用如表 2-6 所示。

表 2-6　叶片式空气流量传感器各端子名称（丰田）

端子名称	THA	VS	VC	VB	E2	FC	E1
作用	进气温度信号	信号电压	6~10 V 电源	12 V 电源	搭铁线	电动燃油泵继电器控制线	搭铁线

叶片式空气流量传感器根据信号变化情况分有两种类型，一种随进气量增大而信号电压升高，另一种随进气量增大而信号电压下降。

下面以丰田叶片式空气流量传感器为例介绍其检测方法。

拔下叶片式空气流量传感器插头，用万用表电阻挡测量各端子之间的电阻值，应符合表 2-7 所示的电阻值范围。

表 2-7　叶片式空气流量传感器各端子之间的电阻值（丰田）

端子	电阻值/Ω	条　件	温度/℃
FC—E1	∞	测量叶片全关闭	
	0	测量叶片非全关闭	
VS—E2	200~600	测量叶片全关闭	
	20~200	测量叶片从全开到全关	
VC—E2	200~400		
THA—E2	10~20 k		-20
	4~7 k		0
	2~3 k		20
	0.9~1.3 k		40
	0.4~0.7 k		60

用万用表直流电压挡测量各端子之间的电压值，应符合表 2-8 的规定。

表 2 – 8 叶片式空气流量传感器标准信号电压值

端子	电压值/V	条 件	
FC—E1	12	测量叶片全关闭	
	0	测量叶片非全关闭	
VS—E2	3.7 ~ 4.3	点火开关置于"ON"位置	测量叶片全关闭
	0.2 ~ 0.5		测量叶片非全关闭
	2.3 ~ 2.8	怠速	
	0.3 ~ 1.0	3 000 r/min	
VC—E2	4 ~ 6	点火开关置于"ON"位置	

4. 卡门旋涡式空气流量传感器的检测

卡门旋涡式空气流量传感器用于丰田雷克萨斯 LS400、三菱、现代等轿车上。卡门旋涡式空气流量传感器检测以雷克萨斯 LS400 轿车为例。卡门旋涡式空气流量传感器电路图如图 2 – 16 所示，卡门旋涡式空气流量传感器端子与测量方法如图 2 – 17 所示。

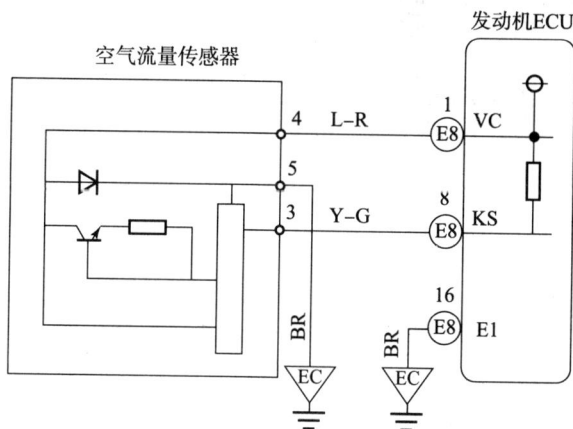

图 2 – 16　卡门旋涡式空气流量传感器电路图
（丰田雷克萨斯 LS400）

图 2 – 17　卡门旋涡式空气流量传感器
端子与测量方法

用万用表测量 E2 和 THA 之间的电阻，如图 2 – 17 所示，0 ℃时为 4 ~ 7 kΩ；20 ℃时为 2 ~ 3 kΩ；60 ℃时为 0.4 ~ 0.7 kΩ。

检查进气温度传感器的信号电压，20 ℃时信号电压为 2.5 ~ 3.4 V；60 ℃时为 0.2 ~ 1.0 V。

当发动机转速高于 300 r/min 时，卡门旋涡式空气流量传感器 5 s 没有输入信号，发动机就失速。故障部位可能是 ECU 与卡门旋涡式空气流量传感器之间的线路、卡门旋涡式空气流量传感器或发动机 ECU，可按以下步骤检查：

（1）打开点火开关，发动机不起动，测量卡门旋涡式空气流量传感器端子 KS 和 E2 之间的电压，应为 4.5 ~ 5.5 V。发动机运转时，输出电压应为 2 ~ 4 V（脉冲电压信号）。进气量越大，电压越高。若输出电压正常，则应检查或更换 ECU；如不正常，转下一步。

（2）检查卡门旋涡式空气流量传感器至 ECU 之间的线路是否正常。

（3）拔开卡门旋涡式空气流量传感器插接器插头，测量端子 VC 和 E2 之间的电压，应为

4.5～5.5 V。若不正常，应检查或更换 ECU；若正常，应更换卡门旋涡式空气流量传感器。

任务二　进气压力传感器的检修

进气压力传感器（Manifold Absolute Pressure）简称 MAP，普遍应用于 D 型电控燃油喷射系统中，一般装于发动机舱内，用一根真空管与进气歧管相接或直接装在节气门后方的进气歧管上，其安装位置及外形如图 2-18 所示。桑塔纳 2000GLi 轿车 AFE 发动机、丰田佳美 Camry2.2 轿车 5S-FE 发动机、本田雅阁轿车发动机和大众宝来 2010EA111 轿车发动机等均采用了进气压力传感器。

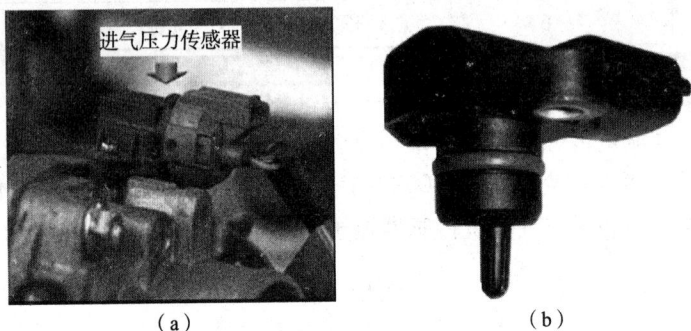

图 2-18　进气压力传感器
（a）安装位置；（b）外形

在本学习任务中要掌握以下知识：
（1）进气压力传感器的作用、类型。
（2）进气压力传感器的结构、原理。
（3）进气压力传感器的检测方法。

一、相关知识

（一）进气压力传感器的作用、类型

进气压力传感器主要用于检测节气门后方进气歧管内空气绝对压力（即真空度的变化），并将其转化成电压信号输送至 ECU，作为燃油喷射和点火控制的主要控制信号。

进气压力传感器的种类较多，按其信号转换原理可分为半导体压敏电阻式、电容式、墨盒式及表面弹性波式等。应用较多的是压敏电阻式和压敏电容式两种。尤其是压敏电阻式，因具有尺寸小、精度高、成本低，以及响应性、再现性、抗震性好等优点使用最为广泛。

进气压力传感器的作用及原理

（二）进气压力传感器的结构、原理

1. 压敏电阻式进气压力传感器的结构和原理

压敏电阻式进气压力传感器主要由绝对真空室、硅（膜）片、底座、硅杯、真空管接头、电极引线和 IC 放大电路等组成，如图 2-19 所示。

发动机工作时，节气门开度越小，进气歧管的真空度越大，进气歧管内的绝对压力越小，致使硅（膜）片变形越小，输出的信号电压就越小。节气门开度越大，进气歧管的真

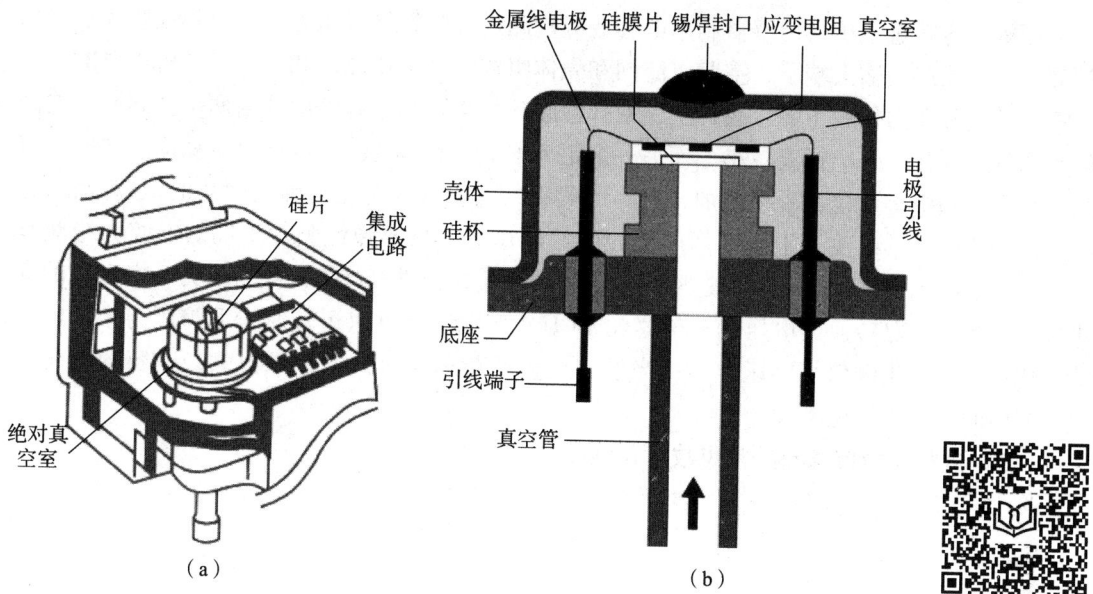

图 2-19 压敏电阻式进气压力传感器

（a）结构；（b）原理图

进气压力
传感器的结构

空度越小，进气歧管内的绝对压力越大，致使硅（膜）片变形越大，输出的信号电压就越大。输出的信号电压与进气歧管内绝对压力成正比，如图 2-20 所示。通常情况下，传感器的输出电压怠速时约为 1.25 V，节气门全开时大约为 5 V。

2. 压敏电容式进气压力传感器的结构和原理

压敏电容式进气压力传感器中位于传感器壳体内腔的弹性膜片用金属制成，弹性膜片上、下两个凹玻璃的表面也均有金属涂层，这样在弹性膜片与两个金属涂层之间形成两个串联的电容，膜片上腔为绝对真空，下腔通进气管，如图 2-21 所示。利用电容量随膜片上边的压力差而改变的性质，获得与压力成比例的电容值信号。在其他参数不变的条件下，两个极板之间的电容与其两极板之间的间隙成反比。

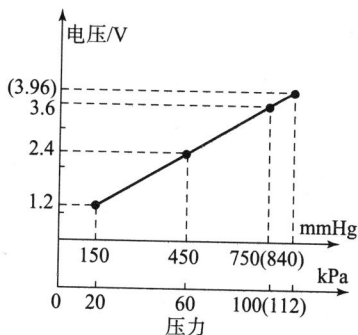

图 2-20 进气压力传感器
输出特性

进气歧管内绝对
压力随输出
电压的变化关系

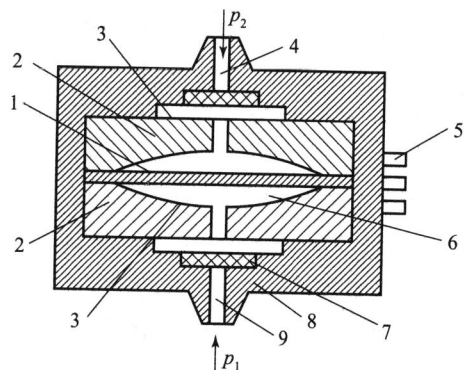

图 2-21 压敏电容式进气压力传感器

1—弹性膜片；2—凹玻璃；3—金属涂层；
4—低压侧进气孔；5—输出端子；6—空腔；
7—过滤器；8—壳体；9—高压侧进气孔

项目二 电控汽油机空气供给系统故障检修

压敏电容式进气压力传感器利用电容效应检测进气歧管绝对压力。它由弹性膜片、凹面玻璃、金属涂层、输出端子、空腔、滤网和壳体组成。其工作原理如下：发动机工作时，进气管内的空气压力作用于弹性膜片上，使弹性膜片产生位移，弹性膜片与两个金属涂层之间的距离发生变化，一个距离减小，而另一个距离增大，在弹性膜片与两个金属涂层之间形成的两个电容的电容量也就一个增加，另一个减小。电容量的变化与弹性膜片的位移成正比。而弹性膜片的位移取决于上、下两个空腔的气体压力，只要弹性膜片上部的空腔为绝对真空，下部空腔通进气管，则可通过检测电容量的变化检测进气歧管的绝对压力。电容量的变化再经过测量电路转换成电压信号输送给 ECU。当发动机怠速运转时，下腔压力小，电容的变化量小，产生的信号电压也小；当发动机大负荷运转时，下腔压力大，电容的变化量大，产生的信号电压也增大。

（三）进气压力传感器的常见故障及判断

1. 进气压力传感器的常见故障现象

（1）发动机无法起动。

（2）发动机加速不顺。

（3）发动机怠速不稳。

（4）发动机间歇性熄火。

2. 进气压力传感器的常见故障原因

（1）进气压力传感器内部的线路断路或短路。

（2）进气压力传感器和电脑的连接线路断路或短路。

（3）进气压力传感器探测头部结冰或污物堆积堵塞探测元件。

（4）进气歧管处的真空泄露使进气压力传感器无法取得正确的真空信号。

（5）真空软管泄露或脱落。

（6）进气压力传感器软管接口与炭罐的接口错接。

3. D 型喷射系统的故障特点

进气歧管内的真空度对 D 型喷射系统影响很大，同是一个故障点，在 D 型喷射系统和 L 型喷射系统中故障的表现是不一样的。例如：节气门后方漏气，对于 L 型喷射系统来说，外漏的气体没有经过空气流量传感器的计量，所以 ECU 不会令喷油量增加，以致混合气变稀，发动机动力不足、怠速不稳甚至熄火。对于 D 型喷射系统来说，节气门后方的真空漏气，会使进气歧管内的真空度下降，绝对压力升高。由于 D 型喷射系统都是以绝对压力的信号输出给 ECU 的，所以 ECU 根据绝对压力升高的信号，令喷油量增加，提高发动机的转速，造成怠速过高。如果漏气严重且 ECU 有超速断油功能，当转速达到 1 500 r/min 时，ECU 将开始断油降速，当达到一定的转速时，ECU 又开始供油提高转速，循环不已，以致发动机产生游车现象。

由此可以看出，L 型与 D 型喷射系统的真空漏气故障主要表现在发动机怠速工况下不同。L 型喷射系统表现为怠速不稳，甚至熄火。而 D 型喷射系统表现为怠速过高，甚至游车。另外，D 型喷射系统若在节气门前方漏气，将不影响发动机的工作，这也是 D 型喷射系统的一个特点。

D 型喷射系统中除了真空漏气外，还有许多因素会影响到歧管的真空度。如机械配气相位不对、点火时间晚、排气管堵塞等。点火时间晚，造成发动机过热和动力不足。如果靠加大节气门的开度来增加动力，会使歧管内的真空度降低，绝对压力升高，送给 ECU 的信号电压也升高，使 ECU 令喷油量增加，造成混合气过浓。其实 ECU 接收到的绝对压力升高的信息，不是发动机正常工作时的信息，而是一个误导 ECU 增加喷油量的错误信息，结果造成喷油量过多，混合气太浓引起排气管冒黑烟的一个假象。这种现象只有在 D 型喷射系统中才会出现。

4. 故障现象的确认流程

1）问诊

故障汽车进厂后，先向客户询问汽车修理情况、使用情况、驾驶习惯、故障症状、故障部位、故障发生的条件（时间、地点、环境、汽车工况），以及发生故障前后做了哪些检查和修理等信息，填写一份详细的客户调查表。这些有助于维修人员做出快速准确的诊断。

问诊时应尽可能避免使用专业术语，也不要根据自己的主观臆测，诱导客户说出一些事实上并不存在但符合维修人员思维习惯的故障现象（所谓"心理暗示"）。在客户叙述故障时，应认真倾听并在心中迅速判断故障的大概原因。在这种判断的基础上，进行基本检查。

2）试车

在一定的工况下运转车辆，来复现故障症状和检验车辆性能。目的在于再现车主所述的故障症状，以验证故障症状的真实性，同时试验故障症状再现的特征、时间、地点、环境、条件、工况等客观状态。

起动发动机，使车辆运行至预热，再现故障症状，如果故障症状没有出现，使用故障症状模拟法使之再现。对于不能确认的，发生频率很低的故障，最好等下一次故障发生时，由维修人员到现场进行检查。明显故障则无须试车，危害性故障（如线路短路故障）则不准试车。

3）直观检查

即观察故障现象，用听、摸、闻、看的方法获取故障特征信息，观察故障症状，查找故障部位和故障原因。试车过程中，应注意跟踪观察仪表显示值及故障指示灯的状态。

（1）听：是否有漏气声、敲缸声及其他异响。

（2）摸：温度、振动是否正常。

（3）闻：是否有焦煳味及其他异味。

（4）看：仪表显示是否正常，线路有无破损、断裂、老化、连接松动现象，管路有无老化、破裂、漏气、错插的现象。发动机抖动是否严重，排烟颜色是否异常，油位、水位是否在规定范围。

例如，进行汽车线路检查时应注意检查线路的老化、磨损，线路连接点的松动、锈蚀与接触不良，导线断路及错误连接。

4）自诊断测试

使用故障诊断仪（解码器）来读取故障码。连接故障诊断仪，按菜单引导选择对应选项，进入发动机控制单元，读取故障码；清除故障码后，起动发动机，再次读取故障码，确认故障现象，做好记录。

5）读取数据流

汽车 ECU 中所记忆的数据流真实地反映了各传感器和执行器的工作状态，可作为汽车 ECU 的输入输出数据，使维修人员随时可以了解汽车的工作状态，为故障诊断提供了依据。表 2-9 是大众轿车 02 组数据流及相关数据说明。

表 2−9　大众轿车 02 组数据流

输入组号	显示区域	定　义	显示值的说明
02 组	1	发动机转速	发动机转速：正常怠速值为（800 ± 30）r/min，若怠速超出，则检查怠速
	2	发动机负荷（发动机每转喷油时间）	发动机负荷（发动机每转喷油时间）：怠速时正常值为 1.00 ~ 2.50 ms，若小于 1.0 ms，则可能是进气系统有泄漏或是燃油系统压力过高；若大于 2.50 ms，则可能是发动机负荷过大
	3	发动机负荷（发动机每循环喷油时间）	发动机负荷（发动机每循环喷油时间）：怠速时正常值为 2.0 ~ 5.0 ms，若小于 2.0 ms，则可能是炭罐净化系统排气比例过高；若大于 5.0 ms，则说明发动机负荷过大
	4	进入的空气流率	进入的空气流率：怠速时正常值为 2.0 ~ 4.0 g/s，若小于 2.0 g/s，则可能是进气系统有泄漏；若大于 4.0 g/s，则可能是发动机负荷过大

二、任务实施

（一）实施准备

（1）准备好实训用发动机、万用表、真空泵、解码器、示波器、常用工具等。

（2）掌握本次实训课所用仪器及设备的使用方法。

（3）强调实训中的安全注意事项。

（二）实施内容

1. 汽车进气压力传感器的检测项目

（1）进气压力传感器电源电压的检查。其检查方法是：拔下进气压力传感器的线束插头，然后打开点火开关，但不要起动发动机。用电压表测量线束插头上电源端子和接地端子之间的电压。其值应符合规定，约为 5 V。

进气压力传感器的检测

（2）进气压力传感器线路电阻的检查。检查进气压力传感器与电控单元之间的线路是否导通。如有短路、断路，应更换或维修其电控线路线束。

（3）进气压力传感器输出电压的检查。其检查方法是：拆下进气压力传感器与进气歧管相连的真空软管，使进气压力传感器直接与大气相通，然后打开点火开关，但不起动发动机。在电控单元线束插头处测量进气压力传感器的输出电压，接着向进气压力传感器内施加真空，测量在不同真空度下进气压力传感器的输出电压，该电压值应随真空度的增大而降低。将输出电压下降量与标准值进行比较，如不相符，应更换进气压力传感器。

2. 进气压力传感器（压敏电阻式）的检测（以装有丰田 8A − FE 的发动机为例）

检测注意事项：

◆ 测量电阻时，将点火开关置于"OFF"位置。

◆ 测量电压时，将点火开关置于"ON"位置。

◆ 点火开关打开时，严禁拔插各传感器及执行器接口，以免损坏 ECU。

◆ 为了防止损坏诊断仪，在连接或断开诊断仪之前一定将点火开关旋至"LOCK（OFF）"位置。

◆ 按照 7S 管理操作，文明生产、安全操作。

（1）读取故障码和数据流，并进行简要分析。

将故障诊断仪连接好，将点火开关打到"ON"位置，读取故障码。

将故障诊断仪连接好，起动发动机，进入诊断仪数据流功能选项，读取发动机不同运行工况下进气压力传感器的压力值，然后参考标准值进行分析。

（2）检查是否存在机械故障，管路有无老化、破裂、漏气、错插的现象。

（3）识读进气压力传感器的电路图（请参考维修手册）。

从如图 2 - 22 所示的丰田 8A - FE 发动机控制系统电路图中，拆画出进气压力传感器电路图，如图 2 - 23 所示。

丰田8A-FE发动机电控系统线路图

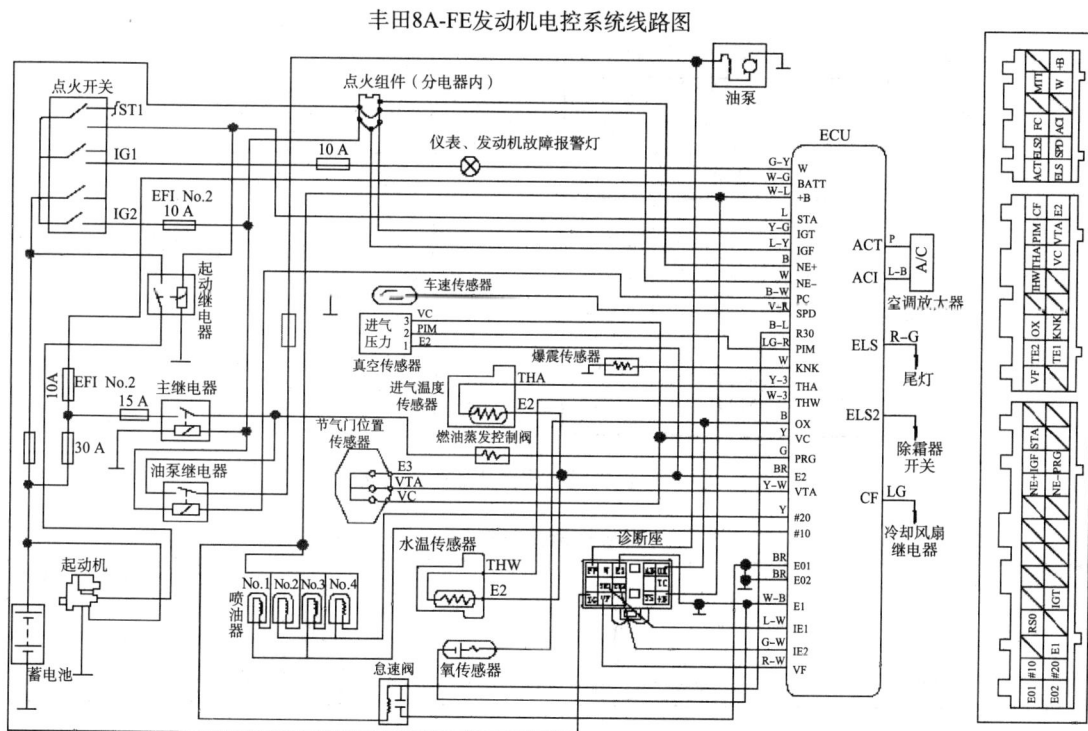

图 2 - 22　丰田 8A - FE 发动机控制系统电路图

（4）分析进气压力传感器可能的故障点，如图 2 - 24 所示。

（5）电源电压检测。打开点火开关，将数字万用表设置在直流电压 20 V 挡，红色表笔置于进气压力传感器 3#端子，黑色表笔置于蓄电池负极（进气压力传感器 1#端子或发动机进气歧管壳体），应显示 4.5 ~ 5 V 电压。若没有 5 V 电压，则检查进气压力传感器 3#端子至 ECU 之间线路是否正常。参见表 2 - 10，导线电阻应符合规定，否则应予维修或更换；若线路正常，则检查搭铁；若搭铁正常则检查 ECU 上相应端子 VC 上的电压应为 4.5 ~ 5 V，否则 ECU 故障。若有 5 V 电压，则检查进气压力传感器的信号电压。

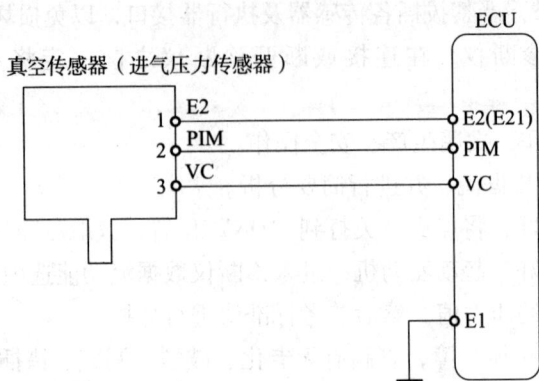

图 2-23　丰田轿车的进气压力传感器电路

1—ECU 搭铁点；

2—输出信号接线点；

3—输入信号接线点，应有 5 V 左右的参考电压

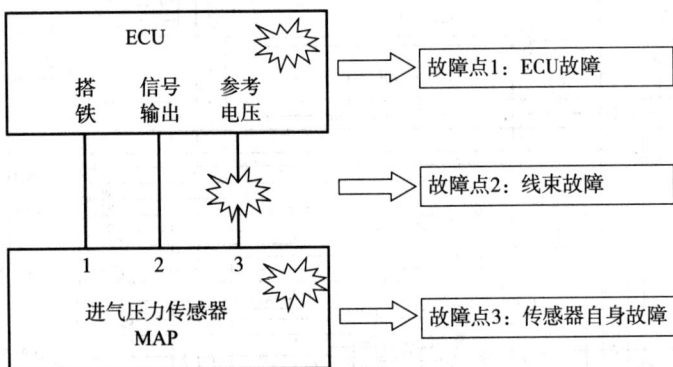

图 2-24　进气压力传感器故障点分析

表 2-10　进气压力传感器 3#端子与 ECU 端子之间的阻值

线束测试	端子	测量条件	标准阻值/Ω
线束导通性测试	3#—ECU 的 VC	关闭点火开关	<1.0
线束短路性测试	3#—ECU 的 E2、3#—ECU 的 PIM	关闭点火开关	∞

（6）搭铁测量。采用引外电源的方法（或用万用表的蜂鸣挡测量、或用电阻测量法）。将数字万用表设置在直流电压 20 V 挡，红色表笔置于蓄电池正极，黑色表笔置于进气压力传感器 1#端子，应显示 12 V 电压。若没有 12 V 电压，则检查进气压力传感器 1#端子至 ECU 之间的线路是否正常。参见表 2-11，若线路正常，则说明发动机 ECU 有故障。

表 2-11　进气压力传感器 1#端子与 ECU 端子之间的阻值

线束测试	端子	测量条件	标准阻值/Ω
线束导通性测试	1#—ECU 的 E2	关闭点火开关	<1.0
线束短路性测试	1#—ECU 的 VC、1#—ECU 的 PIM	关闭点火开关	∞

（7）进气压力传感器输出信号电压测量。信号电压的测量分为单件测量和就车测量，检测的条件及标准值见表2-12。

表2-12　PIM端子与E2端子之间的信号电压

真空度/kPa/mmHg	端子	测量条件	标准信号电压/V	测量值/V
打开点火开关	1#—2#	打开点火开关，但不起动发动机。将手动真空泵连接到进气压力传感器上	3.3~3.9	
13.3/100	1#—2#		3.3~3.1	
26.7/200	1#—2#		2.9~2.7	
40.0/300	1#—2#		2.5~2.3	
53.5/400	1#—2#		2.1~1.9	
66.7/500	1#—2#		1.7~1.5	

①进气压力传感器元件测试。拔下进气歧管处的真空软管，将手动真空泵连接到进气压力传感器上，打开点火开关，不起动发动机。使用手动真空泵向进气压力传感器内施加真空，测量在不同真空度下进气压力传感器的输出电压值，该电压值应随真空的增大而降低。将输出电压下降量与标准值相比较，如不相符，应更换进气压力传感器。

②就车测量。

当点火开关接通，不起动发动机时，检测进气压力传感器输出端导线（进气压力传感器2#端子连接的导线）与搭铁端导线（进气压力传感器1#端子连接的导线）之间的信号电压应为3.3~3.9 V。

当发动机怠速运转时，信号电压应为1.3~1.9 V；当缓加速时，信号电压应随之加大；当急加速时，信号电压应为3.3~3.9 V；当恒速时，信号电压应为1.3~1.9 V；急减速时，信号电压应为0.5~1.3 V。如信号电压不符合上述规定，说明进气压力传感器失效，应更换。

若没有信号电压，则检查进气压力传感器2#端子至ECU之间的线路是否正常。参见表2-13，若线路正常，则说明发动机ECU有故障。

表2-13　进气压力传感器2#端子与ECU端子之间的阻值

线束测试	端子	测量条件	标准阻值/Ω
线束导通性测试	2#—ECU的PIM	关闭点火开关	<1.0
线束短路性测试	2#—ECU的E2、2#—ECU的VC	关闭点火开关	∞

（8）示波器测试。将示波器连接到进气压力传感器信号输出端，起动发动机，使其稳定怠速后，观察输出电压的信号波形。将节气门逐渐开至全开，保持约2 s，回到怠速并保持2 s，再急加速至节气门全开，并怠速，锁定波形，对照标准波形进行分析，波形应符合规律，否则说明进气压力传感器故障。不同工况下的标准波形如图2-25所示。

（三）实训操作

（1）利用实训车辆或台架，完成进气压力传感器的检测。

（2）根据故障诊断的逻辑顺序写出检测步骤。

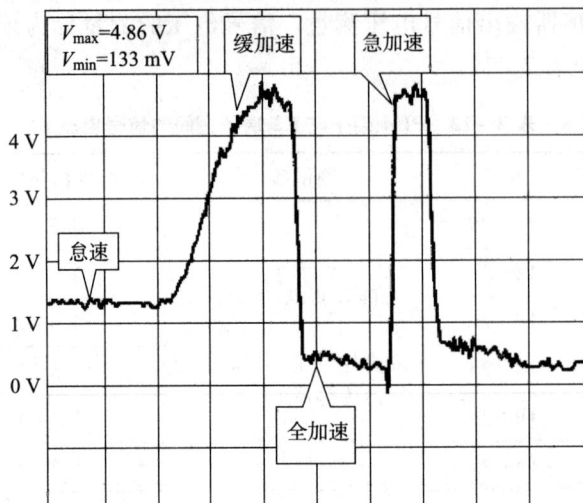

图 2 – 25 进气压力传感器（压敏电阻式）的输出信号波形

（3）将检测数据填入表 2 – 14 中，并得出分析结论。

表 2 – 14 进气压力传感器检测记录

检测项目		检测条件	标准值	测量值	结论
故障码		故障记录			
数据流		进气压力传感器数据流			
电压	3#端子供电电压				
	2#端子输出电压				
	1#端子电压				
导线导通性（电阻）	1#—ECU 的 E2	关闭点火开关，拔掉传感器上的插接器			
	2#—ECU 的 PIM				
	3#—ECU 的 VC				
导线间的绝缘性（电阻）	1#—ECU 的 PIM	关闭点火开关，拔掉传感器上的插接器			
	1#—ECU 的 VC				
	2#—ECU 的 VC				

✺ 任务三　冷却液/进气温度传感器的检修

温度传感器的常见类型有热敏电阻式、半导体晶体管式、绕线电阻式和金属丝式等。热敏电阻式又分为正温度系数型（PTC）和负温度系数型（NTC）热敏电阻两种。汽车上常用的是负温度系数型热敏电阻式传感器，如进气温度传感器、冷却液温度传感器、排气温度传感器和机油温度传感器等。热敏电阻是利用陶瓷半导体材料的电阻随温度变化而变化的特性制成的，其突出优点是灵敏度高、响应及时、结构简单、制造方便、成本低廉。

在本学习任务中要掌握以下知识：

（1）温度传感器的作用。

（2）温度传感器的安装位置、结构。

（3）温度传感器的工作原理。

（4）温度传感器的检测方法。

一、相关知识

（一）温度传感器的作用

1. 冷却液温度传感器

冷却液温度传感器又称水温传感器（Coolant Temperature Sensor，简称 CTS；发动机冷却液温度传感器 Engine Coolant Temperature Sensor，简称 ECT），如图 2-26 所示，其作用是用来检测发动机冷却液的温度，并将温度信号转变为电信号输送给 ECU，作为燃油喷射、点火正时、怠速、废气再循环、冷却液风扇等控制的主要修正信号。具体如下：

（1）修正喷油量：低温时，增加喷油量。

图 2-26 冷却液温度传感器

（2）修正点火提前角：低温时增大点火提前角；高温时，为防止爆震，推迟点火时刻。

（3）影响怠速控制阀动作：低温时 ECU 根据冷却液温度传感器的信号控制怠速控制阀动作，提高发动机转速。

图 2-27 进气温度传感器

（4）影响活性炭罐电磁阀（EGR）控制动作。

（5）对冷却液风扇进行控制：如在马自达轿车中，冷却液温度在 85 ℃以上时，冷却液风扇开始低速旋转，105 ℃时开始高速旋转。

2. 进气温度传感器

进气温度传感器和冷却液温度传感器是 EFI 系统中重要的温度传感器，能反映发动机的热负荷状态。

进气温度传感器（Intake Air Temperature Sensor，简称 IATS）的作用是检测进气温度，并将温度信号转变成电信号输送给 ECU，作为燃油喷射和点火正时的修正信号。如图 2-27 所示为进气温度传感器实物图。

（二）温度传感器的结构、安装位置

1. 温度传感器的结构

热敏电阻式温度传感器的结构如图 2-28 所示，主要由热敏电阻、金属引线、金属或塑料壳体、接线插座等组成。接线插座有单端子式和双端子式，目前汽车电控系统中多采用双端子接线插座，与 ECU 之间有两条连线：一条是电压信号线，另一条是搭铁线。

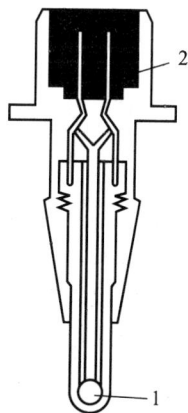

2. 温度传感器的安装位置

冷却液温度传感器一般安装在发动机缸体、缸盖的水套、发动机后侧节温器或发动机的出水口处，其下端浸入发动机的冷却液中。

在 D 型 EFI 中，进气温度传感器一般安装在空气滤清器、进气总

图 2-28 热敏电阻式温度传感器的内部结构
1—热敏电阻；
2—接线端子

管、进气歧管内或进气压力传感器内，与进气压力传感器组成进气压力温度传感器；在 L 型 EFI 中进气温度传感器一般安装在空气流量传感器内。

（三）温度传感器的工作原理

目前汽车上常用的冷却液温度传感器是一个负温度系数（NTC）的热敏电阻，其阻值随着冷却液温度的变化而变化。冷却液温度越低，热敏电阻阻值越大；反之，冷却液温度越高，热敏电阻阻值越小。典型的冷却液温度传感器在 -40 ℃ 时的电阻可达 3.5 kΩ，在 120 ℃ 时只有 120 Ω。其特性曲线如图 2-29 所示。当在外界环境温度较低的条件下起动发动机时，此时冷却液温度传感器的热敏电阻阻值较大，此时 ECU 接收到低温信号，给喷油器较多额外喷油的指令，使喷油器多喷油；当发动机冷却液的温度逐渐升高时，热敏电阻的阻值逐渐减小，此时 ECU 控制喷油器逐渐减少额外喷油。如果发动机冷却液的温度达到 80 ℃ 以上时，冷却液温度传感器热敏电阻的阻值约为 0.4 kΩ，此时 ECU 控制喷油器进行正常喷油，不再额外喷油，发动机进入正常工作状态。

负温度系数的冷却液温度传感器特性

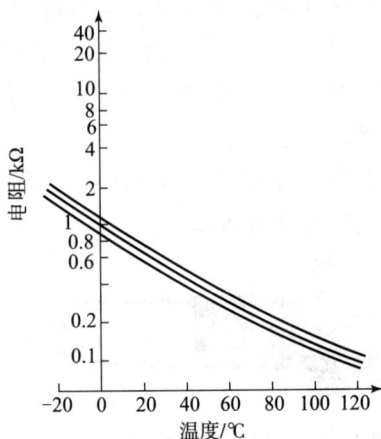

图 2-29　冷却液温度传感器特性曲线

冷却液温度传感器（双斜线式）的电路如图 2-30 所示，冷却液温度传感器与 ECU 内部的分压电阻相串联，ECU 向该电路提供一个 5 V 的电源电压，当被测冷却液的温度升高时，热敏电阻的阻值降低，输出的信号电压也随之降低；当被测冷却液的温度降低时，热敏电阻的阻值升高，输出的信号电压也随之升高。ECU 根据接收到的信号电压值，计算出对应的冷却液温度值，从而进行燃油喷射和点火正时等的控制。此种类型的传感器，在低温区信号变化大，检测精确；在高温区信号平缓，检测不精确。因此，为了提高测试精度，目前广泛使用双斜线式冷却液温度传感器，其信号电压与冷却液温度变化的特性曲线如图 2-31 所示，这种电路能提供更为精确的测量发动机温度的方法。

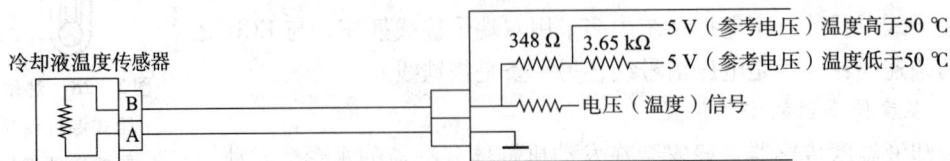

图 2-30　冷却液温度传感器（双斜线式）电路图

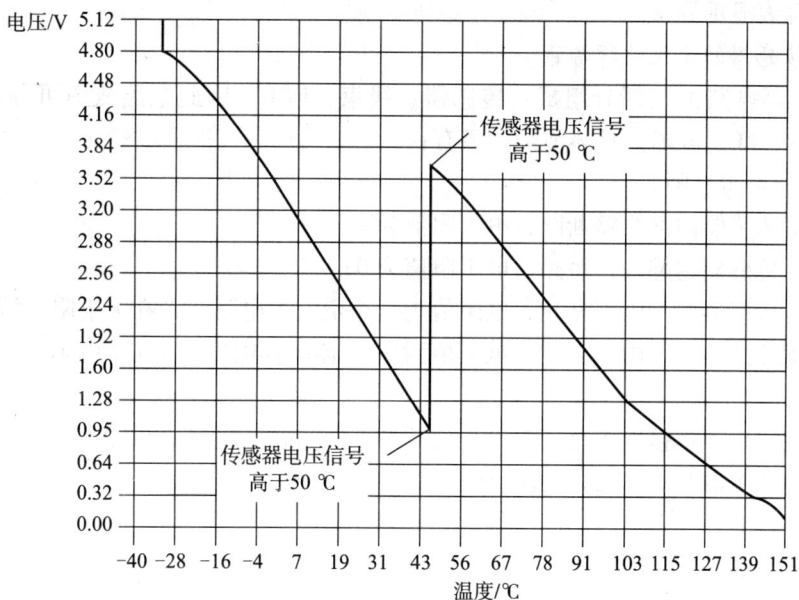

图2-31 冷却液温度传感器（双斜线式）信号电压与温度的关系曲线

当发动机温度低于50 ℃时，参考电压流经热敏电阻、阻值为3.65 kΩ和348 Ω的电阻，发动机温度渐渐升高后，信号电压从5 V逐渐减小；当发动机温度高于50 ℃时，参考电压只流经热敏电阻和阻值为348 Ω的电阻，信号电压变成又一组从高到低变化的电压。用双斜线式冷却液温度传感器检测温度，比用一条斜线表示温度范围更为精确，尤其是提高了高温区检测精度。

进气温度传感器的工作原理与冷却液温度传感器的相同。进气温度传感器把所测得的进气温度信号转变成电信号输送给ECU，ECU根据接收到的信号电压值，计算出对应的进气温度，从而进行燃油喷射和点火正时等的控制。

（四）温度传感器的常见故障

1. 温度传感器的常见故障现象

1) 进气温度传感器故障

（1）发动机起动困难；

（2）发动机怠速不稳；

（3）发动机尾气排放超标；

（4）发动机无法准确控制喷油量。

2) 冷却液温度传感器故障

（1）发动机冷起动困难，在冷机或暖机过程中，运行不平稳；

（2）发动机怠速不稳；

（3）油耗增加；

（4）发动机尾气排放超标；

（5）电子风扇常转；

（6）故障灯点亮，发动机功率不足；

（7）水温表显示异常。

2. 温度传感器的常见故障原因

温度传感器电路由三部分组成：传感器、线束、ECU。因此电路故障可分为传感器故障、线束故障、ECU 故障。具体故障类型有：

1）传感器自身故障

（1）温度传感器内部线路断路，电阻阻值为∞；

（2）温度传感器内部线路短路，电阻阻值为 0；

（3）温度传感器由于内部老化，电阻值为一稳定的大电阻或者在大电阻区域内变化；

（4）温度传感器由于内部老化，电阻值为一稳定的小电阻或者在小电阻区域内变化。

2）线束故障

（1）温度传感器插接器脱落或温度传感器和 ECU 的连接线路断路，电阻阻值为∞；

（2）温度传感器和 ECU 的连接线路短路。

3）ECU 故障

（1）ECU 内部电路断路；

（2）ECU 内部电路短路。

二、任务实施

（一）实施准备

（1）准备好实训用发动机、万用表、解码器、示波器、烧杯、加热器、电吹风等。

（2）掌握本次实训课所用仪器及设备的使用方法。

（3）强调实训中的安全注意事项。

（二）实施内容

1. 冷却液温度传感器的检修及维护

1）冷却液温度传感器的常见故障及判断

冷却液温度传感器的故障分为以下两大类：

（1）信号超出规定的范围。

当冷却液温度传感器信号超出规定的范围时，表示冷却液温度传感器已经失效。现代电控汽车具有失效保护功能，当冷却液温度传感器的信号失效时，ECU 不采纳其信号，失效保护程序以一个固定的数值来代替（有的车型用固定值 80 ℃代替实际冷却液温度），因此起动时，ECU 接收到的是热机信号，正常供油（不会温度补偿供油），因此导致发动机冷机起动困难，但是一旦起动就能正常工作；根据控制程序不同，有的 ECU 在冷却液温度传感器失效后，用进气温度传感器的信号代替冷却液温度传感器的信号，每运转 20 s，冷却液温度升高 1 ℃，直至 90 ℃。

（2）信号不准确（性能漂移）。

传感器由于内部老化导致热敏电阻阻值不正常。当冷却液温度传感器一直处于高电阻时，ECU 接收到的是冷机信息，会一直发出低温供油信号，导致火花塞常被燃油浸湿，难以起动，起动后又一直供给浓混合气，因富油而怠速偏高；当冷却液温度传感器一直处于低电阻时，ECU 接收到的是热机信息，会一直发出正常供油信号，因此导致发动机冷机起动困难，但是一旦起动就能正常工作。

冷却液温度传感器信号不准确产生的危害性可能比没有信号时更大，这是因为既然信号没能超出规定的范围，ECU 会按照这一不准确的冷却液温度信号控制喷油量，所以往往造成混合气过稀或过浓。

利用这一特性，可以通过以下方法来判断冷却液温度传感器的性能。

（1）观察水温表的指示状况，初步确认故障。

若冷却液温度传感器短路或者线路短路，水温表指向最高位置；若冷却液温度传感器断路或者线路断路，水温表指针在最低位置不动；插接器或导线虚接，导致水温表摆动。

（2）插拔插接器，观察发动机的运行状况，进一步判断故障。

插拔冷却液温度传感器的插接器，观察发动机运行状况是否变化。若发动机运行状况没有变化，说明冷却液温度传感器有故障；若有变化，一般来说冷却液温度传感器无故障。

起动发动机，拔下冷却液温度传感器插头，如发动机转速突然上升，表明冷却液温度传感器可能正常，且冷却液温度传感器的线束正常；如转速无变化，这时用一根导线短接从 ECU 到冷却液温度传感器插头的两端子，转速下降表明冷却液温度传感器存在高电阻问题，如转速仍然无变化，表明 ECU 的线束可能断路。这种方法利用拔插头模拟出冷却液温度传感器电阻值为∞的极值，再用导线短接模拟冷却液温度电阻值为 0 的极值，观察发动机转速的变化，可初步确定故障点是否在冷却液温度传感器。

（3）利用故障诊断仪（解码器）检测故障。

用此种方法可快速确定故障范围。但是，有时温度传感器由于内部老化（如温度传感器有污染物包裹），电阻值为一稳定的电阻或随温度变化不敏感，导致冷却液温度检测不准确，这种情况往往调不出故障码。因此，还应观察数据流，检测水温的变化。

（4）读取数据流来检测故障。

冷却液温度传感器常见的故障为短路、断路、信号偏差，一般短路、断路都会存在相应的故障码，但是信号偏差一般不会有故障码。读取数据流是判断汽车零部件工作是否正常最常用的方法。

用故障诊断仪读取发动机冷机时的静态数据流，如果 ECU 输出的冷却液温度为 105 ℃，则很明显 ECU 收到的是错误的信号，说明冷却液温度传感器出现了问题。

起动发动机，读取发动机系统动态数据流。踩下加速踏板，使发动机温度上升，观察"发动机冷却水温"数值应逐渐增加，"冷却水温度传感器输出的电压值"数值应逐渐减小，如果没有相应变化，则应检查传感器及线束的连接情况。

用故障诊断仪读取发动机系统数据流。涉及水温的数据有两个，即水温传感器输出的电压值、发动机冷却水温。

2）冷却液温度传感器的检测项目

（1）冷却液温度传感器电源电压的检查。其检查方法是：拔下冷却液温度传感器的线束插头，然后打开点火开关，但不要起动发动机。用电压表测量线束插头上两端子之间的电压，其值应符合规定，约为 5 V。

（2）冷却液温度传感器线路电阻的检查。检查冷却液温度传感器与电控单元之间的线路是否导通。如有短路、断路，应更换或维修其电控线路线束。

（3）冷却液温度传感器信号电压的检查。其检查方法是：插上冷却液温度传感器插头，接通点火开关，当发动机工作时，信号电压应随之变化，温度高时电压低，温度低时电压高。可查阅维修手册以得到精确的信号电压范围。通常,冷车时冷却液温度传感器的信号电压应在 3~5 V(全冷态)之间,随着发动机工作运行至正常温度时,信号电压降至 1 V 左右。如果电压偏差过大,应更换冷却液温度传感器。

(4)冷却液温度传感器阻值的检测。检测冷却液温度传感器时,断开点火开关,拔下冷却液温度传感器插头,拆下冷却液温度传感器,将其工作部分放入水中进行加热,如图 2-32 所示,在不同温度下,用万用表电阻挡测量冷却液传感器插座上两端子间的电阻值是否符合标准值。如不符合规定值则予以更换。丰田皇冠 3.0 轿车和桑塔纳 2000 型轿车用冷却液温度传感器的标准阻值见表 2-15。

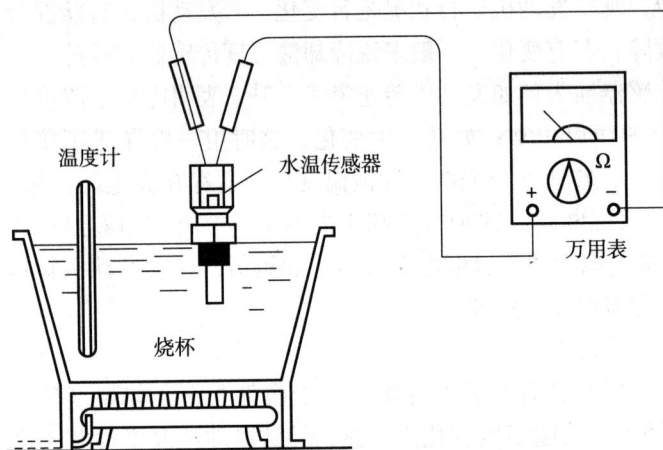

图 2-32　冷却液温度传感器在不同温度下电阻值的测量

冷却液温度传感器的结构及电阻检测

表 2-15　冷却液温度传感器的标准阻值

丰田皇冠 3.0 轿车冷却液温度传感器		桑塔纳 2000 冷却液温度传感器	
温度/℃	阻值/Ω	温度/℃	阻值/Ω
-20	10 000~2 000	-20	14 000~2 000
0	4 000~7 000	0	5 000~6 500
20	2 000~3 000	10	3 300~4 200
40	900~1 300	20	2 200~2 700
60	400~700	40	1 000~1 400
80	200~400	60	530~650
		80	280~350
		100	170~200

> **提示:**检测时,不要用明火检测冷却液温度传感器,否则会损坏冷却液温度传感器。

3)桑塔纳 2000AJR 发动机冷却液温度传感器的检测

检测注意事项：

◆ 测量电阻时，将点火开关置于"OFF"位置。

◆ 测量电压时，将点火开关置于"ON"位置。

◆ 点火开关打开时，严禁拔插各传感器及执行器接口，以免损坏 ECU。

◆ 为了防止损坏诊断仪，在连接或断开诊断仪之前一定将点火开关旋至"LOCK（OFF）"位置。

◆ 加热用于测量的冷却液温度传感器时，只需将其工作部分放入水中即可，检测过程中不要将冷却液温度传感器从水中取出。

◆ 按照 7S 管理操作，文明生产、安全操作。

（1）读取故障码和数据流，并进行简要分析。

将故障诊断仪连接好，将点火开关打到"ON"位置，读取故障码。

将故障诊断仪连接好，起动发动机，进入诊断仪数据流功能选项，读取发动机不同运行工况下"发动机冷却水温"与"冷却水温度传感器输出的电压值"数值，参考标准值进行分析。

（2）检查是否存在机械故障，是否存在线束断路、插接器虚接的现象。

（3）识读冷却液温度传感器的电路图（请参考维修手册）。

桑塔纳 2000AJR 发动机冷却液温度传感器是一个负温度系数的热敏电阻，其电路图如图 2-33 所示。电路检测参数如下。

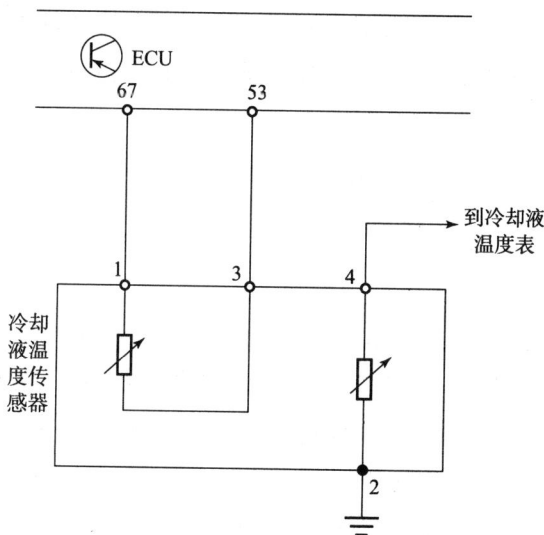

图 2-33 桑塔纳时代超人汽车冷却液温度传感器电路图

工作电压：5 V；

信号电压：0~5 V（正常工作温度时为 1.5~2.5 V）；

电阻变化：70 Ω~100 kΩ；

有关的故障代码：P0117、P0118、P1114、P1115；

线束电阻：<1.0 Ω。

（4）电源电压检测。关闭点火开关，拔下冷却液温度传感器的插头。打开点火开关，将数字万用表设置在直流电压 20 V 挡，红色表笔置于插接器 3# 端子，黑色表笔置于插接器

1#端子，应显示 5 V 左右电压，如表 2-16 所示。若没有 5 V 电压，则检查冷却液温度传感器 3#端子至 ECU 的 53#端子之间线路是否正常。参见表 2-17，导线电阻应符合规定，否则应予维修或更换。若线路正常，则检查搭铁；若搭铁正常则检查 ECU 上相应 53#端子的输出电压应为 5 V 左右，否则 ECU 故障。若有 5 V 电压，则检查冷却液温度传感器的信号电压。

表 2-16 冷却液温度传感器的电源电压

电压测试	端子	测量条件	标准电压值
电源电压	插接器 3#—插接器 1#	打开点火开关	5 V 左右
	ECU 的 53#—发动机壳体/蓄电池负极		5 V 左右

表 2-17 冷却液温度传感器 3#端子与 ECU 的 53#端子之间的阻值

线束测试	端子	测量条件	标准阻值/Ω
线束导通性测试	3#—ECU 的 53#	关闭点火开关	< 1.0
线束短路性测试	3#—ECU 的 67#	关闭点火开关	∞

（5）搭铁测量。采用引外电源的方法（或用万用表的蜂鸣挡测量、或用电阻测量法）。将数字万用表设置在直流电压 20 V 挡，红色表笔置于蓄电池正极，黑色表笔置于冷却液温度传感器 1#端子，应显示 12 V 电压。若没有 12 V 电压，则检查冷却液温度传感器 1#端子至 ECU 之间的线路是否正常。参见表 2-18，若线路正常，则说明发动机 ECU 有故障。

表 2-18 冷却液温度传感器 1#端子与 ECU 端子之间的阻值

线束测试	端子	测量条件	标准阻值/Ω
线束导通性测试	1#—ECU 的 67#	关闭点火开关	< 1.0
线束短路性测试	1#—ECU 的 53#	关闭点火开关	∞

（6）冷却液温度传感器输出信号电压的测量。

将冷却液温度传感器线束插头接好，起动发动机，将发动机逐渐升温，测量冷却液温度传感器 1#与 3#端子之间的电压，应在 1.0～5.0 V 之间变化，温度越低时电压越高，温度越高时电压越低。检测的条件及标准值见表 2-19。如信号电压不符合规定，则检查冷却液温度传感器是否正常。若异常，应及时更换。

表 2-19 冷却液温度传感器的信号电压

电压测试	端子	测量条件	标准电压值
信号电压	3#—1#	打开点火开关	冷车时 3～5 V
			热车时 1 V 左右

> **提示**：多数电控发动机 ECU 内部有一个与冷却液温度传感器串联的电阻，这个电阻将在 50 ℃ 左右（电压在 1.25 V）时打开，所以冷却液温度传感器两端的电压降在冷车和热车时会有很大的变化。

（7）冷却液温度传感器元件电阻的检测。

检测冷却液温度传感器时，关闭点火开关，拔下冷却液温度传感器插头，拆下冷却液温度传感器，将其工作部分放入水中加热（或将电吹风的热风挡对准冷却液温度传感器的工作部分进行加热）。检测的条件及标准值如表2-20所示。如果冷却液温度传感器正常，则说明发动机ECU有故障。

表2-20　桑塔纳2000AJR发动机冷却液温度传感器的标准阻值

电阻测试	测量点	测量条件/℃	标准阻值/Ω
冷却液温度传感器	3#—1#	-20	14 000 ~ 2 000
		0	5 000 ~ 6 500
		10	3 300 ~ 4 200
		20	2 200 ~ 2 700
		40	1 000 ~ 1 400
		60	530 ~ 650
		80	280 ~ 350
		100	170 ~ 200

4）实训操作

（1）利用实训车辆或台架，完成冷却液温度传感器的检测。

（2）根据故障诊断的逻辑顺序写出检测步骤。

（3）将检测数据填入表2-21中，并得出分析结论。

表2-21　冷却液温度传感器检测记录

检测项目		检测条件	标准值	测量值	结论
故障码	故障记录	将点火开关打到"ON"挡			
数据流	发动机冷却水温	将点火开关打到"ON"挡			
	冷却水温度传感器输出的电压值	将点火开关打到"ON"挡			
电压	3#—1#（发动机壳体/蓄电池负极）	将点火开关打到"ON"挡	5 V 左右		
	ECU的53#—发动机壳体/蓄电池负极	将点火开关打到"ON"挡	5 V 左右		
	3#—1#	将点火开关打到"ON"挡	冷车时3~5 V		
			热车时1 V 左右		

续表

	检测项目	检测条件	标准值	测量值	结论
导线导通性（电阻）	3#—ECU 的 53#	关闭点火开关，拔掉冷却液温度传感器上的插接器	<1.0 Ω		
	1#—ECU 的 67#		<1.0 Ω		
导线间的绝缘性（电阻）	1#—ECU 的 53#	关闭点火开关，拔掉冷却液温度传感器上的插接器	∞		
	3#—ECU 的 67#		∞		

5）冷却液温度传感器的日常检查与维护

（1）检查导线是否破损、断裂。若损坏，则及时修复。

（2）检查插接器连线是否可靠，端子是否接触不良。若接触不良，及时修复。

（3）清洁冷却液温度传感器表面油污。

（4）冷却液温度传感器异常时，应及时更换。

（5）避免用水冲洗汽车电器，可用高压气枪吹扫，有油污的地方用布擦或用刷子来刷。

6）冷却液温度传感器的更换流程

关闭点火开关，拔下插接器，放掉冷却液，拧下冷却液温度传感器，清洁安装管口，涂抹密封胶，安装新的冷却液温度传感器，插上线束，补充冷却液，清除故障码，起动发动机，检查接口是否漏液、发动机工作是否异常。

2. 桑塔纳 2000AJR 发动机进气温度传感器的检测

进气温度传感器的检测方法与冷却液温度传感器的检测方法一样，下面以桑塔纳 2000AJR 发动机为例，检测其进气温度传感器。

（1）读取故障码和数据流，并进行简要分析。

（2）检查是否存在机械故障，是否存在线束断路、插接器虚接的现象。

（3）识读进气温度传感器的电路图（请参考维修手册）。

桑塔纳 2000GSi AJR 发动机在进气总管上装有进气温度传感器，用于修正喷油量和点火提前角。其电路如图 2 - 34 所示。进气温度传感器（G72）的 2#接线端子通过导线与 J220 的 T80/67 端子相连，是搭铁端。G72 的 1#端子与控制单元 J220 的 T80/54 端子相连，为参考电压输出端，同时也是信号输入端。

进气温度传感器的结构及输出电压和
输出电阻随温度的变化关系

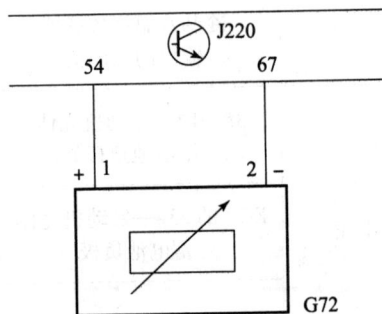

图 2 - 34　桑塔纳时代超人进气温度
传感器电路图

（4）电源电压检测。关闭点火开关，拔下进气温度传感器的插头。打开点火开关，用万用表检测进气温度传感器插接器的1#与2#端子，应有5 V左右电压，如表2－22所示。若没有5 V电压，则检查进气温度传感器2#端子至ECU的54#端子之间线路是否正常，如表2－23所示。若线路正常，则检查搭铁。若搭铁正常则检查ECU上相应54#端子的输出电压应为5 V左右，否则ECU故障。若有5 V电压，则检查进气温度传感器的信号电压。

表2－22　进气温度传感器的电源电压测试

电压测试	端　　　子	测量条件	标准电压值/V
电源电压	插接器1#—插接器2#	打开点火开关	5 V左右
	ECU的54#—发动机壳体/蓄电池负极		5 V左右

表2－23　进气温度传感器线束测试

线束测试	端子	测量条件	标准阻值/Ω
线束导通性测试	1#—ECU的54#	关闭点火开关	< 1.0
线束短路性测试	1#—ECU的67#	关闭点火开关	∞
线束导通性测试	2#—ECU的67#	关闭点火开关	< 1.0
线束短路性测试	2#—ECU的54#	关闭点火开关	∞

（5）输出信号电压值检测。当点火开关置于"ON"位置时，桑塔纳2000GSi AJR发动机进气温度传感器（G72）1#端子（信号线正极）与2#端子（信号线负极）间的电压正常值应为0.5～3.0 V，如表2－24所示。

表2－24　进气温度传感器信号电压

电压测试	端子	测量条件	标准电压值/V
信号电压	1#—2#	打开点火开关	0.5～3.0

（6）进气温度传感器元件电阻的检测。

将点火开关置于"OFF"位置，拔下进气温度传感器导线插接器，并将传感器拆下，用电吹风或热水加热进气温度传感器；用万用表欧姆挡测量在不同温度下进气温度传感器两端子间的电阻，将测得的电阻值与标准数值进行比较。如果与标准值不符，则应更换。桑塔纳2000GSi AJR发动机进气温度传感器的电阻标准值见表2－25。

表2－25　桑塔纳2000GSi AJR发动机进气温度传感器电阻标准值

电阻测试	测量点	测量条件/℃	标准阻值/Ω
进气温度传感器	1#—2#	－20	14 000～2 000
		0	5 000～6 500
		10	3 300～4 200
		20	2 200～2 700
		40	1 000～1 400
		60	530～650
		80	280～350
		100	170～200

❋ 任务四 节气门体组件的检修、清洗与匹配

节气门体安装在空气流量传感器与进气总管之间，主要由节气门和整体式怠速稳定装置组成，如图 2 - 35 所示。

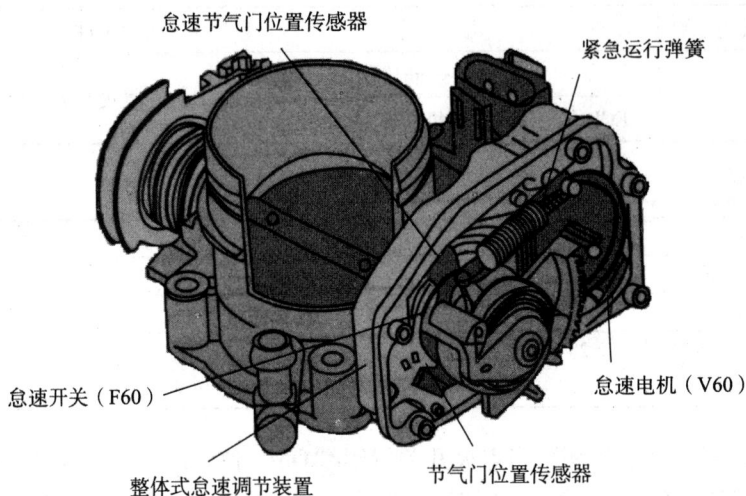

图 2 - 35 节气门体组件

整体式怠速稳定装置主要由怠速电机、齿轮减速机构、应急弹簧、节气门电位计、怠速节气门电位计和怠速开关等构成。节气门电位计相当于传统电喷发动机的节气门位置传感器，怠速节气门电位计相当于一个具有高灵敏度的、仅用于检测节气门怠速开度的节气门位置传感器，怠速开关则用来判定节气门是否进入怠速状态。

当 ECU 根据转速、水温、空调开关等信号判定需要调节节气门开度来稳定或控制发动机的怠速转速时，就会向怠速电机提供正向或反向工作电流，使怠速电机正向或反向运转，并通过齿轮减速机构驱动节气门开度增大或减小，怠速节气门电位计将节气门怠速开度的变化情况随时反馈给 ECU。当发动机转速或节气门开度达到理想值时，ECU 又会将怠速电机锁定，从而使节气门开度锁定。当节气门由大开度突然关闭时，怠速电机还可以减缓节气门的关闭速度，起到节气门缓冲器的作用。在控制电路或怠速电机等发生故障的情况下，紧急运行弹簧还可将节气门拉开到某一预定的开度，保证发动机能以较高怠速应急运转，从而避免熄火。

在本学习任务中要掌握以下知识：

（1）节气门体的作用、类型。

（2）节气门位置传感器的结构、类型。

（3）节气门位置传感器的作用、原理。

（4）节气门位置传感器的检测方法。

（5）节气门的清洗与匹配。

一、相关知识

（一）节气门体的作用、类型

节气门体主要分为机械式节气门体和电子式节气门体两种，如图2-36、图2-37所示。

图2-36　机械式节气门体

图2-37　电子式节气门体

节气门的作用是控制发动机的进气流量，决定发动机的运行工况。驾驶员通过操作加速踏板来操纵节气门开度。加速踏板和节气门的连接方式有两种：刚性连接和柔性连接。传统油门采用刚性连接，即通过拉杆或拉索传动连接加速踏板和节气门的机械连接方式，因此节气门开度完全取决于加速踏板的位置，即驾驶员的操作意图，但从动力性和经济性角度来看，发动机并不总是完全处于最佳运行工况，而且驾驶员的误操作也给安全性带来隐患。在混合动力车中，由于发动机和电池组成多能源动力系统，刚性连接方式不能实现各动力源之间的能量分配管理，因此，它必将被柔性连接方式所取代。柔性连接方式取消了传统的机械连接，通过电控单元控制节气门快速精确地定位，因此又称为电子式节气门，它的优点在于能根据驾驶员的需求愿望以及整车各种行驶状况确定节气门的最佳开度，保证车辆最佳的动力性和燃油经济性，并具有牵引力控制、巡航控制等功能，提高安全性和乘坐舒适性。

1. 机械式节气门体（Mechanical throttle body）

机械式节气门体结构如图2-38所示。

油门拉锁的一端连接着加速踏板，另一端连接着节气门上的拉索轮。节气门的开度完全取决于驾驶员对加速踏板的操纵。驾驶员操纵踏板，通过拉索带动拉索轮转动，进而带动节气门上的门板转轴转动，转轴的位置通过装配在节气门体上的位置传感器传输到发动机的ECU，ECU根据转轴位置的进气量来匹配燃油供应量，使发动机达到最佳的经济性、动力性和排放性。

机械式节气门体的控制精度低，无法实现车辆巡航控制、自动变速箱控制、车身电子稳定控制（ESP）等功能。但它具有成本低的优势，因此在要求排放标准不高的条件下，具有较大的需求。

2. 电子式节气门体（Electronic throttle body）

电子式节气门总成由节气门体、节气门、驱动电机和节气门位置传感器等构成，如图2-39所示。来自发动机ECU的指令使驱动电机动作，通过齿轮传动机构，将直流电机

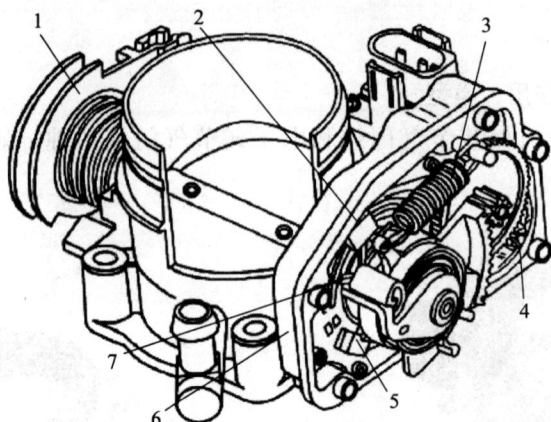

图2-38 机械式节气门体结构
1—拉索轮；2—节气门控制器电位计；3—紧急运行弹簧；4—节气门控制怠速电机；
5—节气门电位计；6—节气门控制组件；7—怠速开关

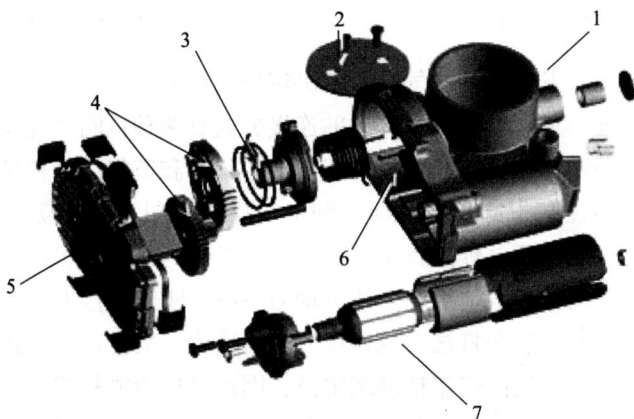

图2-39 电子式节气门体结构
1—节气门体；2—节气门；3—复位弹簧；4—驱动齿轮；
5—节气门位置传感器；6—传动轴；7—驱动电机

轴的运动传递给节气门轴，节气门轴带动节气门旋转到所需角度，改变进气通道的截面积，从而控制发动机的进气流量，保证发动机工作所需的节气门开度。节气门位置传感器由两个电位器组成，节气门开度变化时，改变电位器的工作位置，电阻值将发生变化，输出的电压信号随之变化，发动机控制单元根据信号电压值，获得节气门具体开度位置的反馈信息，结合电子油门踏板位置传感器信号，经计算，输出驱动电机控制信号，从而精确控制发动机节气门开度。电子式节气门控制系统使加速踏板与节气门之间无机械连接，可使发动机节气门的开度不完全取决于驾驶员对加速踏板的操纵，控制系统可根据发动机的工况、汽车的行驶状态等对节气门的开度作出实时调整，使发动机在最适当的状态下工作，从而提高了汽车的动力性、安全性及舒适性。

（二）节气门位置传感器的结构、类型

节气门位置传感器（Throttle Position Sensor）简称TPS，安装在节气门轴上，其外形结构和安装位置如图2-40所示。根据其结构和原理不同，可分为开关型和线性可变电阻型两种。

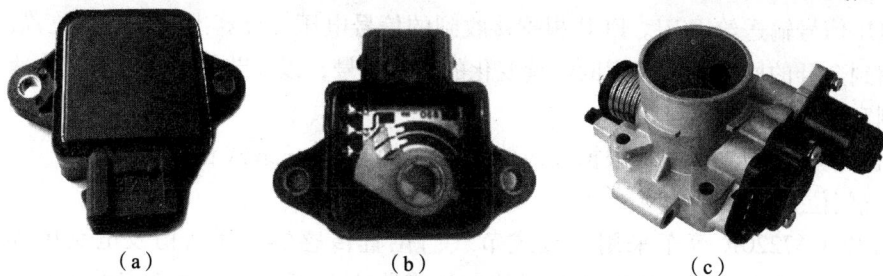

（a）　　　　　　　　（b）　　　　　　　　（c）

图2-40　节气门位置传感器的结构和安装位置

（a）外形结构；（b）内部结构图；（c）安装位置

节气门位置
传感器的作用

（三）节气门位置传感器的作用、原理

其作用是检测节气门的开度及开度变化，并把该信号转变成电信号输送给ECU，ECU根据节气门位置信号判别发动机的工况，并以此来控制喷油量、点火正时、废气再循环、怠速控制。在使用自动变速器的车上，节气门位置传感器信号同时输入给变速器ECU，用于变速器控制换挡、变速器锁止。

1. 开关型节气门位置传感器

由怠速触点（IDL）及全负荷触点（PSW）组成，电路如图2-41所示，反映怠速、全负荷以及过渡工况。当节气门处于全关闭的位置时，怠速触点IDL闭合，ECU根据怠速开关的信号判定发动机处于怠速工况，从而按照怠速工况的要求控制喷油量；当节气门打开时，怠速触点打开，ECU根据这一信号进行从怠速到小负荷的过渡工况的喷油控制；全负荷触点在节气门由全闭位置到中小开度变化范围内一直处于开启状态，当节气门打开到一定角度（丰田EU-1C车为55°）的位置时，全负荷触点开始闭合，向ECU发出发动机全负荷运转工况信号，ECU根据此信号进行全负荷加浓控制。由于其控制精度差，现已很少应用。

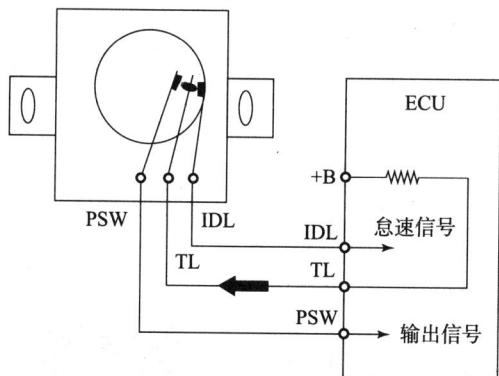

图2-41　开关型节气门位置
传感器电路图

开关型节气门
位置传感器的作用

节气门位置
传感器的工作原理

2. 线性可变电阻型节气门位置传感器

线性可变电阻型节气门位置传感器是一个可变电阻型的电位计，电位计的滑动触点由节

项目二　电控汽油机空气供给系统故障检修

065

气门轴带动，在不同的节气门开度下，电位计的电阻不同，输出的信号电压不同，从而将节气门开度转变为电压信号输送给 ECU。ECU 根据接收到的信号电压，计算出节气门的位置，获得节气门由全闭到全开的所有开启角度的连续变化的电压信号，以及节气门开度的变化速率，从而精确地判定发动机的运行工况。

线性可变电阻型节气门位置传感器根据接线数目不同，可分为三线式和四线式。

1）三线式节气门位置传感器

夏利 2000、红旗 CA7220E 等车采用三线式节气门位置传感器，其结构及电路图如图 2-42 所示。当接通点火开关时，ECU 通过导线向传感器 A 端子提供一个稳定的 5 V 基准电压信号，B 端子将信号电压输送给 ECU，C 端子接地。节气门全关时信号电压约为 0.5 V，随节气门的开度增大输出信号电压增加，节气门全开时约为 5 V。

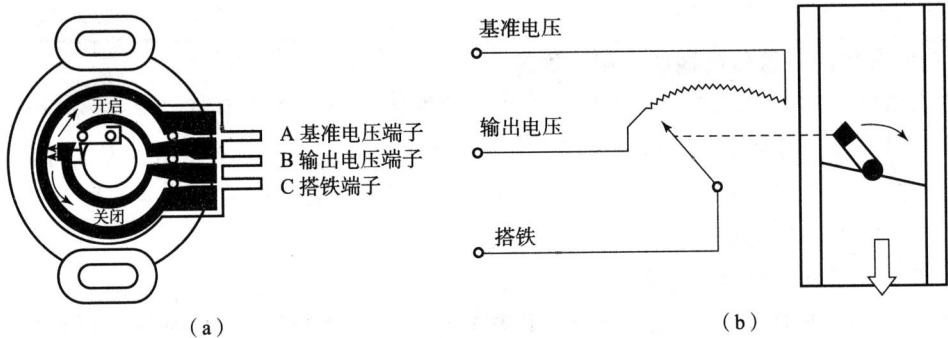

图 2-42 三线式节气门位置传感器

（a）外形；（b）电路图

2）四线式节气门位置传感器

丰田皇冠 3.0、雷克萨斯 LS400、桑塔纳 2000 AJR 等轿车采用的是此类型的节气门位置传感器。四线式节气门位置传感器主要由可变电阻、怠速触点、活动触点等组成，其结构及电路图如图 2-43 所示。该传感器有四个端子，ECU 向传感器的 VC 端子提供 5 V 参考电压，可变电阻的滑臂随节气门轴一同转动，输出端子 VTA 将信号电压输送给 ECU，信号电压随节气门开度增大逐渐增加。IDL 端子输出怠速触点工作信号，E2 端子接地。当节气门

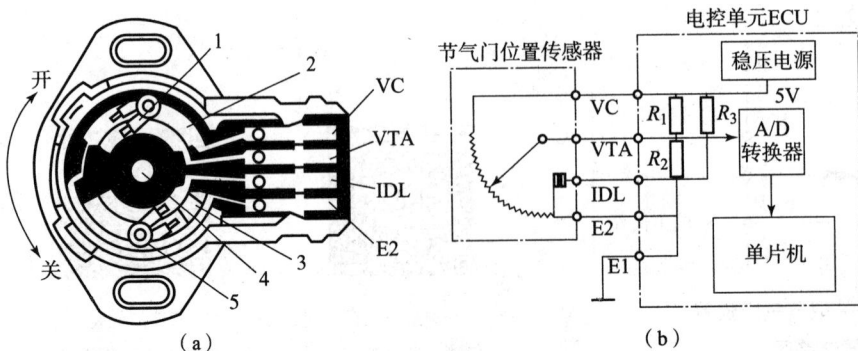

图 2-43 四线式节气门位置传感器

（a）外形；（b）电路图

1—活动触点；2—提供 5 V 标准电压；3—绝缘部件；4—节气门轴；5—怠速触点

四线式节气门位置传感器的工作原理

全闭时，怠速触点接通，传感器输出怠速信号，IDL 端子输出 0 V 电压；当节气门打开时，怠速触点断开，IDL 端子输出 5 V 电压。

（四）节气门位置传感器的常见故障及判断

1. 节气门位置传感器的常见故障现象

当节气门位置传感器本身或线路损坏时，发动机会产生下列故障现象：

（1）起动困难；

（2）怠速不稳；

（3）加速不良；

（4）容易熄火；

（5）汽车熄火时，前后窜动。

2. 节气门位置传感器的常见故障原因

节气门位置传感器电路由三部分组成：传感器、线束、ECU。因此电路故障可分为传感器故障、线束故障、ECU 故障。具体故障类型有：

（1）节气门位置传感器滑道损坏（机械式节气门体），接触不良，输出信号不稳定。

（2）传感器自身故障如传感器内部线路短路、断路，无信号输出，或者滑臂与可变电阻器接触不良，输出信号失准。

（3）外部线束短路、断路故障，或插接器接触不良。

（4）ECU 内部电路短路、断路故障。

二、任务实施

（一）实施准备

（1）准备好实训用发动机、万用表、解码器、示波器、清洗剂、常用工具及节气门体等。

（2）掌握本次实训课所用仪器及设备的使用方法。

（3）强调实训中的安全注意事项。

（二）实施内容

1. 节气门位置传感器的检测项目

（1）节气门位置传感器电源电压的检查。其检查方法是：拔下节气门位置传感器的线束插头，然后打开点火开关，但不要起动发动机。用电压表测量线束插头上电源端子和接地端子之间的电压，其值应符合规定，约为 5 V。

（2）节气门位置传感器线路电阻的检查。检查节气门位置传感器与电控单元之间的线路是否导通。如有短路、断路，应更换或维修其电控线路线束。

（3）节气门位置传感器输出电压的检查。其检查方法是：插上节气门位置传感器插头，接通点火开关，信号电压随节气门的开度增大而增加，节气门全关时信号电压约为 0.5 V，节气门全开时约为 5 V。

2. 节气门位置传感器的检测

检测注意事项：

◆ 测量电阻时，将点火开关置于"OFF"位置。

◆ 测量电压时，将点火开关置于"ON"位置。

◆ 点火开关打开时，严禁拔插各传感器及执行器接口，以免损坏 ECU。

◆ 为了防止损坏诊断仪，在连接或断开诊断仪之前一定将点火开关旋至"LOCK（OFF）"位置。

◆ 按照 7S 管理操作，文明生产、安全操作。

1）三线式节气门位置传感器的检测（以装有丰田 8A - FE 的发动机为例）

（1）检查节气门位置传感器是否存在机械故障。

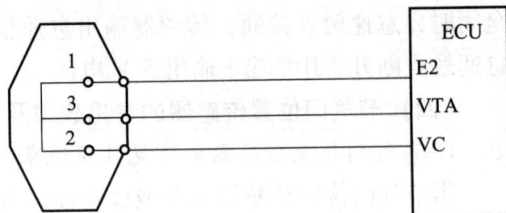

图 2 - 44 丰田 8A - FE 节气门位置

传感器电路图

1—电脑搭铁点；2—输入信号接线点；
3—输出信号接线点

（2）识读节气门位置传感器的电路图（请参考维修手册），如图 2 - 44 所示。

（3）分析节气门位置传感器可能的故障点。

（4）电源电压检测。打开点火开关，将数字万用表设置在直流电压 20 V 挡，红色表笔置于节气门位置传感器 2#端子，黑色表笔置于蓄电池负极（节气门位置传感器 1#端子），应显示 4.5 ~ 5 V 电压。若没有 5 V 电压，则检查节气门位置传感器 2#端子至 ECU 之间线路是否正常。如表 2 - 26 所示，导线电阻应符合规定，否则应予维修或更换；若线路正常，则检查搭铁；若搭铁正常则检查 ECU 上相应端子 VC 上的电压应为 4.5 ~ 5 V，否则 ECU 故障。若有 5 V 电压，则检查节气门位置传感器的信号电压。

表 2 - 26 节气门位置传感器 2#端子与 ECU 端子之间的阻值

线束测试	端子	测量条件	标准阻值/Ω
线束导通性测试	2#—ECU 的 VC	关闭点火开关	<1.0
线束短路性测试	2#—ECU 的 E2、2#—ECU 的 VTA	关闭点火开关	∞

（5）搭铁测量。采用引外电源的方法（或用万用表的蜂鸣挡测量、或用电阻测量法）。将数字万用表设置在直流电压 20 V 挡，红色表笔置于蓄电池正极，黑色表笔置于节气门位置传感器 1#端子，应显示 12 V 电压。若没有 12 V 电压，则检查节气门位置传感器 1#端子至 ECU 之间的线路是否正常。参见表 2 - 27，若线路正常，则说明发动机 ECU 有故障。

表 2 - 27 节气门位置传感器 1#端子与 ECU 端子之间的阻值

线束测试	端子	测量条件	标准阻值/Ω
线束导通性测试	1#—ECU 的 E2	关闭点火开关	<1.0
线束短路性测试	1#—ECU 的 VC、1#—ECU 的 VTA	关闭点火开关	∞

（6）节气门位置传感器输出信号电压测量。检测的条件及标准值见表 2 - 28。

表 2 - 28 节气门位置传感器 3#端子与 ECU 端子之间的阻值

线束测试	端子	测量条件	标准阻值/Ω
线束导通性测试	3#—ECU 的 VTA	关闭点火开关	<1.0
线束短路性测试	3#—ECU 的 E2、3#—ECU 的 VC	关闭点火开关	∞

当接通点火开关，不起动发动机时，节气门位置传感器输出端3#端子与搭铁端1#端子之间的信号电压应随节气门开度增大而逐渐增加。

当发动机怠速运转时，信号电压应为0.5～1 V；当节气门全开时信号电压应为4～5 V。如信号电压不符合上述规定，说明传感器失效，应更换。

若没有信号电压，则检查节气门位置传感器3#端子至ECU之间的线路是否正常。参见表2-28，若线路正常，则说明发动机ECU有故障。

（7）示波器测试。连接好波形测试设备，探针接节气门位置传感器信号输出端子，鳄鱼夹搭铁。打开点火开关，不起动发动机，慢慢让节气门从全闭位置到全关位置，检测节气门位置传感器的波形。要求波形上不应有任何断点、对地尖峰或大的波折，特别是前1/4节气门开度中的波形，这是驾驶中最常用到的传感器的碳膜部分，要求其波形要圆滑。节气门全开时，应接近5 V；节气门关闭时，应低于且接近1 V。若某处出现波形落下的尖峰时，则表示该位置是损坏点。节气门位置传感器的正常、故障波形如图2-45所示。

节气门位置传感器波形的检测

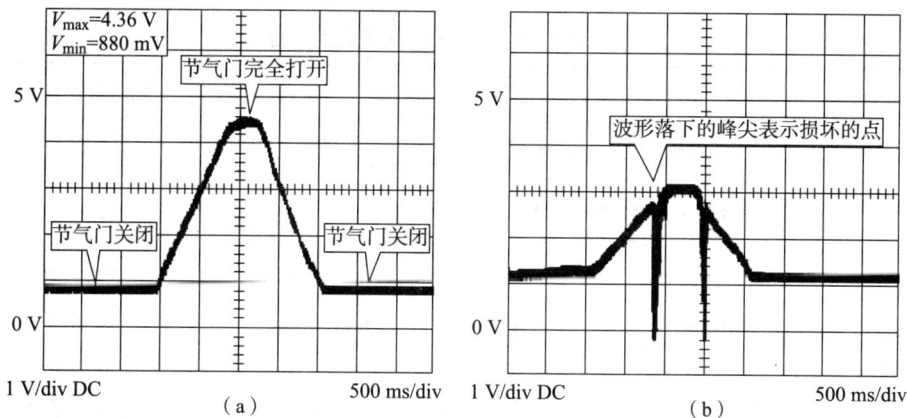

图2-45 节气门位置传感器波形

（a）节气门位置传感器正常波形；（b）节气门位置传感器故障波形

节气门体结构及节气门位置传感器波形

2）四线式节气门位置传感器的检测（以桑塔纳2000GSi轿车为例）

（1）读取故障码和数据流，并进行简要分析。

将故障诊断仪连接好，将点火开关打到"ON"挡，读取故障码。

将故障诊断仪连接好，起动发动机，进入诊断仪数据流功能选项，读取发动机不同运行工况下节气门位置传感器的数据流，参考标准值进行分析。

节气门位置传感器的检测

（2）检查是否存在机械故障。

（3）识读节气门位置传感器的电路图（请参考维修手册），如图2-46所示。

（4）电源电压检测。拔下节气门控制组件插头，打开点火开关，将数字万用表设置在直流电压20 V挡，红色表笔置于节气门位置传感器4#端子，黑色表笔置于蓄电池负极（传感器7#端子），应显示5 V（4.5～5.5 V）左右的电压。若没有5 V电压，则检查节气门位置传感器4#端子至ECU之间线路是否正常。参见表2-29，导线电阻应符合规定，否则应予维修或更换；若线路正常，则检查搭铁；若搭铁正常则检查ECU上62#端子的电压应为4.5～5 V，否则为ECU故障。若有5 V电压，则检查节气门位置传感器的信号电压。

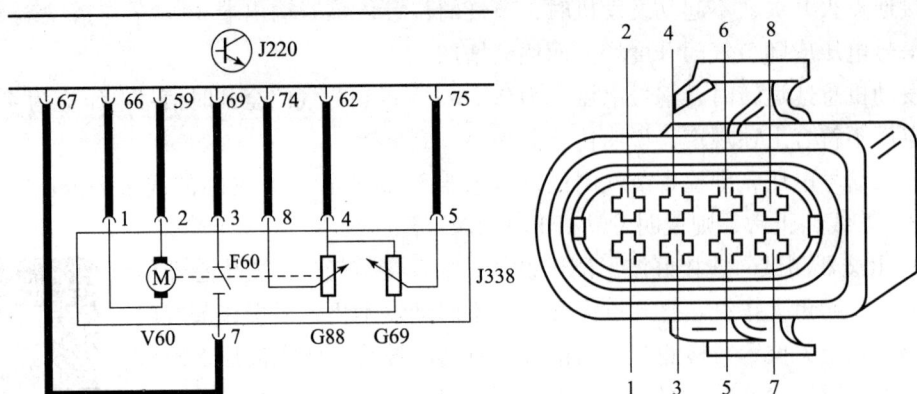

图 2-46 桑塔纳 2000GSi 节气门控制组件控制电路图

1—节气门定位器"-"极；2—节气门定位器"+"极；3—怠速开关；4—参考电压；
5—节气门电位计信号；6—空脚；7—节气门位置传感器接地；8—节气门定位电位计信号

表 2-29 节气门位置传感器 4#端子与 ECU 端子之间的阻值

线束测试	端子	测量条件	标准阻值/Ω
线束导通性测试	4#—ECU 的 62#	关闭点火开关	<1.0
线束短路性测试	4#—ECU 的 67#、66#、59#、69#、74#、75#	关闭点火开关	∞

（5）搭铁测量。采用引外电源的方法（或用万用表的蜂鸣挡测量、或用电阻测量法）。将数字万用表设置在直流电压 20 V 挡，红色表笔置于蓄电池正极，黑色表笔置于 7#端子，应显示 12 V 电压。若没有 12 V 电压，则检查节气门位置传感器 7#端子至 ECU 之间的线路是否正常。参见表 2-30，若线路正常，则说明发动机 ECU 有故障。

表 2-30 节气门位置传感器 7#端子与 ECU 端子之间的阻值

线束测试	端子	测量条件	标准阻值/Ω
线束导通性测试	7#—ECU 的 67#	关闭点火开关	<1.0
线束短路性测试	7#—ECU 的 62#、66#、59#、69#、74#、75#	关闭点火开关	∞

（6）节气门位置传感器输出信号电压测量。检测的条件及标准阻值见表 2-31。

当接通点火开关，不起动发动机时，节气门位置传感器输出端 5#端子与 ECU 的 75#端子之间的信号电压应随节气门开度增大而逐渐增加。

当发动机节气门关闭时，信号电压应为 0.3～0.8 V；当节气门全开时信号电压应为 3.2～4.9 V。如信号电压不符合上述规定，说明节气门位置传感器失效，应更换。

若没有信号电压，则检查节气门位置传感器 5#端子至 ECU 之间的线路是否正常。参见表 2-31，若线路正常，则说明发动机 ECU 有故障。

表 2 – 31 节气门位置传感器 5#端子与 ECU 端子之间的阻值

线束测试	端子	测量条件	标准阻值/Ω
线束导通性测试	5#—ECU 的 75#	关闭点火开关	<1.0
线束短路性测试	5#—ECU 的 62#、66#、67#、59#、69#、74#	关闭点火开关	∞

（7）怠速开关 F60 的检测。

点火开关置于"OFF"时，拔下节气门控制组件 J338 上的线束插头，再将点火开关置于"ON"，节气门全开时，用万用表检测 J338 线束插头 3#与 7#端子间的电压，应为 9～14 V；节气门全关时应为 0 V，否则应检查节气门位置传感器 3#针脚至 ECU 之间的线路是否正常。参见表 2 – 32，若线路正常，则说明节气门位置传感器有故障，应更换。

表 2 – 32 节气门位置传感器 3#端子与 ECU 端子之间的阻值

线束测试	端子	测量条件	标准阻值/Ω
线束导通性测试	3#—ECU 的 69#	关闭点火开关	<1.0
线束短路性测试	3#—ECU 的 62#、66#、67#、59#、74#、75#	关闭点火开关	∞

（8）示波器测试。连接好波形测试设备，打开点火开关，不起动发动机，慢慢让节气门从全闭位置到全开位置，检测节气门位置传感器的波形，应符合标准波形。

3. 节气门体的清洗与匹配

1）清洗步骤

（1）起动并预热发动机，直至冷却液温度升高到 80 ℃以上，然后停止发动机运转。

（2）从节气门体上拆下进气软管，用塞子堵住节气门体的旁通气道进口。

（3）通过节气门体进气口把清洁剂喷入节气门内，并保持 5 min，用清洁布擦节气门。

（4）起动发动机加速运转几次后，再怠速运转约 1 min，如果由于旁通气道堵塞而怠速不稳或发动机熄火，可稍微开启节气门以保持发动机运转。

（5）如果节气门内的沉积物未被清除，则重复上述步骤。

（6）拔去旁通气道进口的塞子，接上进气软管，用解码器清除故障码并调整基本怠速。

> 提示：（1）清洗节气门时，千万不可让清洁剂进入旁通气道。
>
> （2）在调整基本怠速之后，若发动机怠速运转有不规则振动时，则应熄火，并将蓄电池负极电缆脱开约 10 s 以后，再重新接上，并怠速运转发动机约 10 min。

2）节气门匹配

发动机 ECU 具有节气门的基本设定功能，该项功能用以标定节气门的开度与发动机ECU 控制信号的对应关系，以实现发动机 ECU 对节气门的精准控制。

进行节气门基本设定时，节气门控制器进入应急运行中的最大位置到最小位置，发动机控制单元通过自适应来学习节气门控制单元止点位置及节气门电位计的特性曲线。

项目二　电控汽油机空气供给系统故障检修

如果发生下列情况之一都必须重新对节气门进行基本设定，即完成发动机 ECU 与节气门控制单元的自适应匹配。

（1）更换电控单元时（电控单元内还没有存储节气门体的特征，需进行节气门匹配）。

（2）电控单元断电时（电控单元存储的记忆丢失，需要进行节气门匹配）。

（3）更换节气门体时，需要进行节气门匹配。

（4）更换或拆装进气道后（影响到电控单元与节气门体协调工作及怠速控制，需要进行节气门匹配）。

（5）在清洗节气门体后（怠速节气门电位计的特性虽然没有改变，但在相同的节气门开度下，进行量已经发生变化，怠速控制特性已发生变化，需要进行节气门匹配）。

基本设定条件：

（1）ECU 没有故障码。

（2）蓄电池电压不低于 11 V。

（3）关闭所有附件，如收音机、音响、空调、座椅加热等。

（4）节气门应在怠速位置。

（5）一般做怠速调整时不要起动发动机，但老款车型除外。

（6）必须在"系统基本调整"菜单下，不是在"通道调整匹配"下。

大众车型节气门匹配的方法和步骤：

使用金德 KT600 解码器对大众车系节气门进行匹配（注意通道号的选择）。具体匹配方法和步骤如下：

（1）打开点火开关，不起动发动机。

（2）连接好金德 KT600 解码器，选择大众诊断软件。

（3）进入发动机系统，选择系统基本调整功能并输入调整组号 098。

（4）按"确定"键进入设定过程，节气门控制器经过"MIN"到"MAX"点及中间五个位置，控制单元将相应的节气门角度存入存储器，此过程大约需要 10 s，随后节气门短时间停留在起动位置，然后关闭。

（5）当屏幕最后一行显示"O.K."或"自适应完成"时基本设定完成，按"退出"键完成设定，关闭点火开关；然后再打开，起动发动机，验证匹配效果。

如果在匹配过程中存在以下问题则会导致中断或错误：

（1）节气门转动不灵活，如因油泥沉积。

（2）节气门拉索调整不当。

（3）蓄电池电压过低。

（4）节气门控制单元线束或插接器接触不良。

（5）在自适应过程中起动发动机或踩加速踏板。

（三）实训操作

（1）利用实训车辆或台架，完成进气压力传感器的检测。

（2）根据故障诊断的逻辑顺序写出检测步骤。

（3）将检测数据填入表 2-33、表 2-34 中，并得出分析结论。

表 2-33 丰田 8A-FE 节气门位置传感器检测记录

检测项目		检测条件	标准值	测量值	结论
故障码	故障记录				
数据流	节气门位置传感器数据流	打开点火开关			
电压	2#—1#间供电电压	打开点火开关			
	3#—1#间输出电压	打开点火开关			
	1#端子电压	打开点火开关			
导线导通性（电阻）	2#—ECU 的 VC	关闭点火开关，拔掉传感器上的插接器			
	3#—ECU 的 VTA				
	1#—ECU 的 E2				
导线间的绝缘性（电阻）	2#—ECU 的 E2、2#—ECU 的 VTA	关闭点火开关，拔掉传感器上的插接器			
	1#—ECU 的 VC、1#—ECU 的 VTA				
	3#—ECU 的 E2、3#—ECU 的 VC				

表 2-34 桑塔纳 2000AJR 发动机节气门位置传感器检测记录

检测项目		检测条件	标准值	测量值	结论
故障码	故障记录				
数据流	节气门位置传感器数据流	打开点火开关			
电压	4#—7#间供电电压	打开点火开关			
	5#—7#间输出电压	打开点火开关			
	7#端子电压	打开点火开关			
	3#—7#间电压	打开点火开关			
导线导通性（电阻）	4#—ECU 的 62#	关闭点火开关，拔掉传感器上的插接器			
	5#—ECU 的 75#				
	7#—ECU 的 67#				
	3#—ECU 的 69#				
导线间的绝缘性（电阻）	4#—ECU 的 67#、66#、59#、69#、74#、75#	关闭点火开关，拔掉传感器上的插接器			
	7#—ECU 的 62#、66#、59#、69#、74#、75#				
	5#—ECU 的 62#、66#、67#、59#、69#、74#				
	3#—ECU 的 62#、66#、67#、59#、74#、75#				

拓展知识

电子式节气门系统的工作原理及控制策略

一、电子式节气门系统的工作原理

节气门驱动电机一般为步进电机或直流电机，两者的控制方式有所不同。驱动步进电机常采用 H 桥电路结构，控制单元通过发出的脉冲个数、频率和方向控制电平对步进电机进行控制。电平的高低控制步进电机转动的方向，脉冲个数控制电机转动的角度，即发出一个脉冲信号，步进电机就转动一个步进角，脉冲频率控制电机转速，转速与脉冲频率成正比。因此，通过对上述三个参数的调节可以实现电机精确定位与调速。

控制直流电机采用脉冲宽度调制（PWM）技术，其特点是频率高、效率高、功率密度高、可靠性高。控制单元通过调节脉宽调制信号的占空比来控制直流电机转角的大小，电机方向则是由和节气门相连的复位弹簧控制的。电机输出转矩和脉宽调制信号的占空比成正比。当占空比一定，电机输出转矩与复位弹簧阻力矩保持平衡时，节气门开度不变；当占空比增大时，电机驱动力矩克服复位弹簧阻力矩，节气门开度增大；反之，当占空比减小时，电机输出转矩和节气门开度也随之减小。

ECU 对系统的功能进行监控，如果发现故障，将点亮系统故障指示灯，提示驾驶员系统有故障。同时电磁离合器被分离，节气门不再受电机控制。节气门在复位弹簧的作用下返回到一个小开度的位置，使车辆慢速开到维修地点。

二、电子式节气门系统的控制策略

（一）基于发动机扭矩需求的节气门控制

传统油门的节气门开度完全取决于驾驶员的操作意图。电子式节气门系统的节气门开度并不完全由加速踏板位置决定，而是控制单元根据当前行驶状况下整车对发动机的全部扭矩需求，计算出节气门的最佳开度，从而控制电机驱动节气门到达相应的开度。因此，节气门的实际开度并不完全与驾驶员的操作意图一致。

控制单元根据整车扭矩需求获得所需的理论扭矩，而实际扭矩通过发动机转速、点火提前角和发动机负荷信号求得。在发动机扭矩调节过程中，控制单元首先将实际扭矩与理论扭矩进行对比，如果两者有偏差，发动机电控系统将通过适当的调节作用使实际扭矩值和理论扭矩值一致。

（二）传感器冗余设计

电子式节气门系统采用两个踏板位置传感器和两个节气门位置传感器。传感器两两反接，实现阻值的反向变化，即两个传感器阻值变化量之和为零。对两个传感器施加相同的电压，两者输出的电压信号也相应反向变化，且其和始终等于供电电压。

从控制角度讲，使用一个传感器就可使系统正常运转，但冗余设计可使两个传感器相互检测，当一个传感器发生故障时能及时被识别，在很大程度上增加了系统的可靠性，保证行车的安全性。

（三）可选的工作模式

驾驶员可根据不同的行车需要通过模式开关选择不同的工作模式，通常有正常模式、动力模式和雪地模式三种，区别在于节气门对加速踏板的响应速度不同。在正常模式下，节气门对加速踏板的响应速度适合于大多数行驶工况。在动力模式下，节气门加快对加速踏板的响应速度，发动机能提供额外的动力。在附着较差的工况下（比如雪地、雨天）驾驶员可选择雪地模式驾驶车辆，此时节气门对加速踏板的响应降低，发动机输出的功率比正常情况下小，使车轮不易打滑，保持车辆稳定行驶。

（四）海拔高度补偿

在海拔较高的地区，大气压下降，空气稀薄，氧气含量下降，导致发动机输出动力下降。此时电子式节气门系统可按照大气压强和海拔高度的函数关系对节气门开度进行补偿，保证发动机输出动力和加速踏板位置的关系保持稳定。

（五）控制功能扩展及其原理

早期的电子式节气门功能比较简单，在形式上采用一个机械式的主节气门串联一个电控的辅助节气门，往往只能实现某一单一的功能。现代电子式节气门则独立成一个系统，可实现多种控制功能，既提高行驶可靠性，又使结构简化、成本降低。主要有如下控制功能：

1. 牵引力控制（ASR）

牵引力控制系统又称驱动防滑系统。它的作用是当汽车加速时将滑移率控制在一定的范围内，从而防止驱动轮快速滑动。它的功能一是提高牵引力，二是保持汽车的行驶稳定。它通过减少节气门开度来降低发动机功率，从而达到控制的目的。原理如下：控制单元采集加速踏板的位置、车轮速度和方向盘转向角度等信号，通过计算求得滑移率，并产生相应的控制电压信号，通过数据总线把信号传送至控制单元，依据此信号，控制单元将减少节气门开度来调整混合气流量，以降低发动机功率。此时控制单元对节气门发出的控制信号将不受驾驶员驾驶意图的影响，这样就可以避免驾驶员的误操作。

2. 巡航控制（CCS）

巡航控制系统又称为速度控制系统，它是一种减轻驾驶员疲劳的装置。当驾驶员开启该系统时，车速将被固定下来，驾驶员不必长时间踩踏加速踏板。原理如下：车速传感器将车速信号输入控制单元，控制单元根据行驶阻力的变化输出信号自动调节节气门开度，当汽车阻力增大（上坡）和车速降低时，控制节气门开度增大，反之减小，使行驶车速保持稳定。

3. 怠速控制（ISC）

电子式节气门系统取消了怠速调节阀，而是直接由控制单元调节节气门开度来实现车辆的怠速控制。

4. 减少换挡冲击控制

根据当前车速、节气门开度以及发动机转速等信号，控制单元会选择合适的传动比，实现自动换挡。

故障案例

实例 1. 一辆新宝来 2000 款轿车发动机怠速过高，转速表指示在 1 500 r/min 左右。用诊断仪检测，无故障码。就车检测冷却液温度传感器的信号电压，接通点火开关，用电压表测量线束插接口上两端子之间的电压。冷机时，信号电压为 4.2 V。起动发动机让冷却液升温，电压值应随着温度的上升而下降，但是直到发动机完全预热，而电压却只下降到 2.8 V，但正常时应为 1.5 ~ 2.0 V，显然有些偏离，为进一步查出故障原因，拔下插接器的插头，测到 ECU 提供的参考电压为 5 V，属于正常，但发现插接器的插座插片已生锈，这可能是造成电压值过高的原因，为慎重起见，把冷却液温度传感器从发动机上拆下来进行检测，经检测在各温度下的阻值正常。清除插接器插头和插座金属片上的锈斑后，清除故障码，起动发动机，测量冷却液温度传感器的信号电压，信号电压恢复到正常范围时，发动机运行正常，故障消失。

实例 2. 一辆奥迪 A6 1.8T 手动挡轿车，发动机运转时，每隔 2 ~ 3 min 就抖动一次，但是发动机起动及加速都正常。连接故障诊断仪，读取数据流，显示空气流量数据在 0.3 ~ 3.5 g/s 之间做周期性的频繁跳动。检查发现，空气滤清器壳体与进气软管连接处下部的卡箍没有安装好，造成漏气。对漏气进行处理后，故障排除。

项目总结

(1) 空气供给系统的作用是向发动机提供与负荷相适应的、清洁的空气，同时对流入发动机气缸的空气质量进行直接或间接计量。把进气量的多少以电信号的形式输送给电脑 (ECU)，使发动机在各种工况下都能与喷油器喷出的汽油混合形成空燃比符合要求的可燃混合气，从而使发动机获得良好的燃油经济性和排放性，同时作为喷油的主要依据。

(2) 空气供给系统主要由空气滤清器、空气计量装置（空气流量传感器或进气压力传感器）、节气门体、怠速控制阀、进气温度传感器、进气总管、进气歧管等组成。

(3) 空气流量传感器的作用是测量发动机的进气量，并将进气量以电信号输送给 ECU。空气流量传感器按结构原理不同分为叶片式、热线式、热膜式和卡门旋涡式四种类型。

(4) 进气压力传感器的作用是测量进气管压力，并将信号输送给 ECU，作为燃油喷射和点火控制的主控制信号。进气压力传感器按结构不同分为压敏电阻式和电容式两种。

(5) 节气门位置传感器，安装在节气门轴上，其作用是检测节气门的开度及开度变化，并把该信号转变成电信号输送给 ECU，ECU 根据节气门位置信号判别发动机的工况，以控制喷油量、点火正时、废气再循环以及怠速控制。根据其结构和原理不同，可分开关型和线性可变电阻型两种。

练习题

一、理论题

（一）填空题

1. 根据测量原理不同，空气流量传感器有_____、_____、_____和热膜式四种类型。

2. 进气压力传感器分为_____和_____两种类型。

3. 节气门体分为_____和_____两种类型。

4. 节气门位置传感器分为_____和_____两种类型。

5. 冷却液温度传感器目前采用较多的是_____温度传感器。

（二）单选题

1. L 型电控燃油喷射发动机测量空气量的传感器是（　　）。
A. 进气压力传感器　　　　　　　　B. 节气门位置传感器
C. 空气流量传感器　　　　　　　　D. 冷却液温度传感器

2. 在速度－密度式的燃油喷射系统中，对喷油器的通电时间或喷油持续时间影响最大的传感器是（　　）。
A. 空气流量传感器　　　　　　　　B. 进气压力传感器
C. 氧传感器　　　　　　　　　　　D. 发动机冷却液温度传感器

3. 对于热线式空气流量传感器来说，在进气量从小到大的过程中，以下说法正确的是（　　）。
A. 信号电压将由大变小　　　　　　B. 信号电压将由小变大
C. 信号电压将保持不变　　　　　　D. 信号电压将先变大再变小

4. 下列哪种属于间接测量空气流量的传感器？（　　）
A. 叶片式空气流量传感器　　　　　B. 热膜式空气流量传感器
C. 热线式空气流量传感器　　　　　D. 进气压力传感器

5. 对喷油量起决定性作用的是（　　）。
A. 空气流量传感器　　　　　　　　B. 水温传感器
C. 氧传感器　　　　　　　　　　　D. 节气门位置传感器

6. D 型电控发动机是以（　　）作为控制基本喷油量的主要参数。
A. 吸入空气量　　　　　　　　　　B. 发动机气缸压力
C. 进气歧管绝对压力　　　　　　　D. 进气温度

7. 负温度系数的冷却液温度传感器电阻值随温度的升高而（　　）
A. 变小　　　　B. 不变　　　　C. 升高　　　　D. 不确定

8. 以下关于节气门位置传感器信号，哪个说法错误？（　　）
A. 随着节气门开度增加，节气门位置传感器输出电压升高
B. 随着节气门开度增加，节气门位置传感器电阻值升高
C. 节气门位置传感器电压信号把节气门打开的速度告诉 ECU
D. 电子式节气门系统中采用双节气门位置传感器，输出相等的电压信号

9. 对于节气门位置传感器的故障诊断，以下哪个是不正确的？（　　）
A. 节气门位置传感器的电压信号应该从怠速时的 1 V 平稳地上升到节气门全开时的 6 V
B. 节气门位置传感器故障将导致怠速转速偏移
C. 节气门位置传感器属于一个滑动电阻
D. 节气门位置传感器工作时需要提供一个参考电压

10. 桑塔纳 2000GSi 汽车发动机空气流量传感器为（　　）传感器。
A. 进气压力　　　B. 叶片式　　　C. 卡门旋涡式　　　D. 热膜式

（三）判断题

1. 空气流量传感器应该安装在空气滤清器和节气门之间。　　　　　　　　　　（　　）
2. 与热线式相比，热膜式空气流量传感器发热体的响应性稍差。　　　　　　（　　）
3. 空气流量传感器是作为修正喷油量和点火提前角的主控制信号。　　　　　（　　）

4. 进气压力传感器是通过检测发动机进气歧管内空气绝对压力（即真空度）的变化，并转换成电压信号，作为决定喷油正时的依据。 （ ）

5. 节气门位置传感器是不需要调整的。 （ ）

（四）简答题

1. 简述空气流量传感器的作用、类型及应用。

2. 简述热膜式空气流量传感器的结构组成及工作原理。

3. 简述进气压力传感器的作用、类型及工作原理。

4. 简述冷却液温度传感器的作用、类型及工作原理。

5. 简述节气门位置传感器的作用、类型及工作原理。

二、实操题

1. 一辆桑塔纳 2000 汽车出现发动机加速无力、油耗增加、排放超标等现象。客户已经清洗了喷油器、节气门体，但故障未能解决，来我店经检测为节气门位置传感器故障。请写出大众时代超人发动机节气门位置传感器的检测过程。电路图如图 2 - 47 所示。

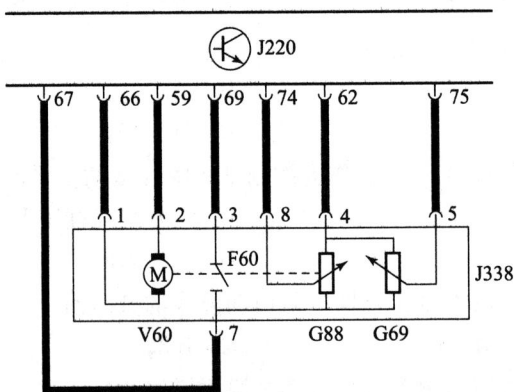

图 2 - 47　实操题用图

项目三

电控汽油机怠速控制系统故障检修

知识目标

- 掌握怠速控制系统的作用。
- 掌握怠速控制系统的组成与怠速控制系统空气提供方式。
- 掌握怠速控制系统的控制原理。
- 掌握怠速控制系统的工作过程和控制过程。
- 理解怠速控制系统故障对发动机工作性能造成的影响。
- 掌握怠速控制系统故障诊断的一般流程和排除方法。

能力目标

- 能对发动机怠速控制系统的元件进行检修。
- 能正确使用故障诊断仪读取怠速控制系统故障码与数据流。
- 能正确使用万用表对怠速控制系统及电路进行检测。
- 能按照操作规程检修怠速控制系统。

项目概述

现代发动机对其动力性、经济性、排放污染等方面都提出了严格的要求，即要求对汽油机的可燃混合气体的形成、点火、发动机怠速等进行精确的控制，所以怠速工况控制性能的好坏直接反映了汽车的技术性、稳定性、动力性、经济性、排放性等各种技术指标。

发动机处于怠速工况时的转速对发动机的性能有较大影响，怠速过高，会增加燃油消耗。据统计，汽车在交通密度大的道路上行驶时，约有30%的燃油消耗在怠速阶段，因此，应尽可能降低怠速。但是从减少有害排放的角度考虑，怠速又不能过低，过低的怠速会使有害气体排放量增加，为此在电控发动机上，都设有不同形式的怠速控制装置。本项目设置了1个学习任务，任务内容如下：

项目三 电控汽油机怠速控制系统故障检修

任务

电控汽油机怠速控制系统检修

❀ 任务 电控汽油机怠速控制系统的检修

一、相关知识

（一）怠速控制系统的作用

怠速控制系统（Idle Air Control 或 Idle Speed Control，IAC 或 ISC）的作用是使发动机起动后实现高怠速的快速暖机，自动维持发动机怠速在目标转速下稳定运转，还可根据自动变速器是否在空挡、动力转向开关接通情况下引起发动机怠速时的负荷变化等来自动调节发动机怠速转速，保证发动机在各种怠速条件下的稳定运转。

（二）怠速控制系统空气提供方式

怠速控制是指对怠速进气量的控制，而怠速进气量的控制对策，因车型而有所不同。对电控发动机来讲，怠速控制系统空气提供方式主要分为两种：直动式怠速空气量控制方式和旁通式怠速空气量控制方式，如图3-1、图3-2所示。节气门直动式通过执行元件改变节气门的最小开度来控制怠速进气量。旁通式通过执行元件控制怠速旁通气道的空气量来控制怠速进气量。

旁通式怠速空气量控制方式

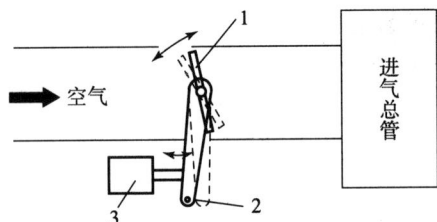

图3-1 直动式怠速空气量控制方式
1—节气门；2—节气门操纵臂；3—执行元件

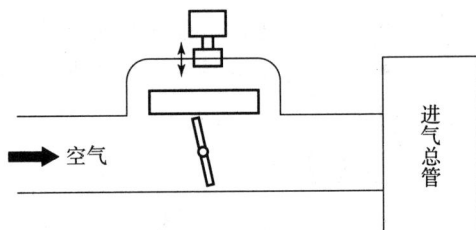

图3-2 旁通式怠速空气量控制方式

1. 直动式怠速空气量控制方式

直动式怠速空气量控制方式简称节气门直动式，其控制原理是通过控制节气门的开启角度来调节空气通路截面积，进而控制空气进气量，实现怠速控制。

怠速执行器主要由其直流电动机、减速齿轮、丝杠等部件组成，其结构如图3-3所示。

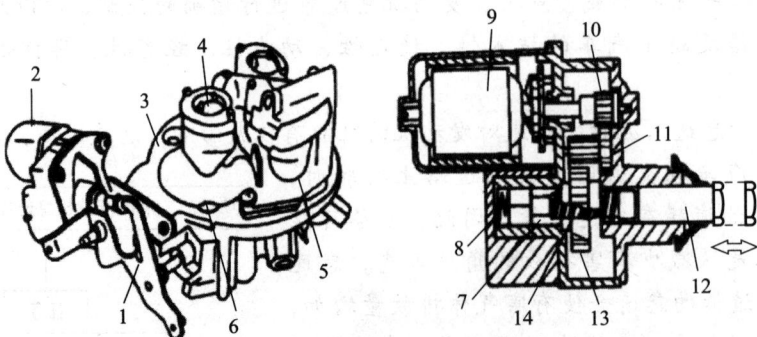

图3-3 节气门直动控制装置
1—节气门操纵臂；2—怠速执行器；3，6—节气门；4—喷油器；5—调压器；7—防转孔；
8—弹簧；9—电动机；10，11，13—齿轮；12—传动轴；14—丝杠发动机怠速时，ECU 根据各传感器的信号，控制直流电机的正反转及转速，使丝杠做直线移动，带动节气门在小范围内摆动，从而改变进气量，达到调整怠速转速的目的。

2. 旁通式怠速空气量控制方式

旁通式怠速空气量控制方式简称节气门旁通式，采用这种方式的系统在怠速时节气门完全关闭，其外形如图 3 - 4 所示。怠速空气通过一条跨接在节气门两端的怠速通道流入气缸，旁通空气道内装着一个不同类型的怠速空气控制阀，其怠速空气量控制方式如图 3 - 2 所示。

图 3 - 4　旁通空气式节气门体外形

旁通空气执行机构中的阀通常称为怠速控制阀（ISCV），它是一种改变节气门旁通空气量的控制怠速装置。

旁通空气式怠速控制系统按照阀门工作原理可分为，步进电动机式、旋转电磁阀式和直线电磁旁通空气阀式。

（三）怠速信号的产生与识别

怠速时加速踏板完全松开。为了将这一状态信息传给 ECU，按照怠速空气提供方式的不同，采用不同的装置。

采用节气门旁通方式时，如果加速踏板完全松开，则节气门全闭。现代汽油机电子控制系统通常在节气门轴上安装一个节气门位置传感器。这个传感器既可用于提供负荷信息和发动机加速信息，也可提供负荷范围信息，包括怠速、部分负荷和全负荷。

采用节气门调节方式时，即使加速踏板完全松开，节气门位置传感器发出怠速信号，或怠速触点闭合怠速信号输入 ECU。但是，有怠速信号未必是怠速工况，也可能是起动等其他工况。怠速工况的转速应高于根据发动机温度确定的起动阶段转速，又低于某个转速上限值。ECU 根据这两个条件识别怠速工况。

（四）怠速控制原理

怠速控制系统是电控发动机的一个子系统，主要由传感器、ECU 和执行机构组成。怠速空气的提供方式不同，其控制原理亦不相同。

1. 步进电机式怠速控制系统

步进电机式怠速控制系统按照线圈数量的不同可分为两线圈柱塞式控制阀和四线圈柱塞式控制阀两种。

四线圈步进电机式怠速控制系统的结构如图 3 - 5 所示。

四线圈式怠速控制阀如图 3 - 6 所示，它把步进电机与怠速控制阀做成一体，电机可以顺时针或逆时针旋转，使阀沿着轴向移动。改变阀与阀座之间的空隙，就可调节节气门旁通通道的空气量。阀门有 125 种不同的开启位置。

ECU 进行怠速控制时，控制程序如图 3 - 7 所示。在怠速控制系统中，ECU 根据节气门位置信号和车速信号确认怠速工况，只有在节气门全关、车速为零时才进行怠速控制（发动机怠速时，节气门关闭，节气门位置传感器的怠速触点闭合，传感器输出端子 IDL 输出低电压信号，若车速为零，说明发动机处于怠速状态；若车速不为零，则说明发动机处于减速状态）。

图 3-5　四线圈步进电机式怠速控制系统

图 3-6　怠速控制阀外形

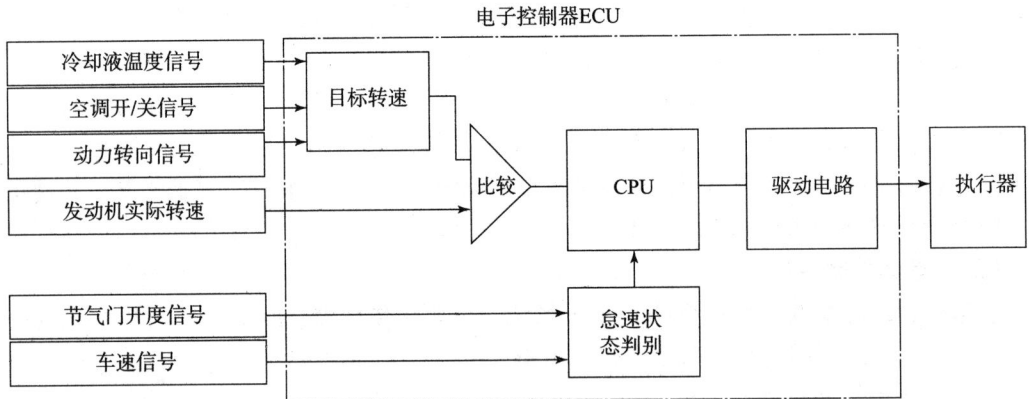

各种传感器信号

车速传感器VSS
节气门位置传感器TPS
冷却液温度传感器GTS
发动机转速传感器GPS
空调开关信号A/C
动力转向开关信号PSW
空挡位置开关信号NSW
电源系统电压信号U_{BAT}

电子控制器ECU

怠速控制阀

稳压箱

进气歧管

节气门阀体

空气流量计

大气

图 3-7　怠速控制程序

当 ECU 判定为怠速工况时，根据发动机冷却液温度传感器信号、空调开/关信号、动力转向开关等信号，从其存储的怠速转速数据中查询相应的目标转速，然后将目标转速与曲轴位置传感器检测的发动机实际转速进行比较。

当发动机负荷增大，需要发动机快怠速运转，目标转速高于实际转速时，ECU 将控制怠速控制阀增大旁通进气量。当发动机负荷减小，目标转速低于实际转速时，ECU 将控制怠速控制阀减小旁通进气量。

步进电机的转子由具有 16 个磁极的永久磁铁制成，沿圆周呈 N、S 交错排列。步进电机有两个定子，上下层叠放在一起，每个定子铁芯上有 16 个齿和绕线相反的两个线圈。两个定子铁芯上的齿也沿圆周交错排列，丝杠进给机构由转子驱动，阀轴与丝杠成一体，其一端装阀，如图 3 - 8 所示。

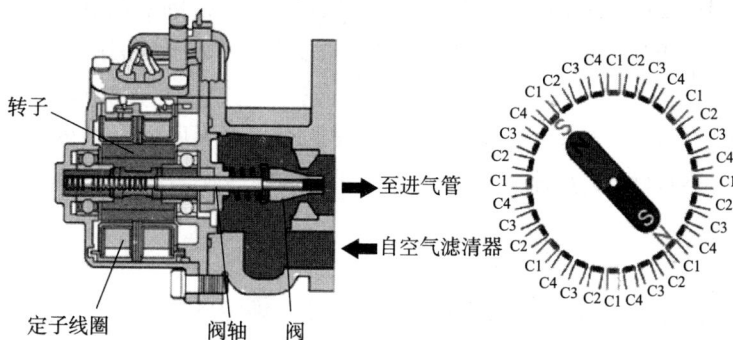

图 3 - 8　四线圈步进电机怠速控制阀结构示意图

ECU 控制定子上的四个线圈按照 1、2、3、4 的正序通电时，定子上形成的磁极与转子磁极间同性相斥、异性相吸，在磁力的作用下，转子转动，通过丝杠进给机构带动阀及阀轴移动，使其远离阀座直到与定子上的异性磁极相对应的位置，此时阀门打开。线圈通电一次，转子转动一步，即 1/32 圈。

当 ECU 控制四个线圈按照逆序通电时，转子按照相反方向旋转，阀门关小。阀门从全关到全开，升程为 10 mm，转子移动 125 步，进行精确控制。下面以丰田皇冠 3.0 轿车步进电机型怠速控制阀为例，介绍其工作过程。步进电机式怠速控制阀电路如图 3 - 9 所示。

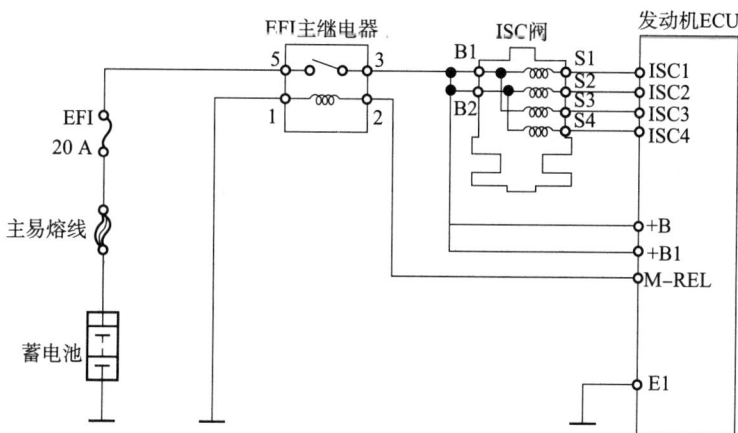

图 3 - 9　步进电机式怠速控制阀电路

主继电器触点闭合后，蓄电池电源经主继电器到达怠速控制阀端子 B1 和 B2，端子 B1 向步进电机的 1、3 相两个绕组供电，端子 B2 向 2、4 相两个绕组供电。4 个绕组端子分别通过 S1、S2、S3 和 S4 与 ECU 端子 ISC1、ISC2、ISC3 和 ISC4 相连，ECU 控制各个线圈的接地回路，以控制怠速阀的工作。

步进电机式控制项目主要有：

1）起动初始位置的设定

关闭点火开关后，ECU 向主继电器线圈供电延续 2 ~ 3 s，在这段时间内，蓄电池继续给 ECU 和步进电机供电，ECU 使怠速控制阀回到起动初始（全开）位置。

项目三　电控汽油机怠速控制系统故障检修

2）起动控制

在起动过程中，ECU 根据冷却液温度的高低控制步进电机，调节控制阀的开度，使之达到起动后暖机控制的最佳位置，此位置随冷却液温度的升高而减小。

3）暖机控制

在暖机（暖机又称快怠速）过程中，ECU 根据冷却液温度信号按内存的控制特性控制怠速控制阀开度，随着温度上升，怠速控制阀开度逐渐减小。当冷却液温度达到 70 ℃时，暖机控制过程结束。

4）反馈控制

当发动机怠速运转时，ECU 将接收到转速信号与确定的目标转速进行比较，其值超过一定值（一般为 20 r/min）时，ECU 将通过步进电动机控制怠速控制阀，调节怠速空气量，使发动机的实际转速与目标转速相同。

5）怠速预测控制

发动机在怠速运转时，为了避免发动机怠速转动波动或熄火，当发动机负荷出现变化时，在转速变化之前，ECU 根据各负载设备开关信号（A/C 开关）等，通过步进电机提前调节控制阀的开度。

6）负载增多时的怠速控制

在怠速运转时，当负载增大而使蓄电池电压降低时，ECU 则根据蓄电池电压来调节控制阀的开度，以提高怠速转速和发电机的输出功率。

7）学习控制

在发动机使用过程中，由于磨损等使控制阀的性能发生改变，当控制阀的位置相同时，实际的怠速转速与设定的目标转速会有不同。在此情况下，ECU 在利用反馈控制使怠速转速回归到目标值的同时，还可将步进电机转动的步数存储在 ROM 存储器中，以便使用。

2. 旋转电磁阀式怠速控制系统

旋转电磁阀式怠速控制阀的结构如图 3-10 所示。控制阀安装在阀轴的中部，阀轴的一端装有圆柱形永久磁铁，永久磁铁对应的圆周位置装有位置相对的两个线圈。ECU 控制旋转电磁阀式怠速控制阀工作时，控制阀的开度是通过 ECU 控制两个线圈的平均通电时间（占空比）来实现的。ECU 控制两个线圈的通电或断开，改变两个线圈产生的磁场强度，两

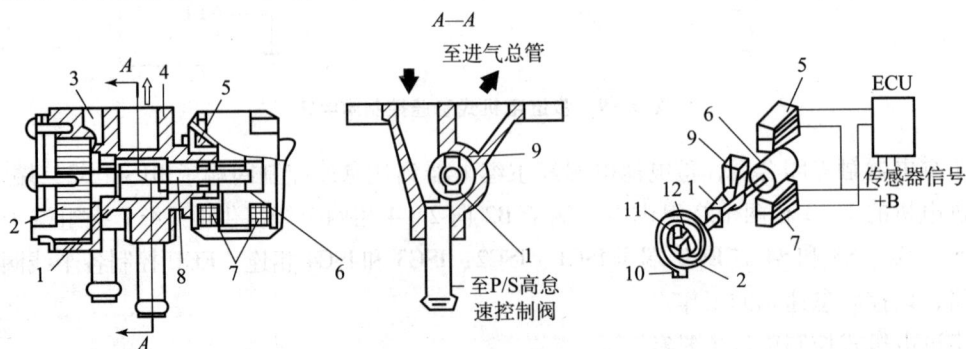

图 3-10　旋转电磁阀式怠速控制阀结构图

1—控制阀；2—双金属片；3—冷却液腔；4—阀体；5，7—线圈；6—永久磁铁；8—阀轴；
9—怠速空气口；10—固定销；11—挡块；12—阀轴限位杆

线圈产生的磁场与永久磁铁形成的磁场相互作用，即可改变控制阀的位置，从而调节怠速空气口的开度，以实现怠速空气量的控制，如图 3 – 11 所示。

两个电磁线圈式怠速控制阀多应用于丰田发动机，双金属片制成卷簧形，外端用固定销固定在阀体上，内端与阀轴端部的挡块相连接。阀轴上的限位杆穿过挡块的凹槽，使阀轴只能在挡块凹槽限定的范围内摆动。当流过阀体冷却液腔的冷却液温度变化时，双金属片变形，带动挡块转动，从而改变阀轴转动的两个极限位置，以控制怠速控制阀的最大开度和最小开度。此装置主要起保护作用，可防止怠速控制系统电路出现故障时，发动机转速过高或过低，只要怠速控制系统正常工作，阀轴上的限位杆不与挡块的凹槽两侧接触。

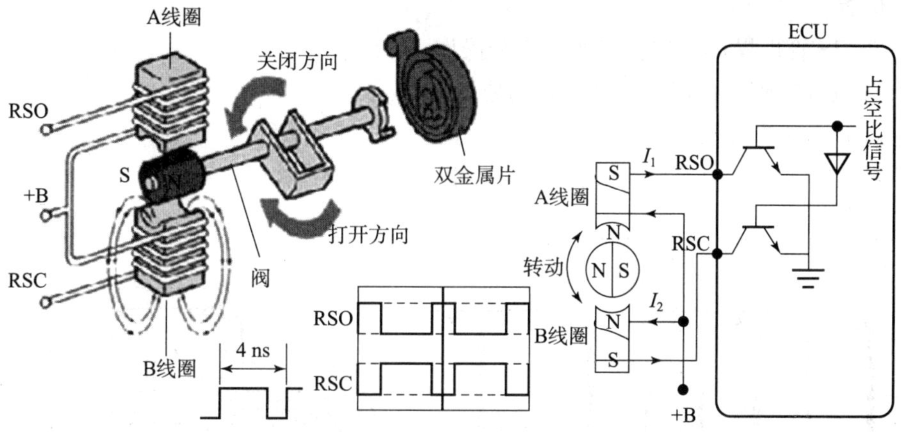

图 3 – 11　旋转电磁阀式怠速控制阀原理图

当占空比为 50% 时，两线圈的通电时间相等，两者产生的磁场强度相同，电磁力相互抵消，阀轴不发生偏转。当占空比大于 50% 时，两个线圈的平均通电时间一个增加，而一个减小，两者产生的磁场强度也不同，所以使阀轴偏转一定角度，控制阀开启怠速空气口。占空比越大，两个线圈产生的磁场强度相差越大，控制阀开度越大。因此，ECU 通过控制脉冲信号的占空比即可改变控制阀开度，从而控制怠速时的空气量。控制阀从全闭位置到全开位置之间，旋转角度限定在 90°以内，ECU 控制的占空比调整范围为 18% ~82%。

与步进电动式怠速控制阀相比，旋转电磁阀式怠速控制阀体积小，质量轻。

3. 直线电磁阀式怠速控制系统

线性电磁性 ISC 阀只有一个电磁线圈。通电时阀门被吸动，阀与阀体之间的空隙发生变化。ECU 控制阀的通电时间，从而实现怠速控制。

实际工作时，ECU 也是按占空比来控制线圈电流的，每 100 ms 接通或断开线圈一次。因此，流经怠速控制阀的空气量是由线圈的接通、断开时间的比值来决定的，即在一个周期内通电时间越长，阀门开得越大。

二、任务实施

（一）实施准备

（1）准备好实训用发动机、万用表、解码器、示波器、常用工具及节气门体等。

（2）掌握本次实训课所用仪器及设备的使用方法。

（3）强调实训中的安全注意事项。

（二）实施内容

1. 节气门直动式怠速控制阀的检测

检测注意事项：

◆ 测量电阻时，将点火开关置于"OFF"位置。

◆ 测量电压时，将点火开关置于"ON"位置。

◆ 点火开关打开时，严禁拔插各传感器及执行器接口，以免损坏 ECU。

◆ 为了防止损坏诊断仪，在连接或断开诊断仪之前一定将点火开关旋至"LOCK（OFF）"位置。

◆ 按照 7S 管理操作，文明生产、安全操作。

（1）读取故障码和数据流，并进行简要分析。

（2）检查是否存在机械故障。

（3）识读怠速控制系统的电路图（请参考维修手册），如图 3 - 12 所示。

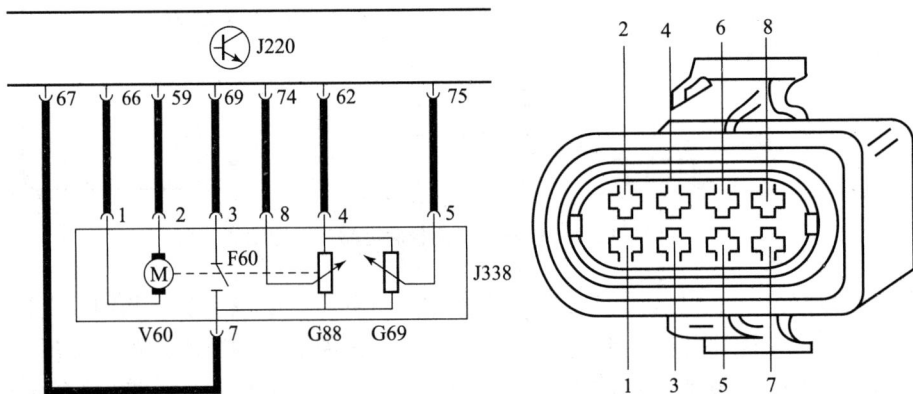

图 3 - 12 桑塔纳 2000GSi 节气门控制组件控制电路图

1—节气门定位器"﹣"极；2—节气门定位器"﹢"极；3—怠速开关；4—参考电压；
5—节气门电位计信号；6—空脚；7—传感器接地；8—节气门定位电位计信号

（4）节气门位置传感器的检测（以桑塔纳 2000GSi 轿车为例）。

①节气门位置传感器电源电压的检查。其检查方法是：拔下节气门位置传感器的线束插头，然后打开点火开关，但不要起动发动机。用电压表测量线束插头上电源端子和接地端子之间的电压。其值应符合规定，约为 5 V。

②节气门位置传感器的导通情况检查。关闭点火开关后，检查节气门位置传感器 4#、5#、7#端子与电控单元 62#、75#、67#端子之间的电阻值，应小于 1 Ω。

③节气门位置传感器输出电压的检查。其检查方法是：插上传感器插头，接通点火开关，用数字万用表测量传感器 5#和 7#端子之间的信号电压，应随节气门的开度增大而增加，节气门全关时信号电压约为 0.5 V，节气门全开时约为 5 V。

（5）搭铁测量。采用引外电源的方法（或用万用表的蜂鸣挡测量、或用电阻测量法）。将数字万用表设置在直流电压 20 V 挡，红色表笔置于蓄电池正极，黑色表笔置于 7#端子，应显示 12 V 电压。

（6）节气门定位电位计的检测。节气门定位电位计的作用是急速时节气门定位器动作，节气门打开并输出位置信号，在节气门定位电位计出现故障时，节气门控制部件中紧急运行弹簧起作用，使发动机处于紧急运行状态，此时发动机的急速升高，约 1 500 r/min。

①测量节气门定位电位计的供电电压。关闭点火开关，拔下节气门控制部件的插头，打开点火开关至"ON"挡，用数字万用表测量插头上 4#与 7#端子之间的电压值，打开点火开关，此电压值应接近 5 V。

②测量节气门定位电位计导线的导通情况。用数字万用表测量插头上 4#、8#和 7#端子分别至 ECU 线束插座端子 62#、74#和 67#端子之间的电阻值，应小于 1 Ω。

③测量节气门定位电位计的信号电压。插上节气门控制部件的插头，用数字万用表测量插头上 8#和 7#端子之间的电压值，打开点火开关，使节气门开度变化，此电压值应在 0.5 ~ 4.9 V 之间变化。节气门全闭时应为 0.3 ~ 0.8 V，节气门全开时应达到 4 V。

④检测 G88 的电阻。将点火开关置于"OFF"位置，检测 G88 插座端子 4#与 7#间的电阻，在节气门任意开度下均为 700 Ω；检测 4#与 8#端子间的电阻，在节气门全闭时为 735 Ω；检测 7#与 8#端子间的电阻，在节气门全闭时为 1 170 Ω。

（7）急速开关 F60 的检测。

①测量急速开关的电阻。将数字万用表的表笔分别接在 ECU 插座上的 69#和 67#端子，当打开节气门时，测得的阻值为无穷大；当节气门关闭时，测得的电阻值应小于 1 Ω。

②测量急速开关导线的导通情况。拔下插接器，用数字万用表测量节气门控制部件线束插头 3#与 7#端子至 ECU 插座上的 69#和 67#端子之间的电阻值，测得的电阻值应小于 1 Ω。

（8）节气门定位器的检测。节气门定位器即急速稳定装置，俗称急速电机。急速电机损坏或 ECU 对急速控制出现故障时，节气门控制部件内的紧急运行弹簧设置节气门处于紧急运行位置。

①测量节气门定位器的供电电压。打开点火开关，用数字万用表测量 ECU 上的 66#和 59#端子的电压值，66#端子的电压值应为蓄电池电压值（12 V 左右），59#端子的电压值应为 10 V 左右。

②测量节气门定位器导线的导通情况。用数字万用表测量 ECU 线束插座至节气门定位器电线插头间的电阻值，应小于 1 Ω。

③直流电动机检测。电动机 1#、2#端子阻值应为 3 ~ 200 Ω。

桑塔纳 2000AJR 发动机 ECU 具有基本设定功能，它能记录点火开关断开时节气门控制组件的停止位置。如果拆装或换了新的节气门控制组件或者发动机 ECU 出了故障，都必须重新进行基本设定，即完成发动机 ECU 与节气门控制组件的匹配工作。这一匹配工作要用大众公司 V. A. G1552 故障诊断仪来完成。

2. 步进电动机型急速控制阀的检测

检测注意事项：

◆ 不要用手推或拉急速控制阀，以免损坏丝杠机构的螺纹。

◆ 不要将急速控制阀浸泡在任何清洗液中，以免急速控制阀的步进电机损坏。

◆ 点火开关打开时，严禁拔插各传感器及执行器接口，以免损坏 ECU。

◆ 安装时，密封圈不应有任何损伤，并在密封圈上涂少量润滑油。

（1）基本检查。

起动发动机后再熄火，2～3 s 内在怠速控制阀附近应能听到内部发出的"嗡嗡"（"咔嚓"）响声，否则进一步检查怠速控制阀、控制电路及 ECU。

（2）四线圈柱塞式怠速控制阀电压检测。

四线圈柱塞式怠速控制阀电路如图 3－9 所示。拆开怠速控制阀线束插接器，将点火开关转至"ON"位置，但不起动发动机，在线束侧分别测量端子 B1 和 B2 与搭铁之间的电压，均应为蓄电池电压（9～14 V），否则应检查 EFI 主继电器、EFI 保险及其线束的导通性。

如果电源电压正常，再在发动机停机后几秒钟内检查 ECU 对 ISCV 阀的控制信号。用故障诊断仪或示波器检查 ECU 的 ISC1～ISC4 与搭铁之间是否有脉冲信号产生。若输出信号不正常则检查有关传感器及其连线。如果有关传感器及其连线也没有问题，则故障在 ECU。

（3）四线圈柱塞式怠速控制阀线圈电阻值检测。

拆开怠速控制阀线束插接器，在控制阀侧分别测量 B1—S1、B1—S3、B2—S2、B2—S4 之间的电阻，阻值均应为 10～30 Ω，否则应更换怠速控制阀。

（4）开闭情况检查。

如图 3－13 所示，拆下怠速控制阀后，将蓄电池正极接至 B1 和 B2 端子，蓄电池负极按顺序依次接通端子 S1→S2→S3→S4，随步进电动机的旋转，怠速控制阀应向外伸出，ISCV 阀应逐渐关闭。而蓄电池负极按相反顺序依次接通 S4→S3→S2→S1 时，则怠速控制阀应向内缩回，ISCV 阀应逐渐开启。伸长或收缩的总高度应在 10 mm 左右。若工作情况不符合上述要求，应更换怠速控制阀。

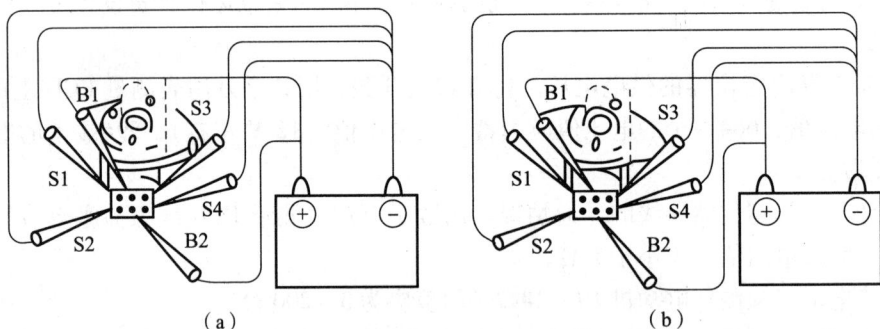

图 3－13　四线圈柱塞式怠速控制阀通电的检查
（a）阀伸出状态；（b）阀缩回状态

3. 旋转电磁阀式怠速控制阀的检测

图 3－14 所示为丰田公司的旋转电磁阀式怠速控制阀电路，在整个怠速范围内，ECU 通过不同的占空比对怠速转速进行控制。

（1）拆开怠速控制阀线束插接器，将点火开关转至"ON"位置，但不起动发动机，在线束侧测量 ＋B 电源端子与搭铁之间的电压，应为蓄电池电压（9～14 V），否则说明该怠速控制阀电源电路故障。

（2）发动机达到正常工作温度、变速器处于空挡位置时，使发动机维持怠速运转，用

图 3 – 14　旋转电磁阀式怠速控制执行机构控制电路图

专用短接线短接故障诊断座上的 TE1 端子与 E1 端子，发动机转速应保持在 1 000 ~ 1 200 r/min，5 s 后转速下降约 200 r/min。若不符合上述要求，应进一步检查怠速控制阀电路、ECU 和怠速控制阀。

（3）拆开怠速控制阀上的三端子线束插接器，在控制阀侧分别测量中间端子（ + B 端子）与两侧端子（ISC1 端子和 ISC2 端子）之间的电阻值，正常值应为 18.8 ~ 22.8 Ω，如图 3 – 15 所示，否则应更换该怠速控制阀。

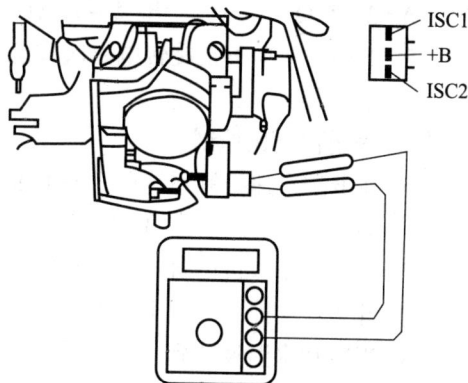

图 3 – 15　检查旋转电磁阀式怠速控制执行机构的电阻

项目总结

（1）怠速控制系统的作用是使发动机起动后实现高怠速的快速暖机，自动维持发动机怠速在目标转速下稳定运转，还可根据自动变速器是否在空挡、动力转向开关接通情况下，引起发动机怠速时的负荷变化等来自动调节发动机怠速转速，保证发动机在各种怠速条件下的稳定运转。

（2）怠速控制执行机构通过对怠速空气量的控制来控制发动机的怠速转速。

（3）怠速控制的方式有旁通空气式和节气门直动式两种。

（4）怠速控制系统是电控发动机的一个子系统，主要由传感器、ECU 和执行机构组成。

（5）步进电机式怠速控制执行机构的控制内容有：起动初始位置设定、起动后控制、暖机控制、反馈控制、怠速预测控制、负载增多时的怠速控制、学习控制。

（6）直动式怠速空气量控制方式简称节气门直动式，其控制原理是通过控制节气门的开启角度来调节空气通路截面积，进而控制空气进气量，实现怠速控制。

练习题

一、理论题

（一）选择题

1. 旁通空气式怠速控制是通过调节（　　）来控制空气流量的方法实现的。

项目三　电控汽油机怠速控制系统故障检修

A. 旁通气道的空气通路面积

B. 主气道的空气通路面积

C. 主气道或旁通气道的空气通路面积

D. 节气门开度

2. 桑塔纳 2000 型时代超人发动机采用（　　）怠速控制执行机构。

A. 节气门直动式 　　　　　　　　　B. 节气门被动式

C. 旁通空气式 　　　　　　　　　　D. 主气道式

3. 丰田车步进电机式怠速控制阀可有（　　）种不同的开启位置。

A. 64 　　　　　　B. 125 　　　　　　C. 128 　　　　　　D. 256

4. 丰田车步进电机式怠速控制阀的四个线圈阻值都应在（　　）范围内。

A. 2～5 Ω 　　　　B. 5～10 Ω 　　　　C. 10～30 Ω 　　　　D. 30～50 Ω

5. 下列哪一项不是旋转电磁阀式怠速控制项目？（　　）

A. 起动控制 　　　　　　　　　　　B. 反馈控制

C. 固定占空比控制 　　　　　　　　D. 暖机控制

6. 在电控怠速控制系统中，ECU 首先根据各传感器的输入信号确定（　　）转速。

A. 理论 　　　　　　B. 目标 　　　　　　C. 实际 　　　　　　D. 假想

7. 丰田车系步进电机式怠速控制阀，在点火开关关闭后处于（　　）状态。

A. 全开 　　　　　　B. 全闭 　　　　　　C. 半开 　　　　　　D. 打开一个步级

8. 当冷却水温度达到（　　）时，步进电机式怠速控制执行机构的暖机控制结束，怠速控制阀达到正常怠速开度。

A. 50 ℃ 　　　　　　B. 60 ℃ 　　　　　　C. 70 ℃ 　　　　　　D. 80 ℃

9. 旋转电磁阀式怠速控制装置中，滑移阀的最大偏转角度限制在（　　）内。

A. 30° 　　　　　　B. 60° 　　　　　　C. 90° 　　　　　　D. 120°

10. 旋转电磁阀式怠速控制执行机构中，阀门的开启程度及方向由控制线圈的（　　）控制。

A. 电压大小 　　　　B. 电流大小 　　　　C. 电阻大小 　　　　D. 电流方向

（二）判断题

1. 节气门直动怠速控制执行机构具有很强的工作能力、控制位置稳定性良好、控制速度快、响应性较好的优点。（　　）

2. 旋转电磁阀式怠速控制阀具有体积小、质量轻、可控制快怠速等特点。（　　）

3. 若点火开关置于"OFF"位置时，无论步进电机型怠速电磁阀位于何位置，都将迅速退回到全部打开状态，为下次冷起动做好准备。（　　）

4. 步进电机式怠速控制阀可有 125 种不同的开启位置。（　　）

5. 电机式怠速控制阀，在点火开关关闭后处于全闭状态。（　　）

6. 旋转电磁阀式怠速控制执行机构中的线圈阻值为 10～15 Ω。（　　）

7. 步进电机的正常工作范围为 0～125 个步级（日本车）。（　　）

（三）简答题

1. 汽油机怠速控制系统主要由哪些部件组成？

2. 空气式怠速控制执行机构一般分为哪几类？

3. 阐述旋转电磁阀式怠速控制执行机构的工作原理。

4. 阐述步进电机式怠速控制执行机构的工作原理。

5. 步进电机式怠速控制执行机构的控制内容有哪些？

二、实操题

请写出桑塔纳时代超人汽车节气门控制组件的检测步骤。

项目四

电控汽油机进气控制系统故障检修

知识目标

- 熟悉4S店汽车维修流程。
- 掌握 VVT 智能可变气门正时系统的作用、结构和工作原理。
- 掌握 VTEC 可变气门正时与升程电子控制系统的作用、结构和工作原理。
- 掌握 VANOS 连续可变气门升程系统的作用、结构和工作原理。
- 掌握进气增压系统的作用、结构和工作原理。
- 理解气门正时控制系统失效对于汽车行驶的影响和汽车的对应策略。
- 掌握故障诊断的一般流程和排除方法。

能力目标

- 能根据客户的描述进行现场验车并接车，按规定的程序利用仪器、仪表对故障车辆进行针对性的检查，确认故障现象，确定故障范围，并做准确记录。
- 能正确使用万用表对电磁阀、传感器进行检测。
- 能正确使用故障诊断仪读取气门正时控制系统故障码。
- 能根据检测结果判定故障点并进行维修。
- 会进行工作质量检查。

项目概述

(一) 项目内容

现代发动机完成一个工作循环要经过进气、压缩、做功、排气四个过程。在这四个过程中，为了使进气更加充分，排气更加完全，配气机构在不同工况下都应该有良好的工作效率，并且进气时应尽量加大进气的压力。本项目主要介绍可变正时控制系统和进气增压控制系统的原理和检修，共设置了三个任务。任务内容如下：

```
                    项目四  电控汽油机进气控制系统故障检修
        ┌───────────────────────┼───────────────────────┐
     任务一                    任务二                    任务三
  可变气门正时控制系统的检修   可变气门正时和气门升程控制系统的检修   进气增压控制系统的检修
```

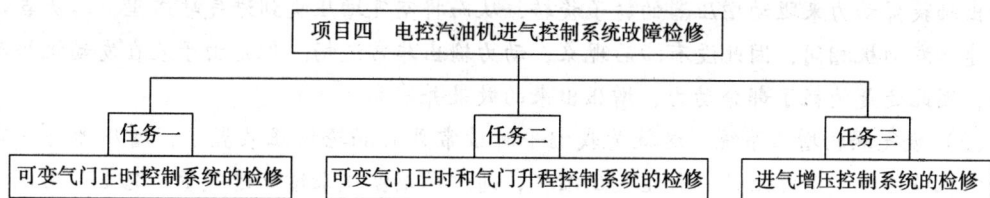

（二）项目知识（作用、分类、概述内容）

1. 可变正时控制系统

在发动机工作过程中，进、排气门的开启和关闭时刻是有一定重叠的，叫作气门叠加角，如图 4-1 所示。

气门重叠的角度往往对发动机性能产生较大的影响。发动机转速越高，每个气缸一个工作循环内留给吸气和排气的绝对时间也越短，因此要达到更高的充气效率，就需要延长发动机的吸气和排气时间。显然，当转速越高时，要求的气门重叠角度越大。

但在低转速工况下，过大的气门重叠角则会使得废气过多地泄入进气端，吸气量反而会下降，气缸内气流也会紊乱，此时 ECU 也会难以对空燃比进行精确的控制，从而导致怠速不稳，低速扭矩偏低，因此，发动机低速转速时需要较小的气门叠加角。

图 4-1 气门叠加角

由此可见，如果发动机配气机构在制造装配时只对低转速工况进行优化，那么发动机的就无法在高转速下达到较高的峰值功率，反之亦然。所以传统发动机配气机构的设计都会选择一个折中的方案，不可能在两种截然不同的工况下都达到最优状态。

可变正时控制系统是可以使汽车的配气相位根据发动机转速和工况的不同进行调节，在高、低转速下都能获得理想的进、排气效率的一种新型控制系统，广泛应用在现代汽车上。

根据作用不同，可变正时控制系统可分为：

（1）只改变气门正时，气门升程不变控制系统（VVT）。

（2）既改变气门正时，又改变气门升程控制系统（VTEC）。

（3）可连续改变的气门正时和升程控制系统（VANOS）。

2. 进气增压控制系统

发动机进气压力越高，进气越充分，现在汽车的进气增压系统主要有气波增压、机械增压和涡轮增压三种。

（1）气波增压系统：利用高压废气的脉冲气波迫使空气压缩。这种系统增压性能好、加速性好，但是整个装置比较笨重，不太适合安装在体积较小的轿车里面。

（2）机械增压系统：这个装置安装在发动机上并由皮带与发动机曲轴相连接，从发动

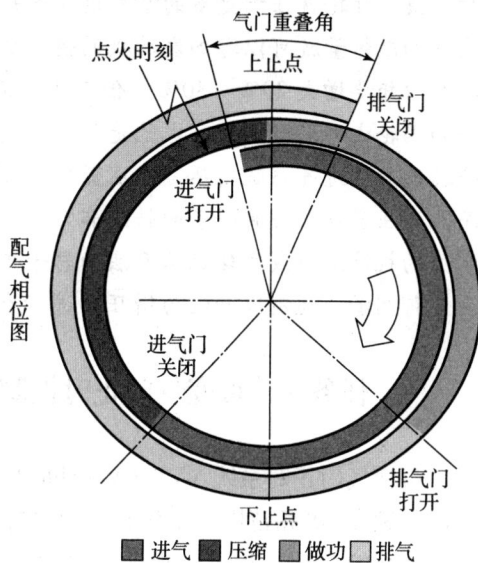

机输出轴获得动力来驱动增压器的转子旋转，从而将空气增压吹到进气岐道里。其优点是涡轮转速和发动机相同，因此没有滞后现象，动力输出非常流畅。但是由于装在发动机转动轴里面，因此还是消耗了部分动力，增压出来的效果并不高。

（3）废气涡轮增压系统：这就是我们平时最常见的涡轮增压装置了，增压器与发动机无任何机械连接，实际上是一种空气压缩机，通过压缩空气来增加进气量。它是利用发动机排出的废气惯性冲力来推动涡轮室内的涡轮，涡轮又带动同轴的叶轮，叶轮压送由空气滤清器管道送来的空气，使之增压进入气缸。当发动机转速增快，废气排出速度与涡轮转速也同步增快，叶轮就压缩更多的空气进入气缸，空气的压力和密度增大可以燃烧更多的燃料，相应增加燃料量就可以增加发动机的输出功率。一般而言，加装废气涡轮增压器后的发动机功率及扭矩要增大20%～30%。但是废气涡轮增压器技术也有其必须注意的地方，那就是泵轮和涡轮由一根轴相连，也就是转子，发动机排出的废气驱动泵轮，泵轮带动涡轮旋转，涡轮转动后给进气系统增压。增压器安装在发动机的排气一侧，所以增压器的工作温度很高，而且增压器在工作时转子的转速非常高，可达到每分钟十几万转，如此高的转速和温度使得常见的机械滚针或滚珠轴承无法为转子工作，因此涡轮增压器普遍采用全浮动轴承，由机油来进行润滑，还有冷却液为增压器进行冷却。

✦ 任务一　可变气门正时控制系统的检修

可变气门正时系统 VVT（Variable Valve Timing），可以根据发动机工作的状态，调整进气凸轮轴在60°角范围内工作，自动保持最佳的气门正时，实现了在所有速度范围内配气相位智能化的变化（保持、提前、迟后）。从而，提高了发动机的扭矩和燃油经济性及净化性。以日本丰田汽车公司的智能正时可变气门控制系统 VVT-i 为例，该技术应用于 3L 6 缸双凸轮轴发动机，可以节省燃油6%，减少 CO_2 排出量40%，降低 HC 排放量10%，输出扭矩可增加10%。但是，VVT 系统的引入不可避免地增加了汽车发动机整体的复杂性。对汽车的保养维护和故障诊断提出了较高的要求。

在本学习任务中要掌握以下知识：

（1）可变气门正时系统的作用、类型。

（2）可变气门正时系统的结构、原理。

（3）可变气门正时系统的检测方法。

一、相关知识

VTT 原理

（一）可变气门正时系统的结构及工作原理

1. 丰田可变气门正时系统的结构及工作原理

丰田可变气门正时系统分为只调节进气门正式控制系统（VVT）和进、排气门正时控制系统（DVVT），如图 4-2 所示。结构原理相似，我们以 VVT 系统为例，VVT 系统只是改变进气门开、关时间的早晚，配气相位角值不变（时间平移，即早开、早关，晚开、晚关），并且不改变气门升程的大小（此为不足之处）。其广泛地应用在丰田车系和大众车系。

VVTI 结构

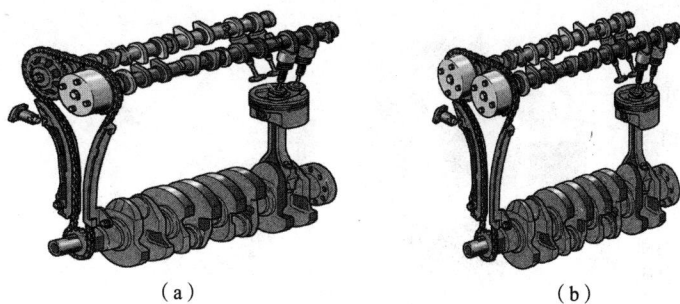

图4-2 单气门调节和双气门调节

(a) VVT系统；(b) DVVT系统

发动机VVT（可变气门正时系统）主要由以下部件组成，VVT液压相位器、控制阀、发动机转速传感器、凸轮轴位置传感器、发动机ECU、VVT控制阀滤网等，如图4-3所示。

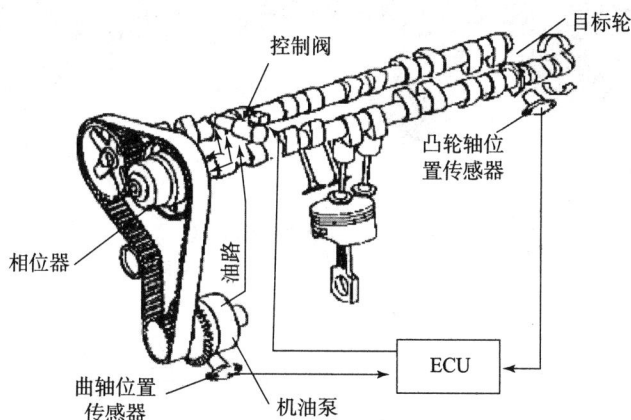

图4-3 VVT系统组成

（1）VVT液压相位器：由外壳、转子、链轮、锁销、密封销和弹簧总成等组成，如图4-4所示。

链轮、定子和外壳共同组成液压空腔，并被带有油封的星形转子分割为两个油腔，油腔分别与凸轮轴和控制阀（OCV）进出油孔对应相连。其中转子与凸轮轴通过中央螺栓固定在一起，转子与凸轮轴的转动永远是同步的；而定子与链轮或带轮通过定子螺栓固定在一起，链轮或带轮以及定子与曲轴的转动是同步的。当控制阀控制机油分别进入转子叶轮两侧时，根据进油量不同，转子相对于定子就有相对转动，也就意味着凸轮轴就相对于曲轴有正时提前或滞后，凸轮轴相对于曲轴顺时针转动时配气相位控制为提前，逆时针转动时为滞后。

（2）VVT控制阀（OCV）：VVT控制阀是一个三位五通比例控制电磁阀，阀芯的移动位置与发动机ECU向OCV线圈提供的PWM占空比大小是成正比的。占空比逐渐加大时，线圈电磁力也逐渐加大，铁芯总成在螺线管中移动，并克服弹簧力推动阀芯前移，当占空比信号逐渐减小时，电磁力也逐渐减小，阀芯在弹簧力的作用下逐渐回位。阀芯在移动过程中，与阀套配合实现油路的切换，从而控制机油进出OCV阀的方向和流量，进而控制流入/流出相位器油腔的机油流量，如图4-5所示。

外壳
锁销
转子
密封销和
弹簧总成
链轮

VVT相位器分解图
（a）

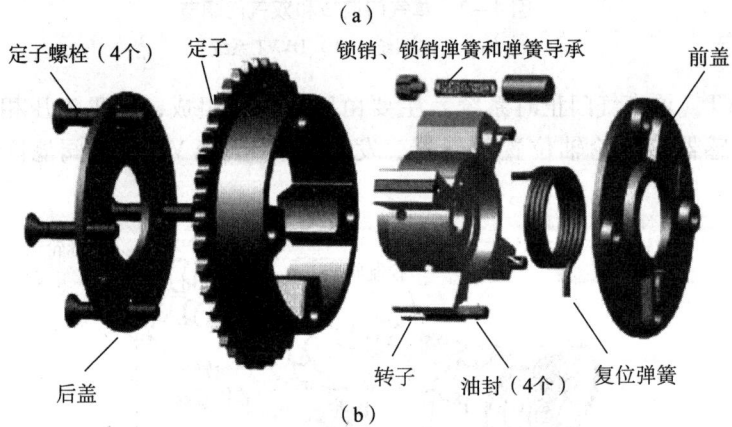

定子螺栓（4个）　定子　锁销、锁销弹簧和弹簧导承　前盖

后盖
转子　油封（4个）　复位弹簧
（b）

图4-4　液压相位器结构

（a）正面分解图；（b）侧面分解图

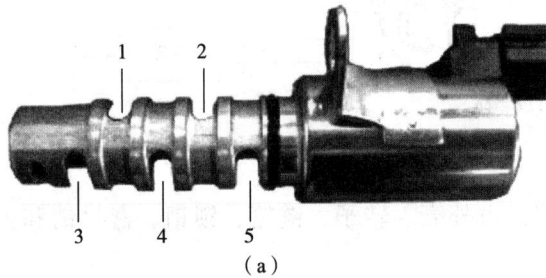

1　2
3　4　5
（a）

至正时调节
器的提前侧
至正时调节
器的滞后侧
滑阀
线圈
柱塞
弹簧

排放　压力油　排放
（b）

图4-5　VVT控制阀

（a）控制阀实物图；（b）控制阀结构图
1，2，3，4，5—油道

与机油泵相连的油道 4 为主进油油道。油道 3、5 为与油底壳连接的泄油油道。油道 1 连接液压相位器外壳上的进油油道，此油路进油时转子叶轮左侧油腔进油（提前室），叶轮（凸轮轴）相对于外壳（曲轴）顺时针转动，正时提前。油道 2 连接液压相位器转子叶片上的进油油道，此油路进油时转子叶轮右侧油腔进油（延迟室），叶轮（凸轮轴）相对于外壳（曲轴）逆时针转动，正时滞后。油道孔布置如图 4-6 所示。

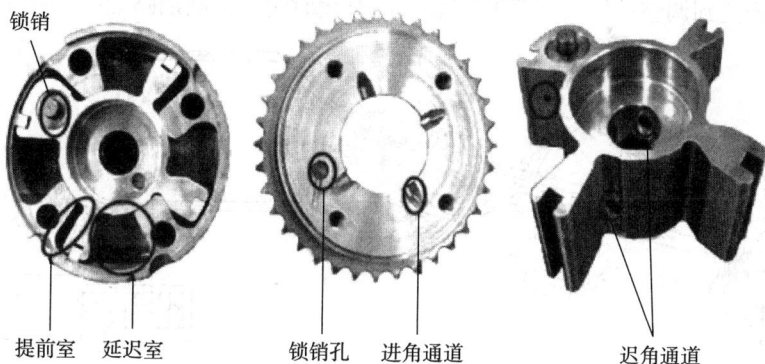

图 4-6　液压相位器油道孔布置

（3）锁销：发动机起动后，液压力未施加到 VVT 控制器上时，锁销便会将 VVT 控制器锁止，以防止产生敲击噪声。液压力施加到 VVT 控制器上时，锁销会被松开。

如图 4-7 所示，当机油从油孔 A 进入到外壳 2 与叶片 1 内锁销 3 之间的凹坑里时，机油压力克服弹簧力，锁销 3 被抬起，叶片 1 在机油压力的推动下带动凸轮轴转动。当叶片 1 重新回到原来的位置，机油压力被撤销时，锁销 3 在弹簧力的作用下，重新回到凹坑，叶片 1 与外壳 2 锁在一起。

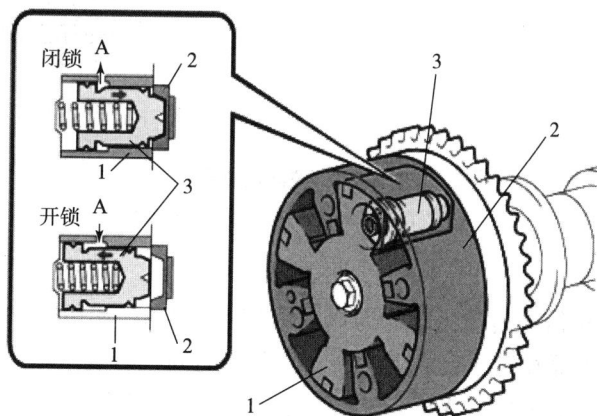

图 4-7　锁销工作原理

1—叶片；2—外壳；3—锁销

2. 丰田可变气门正时系统的油路控制

VVT 系统的所有工作均需通过机油完成，为保证 VVT 及时、准确地工作，必须保证油压在工作范围内，为此，一般 VVT 发动机均有单独的 VVT 油路。发动机 ECU 根据节气门开度传感器、发动机水温传感器、转速传感

VVTI 原理

器、进气压力传感器等传来的信号，查找所对应的气门正时角，即目标位置；同时，发动机
ECU 根据曲轴位置传感器和凸轮位置传感器传来的反馈信号计算得出凸轮轴的实际位置。ECU
将目标位置和实际位置进行比较，向机油控制阀（OCV）发出动作信号，改变控制阀中阀芯的
位置，从而改变油路中机油流向和流量大小，把提前、滞后、保持不变等信号以油压方式反馈
至 VVT 相位器空腔内，来实现相位器内部定子和外部转子之间的相对转动，来调节凸轮轴的
正时角度，从而达到调整进气（排气）量和气门开闭时间。控制油路如图4-8所示。

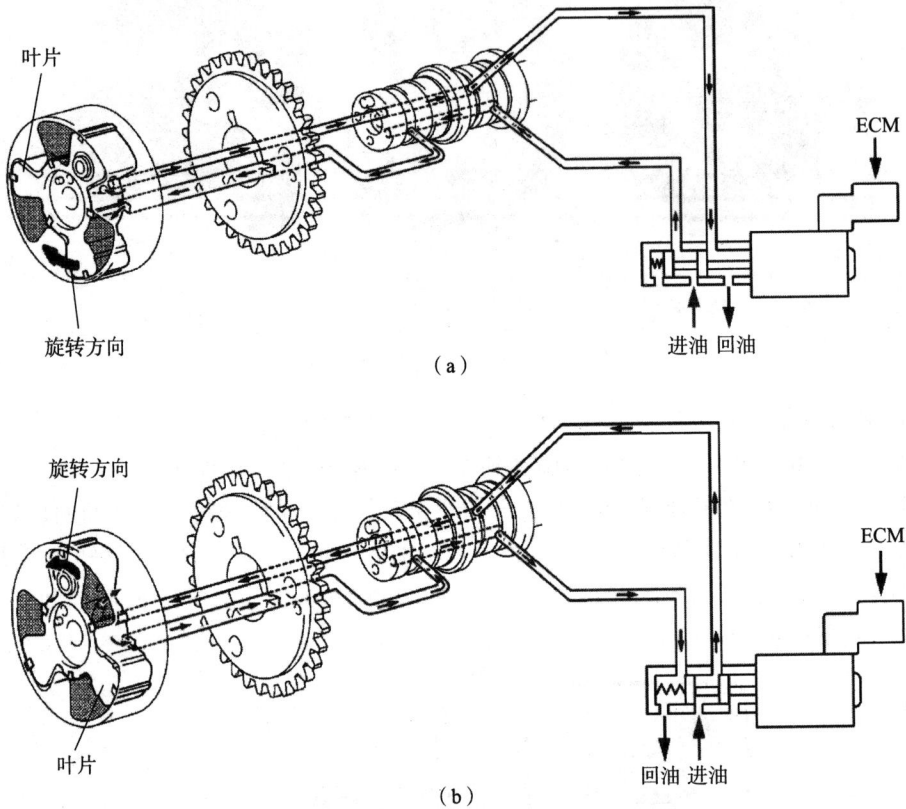

图4-8 控制油路图
（a）提前控制油路；（b）滞后控制油路

1）初始位置控制

输入 OCV 的 PWM 信号占空比通常为0，阀芯没有移动。相位器右侧油腔油压大于左侧
油腔油压，叶片左侧紧靠在定子台肩上，转子与定子之间没有发生相对转动，即凸轮轴相对
于曲轴正时没有调节。通常进气 VVT 基准位置为进气配气相位滞后位置，即进气门滞后打
开和关闭。在初始位置，进气最大迟关，排气最大早开。

2）工作位置控制

输入 OCV 的 PWM 信号占空比逐渐加大，阀芯移动到最远的位置，相位器中左侧油腔压
力逐渐加大，解锁后，当左侧油腔中压力大于右侧油腔压力，并克服凸轮轴摩擦转矩以及相
位器内部摩擦转矩等之后，转子相对定子有顺时针转动，凸轮轴向正时提前方向调节，即进
气门将提前打开和关闭。

3）稳定位置控制

即转子相对定子顺时针转动一定角度后，输入 OCV 的 PWM 信号占空比在 50% 左右，相位器左右两侧油腔同时供油，转子和定子保持在该相对位置。通常 VVT 介入调节后，大部分时间工作在某一角度的动态稳定位置。

3. 丰田可变气门正时系统的控制策略

（1）低温、低负荷低速：延迟进气门的打开时刻，提前排气门的关闭时刻，可减少气门重叠，以减少废气逆吹入进气管，从而达到稳定怠速、提高燃料消耗率和起动性能。

（2）中等负荷，或者高负荷中低速：提前进气门的打开时刻，推迟排气门的关闭时刻，可增加气门重叠，以增加 EGR 率以及降低泵气损失，从而改善了排放控制和燃料消耗率。此外，提前进气门的关闭时刻可减少进气被逆吹回进气管，改善了充气效率。

（3）高速高负荷：提前排气门的打开时刻，可以减少泵气损失，延迟进气门的关闭时刻，可以提高充气效率，从而提高发动机的输出功率。

（二）可变气门正时系统的工作条件

（1）主继电器工作正常。

（2）进气温度、水温、油温在系统设定的限制范围内（如水温在 80 ℃左右，机油温度为 95 ℃左右）。

（3）机油压力满足工作要求（300 kPa 以上），机油压力对 VVT 系统非常重要，如达不到要求，VVT 系统不工作。

（4）发动机转速在系统设定的限制范围内（下限为满足机油压力要求的最低转速，上限为发动机进气门最迟关闭的最低转速）。

（5）发动机起动一段时间后。

（6）凸轮轴相位自学习：在初始阶段 VVT 锁死位置，开始要进行自学习，ECU 检测同步实际值和计算标定值是否一致，然后进行修正。

三、任务实施

（一）实施准备

（1）准备好实训用发动机、万用表、解码器、示波器、常用工具等。

（2）掌握本次实训课所用仪器及设备的使用方法。

（3）强调实训中的安全注意事项。

（二）实施内容

1. 可变正时系统故障常见现象及原因分析

故障现象：发动机不能起动，或起动困难；发动机怠速不良抖动或加速无力；汽车行驶中动力下降、油耗明显增加；车辆正常行驶中突然熄火；仪表板上发动机故障灯点亮。

故障原因分析：主要有 VVT 控制阀阀芯卡滞或电磁线圈断路；VVT 控制阀控制电路短路或断路；机油控制阀滤清器堵塞；液压相位器故障；正时链条跳齿或拉长；凸轮轴位置传感器故障；ECU 故障。

2. 任务实施

（1）VVT 系统检测以故障诊断仪为主，辅以人工拆检。人工拆检时注意正时标记要对准。

（2）VVT 控制阀及其控制电路检测。

①将故障诊断仪连接至检测端口，并进入主动测试菜单栏，起动发动机维持在怠速状

态, 对控制阀进行主动检测 (此时应保证空调系统工作, 发动机温度小于 30 ℃)。检测时观察发动机转速, 控制阀工作时应出现怠速不稳或失速, 如无变化说明控制阀或其控制电路失效, 应进行拆卸检测。主动测试后注意清除故障代码。

②拆卸检测。拆下 VVT 控制阀, 用万用表检测电磁阀两个端子之间的电阻常温下应为 6.9 ~ 7.9 Ω, 如图 4 - 9 (a) 所示。将电池正极接至电磁阀端子 1, 端子 2 接至电池负极或搭铁, 电磁阀阀芯若能迅速移动, 则为正常, 否则应更换控制阀, 如图 4 - 9 (b) 所示。

(a)   (b)

图 4 - 9　VVT 控制法检测

(a) 检测电阻; (b) 动作检测

③控制电路检测。VVT 电磁阀有两根导线连接到 ECU 端口, 具体端子请查阅不同车型的维修手册, 检查导线端子之间的电阻应小于 1 Ω; 控制阀两端子分别与搭铁之间的电阻应为 10 kΩ 或更大, 否则为短路或断路。图 4 - 10 为丰田卡罗拉进气正时机油控制阀电路。

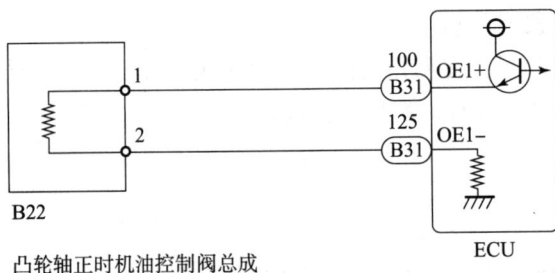

凸轮轴正时机油控制阀总成   ECU

图 4 - 10　丰田卡罗拉进气正时机油控制阀电路

(3) 机油滤网检测。检查机油控制阀滤清器, 检查滤网有无阻塞, 在凸轮轴轴承座上有油道经滤网到机油控制阀。

(4) 检查凸轮轴正时齿轮总成。将正时链条绕在凸轮轴正时齿轮上, 用游标卡尺测量齿轮和链条的直径, 不得小于最小直径 96.8 mm, 否则, 更换链条和齿轮。

(5) 液压相位器检测 (机械转动及锁销锁止)。对 VVT 控制器进行检查时可使用压缩空气代替发动机油压。

①用胶布封住各油孔, 以防止机油飞溅。

②分别挑开提前室和延迟室油孔, 充入大约 150 kPa 的压缩空气。

③将压缩空气同时施加在提前侧和延迟侧, 如图 4 - 11 中第 1 步所示, 此时锁销处于解锁状态。将压缩空气同时施加在提前侧和延迟侧, 可防止当锁销被释放时正时齿轮突然移动。

④逐渐减少延迟侧的压缩空气, 此时正时齿轮应向提前侧移动, 如图 4 - 11 中第 2 步所示。当凸轮轴正时齿轮到达最提前的位置时, 断开正时延迟侧压缩空气。然后, 断开正时提

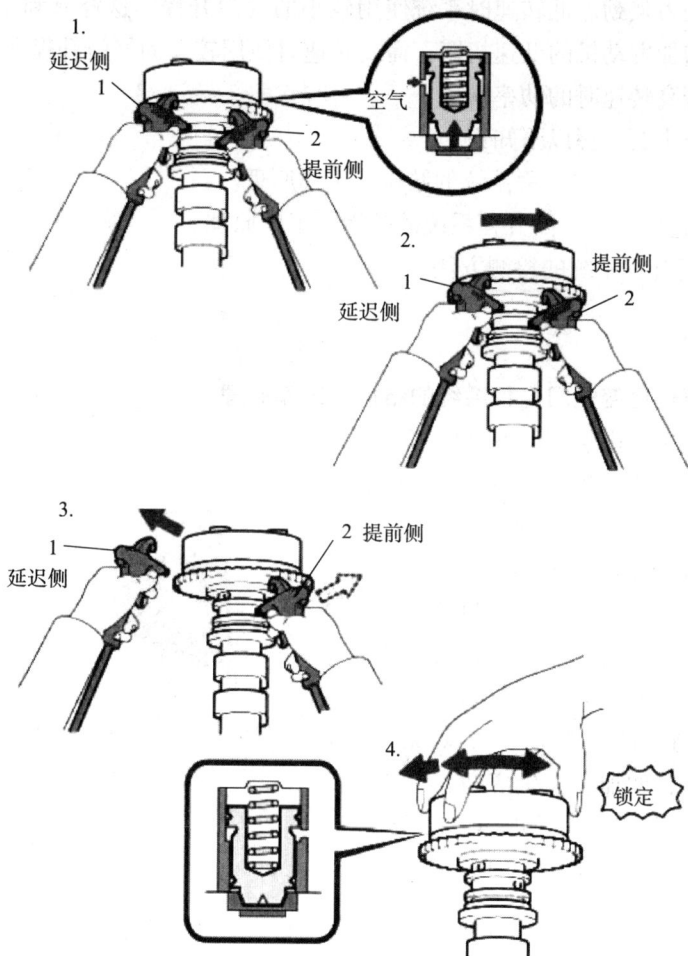

图 4 – 11 液压相位器检测

前侧压缩空气，相位器保持在最提前位，如图 4 – 11 中第 3 步所示。注意：如果未遵循切断压缩空气的顺序，正时齿轮便会突然向延迟侧移动，并可能损坏正时齿轮。

⑤将正时齿轮轻轻反方向转动，在未达到最延迟侧时，正时齿轮可以在任意位置平滑转动，转到最延迟侧时，锁销进入锁定位置卡死，此时转动正时齿轮锁止应良好，如图 4 – 11 中第 4 步所示。

（6）若以上步骤均没有问题，则更换 ECU。

❀ 任务二　可变气门正时和气门升程控制系统的检修

VVT 系统改变气门正时在很大程度上改善了发动机的油耗和排放质量，但发动机实质的动力表现取决于气缸的进气流量，进气流量与气门的升程有关，因此 VVT 系统对于发动机动力性的帮助是有限的。如果气门升程大小也可以针对发动机不同的工况和转速进行实时调节，那么就能提升发动机在各种情况下的动力性能。

可变气门升程技术可以在发动机不同转速下匹配合适的气门升程，使得低转速下扭矩充沛，而高转速时马力强劲。低转速时系统使用较小的气门升程，这样有利于增加缸内紊流，提高燃烧速度，增加发动机的低速扭矩；而高转速时使用较大的气门升程则可以显著提高进气流量，进而提升高转速时的功率输出。

在本学习任务中要掌握以下知识：

（1）i–VTEC 可变气门升程系统的结构、工作原理。

（2）VANOS 连续可变气门升程系统的结构、工作原理。

（3）可变气门升程系统的检测方法。

一、相关知识

（一）i–VTEC 可变气门升程系统的结构、工作原理

i–VTEC 系统主要由 VTEC 系统和 VTC 系统组成，其中 VTEC 系统主要为两段式气门升程控制。VTEC 系统主要控制连续可变的气门正时，与 VVT 系统结构和工作原理相似。

传统发动机每个气缸都有两个进气门，并配备凸轮与之配合，每个气门的升程是与凸轮的轮廓大小有关的，这说明想要改变气门的升程就需要有不同轮廓的凸轮与气门配合。VTEC 系统就是在原有的凸轮轴上，增加了大轮廓凸轮（中间凸轮）实现对气门升程的改变，如图 4–12 所示。

VTEC 机构的组成如图 4–13 所示。

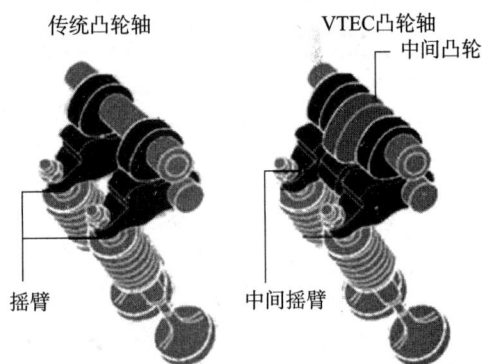

图 4–12　结构比较

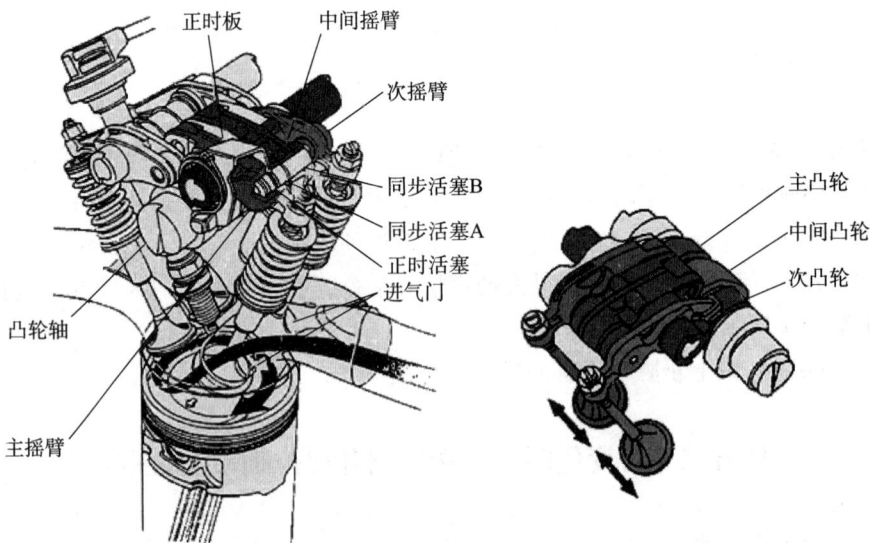

VTEC 原理

图 4–13　VTEC 系统组成

同一缸的两个进气门有主、次之分，即主进气门和次进气门。每个进气门通过单独的摇臂驱动，驱动主进气门的摇臂称为主摇臂，驱动次进气门的摇臂称为次摇臂，在主、次摇臂

之间装有一个中间摇臂，中间摇臂压在一个内装弹簧的失效器上，不与任何气门直接接触。三个摇臂前部都有对应的油孔安装活塞，三个摇臂在一起组成进气摇臂总成。

在主摇臂内有一油道与摇臂轴油道相通，在主摇臂的腔内有一正时液压活塞，主摇臂腔内有一同步活塞，右边副摇臂腔内有一阻挡活塞，油道经控制液动阀与机油油路相通，控制液动阀上有受 ECU 控制的电磁阀及起到反馈作用的压力开关，如图 4 - 14 所示。控制电磁阀、控制液动阀、压力开关称为 VTEC 的控制系统。ECU 根据发动机转速、发动机负荷、车速、冷却水温度、VTEC 压力开关等信号控制 VTEC 的控制系统。

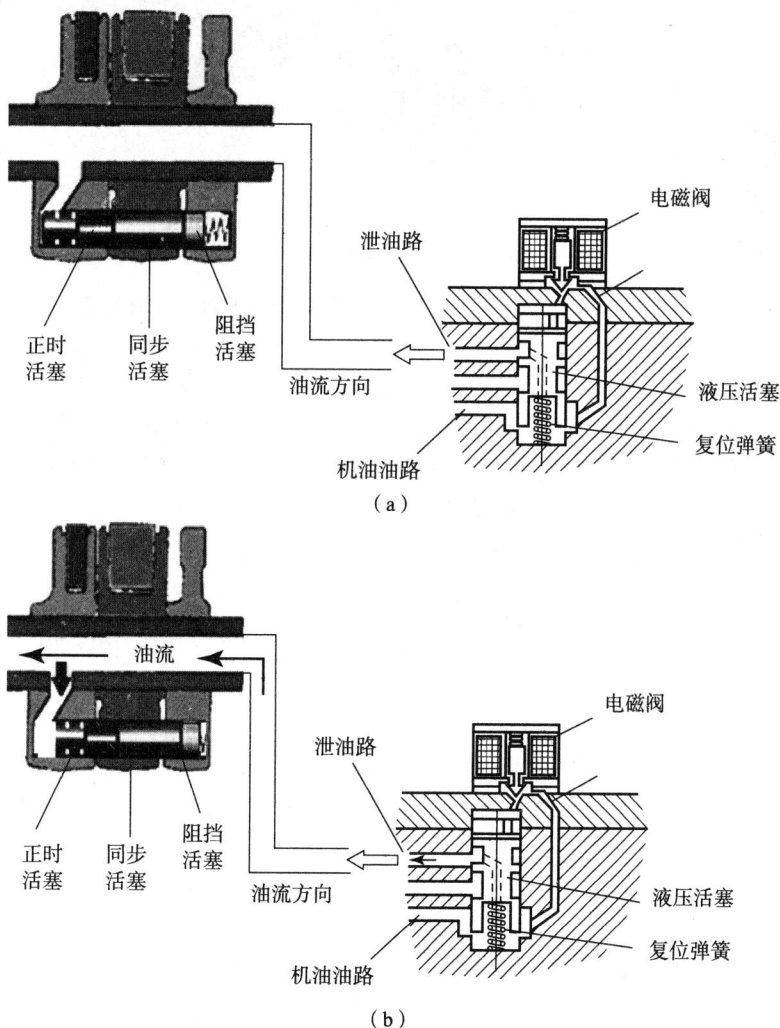

图 4 - 14 控制系统结构工作原理

（a）小升程控制；（b）大升程控制

当发动机低速运转时，ECU 控制电磁阀不工作，液压活塞上方油路没有油压，在弹簧力的作用下液压执行活塞处于靠上的位置，这时机油经活塞中部的孔流回油底壳，如图 4 - 14（a）所示，正时活塞不运动，中间摇摆不与两侧摇臂锁止，气门升程由主、副凸轮控制实现小升程。当发动机高速运转时，控制电磁阀接收到控制单元的信号开始工作，接通油路，一部分机油便流到液压控制活塞的顶部，使活塞向下运动，关闭回油道，如

图 4 - 14（b）所示，使机油经活塞中部的孔沿摇臂轴流到各气门摇臂总成中的油道内，进入正时活塞左侧，正时活塞向右移动推动同步活塞也向右移动，压缩阻挡活塞后的弹簧，将主、副摇臂和中间摇臂锁成一体，一起动作，气门升程由中间大凸轮控制实现大升程，其工作过程如图 4 - 15 所示。

VTEC 油路原理

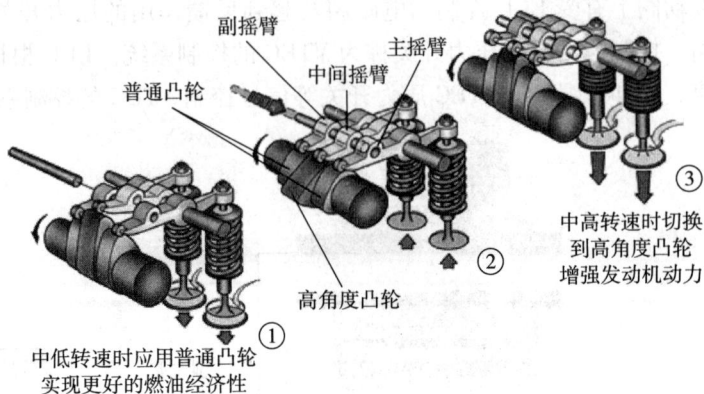

图 4 - 15　VTEC 工作原理

压力开关负责检测系统是否正处在工作状态并将信号传送给控制单元。

当发动机转速下降到设定值时，电脑切断 VTEC 电磁阀电流，正时活塞一侧的油压降低，各摇臂油孔内的活塞在复位弹簧的作用下回位，三摇臂又彼此分离独立工作。

（二）VANOS 连续可变气门升程系统

VTEC 系统只能实现两段式的进气门升程控制，这就意味着想要实现不同的发动机动力，还需要节气门的配合，实现不同的进气量。但由于节气门距离进气门较远，节气门和进气门之间连接较长的进气道，这使得在气体进入发动机的过程中，由于节气门的阻碍，进气道背压等原因进气流量受到很大的损失，汽车想要实现相同的动力就必须消耗更多的燃油。

如果可以根据驾驶员的驾驶意图（踩油门的程度）对进气门升程进行连续控制，实现大升程多进气，小升程少进气，就可以省略节气门，大大提高发动机的燃油消耗比例。宝马公司研发的 VANOS 系统就是可以在 0.25 ~ 9.70 mm 内任意调节进气门升程的连续可变气门升程控制系统，所装配的 Valvetronic 发动机成为世界上第一个在主要工况下取消节气门工作的发动机，测试表明拥有 VANOS 技术的发动机油耗至少节省 7%。

1. VANOS 系统的结构、工作原理

VANOS 系统同样分为正时控制系统和连续升程控制系统两部分，其中的正时控制系统结构原理与 VVT 系统相似。

VANOS 连续升程控制系统主要结构如图 4 - 16 所示，在进气控制凸轮和进气门控制摇臂之间加装一套中间推杆，中间推杆上端固定在由步进电

VANOS 概述

机控制的偏心轴上，形成支点。中间与进气凸轮接触形成动力输入端，下端与摇臂接触形成动力输出端，这是一套杠杆结构。想要改变进气门的升程（中间推杆下端移动的最大行程），只要改变偏心轴的位置，也就是改变杠杆的支点就可以了。偏心轴固定在定位齿轮上，定位齿轮连接步进电机的蜗杆，当 ECU 控制步进电机转动时，偏心轴最大可旋转 170°，

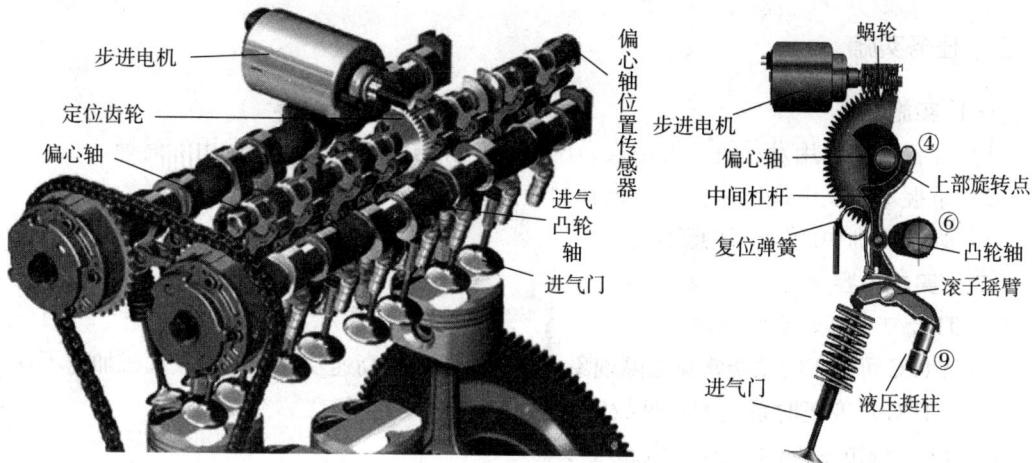

图 4 – 16　VANOS 系统装配图和拆装图

实现气门升程的连续控制，如图 4 – 17 所示，在偏心轴转动最小与最大位置进行比较，中间推杆下端的位置明显不同，这就意味着当进气凸轮转动到最大远心点时，气门可以达到的升程不同，从而实现对进气门升程的连续调节。

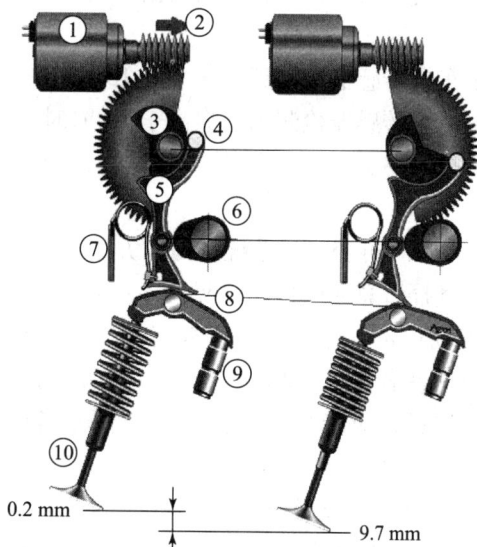

VANOS 结构原理

图 4 – 17　升程调节过程

2. VANOS 系统节气门的作用

VANOS 系统虽然完全可以取代节气门控制汽车的行驶过程，但是 VANOS 系统发动机还是装配节气门这个元件的，这是因为在怠速工况这种需要小负荷控制的时候，还是需要节气门的参与。因为 VANOS 系统里用的是直流有刷电机，位置控制精度有限，不适合做小角度下的高精度控制，否则成本很高。另外某些特殊工况下，Valvetronic 系统也需要节气门配合，完成发动机控制。根据汽车安全行驶的原则，可变气门系统失效后，就需要起动节气门模式作为备用方案，车主还可以把车开到维修站，此时 ECU 控制所有气门保持最大气门升程位置。

二、任务实施

（一）实施准备

（1）准备好实训用发动机、万用表、压力表、解码器、示波器、常用工具等。

（2）掌握本次实训课所用仪器及设备的使用方法。

（3）强调实训中的安全注意事项。

（二）实施内容

1. VTEC可变正时系统检测

（1）VTEC可变正时系统常见故障现象：怠速不稳、中高速功率不足、发动机加速不良。

（2）VTEC可变正时系统的常见故障原因：

①VTEC控制电磁阀及其控制电路故障。

②VTEC压力开关及其控制电路故障。

③机油压力不足，液压系统堵塞或泄漏。

④机械系统卡滞。

（3）VTEC可变正时系统的工作条件。

①由进气歧管压力传感器的数据得到发动机转速高于2 300～3 200 r/min或发动机进入中等负荷以上时。

②由车速传感器检测到车速高于10 km/h时。

③由水温传感器检测到水温高于10 ℃时。

④由控制单元发出信号使VTEC电磁阀打开，液压执行阀动作，使气门机构也随之动作。

（4）VTEC可变正时系统的检测方法。

①进气摇臂总成的检修（见图4-18）。

a. 发动机不工作时，拆下气门室罩盖，转动曲轴分别使各缸处于压缩上止点位置，用手按压中间摇臂，应能与主摇臂和次摇臂分离单独运动。

b. 用专用堵塞塞住油道减压孔，拆下油压检查孔处的密封螺栓，通入压力为400 kPa的压缩空气，用手推动正时片端部使其向上移动2～3 mm。

转动曲轴使活塞处于压缩上止点位置，3个摇臂并列平行时，从3个摇臂的缝隙中观察同步活塞的结合情况，同步活塞应将3个摇臂连接为一体，用手按压中间摇臂应不能单独运动。

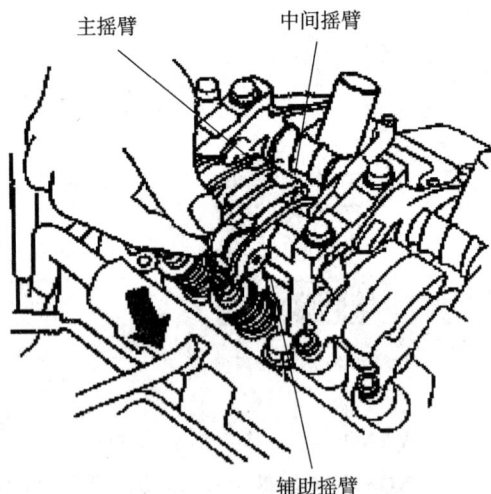

图4-18 中间摇臂的位置

c. 当停止输入压缩空气时，再推动正时片使其向上移动，摇臂内的同步活塞应迅速回挡位。进气摇臂总成的工作情况若不符合上述要求，应分解检查摇臂总成，必要时成组更换进气摇臂。

②VTEC 电磁阀及电路（故障码 21）故障的查寻。

当故障指示灯亮并闪示故障码 21 时，说明 VTEC 可变气门电磁阀控制电路故障，故障查寻步骤与方法如下：

a. 验证故障码。进行清除故障码操作后，按如下方法验证故障码：

● 起动发动机，并使发动机达到正常工作温度。

● 进行道路试验，然后加速行驶，使发动机转速超过 4 800 r/min，并保持至少 2 s，若首次试验故障灯（MIL）不亮，则需重复两次以上这样的试验。

如果路试中故障指示灯（MIL）不亮，则系统正常，说明路试前的故障码可能是由于 VTEC 电磁阀和 ECM 处的导线连接有松动造成的，应予以检查；如果故障指示灯亮并闪示故障码 21，则进行下一步检查。

b. 检查 VTEC 电磁阀电阻，方法如下：

● 关闭点火开关，并断开 VTEC 电磁阀插头。

● 检查 VTEC 电磁阀插座端子与地之间的电阻，正常电阻应在 14～30 Ω 之间。如果电阻值不在正常范围之内，则更换 VTEC 电磁阀；如果电阻值正常，则进行下一步检查。

c. 检查 VTEC 电磁阀导线有无断路。

用欧姆表检查 VTEC 电磁阀插头端子与 ECM 的 26 芯插接器的 A4 端子之间的通路情况。如果不通路，则为 VTEC 电磁阀与 ECM 的 26 芯插接器 A4 端子之间的绿/黄导线有断路故障，需予以排除；如果通路，则进行下一步检查。

d. 检查 VTEC 电磁阀导线有无短路，用欧姆表检查 VTEC 电磁阀插头端子与地之间的通路情况。如果通路，则为 VTEC 电磁阀与 ECM 的 26 芯插接器 A4 端子之间的绿/黄导线有对地短路故障，需予排除；如果不通路，则进行下一步检查。

③VTEC 压力开关及电路（故障码 22）故障的查寻。

当故障指示灯亮并闪示故障码 22 时，说明 VTEC 压力开关电路故障，故障查寻步骤与方法如下：

a. 验证故障码。进行清除故障码操作后应验证故障码（验证故障码的方法和验证故障码 21 一样）。

b. 检查 VTEC 压力开关。

● 用万用表的电阻挡检查压力开关的两导线端子，在发动机熄火时应处于导通状态，否则说明压力开关损坏。

● 在发动机工作时（对电磁阀通电）转速在 3 000 r/min，检查 VTEC 压力开关在以上状态下插头端子是否导通；如果导通，更换 VTEC 压力开关。

● 用万用表检测压力开关线束插头的棕/黑色线端子和搭铁之间是否导通。

● 用万用表电阻挡检测压力开关线束插头的蓝/黑色线端子与 ECM – D6 端子对应的导线接点是否导通。如果不能导通，则 ECM – D6 和 2P 插头之间的蓝/黑连线断路。

值得注意的是："22" 故障码往往伴随着 "21" 故障码一起出现，如果出现 "21" 故障码后通过以上的检查没问题时，应检查液压系统及摇臂机构是否有故障。

c. 检查 VTEC 电磁阀机油压力，方法如下：

● 接上 VTEC 电磁阀插头。

- 卸下电磁阀测油压孔的 M10 螺栓，将专用的接头和压力表连接到电磁阀上。如图 4 – 19（a）所示。
- 起动发动机，并使发动机运转至正常的工作温度（冷却风扇转动）。
- 发动机转速在 1 000 r/min、2 000 r/min 和 4 000 r/min 时的机油压力，正常油压应在 50 kPa 以上。否则表示 VTEC 电磁阀未打开；如果油压正常，则进行下一步检查。

d. 检查 VTEC 电磁阀机油压力（加蓄电池电压），方法如下：

- 关闭点火开关，再次断开 VTEC 电磁阀插头。
- 将蓄电池正极连接绿/白插头端子，负极接地，如图 4 – 19（b）所示。
- 起动发动机，并检查发动机转速在 3 000 r/min 时的机油压力，正常油压应高于 250 kPa。如果油压不正常，表示机油泵不良或润滑系统漏油等。如果油压正常，则需要更换一个 ECM 再试。

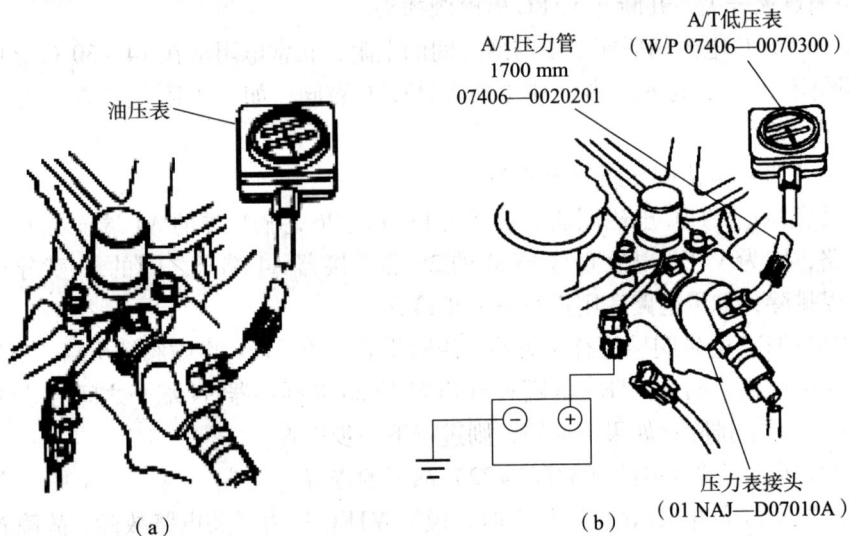

图 4 – 19　检查 VTEC 电磁阀机油压力
(a) 不加蓄电池电压；(b) 加蓄电池电压

④检查 VTEC 电磁阀。

a. 检查 VTEC 电磁阀滤清器 O 形环，方法如下：

- 卸下 VTEC 电磁阀总成的三个紧固螺栓，从气缸盖上拆下 VTEC 电磁阀总成。
- 检查 VTEC 电磁阀滤清器 O 形环是否堵塞。如果有堵塞，应更换滤清器和发动机润滑油。电磁阀密封垫，一经拆下，必须更换新件，如图 4 – 20（a）所示。

b. 检查 VTEC 电磁阀的活动情况，卸下 VTEC 电磁阀的 3 个螺栓后，用手指推动 VTEC 电磁阀芯，检查其活动是否正常，如图 4 – 20（b）所示。如果活动情况正常，但 VTEC 电磁阀不能正常工作，应更换电磁阀。若有发卡现象，则应检查机油压力。

（5）使用电脑检测仪读取数据流。

发动机转速小于 4 800 r/min 时，使用电脑检测仪检测 VTEC 电磁阀和油压开关应同为关闭（OFF）状态，否则应检查 VTEC 电磁阀电路和 ECU。

在发动机转速达到 4 800 r/min、车速高于 10 km/h、发动机水温高于 60 ℃、节气门开

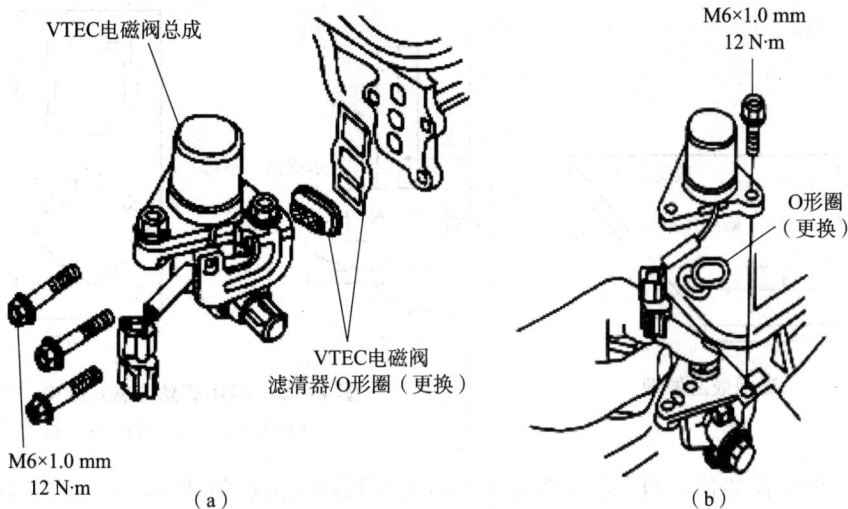

图 4 – 20 电磁阀检测

（a）电磁阀总成检查；（b）电磁阀活动检查

度达到25%以上时，使用电脑检测仪检测 VTEC 电磁阀和油压开关应同为接通（ON）状态，否则应检查 VTEC 电磁阀电路和 ECU。

2. VANOS 连续可变正时系统检测

（1）偏心轴位置传感器的原理和检测。

①作用：宝马发动机采用的可变磁阻式偏心轴位置传感器可以检测偏心轴转动的位置，并把信息传递给 ECU，作为气门升程控制的反馈信号。偏心轴调整中间推杆，使得在每种运行状态下都能达到最佳的进气门升程（进气门升程可无级调整）。偏心轴由电子气门控制伺服电机调整。

②结构、工作原理。

磁性材料能根据外部磁场变化而相应改变阻抗的特性称为磁阻效应，阻抗变化的大小由与电流方向成一定角度的磁场大小来决定。磁阻式传感器是根据磁性材料的磁阻效应制作而成的测量用传感器，它广泛用于对角度（角位移）、磁性齿轮的转数或转速、旋转方向等物理量的测量和纸币上磁性图形或记号的识别等方面，磁阻材料多用坡莫合金。

设无外磁场作用时，坡莫合金有一个平行于电流流向的内磁场分量 M，如图 4 – 21 所示，若此时在平行于合金平面但垂直于电流的方向施加一个外磁场 H，则会使得合金的内磁场分量旋转一个角度 α，进而使得合金的电阻 R 发生变化。

磁阻式角位置传感器结构如图 4 – 22（a）所示，它由一个磁轮和一个惠斯通电桥的感应板组成，惠斯通电桥中的四个电阻的材料就是坡莫合金，当磁轮相对于感应板转动角度时，感应板就会输出不同的电压信号，但是根据磁阻原理计算可得出，组成惠斯通电桥的感应板输出电压与 2α 有关（α 为磁轮转动角度），所以这种单电桥的角度传感器检测的角度范围是 $0 \sim 90°$，并且信号还会受到外界温度的影响。所以现在磁阻式角位置传感器的感应板是由两个惠斯通电桥，按照45°角的布置构成的，如图 4 – 22（b）所示，这种布置不但可以使角度测量范围扩大到180°，还可以抵消温度对检测值的影响。

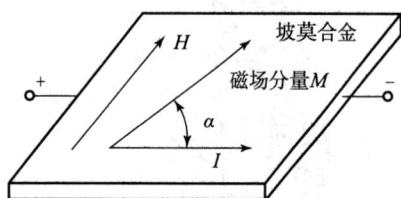

图 4 - 21　磁阻效应原理

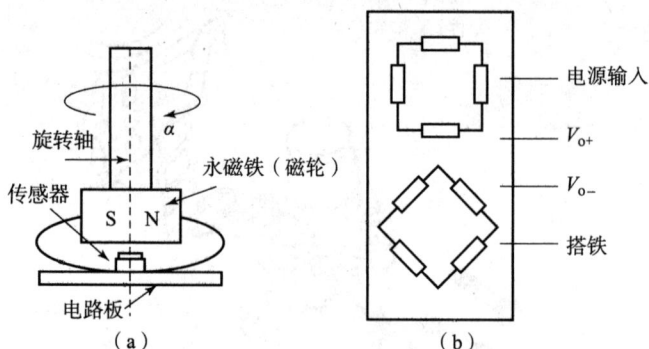

图 4 - 22　磁阻式角传感器结构
（a）磁轮布置；（b）双桥式感应板

偏心轴传感器装备了两个相互独立的具有相反特性线的磁阻式角度传感器，这两个传感器输出值之和为定值。偏心轴传感器根据磁阻效应原理工作。铁磁导体在磁场的作用下改变其电阻。该传感器采用冗余设计结构，两个传感器元件安装在一个壳体内。一个传感器承担引导任务，该任务由参考传感器监控。

偏心轴传感器由 9 个 PIN 角组成：

PIN1：P – CS 1S 为角传感器 1 的信号线。

PIN2：为空角。

PIN3：T – DAT 1S 为角传感器 1 的信号线。

PIN4：屏蔽线。

PIN5：搭铁线。

PIN6：电源线。

PIN7：P – CS 2S 为角传感器 2 的信号线。

PIN8：偏心轴传感器的频率信号。

PIN9：T – DAT 2S 为角传感器 2 的信号线。

③故障影响。

a. 当公用的 P – CLKS 信号丢失，则两路相互独立的角度传感器信号均无信号，当偏心轴传感器任何一路信号缺失（开路或短路），则 VVT 进入紧急模式。进入紧急模式后 ECU 会试图让气门开度变到最大，用节气门来控制进气量。从数据流读数可以看到 MAP 不再是 5 000 Pa（50 mbar），而是随负荷、转速变化的。

b. 偏心轴位置传感器的中心磁轮安装螺栓为不锈钢材质，如图 4 – 23 所示，如果更换了已经被磁化的螺栓或用一个普通螺栓代替，则偏心轴位置传感器完全失效，此时发动机可能无法起动。

④检测：检查偏心轴位置传感器电路导线通断情况。再根据偏心轴位置传感器的原理，检测 6 号端子的电压，标准值为 5 V；检测 4、5 号端子的搭铁，标准值应为搭铁良好；检测

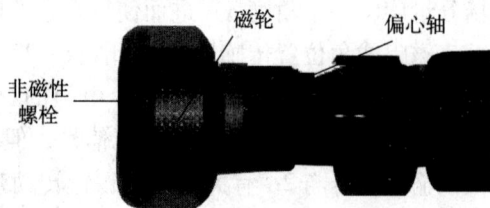

图 4 - 23　偏心轴位置传感器磁轮

1、7 和 3、9 端子的波形，并比较波形的形状。

（2）步进电机（伺服电机）检测。

VANOS 系统步进电机也叫 VANOS 系统电动机，是一个由 ECU 控制的 12 V 伺服电机，其前端的蜗杆镶嵌在偏心轴的蜗轮上，控制偏心轴的位置，从而调节气门的升程，从最小升程到最大升程调节时间只需 0.3 s，由于步进电机工作环境十分恶劣，一般 14 万千米就需要更换步进电机。

检测时可先通过偏心轴位置传感器数据流观察，在怠速时，电动机应将偏心轴转动一个角度，标准值为 30°，实际值多在 26°，若实际值偏差过大则应使用仪器进行极限位置学习（匹配学习），学习后实际值仍有偏差时应先检测电机控制电路导线的导通情况，再拆卸电机检测阻值，异常时应更换导线或步进电机。

（3）检查中间推杆上的复位弹簧是否断裂。

VANOS 调校

❋ 任务三　进气增压控制系统的检修

汽车在行驶过程中，在相同进气量的基础上，进气的流量越大，发动机的动力越强劲，而影响进气流量的因素之一就是进气压力，进气增压系统就是为了增大进气的压力而设计的。试验表明，在相同油耗基础上，拥有进气增压的发动机比自然吸气的发动机扭矩提高 10% ~ 50%。

在本学习任务中要掌握以下知识：
（1）进气谐波增压系统的结构、工作原理。
（2）进气惯性增压系统的结构、工作原理。
（3）废气涡轮增压系统的结构、工作原理。
（4）谐波增压和涡轮增压系统的检测方法。

一、相关知识

1. 谐波进气增压控制系统（ACIS）

1）谐波进气增压的组成

谐波进气增压控制系统的组成如图 4 - 24 所示。ECU 根据发动机的转速信号控制真空

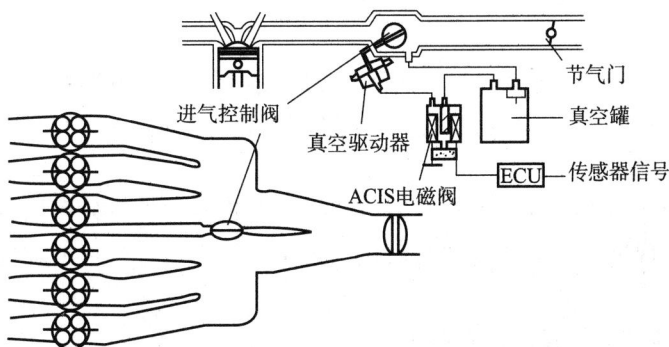

可变进气歧管概述

节气门
进气控制阀
真空驱动器
真空罐
ACIS电磁阀
ECU
传感器信号

图 4 - 24　谐波进气增压控制系统的组成

电磁阀的开关，当发动机高速运转时，真空电磁阀开启，真空罐内的真空进入真空驱动器的膜片气室，真空驱动器驱动进气控制阀开启；当发动机低速运转时，真空电磁阀关闭，进气增压阀关闭，真空罐内的真空不能进入真空驱动器的膜片气室，进气控制阀处于关闭状态。

2）进气惯性增压原理

在发动机工作时，增大发动机的进气流量（即提高充气效率），可以改善发动机的动力性能。在发动机的进气行程中，气体高速流向进气门，如果此时突然关闭进气门，进气门附近的气体流动突然停止，但由于惯性作用，进气管仍在进气，于是进气门附近的气体被压缩，压力上升；当气体的惯性作用过后，被压缩的气体开始膨胀，并向着与进气气流相反的方向流动，压力下降，膨胀气体传到进气管口时被反射回来，形成压力波。如果这一脉动压力波与进气门的开/闭相互配合，使反射的压力波集中在要打开的进气门旁，当进气门打开时，就会形成增压进气的效果，从而提高发动机的充气效率和功率。

谐波进气增压控制系统的工作原理如图 4－25 所示。在进气管的中部增设了进气控制阀和大容量进气室，当发动机转速较低时，同一气缸的进气门关闭与开启的时间间隔较长，此时进气控制阀关闭，使进气管内压力波的传递距离为进气门至空气滤清器的距离，这一距离较长，压力波反射回到进气门附近所需的时间也较长；当发动机高速运转时，进气控制阀开启，由于大容量进气室的影响，使进气管内压力波的传递距离缩短为进气门到进气室之间的距离，与同一气缸的进气门关闭与开启的时间间隔较短相适应，从而使发动机在高速运转时得到较好的进气增压效果。

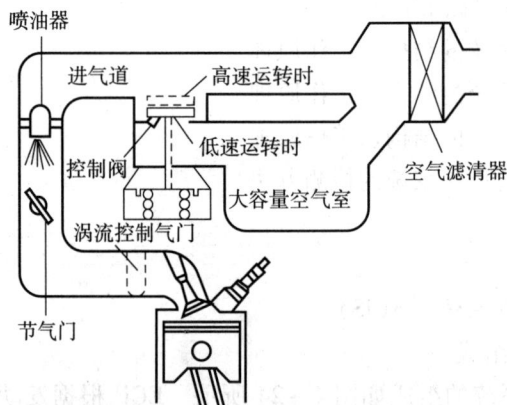

图 4－25 谐波进气增压原理

一般来说，进气管长度越大，压力波波长也就越大，可使发动机的中低转速区功率增大；相反，较短的压力波可使发动机的高速区功率增大。

2. 惯性进气增压控制系统

进气管内压力波动同时也与进气管内长度和截面积有关，如果可以在汽车不同工况下实现进气管的长度和截面积的控制，就可以有效地增加发动机的功率。

可变进气歧管结构

1）奥迪可变进气歧管长度控制系统

如图 4－26 所示，当发动机低速运转时，发动机电子控制装置令转换阀控制机构关闭转

换阀，空气经过细长的进气歧管流进气缸；当发动机高速运转时，转换阀开启，空气经空气滤清器和节气门直接进入粗短的进气歧管。

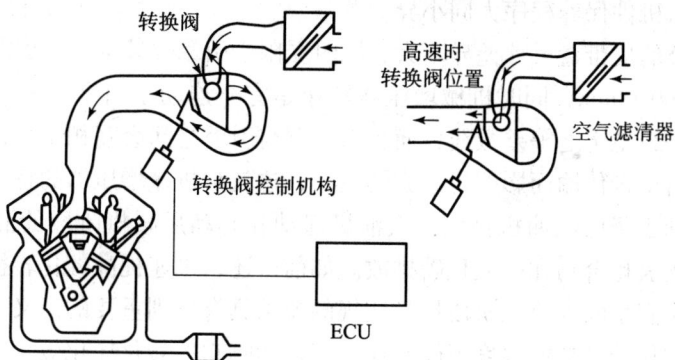

图4－26 奥迪可变进气歧管长度控制系统

2）丰田可变进气管和截面积控制系统

如图4－27所示，2个进气门各配有一个进气管道，其中一个进气管道中设有进气转换阀，可以打开或关闭这一进气管路。

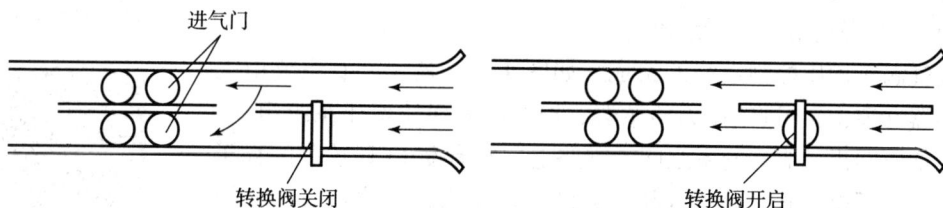

图4－27 丰田可变进气管和截面积控制系统

当发动机低速、中小负荷工作时，转换阀关闭，只利用一个进气通路，此时进气流速提高，进气惯性大，可提高发动机低速时转矩。

当发动机高转速、大负荷工作时，转换阀开启，此时进气管截面增加，进气阻力减小，充气量增加，使高转速大负荷的动力性得到提高。

在中等转速时，阀微微地开启，以免在两种运行模式改变时输出转矩发生突变。

3. 机械增压控制系统

机械增压控制系统结构，如图4－28所示。

机械增压是指针对自然进气引擎在高转速区域会出现进气效率低落的问题，从最基本的关键点着手，也就是想办法提升进气歧管内的空气压力，以克服气门干涉阻力，虽然进气歧管、气门、凸轮轴的尺寸不变，但由于进气压力增加的结果，让每次气门开启时间内能挤入燃烧室的空气增加了，因此喷油量也能相对增加，让引擎的工作能量比增压之前更为强大。

机械增压器采用皮带与引擎曲轴皮带盘连接，利用

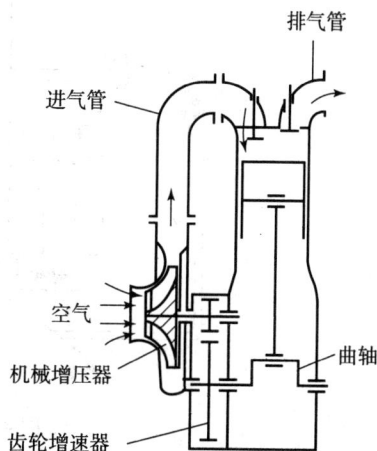

图4－28 机械增压控制系统结构

引擎转速来带动机械增压器内部叶片，以产生增压空气送入引擎进气歧管内，整体结构相当简单，工作温度为 70 ℃ ~ 100 ℃，机械增压控制系统对于冷却系统、润滑油脂的要求与自然进气引擎相同，机件保养程序大同小异。

由于各类引擎的皮带盘尺寸差异不大，同时受限于引擎安装空间，因此机械增压器的工作转速远低于 3 000 r/min，同时机械增压器转速是完全连动于引擎转速，两者呈现平起平坐的现象，形成一组稳定之等差数线，而且增压器与引擎之间会互相影响，当一方运转受阻的时候，必定会由皮带传输而影响另一方的运作，这就是机械增压器的特性。

机械增压有利于降低汽油机排放。汽油机起动和起动后暖机阶段的混合气需要特别加浓，造成大量的碳氢化合物和一氧化碳排放。如前所述，迅速提高催化转换器的温度，对于汽油机驱动的轿车满足欧洲第三阶段排放法规的要求具有特别重要的意义。涡轮增压器会降低排气温度，使催化转换器的温度不能迅速升高，影响它的转化净化效率。如果采用机械增压器，就没有这个问题。

4. 废气涡轮增压控制系统

1）废气涡轮增压控制系统的作用

根据发动机进气压力的大小，控制增压装置的工作，以达到控制进气压力、提高发动机动力性和经济性的目的。

2）废气涡轮增压控制系统的组成

废气涡轮增压控制系统的组成，如图 4 - 29 所示。它主要由电子控制器（ECU）、进气压力传感器、控制阀和涡轮增压系统组成。在涡轮增压器出口驱动气室之间的管路上，装有受 ECU 控制的释压电磁阀，释压电磁阀控制进入执行器的气压压力，而执行气室又控制切换阀的动作，从而控制排放废气是否流经增压器工作轮。

废气涡轮增压概述

废气涡轮增压器的安装位置

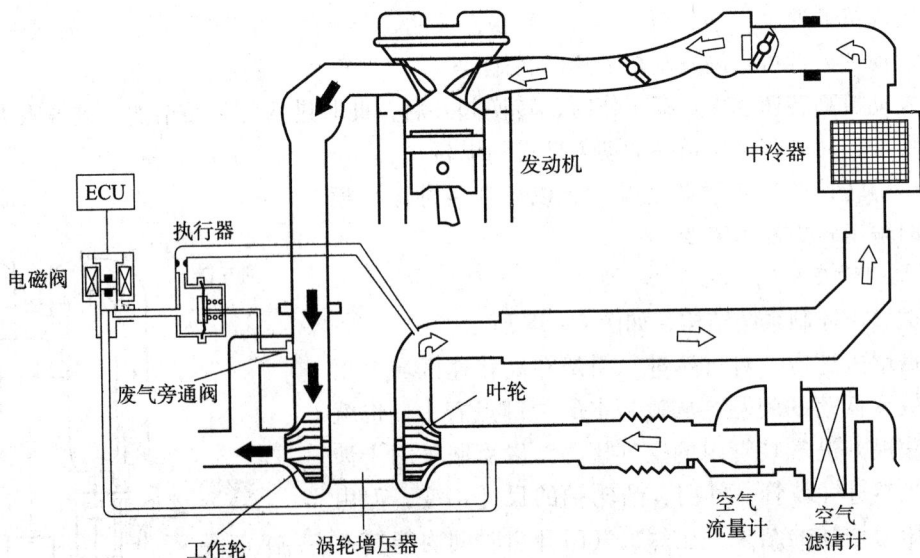

图 4 - 29　废气涡轮增压控制系统的组成

3）废气涡轮增压控制系统的工作过程

废气涡轮增压控制系统的工作过程，如图 4-29 所示。

废气涡轮增压原理

（1）ECU 通过进气压力传感器检测到进气压力低于 0.098 MPa 时，受 ECU 控制的释压电磁阀接地回路接通，释压电磁阀打开。此时由涡轮增压器进口引入的压力经释压电磁阀进入执行室，执行室气模右侧压力大于左侧压力，执行器克服气室弹簧的弹力推动切换阀，将排气旁通道关闭，这样废气大量流经增压器工作轮，工作轮转动带动同轴的叶轮转动工作，进气增压。

（2）ECU 通过进气压力传感器检测到进气压力高于 0.098 MPa 时，受 ECU 控制的释压电磁阀接地回路断开，释压电磁阀关闭。通往驱动气室的压力空气被切断，驱动气室在弹簧力的作用下，驱动切换阀打开，使排气从排气旁通道排出，增压器停止工作，进气压力下降。直到进气压力降到规定值时，ECU 又驱动增压器开始工作，进气增压。

二、任务实施

（一）实施准备

（1）准备好实训用发动机、万用表、压力表、解码器、示波器、常用工具等。

（2）掌握本次实训课所用仪器及设备的使用方法。

（3）强调实训中的安全注意事项。

（二）实施内容

1. 谐波进气增压控制系统的检测

1）检查谐波进气增压控制系统的工作情况

利用三通接头将真空表接入进气控制阀的真空管路中，起动发动机，发动机怠速运转时真空表应无指示；迅速将节气门完全打开，真空表指针应在 53.3 kPa 的位置摆动，并且真空驱动器的拉杆应伸出，说明谐波进气增压控制系统工作正常。否则，应检查真空管路，若真空管路无破裂、漏气现象，则应检查真空驱动器、真空罐及真空电磁阀是否正常。

2）检查真空驱动器

向真空驱动器的真空接口施加 53.3 kPa 的真空压力，真空驱动器的拉杆应移动；施加真空 1 min 后，拉杆应无回位动作。如不符合上述要求，可旋动调整螺钉进行调整，若调整无效，说明真空驱动器损坏，应予以更换。

3）检查真空罐

如图 4-30 所示，用嘴或工具向真空罐内吹气，空气应能由 A 口通向 B 口，但不能由 B

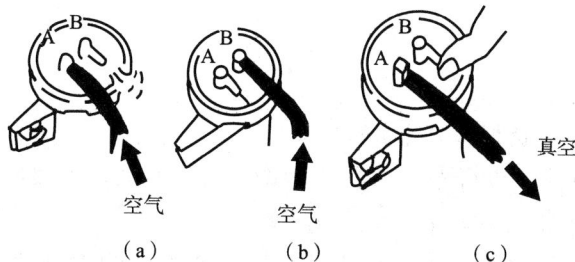

（a）   （b）   （c）

图 4-30 检查真空罐

口通向 A 口；用手指按住 B 口，施加 53.3 kPa 的真空，1 min 内真空度应无变化。如不符合上述要求，应更换真空罐。

4）检查真空电磁阀

谐波进气增压控制系统电路如图 4-31 所示。主继电器触点闭合后，通过端子 3 给真空电磁阀供电，ECU 通过 ACIS 端子控制真空电磁阀的搭铁回路。

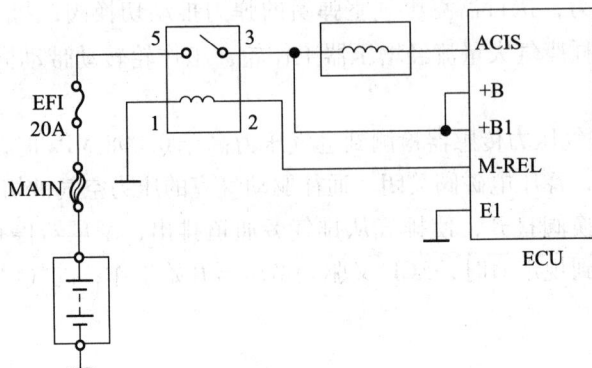

图 4-31　谐波进气增压控制系统电路

（1）检查真空电磁阀线圈有无短路或断路现象：断开点火开关，拔下真空电磁阀插接器，用万用表测量真空电磁阀插孔中两端子间的电阻，20 ℃时电阻值应为 38.5~44.5 Ω，同时两端子与阀壳不应导通，否则应更换真空电磁阀。

（2）检查真空电磁阀的工作情况：如图 4-32 所示，当真空电磁阀未通电时，空气应能从通道 E（接真空电动机）进入，从空气滤清器中排出；当给真空电磁阀两端子施加 12 V 电压后，空气应能从通道 E 进入，从 F 口（接真空罐）排出。若不符合上述要求，则应更换真空电磁阀。

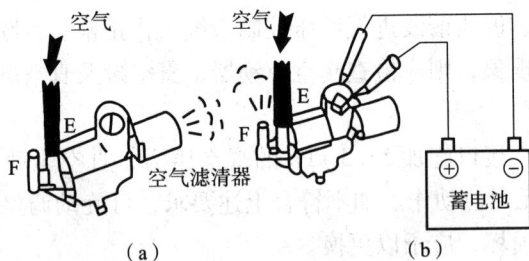

图 4-32　检查真空电磁阀的工作情况

2. 涡轮增压控制系统的检测

1）控制电磁阀的检测

（1）基本检查。

①连接故障诊断仪，选择读取测量数据块。

②从增压控制电磁阀上拆下软管，接上辅助软管。起动执行元件诊断，并触发增压控制电磁阀主动开启和关闭。

废气涡轮增压检查

③电磁阀将发出"咔嚓"声响并打开和关闭（通过向辅助软管吹气来检查打开关闭情

况）。

（2）增压控制电磁阀的电气检测。

①拔下电磁阀的供电插头，用万用表测量其电阻值应该是 25～35 Ω。

②使起动机短时工作（允许发动机短时起动），用万用表（电压测量挡）测量电磁阀端子 1 处的电压应该是蓄电池电压。

2）元件检测

（1）检查密封圈和轴承是否良好。

（2）检查工作轮和叶轮是否有积炭。

拓展知识

无凸轮轴气门驱动系统

（一）凸轮轴气门驱动的优点

无凸轮轴气门驱动（Camshaftless Valve Actuation）就是取消发动机传统气门机构中的凸轮轴及其从动件，而以电磁、电液、电气或其他方式驱动气门。采用无凸轮轴气门驱动，除了和其他可变气门驱动一样，能使发动机在燃油经济性、动力性和降低排放等方面得到好处外，还有一些特别的好处。

（1）能灵活地、单独地控制进排气门开启及关闭 4 个定时中的任一定时及气门开启延续时间，使发动机每一工况的这些参数都符合最佳性能要求。而有凸轮轴的可变气门正时机构实现的气门正时和气门开启延续时间一般只能按驱动机构的运动学关系同时变化而不能独立变化。因此，采用无凸轮轴气门驱动在改善发动机性能方面可获得更好的效果。

（2）简化了发动机的结构，降低了发动机的加工成本和质量。气门可根据燃烧室的型式来布置，不必布置在与凸轮轴中心线垂直的平面上，气门布置的灵活性可能导致设计出新的更有利于发动机工作的燃烧室型式。

（3）每个气门单独驱动（旋转气门除外），因此容易实现依次停缸，使发动机处于较低燃油消耗率的工作状态，降低使用油耗。

（4）可通过实时改变进气晚关角来改变多种燃料发动机的有效压缩比，以适应不同燃料的要求。

（二）凸轮轴气门驱动结构

如图 4-33 所示，电磁气门驱动机构主要由两个相同的电磁铁（共用一个衔铁）、两个相同的弹簧和气门组成。发动机不工作时，激磁气门关闭线圈和气门开启线圈均不通电，气门半开半闭；发动机起动时，气门驱动装置初始化，控制系统根据曲轴转角判定气门在这一时刻应有的开、关状态，使气门关闭线圈或气门开启线圈通电，电磁力克服弹簧力，将气门关闭或开启。气门处于开启状态时，气门关闭线圈不通电，气门开启线圈则必须通电，

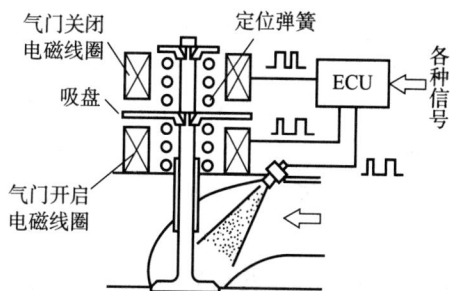

图 4-33 电磁控制的气门

使电磁力等于或大于弹簧力以保持气门开启。要关闭气门时，气门开启线圈断电，衔铁和气门在弹簧力的作用下向上运动；在气门接近关闭位置时，气门关闭线圈通电，电磁力帮助气门（衔铁）快速运动至关闭位置；此后气门关闭线圈继续通电，使气门保持在关闭状态。需要开启时，气门关闭线圈断电，衔铁和气门在弹簧力作用下向下运动。如此循环往复。

（三）存在的主要问题

从理论上说，电磁气门驱动控制方便，结构较为简单，是最容易想到的无凸轮轴气门驱动方式。它的主要问题是气门落座冲击，电磁响应速度不够高，能量消耗及尺寸过大。气门落座冲击是由电磁驱动的特点决定的。如前所述，气门接近关闭位置时，气门关闭线圈通电，电磁力使气门快速落座，在这一过程中，衔铁与铁芯气隙越来越小，而电磁力却越来越大，必然产生气门落座冲击，导致气门疲劳损坏和强烈噪声。因此，必须在电磁气门驱动机构的结构设计和控制策略上采取措施，限制气门落座速度。气门驱动要求电磁铁做到高速、强力、大行程并且体积足够小，而要同时完全满足这4方面的要求是很困难的。在电磁驱动装置满足气门升程的情况下，又要求它具有足够高的响应速度（在最高转速时发动机能正常工作），就必须增大弹簧刚度和预紧力，以提高质量—弹簧振动系统的振动频率；这又要求电磁驱动装置在初始化时有足够大的电磁力使气门就位（关闭或开启最大），在气门关闭和最大开启位置有能克服弹簧力的较大的电磁力使气门保持在这两个位置。这样就得加大电磁气门驱动机构的尺寸和电能消耗，使电磁气门驱动机构在气缸盖上难于布置，并有可能使消耗的能量抵消了发动机所能获得的好处。电磁气门驱动在响应速度、尺寸和能耗方面的矛盾只能通过选择合适的磁性材料和合理设计电磁铁的结构来得到折中解决。

综上所述，采用无凸轮轴气门驱动需要解决的主要问题是：响应速度不能满足发动机高速工况工作的要求、气门落座冲击、能耗过高和系统复杂且价格昂贵；此外还有可靠性和耐久性问题。所以无凸轮轴气门控制技术还处于试验阶段，仅在概念车和赛车上有应用。

故障案例

1. 一辆广州本田2000款雅阁小轿车，该车购于2000年6月，发动机型号为F23A3，SOHC电子控制程序多点燃油喷射，配置三元催化转换器，车辆已使用了7年，行驶里程已达25.6万千米。当时据驾驶员反映：两天前，着车后仪表板上的故障灯"CHECK EN-GINE"异常亮起。在以后两天行驶中加速无力，感觉发动机动力比原来有所下降。通过故障诊断仪发现VTEC系统存在故障。经过检查发现电磁阀阀体活塞运动很不平滑，已不能上下运动，更换电磁阀后故障排除，但1个星期后，又出现同样故障，经检查发现机油严重变质，造成了阀体堵塞，出现了故障。

2. 行驶里程约3.6万千米的2008款宝马320i轿车，该车辆行驶中加速无力，发动机黄灯点亮报警。通过故障诊断仪诊断检测，读取相关故障内容为"2865 - DME电子气门控制系统，功率限制；2856 - DME电子气门系统，偏心轴位置传感器，导向装置"。选择故障内容执行检测计划，分析检查结果是建议更换VVT电动机和偏心轴位置传感器。通过故障诊断仪读取数据流发现VVT的标准角度为49.6°，实际到达了180°，远远超过了标准值。拆卸气缸盖发现VVT电动机旋转带动偏心轴旋转的位置超过最小气门行程的位置电动机的蜗杆轴和偏心轴上的涡轮几乎脱开了。通过检测发现故障点为偏心轴位置传感器故障，由于传感器不能输出正确的偏心轴位置，导致电动机在进行极限位置学习时脱开了涡轮不能回复。

项目总结 ✏️

本项目从进气控制的目的出发，介绍了发动机进气控制系统的结构及原理。重点介绍了可变气门正时技术和可变气门升程控制系统。

🚚 练习题

一、理论题

（一）填空题

1. 利用进气的惯性效应来提高充气效率的措施有两种，一是_____，二是在进气管中部加设一个大容量的_____和相应的控制装置。

2. 当发动机高速运转时，谐波进气正压系统的真空电磁阀_____，进气管中的控制阀_____。此时，由于_____的参与，缩短了压力波传播的距离，能得到较好的气动增压效果。

3. 废气涡轮增压器是废气涡轮增压系统最重要的部件，由_____、_____及中间体三部分组成。

4. 废气涡轮增压系统工作时，若废气旁通阀阀门打开，则通过动力涡轮的废气数量和气压_____，动力涡轮转速_____，增压涡轮进气增压压力_____。

5. 现代汽车发动机采用可变气门电子控制后，能适时的改变_____和_____，有利于更好地发挥汽油发动机的性能。

6. 大众车系的可变气门正时系统大多数采用_____控制，在进气凸轮轴和排气凸轮轴之间设置一个_____，可以上升和下降以调节发动机_____的位置。

7. 丰田VVT－i智能可变气门正时系统在进气凸轮轴与传动链轮之间具有_____。

8. VVT－i智能可变气门正时系统其主要部件是调整凸轮轴转角的_____和对传送的机油压力进行控制的_____。

9. VTEC相对于VVT系统增加了_____的控制。

（二）判断题

1. 进气惯性效应与进气压力波传播路线的长度有关，不同的转速要求不同的长度。
（ ）

2. 当进气管短时，形成的压力波波长长，适应发动机在中低速区域。 （ ）

3. 废气涡轮增压器中的动力涡轮和增压涡轮安装在同一根轴上。 （ ）

4. 废气涡轮增压器的工作转速非常高，因此，它的平衡和润滑非常重要。 （ ）

5. VVT系统的控制机油与发动机润滑系统共用。 （ ）

6. VVT系统采用单一凸轮，不能调节气门升程。 （ ）

7. VTEC发动机不能同时控制气门开闭时间及升程。 （ ）

8. 低速运转时，VTEC发动机的主、次摇臂和中间摇臂缩成一体，一起动作。 （ ）

（三）简答题

1. 不同发动机工况对进气门的升程有什么要求？

2. VTEC、VVT、VANOS的概念是什么？

项目四 电控汽油机进气控制系统故障检修

3. 简述 VTEC 的控制原理。

4. VVT 主要由哪些部分组成?

5. 什么是进气惯性增压机理?

6. 为什么发动机在低转速时需要路径较长而截面较小的进气通道? 而高速时需要短而粗的进气通道?

7. 废气涡轮增压控制系统由哪些部件组成? 控制原理是什么?

二、实操题

丰田 RV4 发动机 VVT 系统故障诊断及检修。

项目五

知识目标

- 熟悉4S店汽车维修流程。
- 掌握电动燃油泵的作用、结构、类型。
- 掌握喷油器的作用、结构、类型。
- 掌握燃油泵及控制电路的检测方法。
- 掌握喷油器的检测方法。
- 掌握燃油压力测试步骤。
- 理解燃油泵、喷油器、燃油压力异常等故障对发动机工作性能造成的影响。
- 掌握故障诊断的一般流程和排除方法。

能力目标

- 能根据客户的描述现场验车并接车，按规定的程序利用仪器、仪表对故障车辆进行针对性的检查，确认故障现象，确定故障范围，并做准确记录。
- 能正确分析燃油泵、喷油器的控制电路，并对电路进行检测。
- 能正确使用故障诊断仪读取油压、喷油时间相关数据流。
- 能根据检测结果判定故障点并进行维修。
- 会进行工作质量检查。

项目概述

（一）项目内容

燃油供给系统的任务是以一定的压力，向汽油发动机进气总管或者进气歧管内喷入清洁的、雾化良好的燃油。本项目设置了3个学习任务。任务内容如下：

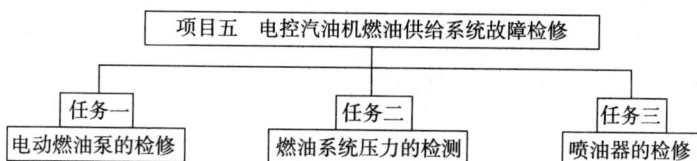

项目五 电控汽油机燃油供给系统故障检修

任务一	任务二	任务三
电动燃油泵的检修	燃油系统压力的检测	喷油器的检修

（二）项目知识

传统意义的燃油供给系统如图5-1所示，由油箱、电动燃油泵、汽油滤清器、燃油分配管、喷油器、燃油压力调节器、活性炭罐、活性炭罐电磁阀等组成。汽油发动机工作时，电动燃油泵从油箱吸入汽油，加压后泵送到输油管，汽油经输油管、汽油滤清器到达燃油分配管，然后分送到各个喷油器。串联在油路上的压力调节器对汽油的压力进行调节，多余的汽油经压力调节器流回油箱。

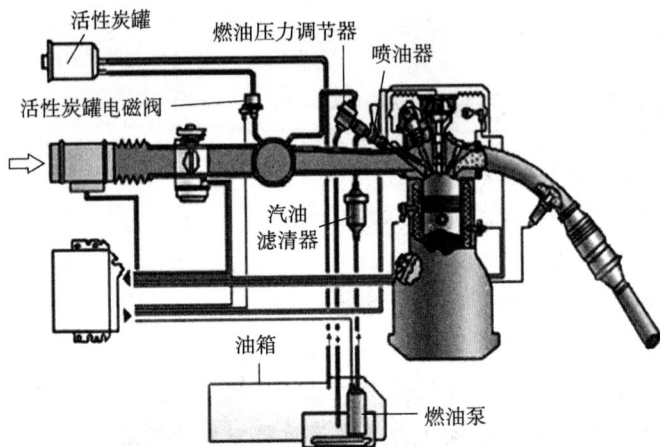

图5-1 电控汽油发动机燃油供给系统简图

任务一 电动燃油泵的检修

电动燃油泵的作用是将汽油从油箱中吸出，加压后通过燃油管道输送到喷油器。电控燃油喷射系统中使用的各种电动燃油泵，按它们的安装位置可分为外置式电动燃油泵和内置式电动燃油泵。

内置式电动燃油泵安装在油箱中，具有噪声小、不易产生气阻、不易泄漏、安装管路简单等优点，应用更为广泛。

外置式电动燃油泵串接在油箱外部的输油管路中。优点是容易布置，安装自由度大；缺点是噪声大，且燃油供给系统易产生气阻，只在少数汽车上应用。

按照泵体结构不同分类，有叶片式电动燃油泵、滚柱式电动燃油泵、齿轮式电动燃油泵、涡轮泵等。

在本学习任务中要掌握以下知识：

（1）电动燃油泵的作用、类型。

（2）电动燃油泵的结构和工作原理。

（3）电动燃油泵及控制电路的分析检测方法。

一、相关知识

（一）电动燃油泵的结构与工作原理

1. 叶片式电动燃油泵

叶片式电动燃油泵主要由燃油泵电动机、涡轮泵、出油阀、安全阀等组成。油箱内的燃油进入燃油泵的进油口前，首先经过滤网进行初步过滤。涡轮泵主要由叶轮、叶片、泵壳体和泵盖组成，叶轮安装在燃油泵电动机的转子轴上。其结构如图5-2所示。

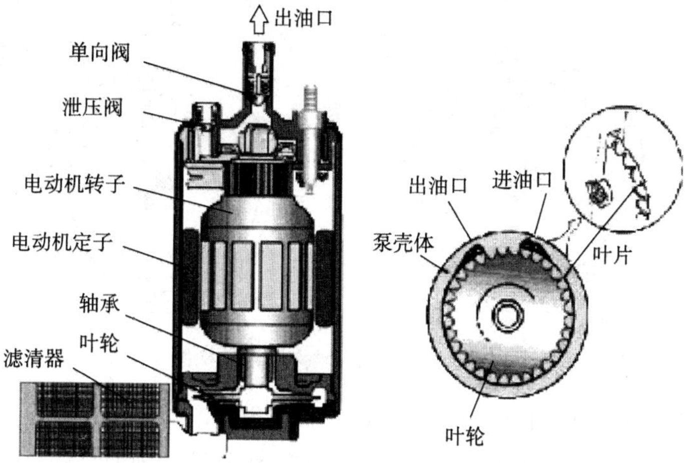

图5-2　叶片式电动燃油泵结构图

工作原理：燃油泵电动机通电时，燃油泵电动机驱动涡轮泵叶轮旋转，由于离心力的作用，使叶轮周围小槽内的叶片贴紧泵壳，并将燃油从进油室带出。由于进油室的燃油不断被带走，所以形成一定的真空度，将油箱内的燃油经进油口吸入；而出油室的燃油不断增多，燃油压力升高，当油压达到一定值时，则顶开出油阀经出油口输出。出油阀还可在燃油泵不工作时，阻止燃油倒流回油箱，保持油路中有一定的残余压力，便于下次起动。

燃油泵工作时，燃油流经燃油泵内腔，对燃油泵电动机起到冷却和润滑的作用。燃油泵不工作时，出油阀关闭，使油路内保持一定的残余压力，以防止气阻产生和便于发动机下次起动。泄压阀（安全阀）安装在进油室和出油室之间，当燃油泵输出油压达到0.4 MPa时，安全阀开启，使燃油泵内的进油室、出油室、安全阀连通，使燃油只能在其内部循环，以防止燃油压力过高。

叶片式电动燃油泵具有泵油量大、泵油压力高、供油压力稳定、运转噪声小、使用寿命长等优点。

2. 滚柱式电动燃油泵

滚柱式电动燃油泵主要由永磁电动机、滚子泵（转子、滚柱和泵套）、外壳（进油口、出油口、电源接线柱）三部分组成，如图5-3所示。

装有滚柱的转子被安装在泵套内，电动机旋转带动转子旋转时，位于转子槽内的滚柱在离心力的作用下，紧压在泵体内表面上，并封住转子与泵套之间的空间，滚柱紧贴着泵套的内壁滚动，在相邻两个滚柱之间形成工作腔，即利用转子、滚柱和泵套所包容容积的变化，使燃油在容积由小变大的一侧被吸入，在容积由大变小的一侧被压出，并使燃油的压力升高。

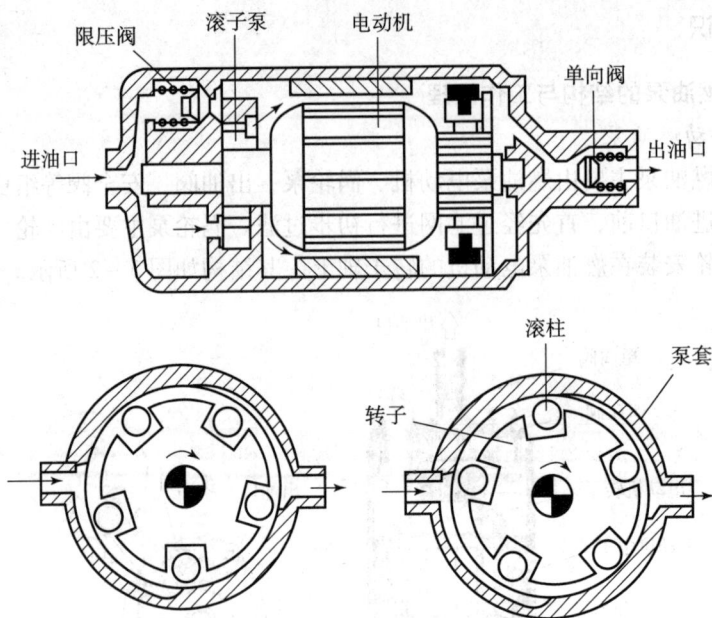

图 5 - 3　滚柱式电动燃油泵结构图

在燃油泵运转过程中，工作腔转过出油口后，其容积不断增大，形成一定的真空度，当转到与进油口连通时，将燃油吸入；而吸满燃油的工作腔转过进油口后，容积不断减小，使燃油压力提高，受压燃油流过电动机，从出油口输出。

电动燃油泵中，单向阀的作用是当燃油泵不转时该阀门关闭，避免管路中的燃油流回油箱，便于下次起动。

限压阀是当系统油压过高时起作用，从而避免因油压过高损坏管路。

滚柱式电动燃油泵在无燃油的情况旋转时，因转子上的滚柱与壳体内壁之间的空间无法密封，因而不会产生吸力，会造成因缺油导致冷却不良而烧毁燃油泵的现象。

电动燃油泵结构拆装与检查

（二）电动燃油泵控制电路的分析

电动燃油泵控制电路应具有下列功能：

①在发动机起动及运转过程中，电动燃油泵应始终工作，以保证足够的燃油压力。

②当点火开关由"OFF"位置转到"ON"位置而未起动发动机时，电动燃油泵应能运转 3～5 s，使油路中充满压力燃油，以利于起动。

③当发动机熄火后，即使点火开关仍处于"ON"位置，电动燃油泵也应停止运转。

④有的发动机为了控制油量，还根据发动机的负荷和转速等情况，对电动燃油泵的转速进行控制，甚至燃油泵停止工作。当发动机低到一定或高于一定设定转速时，燃油泵则自动停止工作。

（1）由点火开关和空气流量传感器内的燃油泵开关控制的电动燃油泵控制电路，如图 5 - 4 所示。这种燃油泵控制电路用于早期叶片式空气流量传感器的博世 L 型汽油喷射系统。

①发动机起动时：当点火开关 ST 端子接通时，起动机继电器线圈通电使触点闭合，此

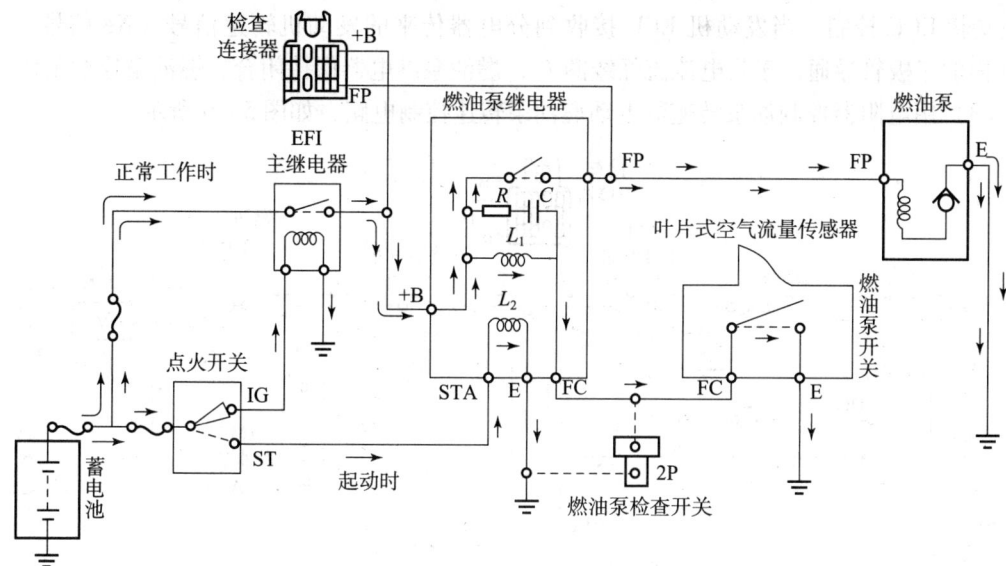

图 5-4　由点火开关和空气流量传感器燃油泵开关控制的燃油泵控制电路

时燃油泵继电器中 L_2 线圈通电使其触点闭合，从而蓄电池通过主继电器、燃油泵继电器向燃油泵供电，燃油泵工作。

②发动机正常运转时：点火开关 IG 端子与电源接通，同时空气流量传感器测量板转动使燃油泵开关闭合，燃油泵继电器中 L_1 线圈通电，使燃油泵继电器触点保持闭合，燃油泵继续工作。发动机停转时，L_1 和 L_2 线圈不通电，燃油泵停止工作。

（2）由点火开关和 ECU 控制的电动燃油泵控制电路，如图 5-5 所示。

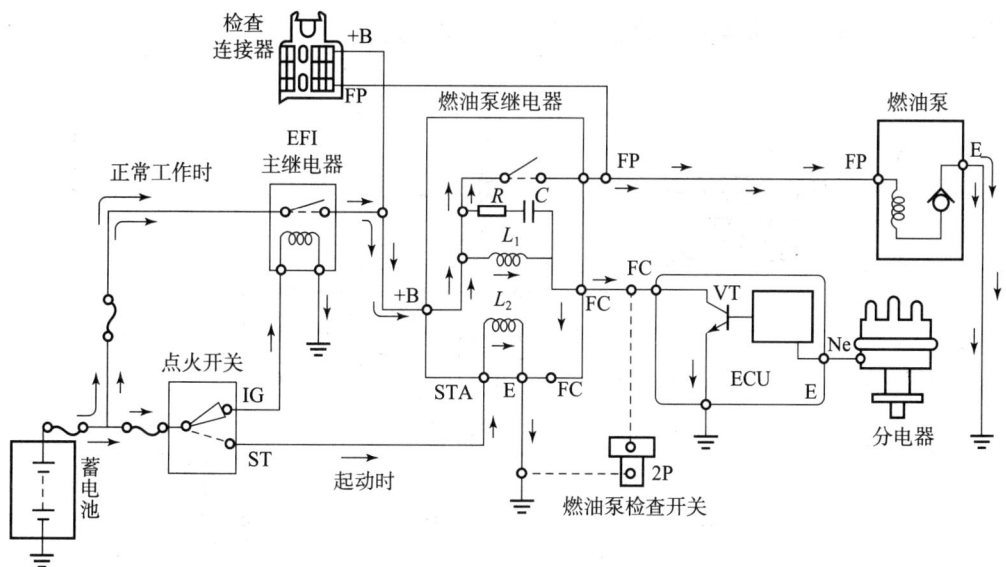

图 5-5　由点火开关和 ECU 控制的燃油泵控制电路

D 型 EFI 系统及一些带卡门旋涡式空气流量传感器的 L 型 EFI 系统采用这种燃油泵控制电路。

与燃油泵开关控制式相比，ECU 控制式的主要区别在于燃油泵继电器线圈 L_1 的接地端由发动机 ECU 控制。当发动机 ECU 接收到分电器传来的发动机转速信号（Ne 信号）后，ECU 内的三极管导通，于是电流流经线圈 L_1，燃油泵继电器保持闭合，燃油泵连续工作。

（3）用电阻器控制油泵转速的电动燃油泵转速控制电路，如图 5-6 所示。

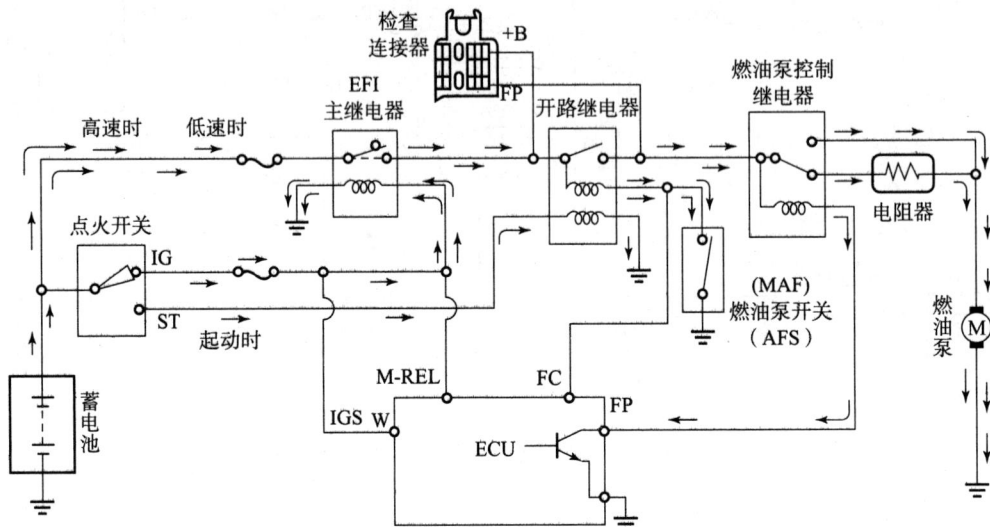

图 5-6　电阻式电动燃油泵转速控制电路

控制方式：是在燃油泵控制电路中，增设一个电阻（降压电阻）和燃油泵控制继电器（或称电阻器旁路继电器）。发动机工作时，ECU 根据发动机转速和负荷，对燃油泵控制继电器进行控制，燃油泵控制继电器则控制电阻是否串入在燃油泵控制电路中，以此控制燃油泵电动机上的不同电压，进而实现燃油泵转速变化。

（4）专设油泵 ECU 控制电动燃油泵转速的电路，如图 5-7 所示。

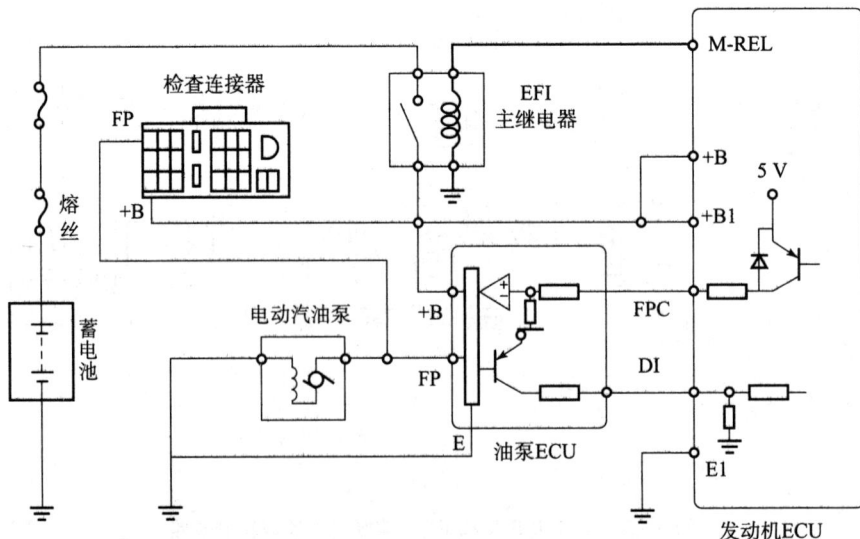

图 5-7　专设油泵 ECU 控制电动燃油泵转速的电路

当发动机在起动阶段或高速、大负荷下工作时，发动机 ECU 向燃油泵的 FPC 端输入一个高电位信号，此时油泵 ECU 的 FP 端向燃油泵电动机供给较高的电压使燃油泵高速运转。

发动机起动后，在怠速或小负荷下工作时，发动机 ECU 向油泵 ECU 的 FPC 端输入一个低电位信号，此时油泵 ECU 的 FP 端向燃油泵电动机供给低于蓄电池的电压（约 9 V），使燃油泵低速运转。当发动机的转速低于最低转速（如 120 r/min）时，油泵 ECU 断开燃油泵电路，使燃油泵停止工作，此时尽管点火开关处于接通状态，燃油泵也不工作。

控制原理：油泵 ECU 根据发动机 ECU 端子 FPC 和 DI 的信号，控制 +B 端子与 FP 端子的连通回路，以改变输送给燃油泵的电压，从而实现对燃油泵转速的控制。

（5）由发动机 ECU 直接控制油泵工作电压来控制电动燃油泵转速的电路，如图 5-8 所示。

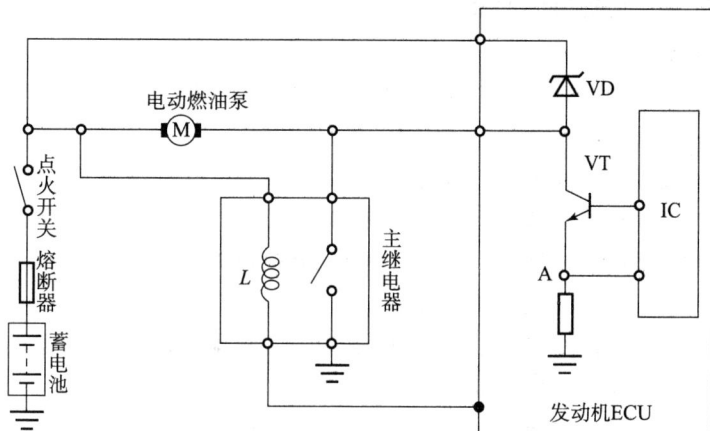

图 5-8　由发动机 ECU 控制电动燃油泵工作电压来控制电动燃油泵转速的电路

随着发动机功率的增大，燃油泵的泵油量也必然增大，因而导致燃油泵消耗的电功率和燃油泵的噪声都比较大。为了减少电能的消耗和噪声污染，近年来研制成功一种发动机 ECU 直接控制方式，即由发动机 ECU 直接控制燃油泵工作电压，从而控制燃油泵转速。

（三）电动燃油泵的故障现象及原因

电动燃油泵由于一些原因出现故障，会导致汽车出现起动困难、怠速不稳、加速不良、行驶无力、走走停停等现象，这些原因有：

（1）热气阻的影响。

（2）脏堵造成的泵油量降低，如汽油箱不定期清洗，造成燃油泵进油口处滤网堵塞，清洗燃油泵和滤网后，泵油量不能恢复正常。

（3）泵油能力衰退或失效多为滤油器脏堵或接反，有时因加油不及时，造成热负载加大。

（4）炭刷、弹簧、换向片、绕组发热，磨损加大、电阻值变大。

（5）燃油泵转速下降，油压和油量下降，使燃油泵失效。

二、任务实施

（一）实施准备

（1）准备好实训用发动机、万用表、解码器、示波器、常用工具等。

（2）掌握本次实训课所用仪器及设备的使用方法。

（3）掌握本次实训相关的电动燃油泵的理论知识。

（4）大众 AJR 发动机电控燃油喷射系统电路图。

项目五　电控汽油机燃油供给系统故障检修

（5）强调实训中的安全注意事项。

（二）实施内容

1. 燃油泵工作情况的检查

燃油泵不工作或者工作不正常时，检测步骤如下：

打开点火开关，听有无燃油泵运转的声音或者用手触摸油管有无油压脉动。

若听不到燃油泵运转声音或者感觉不到油压脉动，说明燃油泵没有工作，应拆下跨接线。检查电源电压、主熔断器、EFI 熔断器、EFI 主继电器是否正常；电路、连接器有无断路或者短路。若正常，应拆检燃油泵。

2. 燃油泵电阻的检测

用万用表检测其电阻值，一般为 $0.5 \sim 3\ \Omega$，否则应更换。

3. 燃油泵继电器的检测

拔下燃油泵继电器或者用测试线引出继电器各端子，测量各端子之间的电阻及通断情况。常用的电动燃油泵继电器有 4 脚和 5 脚两种，ECU 控制的电动燃油泵控制系统通常采用 4 脚继电器，4 脚电动燃油泵继电器中，有两脚是继电器电磁线圈，另外两脚是继电器常开触点，用万用表测量电磁线圈两端子应导通，有 $70 \sim 80\ \Omega$ 的电阻值，常开触点两脚之间应该不导通，若在电磁线圈两端子施加 12 V 的电压，常开触点两脚应该接通。若测量结果不符合要求，则电动燃油泵继电器有故障，应予以更换。

对于采用发动机 ECU 控制的燃油泵控制电路，应检查曲轴位置传感器的 Ne 信号和 ECU 工作是否正常。

4. 燃油泵的检测

如果线路连接、继电器、熔断器正常，而燃油泵始终不工作，则应从车身拆下燃油泵，对燃油泵进行单独检查。

首先检测燃油泵线圈电阻，一般为 $0.5 \sim 3\ \Omega$。如果电阻值不符，说明线圈有短路、断路或者接触不良的故障，此时应更换燃油泵。

当确认燃油泵线圈电阻没有问题后，可将燃油泵直接接在蓄电池上进行运转试验。如果燃油泵不能转动或者转动缓慢、不均匀，说明燃油泵有故障，应更换。注意在做运转试验时，通电时间不可超过 10 s。因为在没有燃油对燃油泵电动机进行冷却的情况下，长时间运转会造成燃油泵电动机的过热损坏。

用专用导线将诊断座上的燃油泵测试端子跨接到 12 V 电源上，将点火开关转至"ON"位置，应能听到燃油泵工作的声音，或者用手捏紧油管应感觉有压力，若听不到燃油泵的工作声音或者进油管无压力，应检修或更换燃油泵；若燃油泵工作，应检查燃油泵电路导线、继电器、熔丝有无断路。

5. 燃油泵的拆装

拆装燃油泵时注意：应释放燃油系统压力，并关闭用电设备。

拆下燃油泵后，测量燃油泵两端子之间的电阻，应为 $0.5 \sim 3\ \Omega$。

（三）实训操作

（1）利用实训车辆或台架，教师设置不同的故障，学生分组完成任务，分析并检测大众 AJR 发动机燃油泵及控制电路。

（2）根据故障诊断的逻辑顺序写出检测步骤。

🏵 任务二　燃油系统压力的检测

　　燃油压力调节器的作用就是保持油管内燃油压力与进气管内气体压力的差值恒定，即根据进气管内压力的变化来调节燃油压力。通过本次任务的学习掌握以下知识：
　　（1）燃油压力调节器的结构及工作原理。
　　（2）燃油压力调节器的检测方法。
　　（3）燃油系统压力的检测方法。

一、相关知识

（一）燃油压力调节器的结构及工作原理

　　燃油压力调节器安装在燃油分配管的一端，如图 5-9 所示。燃油分配管的作用是固定喷油器和燃油压力调节器，并将燃油分配给各个喷油器。燃油压力调节器主要由壳体、膜片、弹簧、球阀、进出油道等组成，如图 5-10 所示。膜片将压力调节器的内部分隔成两个工作腔：膜片的上方是引入进气歧管负压的真空室，真空室内装着一个控制压力差的螺旋弹簧，燃油分配管内燃油压力和进气歧管内压力的差值由弹簧的预紧力确定，弹簧的预紧力通过弹簧座作用在膜片上。膜片的下方是燃油室，燃油室上的进油口与燃油分配管连接，回油口则与回油管路相连。

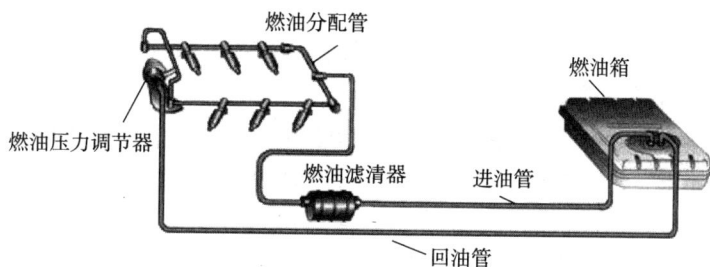

图 5-9　燃油压力调节器安装位置示意图

　　汽油发动机工作时，进气歧管的负压和弹簧的预紧力共同作用在膜片上方，汽油从燃油分配管进入燃油室，其油压作用在膜片下方。若压差低于设定值，在弹簧力作用下，球阀将回油孔关闭，没有汽油流回燃油箱，燃油分配管内油压继续上升；当压差超过设定值时，油压向上推动膜片，回油孔打开，汽油经回油管回流到燃油箱，燃油分配管内油压下降，在弹簧力的作用下球阀将回油孔关闭，这样燃油分配管内的油压不再下降。

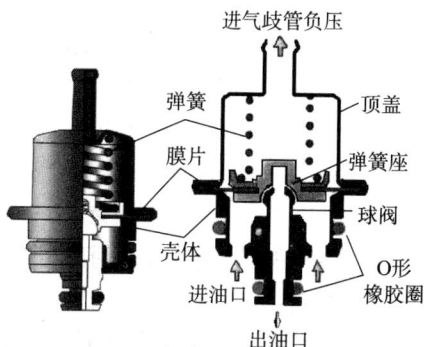

图 5-10　燃油压力调节器结构图

　　通过把进气歧管内负压引入真空室，使燃油分配管内的平衡油压的变化与进气歧管压力变化一一对应，而两者的差值恒等于弹簧的预紧力，保证了喷油器开启持续时间与喷油量的对应关系，使 ECU 能够用喷油器开启持续时间来控制喷油量。

汽油发动机不工作时，球阀在弹簧力的作用下，将回油孔关闭，使电动燃油泵出口到压力调节器燃油室之间的油路内保持一定的残余压力。

（二）燃油压力调节器的检查

（1）检查燃油压力调节器的真空软管有无脱落、破裂等。

（2）拔下真空管观察有无漏油，如有漏油，说明燃油压力调节器的膜片破裂，应更换燃油压力调节器。

（3）发动机怠速运转，检测此时的燃油压力，拔下燃油压力调节器上的真空软管，此时的燃油压力应比发动机怠速运转时的压力高 50 kPa 左右，否则更换燃油压力调节器。

燃油压力调节器
的工作原理及检测

二、任务实施

（一）实施准备

（1）准备好实训用发动机、燃油压力表、解码器、常用工具等。

（2）掌握本次实训课所用仪器及设备的使用方法。

（3）掌握本次实训相关的燃油压力测试的理论知识。

（4）强调实训中的安全注意事项。

（二）实施内容

1. 燃油压力调节器的检查

主要检查燃油压力调节器的真空软管有无脱落、破裂，有无漏油等现象。

燃油系统压力测试注意事项：

对燃油供给系统进行油压测试是一种很简单很直观也很普遍的常用检测手段，通过检测汽车燃油系统内部压力，根据压力值差异大小诊断燃油系统是否有故障，进而根据检测结果确定故障性质和部位。在进行油压测试中，要注意以下几点：

（1）注意通风，防止火源，准备好消防设施。

（2）在拆卸燃油管之前一定要先卸压。

（3）油管不得有老化渗漏现象。

（4）密封件、卡扣为一次性零件，维修时应更换。

（5）在起动发动机时注意安全。

2. 释放燃油系统的燃油压力

发动机熄火后，燃油系统内仍保持有较高的燃油压力，为了安全，在拆卸燃油系统内任何元器件时，必须首先要释放燃油系统的油压，以免系统内的压力油喷出，造成人身伤害和火灾。

有些车型可以利用卸压孔卸压，也可以采用起动发动机运转的方法进行卸压，具体的卸压步骤如下：

（1）拆下燃油泵的熔丝或继电器。

（2）起动发动机运转至发动机失速。

（3）待发动机失速后，起动电动机 2～3 次，释放系统所有燃油压力——具体表现是发动机无着车迹象。

（4）关掉点火开关，重新装好油泵的熔丝或继电器。

3. 检测燃油系统的燃油压力

为了保证发动机在各种工况下，供油系统都能供给足够量的燃油，在不同的工况下，燃油系统的压力并不是固定的，下面以桑塔纳 2000 轿车燃油系统油压测试为例说明。

测试燃油压力，需要专用工具——燃油压力表，如图 5-11 所示。燃油压力表的连接如图 5-12 所示。

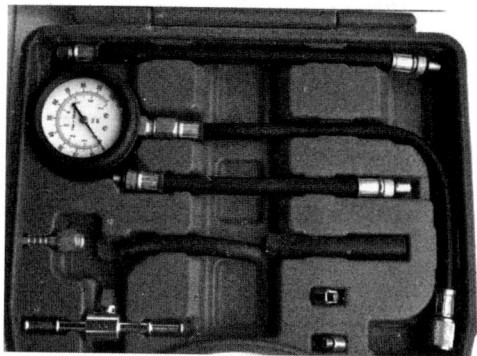

图 5-11　燃油压力表

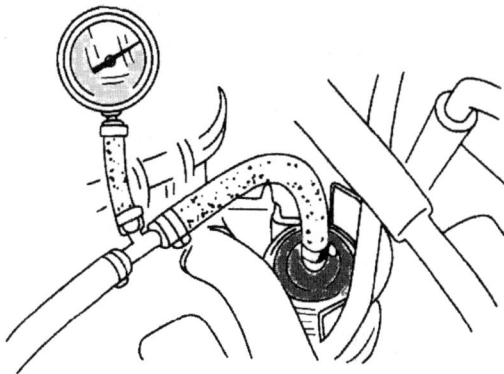

图 5-12　燃油压力表的连接——安装在燃油滤清器和燃油分配管之间

（1）在测试之前，要求电源电压正常；释放燃油系统压力。

①起动发动机使其维持怠速运转，燃油压力表显示值应为 0.25 MPa 左右。

②加大节气门开度，发动机加速运转，此时的燃油压力应为 0.30 MPa 左右。

③拆下燃油压力调节器上真空软管，用手堵住进气管一侧，检查油压，应该升高 50 kPa 左右。

④接上燃油压力调节器的真空软管，检查燃油压力表的指示应有所下降约 50 kPa。

⑤将发动机熄火，等待 10 min 后观察压力表的压力，此时保持压力应不低于 0.20 MPa。

⑥检查完毕后，应释放系统压力拆下油压表，装复燃油系统。

（2）燃油系统压力的分析。

如果燃油系统压力过低，应检查燃油箱系统有无泄漏，燃油泵滤网、燃油滤清器和油管有无堵塞；若无泄漏和堵塞故障，应考虑燃油泵故障，予以更换。

如果燃油系统压力过高，应检查回油管是否有堵塞；若回油管路正常，说明燃油压力调节器有故障，应更换。

发动机熄火后，燃油系统保持压力如果低于 0.20 MPa 时，说明输油管、喷油器有泄漏或者燃油泵单向阀密封不严，需要逐项进行检修排查。

4. 燃油系统的压力预置

在对燃油系统进行拆检维修之后，为避免首次起动发动机时，因系统内无压力而导致起动时间过长，应预置燃油系统压力。具体方法如下：

（1）方法一：

通过反复打开和关闭点火开关数次来完成。

（2）方法二：

①检查燃油系统元件和油管接头是否安装好。

②用专用导线将诊断座上的燃油泵测试端子跨接到 12 V 电源上。

③将点火开关转至 "ON" 位置，使电动燃油泵工作约 10 s。

④关闭点火开关，拆下诊断座上的专用导线。

（三）实训操作

（1）利用实训车辆或台架，完成燃油系统压力的检测。

（2）写出燃油压力测试步骤。

（3）将检测数据填入表 5 – 1 中，并分析检测结果。

表 5 – 1　燃油压力测试记录结果

检测项目	标准值	测量值	结论
怠速时油压			
加速时油压			
静态油压			
保持油压			

✳ 任务三　喷油器的检修

喷油器是电控燃油喷射系统的执行元件，作用是根据 ECU 发出的喷油脉冲信号，将雾化良好的汽油适时、适量喷入进气管。

在本学习任务中要掌握以下知识：

（1）喷油器的结构及工作原理。

（2）喷油器的类型。

（3）喷油器的检测方法。

一、相关知识

（一）喷油器的结构及工作原理

喷油器安装在燃油分配管上，轴针式喷油器的结构如图 5 – 13 所示，主要由滤网、电接

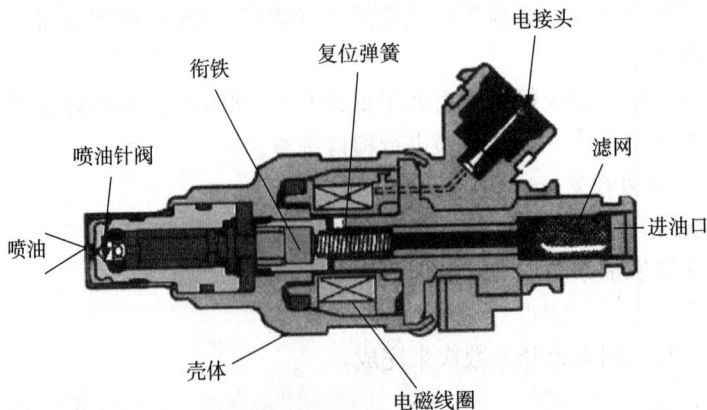

图 5 – 13　轴针式喷油器结构

头、复位弹簧、衔铁、喷油针阀、壳体等组成。

喷油器喷油：当电磁线圈通电时，产生电磁吸力，克服复位弹簧弹力和阀的重力吸动衔铁上移，衔铁带动针阀离开阀座，同时复位弹簧被压缩，燃油经过针阀从喷孔喷出。

喷油器不喷油：电磁线圈断电，电磁吸力消失，针阀在复位弹簧的作用下紧紧压在阀座上，喷油器停止喷油。

在喷油器结构和喷油压力一定时，喷油器的喷油量取决于针阀的开启时间，即电磁线圈的通电时间。

喷油器工作过程示意图

（二）喷油器的类型

（1）喷油器按出油阀结构分为轴针式、球阀式、片阀式，如图 5 - 14 所示。

轴针式   球阀式   片阀式

图 5 - 14 喷油器按出油阀结构分类

（2）喷油器按喷嘴结构分为轴针式、单孔式和多孔式，如图 5 - 15 所示。

轴针式喷油器   单孔式喷油器   多孔式喷油器

图 5 - 15 喷油器按喷嘴结构分类

（3）按其线圈的电阻值可分为高阻式（电阻值为 $12 \sim 17 \ \Omega$）和低阻式（电阻值为 $3 \sim 5 \ \Omega$）两种类型。

（4）按燃料的送入部位分为上部供油式和下部供油式。

（5）按驱动方式可以分为电流驱动式和电压驱动式，如图 5 - 16 所示。低阻喷油器可

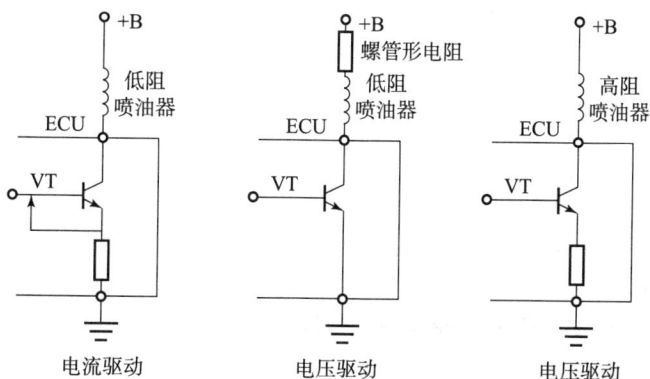

电流驱动   电压驱动   电压驱动

图 5 - 16 喷油器按驱动方式分类

项目五 电控汽油机燃油供给系统故障检修

以采用电流驱动，也可采用电压驱动，高阻喷油器通常采用电压驱动方式。低阻喷油器采用电压驱动时，需要串入电阻。

（三）喷油器控制电路的分析

不同车型喷油器的控制电路基本相同，一般都是通过点火开关和主继电器、熔丝到喷油器，ECU 控制喷油器搭铁，如图 5-17 所示。

现以桑塔纳 2000 型轿车喷油器控制电路为例进行分析。其电路如图 5-18 所示。

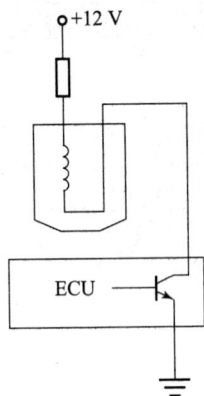

图 5-17 喷油器的控制电路

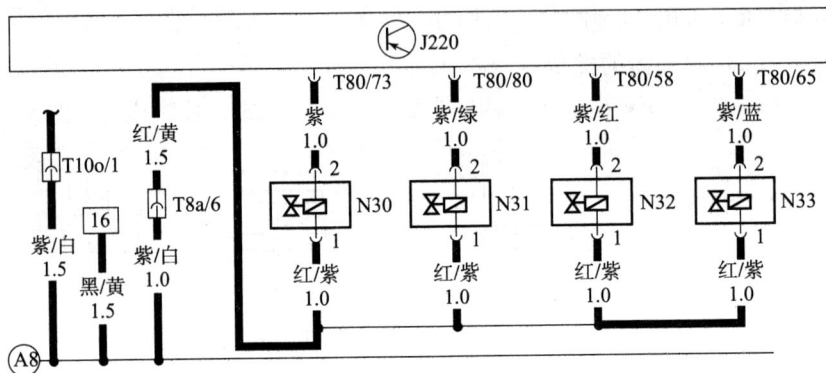

图 5-18 桑塔纳 2000 型轿车喷油器控制电路

ECU 根据各传感器的信号，分析计算并判断，发出脉冲信号指令，使喷油器的 2 号端子在 ECU 内部搭铁，使喷油器喷油。

（四）喷油器的清洗

维修中，喷油器清洗通常有随车清洗和超声波清洗两种方法。

随车清洗法需采用专用电喷汽车清洗液，其优点是不需从车上拆下喷油器，操作比较方便；缺点是不能直接观察喷油器的工作状况。

超声波清洗法是把喷油器从发动机上拆下后装在超声波清洗箱上清洗，其优点是清洗质量高，还可以把喷油器装到喷油器试验台上进行喷油量、泄漏量和喷射雾化状况的测试；缺点是设备昂贵。

二、任务实施

（一）实施准备

（1）准备好实训用发动机、试灯、解码器、故障诊断仪、常用工具等。

（2）掌握本次实训课所用仪器及设备的使用方法。

（3）掌握本次实训相关的喷油器的理论知识。

（4）强调实训中的安全注意事项。

（二）实施内容

（1）分析大众 AJR 发动机喷油器及控制电路。

（2）喷油器就车检查。

①听工作声音。

发动机运转时，应能听到有节奏的嗒嗒声，若听到的声音小，说明喷油器工作不正常；若听不到声音，说明喷油器卡死或者喷油器控制电路故障。也可以用手指触摸感觉喷油器工作的振动来判断。

②单缸断火法。

拔下喷油器的接线插头，通过观察转速表变化进行判断。

③测喷油器电阻。

用万用表测喷油器电阻，低阻喷油器电阻值为 3 ~ 5 Ω；高阻喷油器电阻值为 12 ~ 17 Ω。

④测试示波器控制信号波形。

用示波器测试喷油器控制信号波形，电压驱动型喷油器控制信号波形如图 5 - 19 所示。

⑤试灯测试法。

将专用试灯接到喷油器两端，起动发动机，试灯闪烁说明 ECU 控制信号和电源均正常。如试灯不闪烁，则分别检查这两根线。

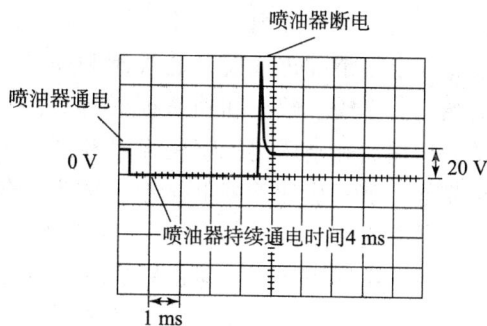

图 5 - 19　喷油器控制信号波形

（3）喷油器拆检。

喷油器拆检主要包括目测检测及喷油质量的检测，喷油质量的检查项目主要包括喷油量、雾化质量和泄漏量。此项试验应在专用试验台上进行。

目测检验：在工作台上铺一块干净的白布，将喷油器内部残余的汽油倒在白布上，若发现有铁锈或水珠，说明喷油器已锈蚀，应更换；看喷油器是否有积炭。

在试验台上检测各缸喷油嘴喷油量的差别，相差越小，发动机运转越平稳，相差过大，则应更换。

检测各喷油嘴雾化情况，不能有集束情况，不能有喷歪现象。

停止喷射时，不能有燃油泄漏发生，规定 1 min 内，泄漏不能超过 1 滴，否则更换。

单位时间内的喷油量应在规定值范围内。

（三）实训操作

（1）教师设置不同的故障，学生分组完成任务，分析并检测大众 AJR 发动机喷油器及控制电路。

（2）写出检测步骤，记录并分析检测结果。

喷油器的工作
原理及检测

拓展知识

汽车燃油系统清洗

燃油系统的功用是根据发动机运转工况的需要，向发动机供给一定数量的、清洁的、雾化良好的汽油，以便与一定数量的空气混合形成可燃混合气。同时，燃油系统还需要储存相当数量的汽油，以保证汽车有相当远的续驶里程。

燃油系统还包括电子控制汽油喷射系统、燃油供给系统（汽油箱、汽油滤清器、汽油泵、油气分离器、油管和燃油表等辅助装置）。

为什么要清洗燃油系统?

随着车辆的使用,积炭也逐渐增多,随之而来就会导致发动机性能变差:怠速抖动、加速不良、油耗增加、尾气超标等种种不良现象。这是因为进气道、气门处、燃烧室的积炭会在凉车时吸附燃油,热车时释放燃油,造成凉车不易着车、热车油耗高;而喷油嘴、排气系统的堵塞则会造成抖动、加速不良等故障。

燃油系统清洗剂:一种特殊的配方,由溶剂、高分子等分散剂混合而成,能迅速、有效、安全地清除进气管、进气阀和喷油嘴等处的积炭,保证燃油正常雾化,消除发动机的喘抖、爆震、缺火和功率损失等故障,迅速恢复发动机动力性能和驾驶性能,恢复正常的压缩比和空燃比,解决发动机工作粗暴、敲缸冒黑烟等问题,使汽车运行更平顺,更安静,节省燃油,降低排放,减少空气污染,保护燃油系统各部件,配合免拆清洗机作业效果更好。

燃油系统添加剂:能随燃油自动清洗油道内胶质、油泥,畅通油路。清除燃烧室、活塞环、气门等处的积炭,消除发动机起动不畅、功率不足、耗油大、冒黑烟等故障,特制保护配方,能有效防止发动机部件锈蚀,改善燃油品质,促进燃烧,降低油耗,提高动力。

故障案例

车型:帕萨特 1.8T 轿车搭载 AWL 发动机。

症状:该车行驶里程 8 000 km,车主反映发动机偶尔起动困难及自动熄火,曾维修过,没有发现故障点。

诊断:初检发动机,一切正常。询问曾经维修过该车的师傅,得知该车第一次路试时,在行驶途中突然熄火,之后打不着车,只能将车拖回修理车间。可是到车间后一打就着,之后经过多次试车一切正常。

用诊断仪 V. A. G1552 查询电脑存储,有 4 个故障代码,分别是 4 个喷油器对正极短路或断路,且为偶发性故障(SP),清除后不再出现。因为是偶发性故障,估计应是线路问题,所以先检查喷油器相关线路。测量喷油器电源线路时,发现电压只有 8.6 V,此电压应该是 12 V,电压过低。于是仔细检查喷油器线路,拆下组合仪表及仪表下饰板,找到喷油器线路的正极接点,看见正极接点松动,并没有固定。

修复:固定接线点,经过很长较差路段试车,再无起动困难或熄火等故障。

分析:喷油器电源线路正极接点松动后,当车在较差路面行驶时,由于颠簸使喷油器断电导致发动机熄火。

项目总结

(1)电动燃油泵的作用是将汽油从油箱中吸出,加压后通过燃油管道输送到喷油器。电动燃油泵按照安装位置不同分为内置式和外置式电动燃油泵两种类型,按照泵体结构不同分类,有叶片式电动燃油泵、滚柱式电动燃油泵、齿轮式电动燃油泵、涡轮泵等。

(2)燃油压力调节器的作用就是保持油管内燃油压力与进气管内气体压力的差值恒定,即根据进气管内压力的变化来调节燃油压力。

(3)喷油器的作用是在 ECU 的控制下,把雾化良好的汽油喷入进气管。

练习题

一、理论题

（一）填空题

1. 喷油器的喷油量取决于喷油器的_____、_____和_____。

2. 轴针式喷油器主要由_____、_____、_____以及电磁线圈等组成。

3. 电控汽油机喷油器的喷油开始时刻和喷油的持续时间由_____进行控制，以使喷油器能根据工作需要适时、适量地喷射出所需燃油。

4. 汽油喷射系统按喷油时序分类可分为_____、_____、_____。

5. 电动燃油泵按照安装位置不同，分为_____和_____。

（二）选择题

1. 奔驰 S320 轿车的燃油压力大约是多少？（   ）

A. 372.3 ~ 420.6 kgf/cm²①

B. 32.73 ~ 420.6 kPa

C. 37.23 ~ 402.6 kgf/cm²

D. 372.3 ~ 420.6 kPa

2. 汽车的燃油滤清器一般串联在以下哪个管道上？（   ）

A. 回油管

B. 进气管

C. 供油管

D. 真空管

3. 正常情况下，车辆行驶多少千米时需要清洗喷油器？（   ）

A. 约 2 万千米

B. 约 5 万千米

C. 约 10 万千米

D. 约 15 万千米

4. 在电控燃油喷射（EFI）系统中，喷油量是如何控制的？（   ）

A. 通过燃油压力的变化控制喷油量

B. 歧管真空作用在压力调节器下，从而控制喷油量

C. 通过喷油器的通电时间控制喷油量

D. 通过喷油泵供电电压的高低控制喷油量

5. 关于汽油喷射系统中的电动汽油泵，以下哪个说法不正确？（   ）

A. 通常位于汽油滤清器与汽油箱之间

B. 通常位于汽油滤清器与汽油喷射器之间

C. 可能位于汽油箱内

D. 可能位于汽油箱外

（三）判断题

1. 在电控燃油供给系统中一般采用的都是一次性的燃油滤清器。（   ）

2. 燃油压力调节器工作不良时可对其进行维修来保证它能正常工作。（   ）

3. 在拆卸燃油系统内任何元件时，都必须首先释放燃油系统压力。（   ）

4. 通过测试燃油系统压力，可诊断燃油系统是否有故障。（   ）

_____

① 1 kgf/cm² ≈ 0.1 MPa。

5. 电流驱动方式只适用于低阻喷油器。 （　　）

（四）简答题

1. 燃油压力调节器的作用是什么？

2. 如何检修喷油器？

二、实操题

一辆速腾轿车，起动后自动熄火，读取数据流，燃油压力异常，请查阅相关资料，并写出检修诊断过程。

项目六

电控汽油机点火系统故障检修

知识目标

- 熟悉 4S 店电控汽油机汽车的维修流程。
- 掌握曲轴/凸轮轴位置传感器的作用、结构和工作原理及检修流程。
- 掌握爆震传感器的作用、结构和工作原理及检修流程。
- 掌握点火波形相关知识及检测的方法和流程。
- 掌握点火正时相关知识及调整的方法和流程。
- 掌握微机控制点火系统检修的相关知识和检修方法。
- 理解曲轴/凸轮轴位置传感器、爆震传感器、点火波形、点火正时故障对发动机工作性能造成的影响。

能力目标

- 能利用仪器、仪表对故障车辆进行针对性的检查，确认故障现象，确定故障范围，并做准确记录。
- 能正确使用仪器对曲轴/凸轮轴位置传感器、爆震传感器进行检测。
- 能正确使用仪器对点火线圈、火花塞和高压线等元件进行检测、诊断和试验。
- 能正确使用故障诊断仪/汽车专用示波器读取爆震传感器、曲轴/凸轮轴位置传感器波形。
- 能根据检测结果判定故障点并进行维修。
- 会进行工作质量检查。

项目概述

（一）项目内容

随着电控点火系统的不断完善，电控点火系统已在汽车上广泛应用。电控点火系统控制功能包括爆震控制、点火波形和点火正时的调整、微机控制点火系统控制等，以保证发动机在各种工况下，都可以获得最佳的动力性、经济性、排放性及工作稳定性。本项目设置四个学习任务。任务内容如下：

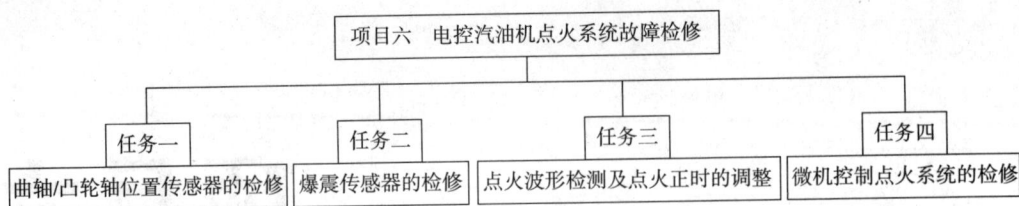

项目六　电控汽油机点火系统故障检修

任务一	任务二	任务三	任务四
曲轴/凸轮轴位置传感器的检修	爆震传感器的检修	点火波形检测及点火正时的调整	微机控制点火系统的检修

（二）项目知识

1. 点火系统的作用

在汽油发动机中，气缸内的可燃混合气是靠高压电火花点燃的，而产生高压电火花的功能是由点火系统来完成的。发动机点火系统如图6-1所示。点火系统的作用就是将汽车电源供给的低压电转变为高压电，并按照发动机的点火顺序与点火时刻的要求，适时准确地将高压电送至各缸的火花塞，使火花塞跳火，点燃气缸内的混合气，从而燃烧以对外做功。

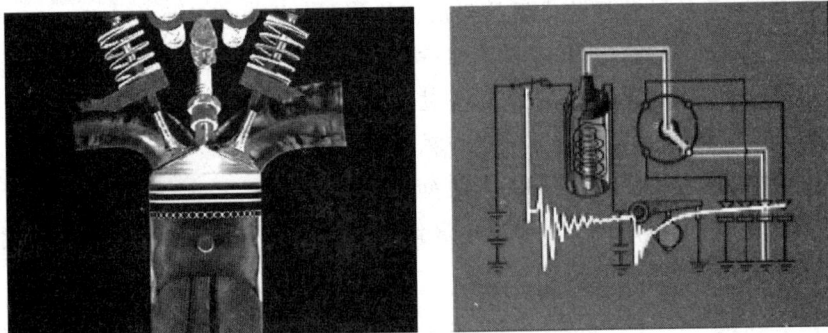

图6-1　发动机点火系统

2. 点火系统的基本原理（见图6-2）

将线圈1和线圈2所组成的变压器称为点火线圈，线圈1称为初级绕组，线圈2称为次级绕组；凸轮和触点组成的机构称为断电器；低压电路中的开关称为点火开关；高压电的分配装置称为配电器；产生电火花的部分称为火花塞。

基本电路分成两个部分：低压电路——由初级绕组、触点、开关、电源等构成；高压电路——由次级绕组、配电器、火花塞等构成。

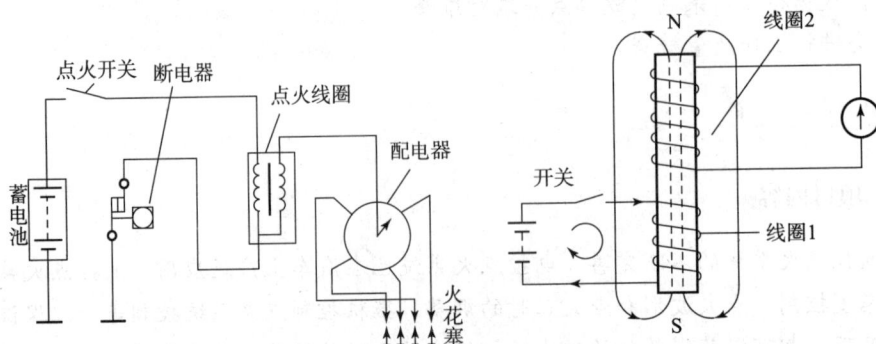

图6-2　点火系统的基本原理

3. 点火系统的分类

按照组成和产生高压电的方式不同，发动机点火系统分为：传统点火系统、电子点火系统、微机控制点火系统以及磁电机点火系统。

1) 传统点火系统（见图6-3）

传统点火系统以蓄电池和发电机为电源，也称蓄电池点火系统。1907年，美国人首先在汽车上使用，经过不断改进，结构性能逐渐完善，长期以来被广泛应用，因此称之为传统点火系统。靠点火线圈和分电器的作用，将电源提供的低压直流电（12 V、24 V或6 V）转变为高压电，并分配到各缸火花塞，使火花塞两电极之间产生电火花，点燃可燃混合气。传统点火系统由于产生的高压电比较低、高速时工作不可靠、需要经常检查和维护等许多缺点，目前正在被电子点火系统和微机控制点火系统所代替，只是在一些载货汽车和农用车上还有少量使用。

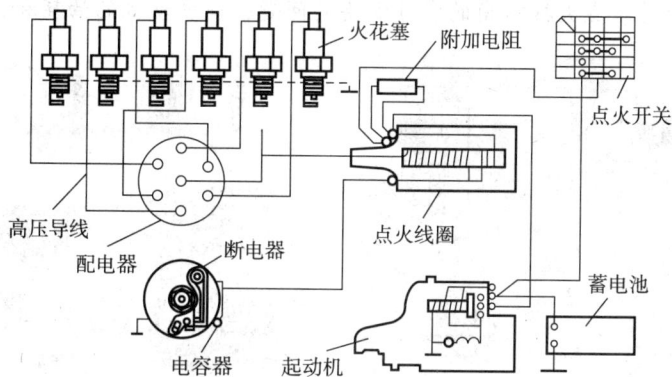

图6-3 传统点火系统

2) 电子点火系统（见图6-4）

电子点火系统以蓄电池和发电机为电源。由传感器或断电器的触点产生点火信号，经由半导体器件组成的点火控制器和点火线圈，将低压电转变为高压电。

20世纪60年代，出现晶体管代替触点通断点火线圈一次电流的有触点电子点火系统，解决了传统点火系统工作时由于触点火花较大而带来的一系列问题，使点火性能有较大提

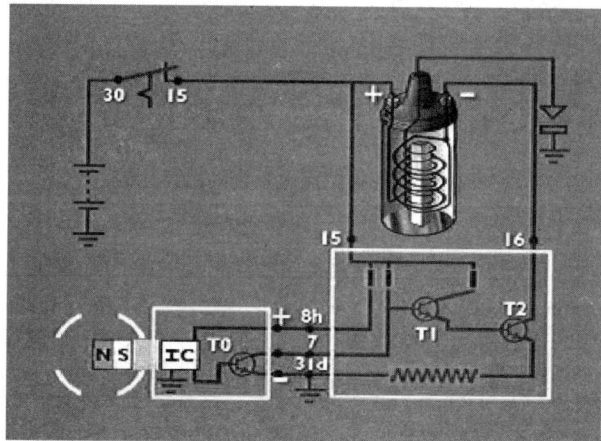

图6-4 电子点火系统

高。20 世纪 70 年代，无触点电子点火系统开始应用，消除了传统点火系统由于触点所带来的一切弊端，是目前国内外汽车上广泛应用的点火系统。

国产汽车如奥迪、捷达、桑塔纳、标致等小轿车及解放 CA1092 型、东风 EQ1090 型载货汽车都采用了无触点电子点火系统。

3）微机控制点火系统（见图 6-5）

20 世纪 70 年代末期，以微机控制点火时刻的电子控制系统开始在汽车上使用。它由电控单元（ECU）根据各种传感器提供的反映发动机工况的信号，确定点火时刻，并发出点火控制信号，通过点火线圈将电源的低压电转变为高压电，由配电器将高压电分配到各缸火花塞或由微机控制系统直接进行高压电的分配，是现代最新型的点火系统，已广泛应用在各种高级轿车上。这种点火系解决了传统分电器真空和离心点火提前调节装置不能适应发动机工况和状态改变时对点火提前角的实际需要的问题，使发动机的油耗和排污进一步降低。

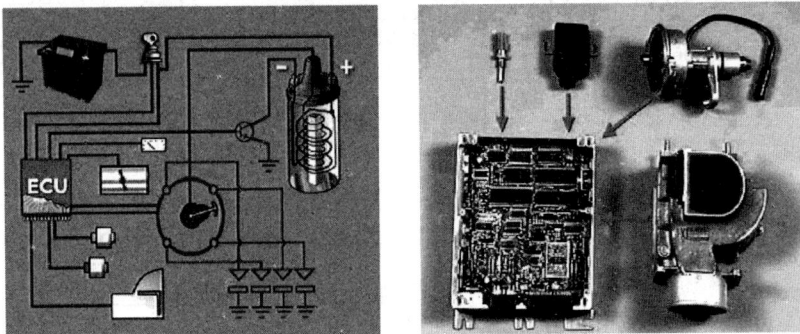

图 6-5 微机控制点火系统

4）磁电机点火系统

由磁电机内的永久磁铁和电磁线圈的作用产生高压电，因此不需要另设低压电源。磁电机点火系统在发动机中转速和高转速范围内，产生的电压比较高，发动机能可靠地工作。而在发动机低转速时，产生的电压比较低，不利于发动机起动。

1886 年，第一辆以四循环内燃机为动力的汽车使用的就是磁电机点火系统。如今，磁电机点火系统多用于主要在高速满负荷下工作的赛车发动机，以及某些不带蓄电池的摩托车发动机和大功率柴油机的起动发动机上。

4. 各类型点火系统的比较

各类型点火系统的综合比较见表 6-1。

表 6-1 各类型点火系统的综合比较

分类	点火电源	升压装置	点火装置	点火时间控制	性能特点	应用
传统点火系统	蓄电池、发电机	点火线圈、机械断电器	火花塞	断电器（机械式）	高速点火能量小，点火时间控制精度差，触点易烧蚀	部分汽车（轿车不用）
电子点火系统	蓄电池、发电机	点火线圈、电子控制器	火花塞	三极管（电子）	点火能量大，点火时间控制精度低	部分汽车

分类	点火电源	升压装置	点火装置	点火时间控制	性能特点	应用
微机控制点火系统	蓄电池、发电机	点火线圈、微机控制	火花塞	微机（电脑）	点火能量大，点火时间控制准确，能根据转速、负荷、水温等综合控制	现代汽车
磁电机点火系统	磁电机	电磁线圈	火花塞	断电触点（机械式）	电压随发动机转速改变，低速电压过低	摩托车、小型汽油机、赛车

5. 传统点火系统的组成及工作过程

1）传统点火系统的组成（见图6-6、图6-7）

2）传统点火系统的工作过程（见图6-8）

传统点火系统的工作过程可分为三个阶段：触点闭合，初级电流增长；触点打开，次级绕组产生高压电；火花塞电极间的火花放电。

（1）触点闭合，初级电流增长。

传统点火系统的工作原理

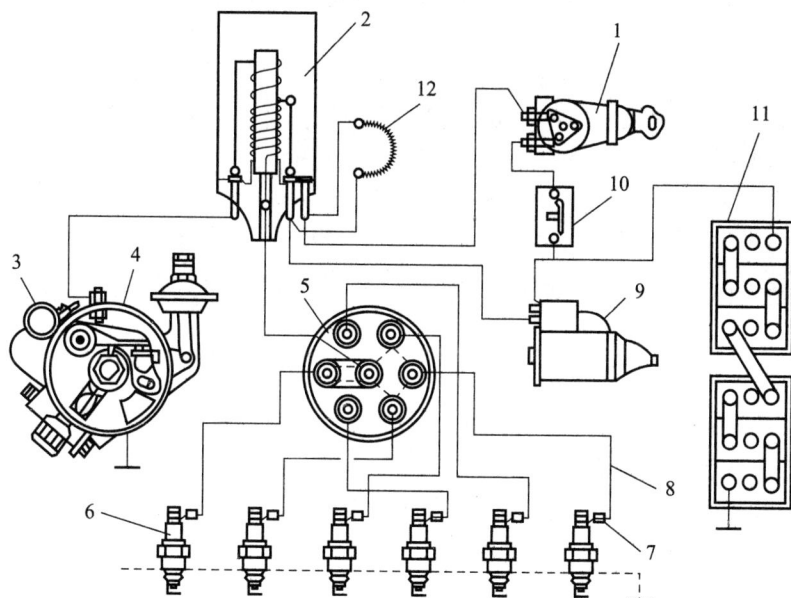

图6-6　传统点火系统的组成

1—点火开关；2—点火线圈；3—电容器；4—断电器；5—配电器；6—火花塞；7—阻尼电阻；
8—高压导线；9—起动机；10—电流表；11—蓄电池；12—附加电阻

初级电流：

$$i_1 = \frac{U_B}{R}\left(1 - e^{-\frac{R}{L_1}t}\right)$$

可见：触点闭合时，初级电流按指数规律增长，并逐渐趋于极限值 U_B/R（见图6-9（a））。理论上，只有当 $t=\infty$ 时，初级电流才能达到极限值，实际上对汽车点火线圈而言，在触点闭合约20 ms后，初级电流就接近于其极限值。

项目六　电控汽油机点火系统故障检修

图6-7 传统点火系统各部分实物图

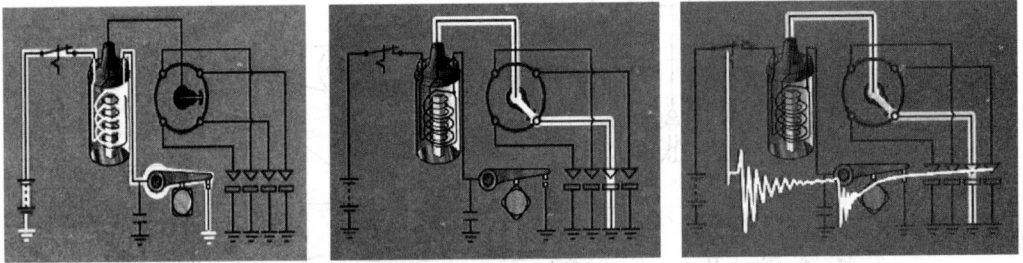

图6-8 传统点火系统工作过程的三个阶段

在初级电流增长时，不仅初级绕组中产生自感电动势 e_L，而且由于互感作用在次级绕组中也会产生感应电动势。由于初级电流增长速率较慢，磁通变化速率也较慢，所以次级绕组中的感应电动势不足以击穿火花塞电极间隙，其值为 $1.5 \sim 2$ kV。

（2）触点打开，次级绕组产生高压电。

当点火线圈结构一定时，次级电压的最大值与初级断电电流 I_P 成正比，并随 C_1、C_2（C_1、C_2 在电容器中）的增大而减小。

次级电压的上升时间对火花塞的工作能力影响极大，电压上升时间越短，则能量损失越小，用于点火的能量就越多。

通常把次级电压从 1.5 kV 上升至 15 kV 所需的时间称为次级电压上升时间。传统点火系统次级电压上升时间一般约为 120 μs。

（3）火花塞电极间的火花放电。

通常火花塞的击穿电压 U 低于次级电压的最大值 $U_{2\max}$，因此当增大的次级电压 U_2 达到击穿电压 U 时，火花塞间隙击穿产生电火花，这时通过火花塞电极间隙的电流 i_2 迅速增大而引起次级电压下降，如图6-9（b）实线所示。

火花放电一般由电容放电和电感放电两部分组成。电容放电是指火花塞间隙被击穿时，储存在电容器 C_2 中的电场能量迅速释放的过程，其特点是放电电流大（可达 5~50 A），放电时间极短（约 1 μs），其电流变化速率约可达 50×10^9 A/s。在此过程中，伴随有迅速消失的高频振荡（1~10 MHz），会造成无线电干扰，必须加以控制。

由于击穿电压 U 低于次级电压的最大值 U_{2max}，所以电容放电并不能消耗全部的磁场能量，剩余的磁场能量将沿着电离的火花塞电极间继续缓慢放电，这就是电感放电（火花放电），其特点是放电时间长（达几毫秒），放电电流小（几十毫安），且放电电压较低，约 600 V。电感放电有助于提高点火性能，使气缸内混合气燃烧更充分。如图 6-9（c）、（d）所示。

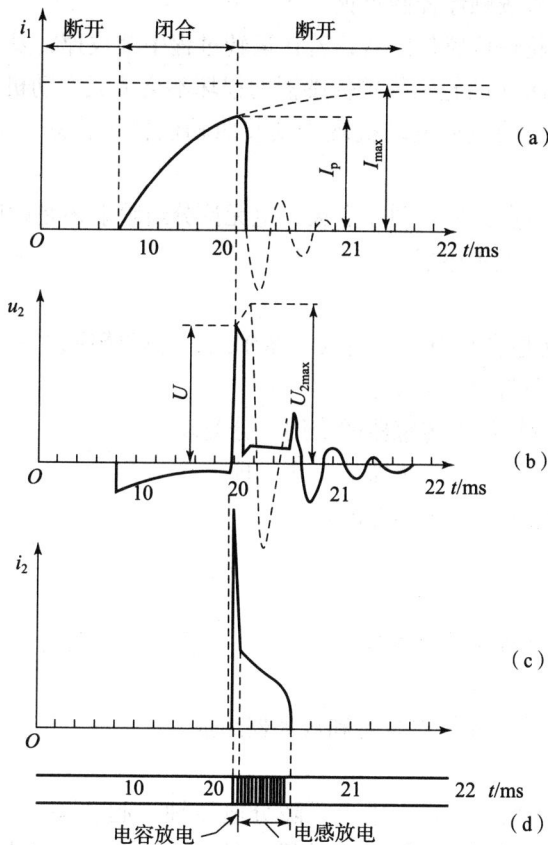

图 6-9 传统点火系统工作波形

（a）初级电流的变化；（b）次级电压的变化；（c）次级电流的变化；（d）放电情况

❀ 任务一 曲轴/凸轮轴位置传感器的检修

【功用】

曲轴位置传感器 CKPS（Crankshaft Position Sensor），又称转速传感器，主要检测曲轴转角位移，给 ECU 提供发动机转速信号和曲轴转角信号，作为燃油喷射和点火控制的主控信号。

凸轮轴位置传感器 CMPS（Camshaft Position Sensor）：用于给 ECU 提供曲轴转角基准位

置（第一缸压缩上止点）信号，从而进行顺序喷油控制、点火时刻控制和爆震控制。此外，凸轮轴位置信号还用于发动机起动时识别出第一次点火时刻，也作为燃油喷射控制和点火控制的主控信号。

【安装位置】

曲轴/凸轮轴位置传感器通常安装在曲轴、凸轮轴、飞轮或分电器处。两传感器有安装在一起的，也有分开安装的。

【相互关系】

在起动时，ECU 接收曲轴位置传感器信号后还不能控制点火线圈工作，还要接收凸轮轴位置传感器的参考信号按顺序控制点火。

参与点火控制的凸轮轴位置传感器，若在运转过程中被拔掉，发动机照常运转。但重新起动时，则需要重复几次（凸轮轴位置传感器的损坏不会造成发动机不能起动）。

独立点火、顺序喷射的直列发动机既要安装曲轴位置传感器，又要安装凸轮轴位置传感器。

V 型发动机无论同时点火还是独立点火，也无论分组喷射还是顺序喷射，都需要安装曲轴位置传感器和凸轮轴位置传感器。

【分类】

曲轴/凸轮轴位置传感器可分为光电式、霍尔式、电磁感应式等。

在本学习任务中要掌握以下知识：

（1）掌握曲轴/凸轮轴位置传感器的功用、分类。

（2）掌握曲轴/凸轮轴位置传感器的工作原理。

（3）掌握曲轴/凸轮轴位置传感器的检测方法。

一、相关知识

1. 光电式曲轴/凸轮轴位置传感器

1）组成

由转盘、发光二极管、光敏二极管和放大器组成。

（1）信号盘。

遮光盘（转盘）：安装在分电器轴上，随分电器轴一起转动，外圈均布有 360 个光孔，靠内均布有 6 个光孔，其中有一个较宽的光孔。遮光盘光孔的数目决定信号数目，光孔的位置和形状决定信号波形。

（2）信号发生器。

光源（发光二极管）：两只发光二极管通过遮光盘两圈光孔正对着两只光敏二、三极管。光接收器（光敏二、三极管）：接收发光二极管的光信号，转换为电信号。

2）工作原理

光电式曲轴/凸轮轴位置传感器利用发光二极管作为信号源。随遮光盘转动，当透光孔与发光二极管对正时，光线照射到光敏二极管上产生电压信号，经放大电路放大后输送给 ECU。遮光盘旋转时，当外圈光孔对准光源时，光接收器导通，输出高电平；当孔离开光源时，光接收器截止，输出低电平。遮光盘不停旋转，产生脉冲信号。信号盘上有 360 个透光孔，发动机每工作一个循环，传感器输出 360 个方波信号，每一个周期的方波信号占 2° 曲轴转角，高低电位持续时间相同，因此各占 1°曲轴转角，ECU 根据高低电位变化的方波信号，可计算出曲轴转角信号。

外圈光孔对应产生 2°曲轴转角信号，用于计算发动机转速和曲轴转角；内圈光孔对应产生 120°曲轴转角信号，用于确定曲轴基准位置。它们分别对应各缸活塞上止点前 70°，其中较宽的一个光孔对应一缸活塞上止点前 70°。

信号类型为频率信号，随着发动机转速的升高信号频率升高，但信号振幅不变。

图 6-10 所示为光电式曲轴/凸轮轴位置传感器的工作原理与结构；图 6-11 所示为光电式曲轴/凸轮轴位置传感器的输出波形（以日产六缸发动机为例）；图 6-12 所示为光电式信号发生器的工作原理。

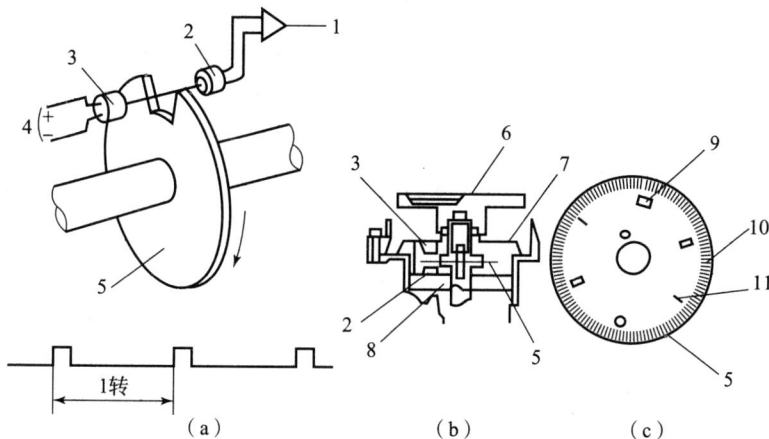

图 6-10　光电式曲轴/凸轮轴位置传感器的工作原理与结构

（a）工作原理图；（b）结构图；（c）转盘

1—输出信号；2—光敏二极管；3—发光二极管；4—电源；5—转盘；6—转子头盖；7—密封盖；
8—波成形电路；9—第一缸 120°信号缝隙；10—1°信号缝隙；11—120°信号缝隙

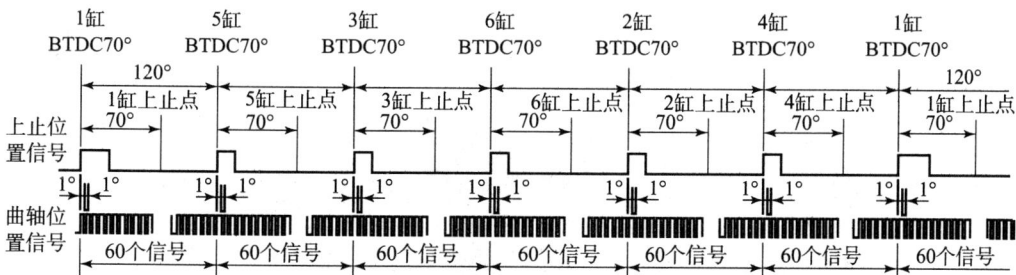

图 6-11　光电式曲轴/凸轮轴位置传感器的输出波形（以日产六缸发动机为例）

2. 霍尔式曲轴/凸轮轴位置传感器

1）霍尔效应

霍尔效应是电磁效应的一种，这一现象是美国物理学家霍尔（A. H. Hall，1855—1938）于 1879 年在研究金属的导电机制时发现的。当电流垂直于外磁场通过导体时，载流子发生偏转，垂直于电流和磁场的方向会产生一附加电场，从而在导体的两端产生电势差，这一现象就是霍尔效应，这个电势差也被称为霍尔电势差。霍尔效应应使用左手定则判断。

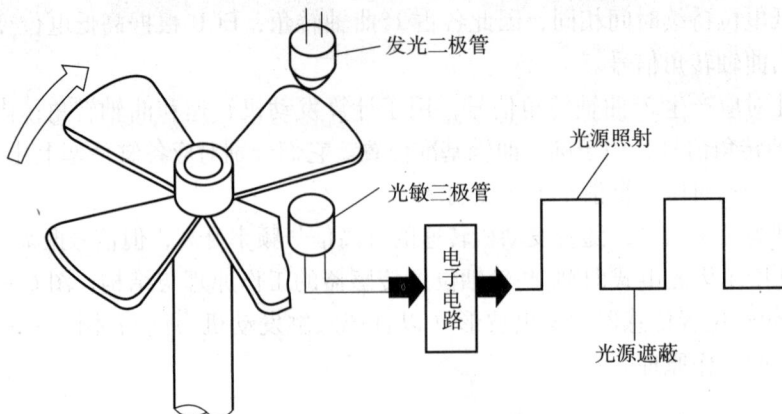

图6-12 光电式信号发生器的工作原理

通有电流 I 的白金导体（半导体）垂直于磁力线放入磁感应强度为 B 的磁场中时，在白金导体横向侧面上就会产生一个垂直于电流方向和磁场的电压 U_H（见图6-13），U_H 与通过半导体的电流 I 和磁感应强度 B 成正比，当取消磁场时电压立即消失。

$$U_H = \frac{R_H}{d} IB$$

式中，U_H 为霍尔电压；R_H 为霍尔系数；d 为基片厚度；I 为电流；B 为磁场强度。

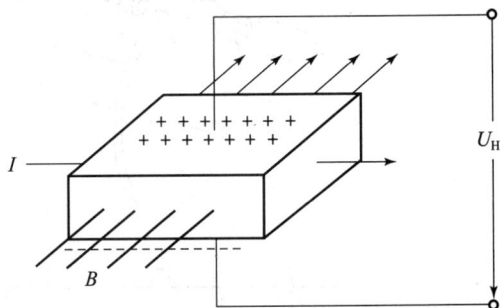

图6-13 霍尔效应

2）霍尔式曲轴/凸轮轴位置传感器的结构与工作原理

（1）霍尔式曲轴/凸轮轴位置传感器的结构。

霍尔式曲轴/凸轮轴位置传感器由永久磁铁、霍尔元件、信号轮（叶轮）、集成放大电路等组成，其实物如图6-14所示。叶轮在转动时"间断"地阻挡磁场，使得霍尔元件间断地产生高低变化的矩形波信号。图6-15所示为霍尔式曲轴/凸轮轴位置传感器磁路工作过程。

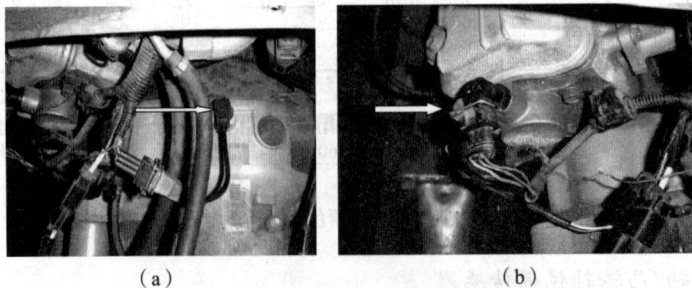

（a）　　　　　　　　　　（b）

图6-14 霍尔式曲轴/凸轮轴位置传感器

（a）霍尔式曲轴位置传感器；（b）霍尔式凸轮轴位置传感器

（2）霍尔式曲轴/凸轮轴位置传感器的工作原理（以桑塔纳为例）。

永久磁铁：安装在分电器底板上，位于触发叶轮的内侧，与霍尔集成电路相对。

触发叶轮：安装在分电器轴上，有缸数相等的四个叶片（50°）和四个窗口（40°）。

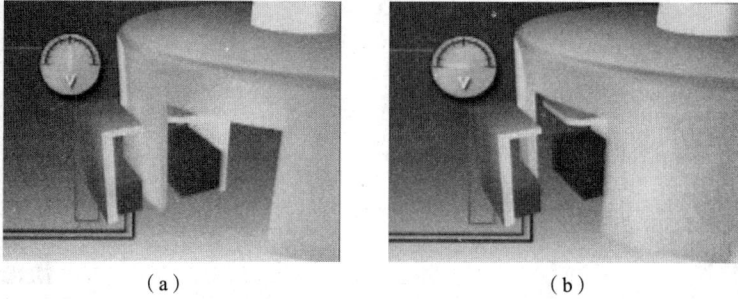

（a）　　　　　　　　　　　　　（b）

图 6 – 15　霍尔式曲轴/凸轮轴位置传感器磁路工作过程

（a）磁路截断时；（b）磁路接通时

霍尔集成电路：安装在分电器上，位于触发叶轮的外侧。

霍尔信号发生器的工作原理如图 6 – 16 所示，叶片进入气隙时，磁场被旁路，霍尔电压为 0，输出高电平；叶片离开气隙时，磁场穿过霍尔元件，产生霍尔电压，输出低电平。

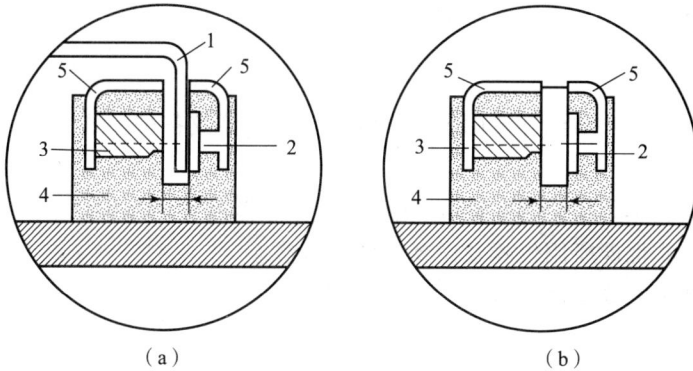

（a）　　　　　　　　　　　　　（b）

图 6 – 16　霍尔信号发生器的工作原理

（a）触发叶片进入空气隙中，霍尔元件中的磁场被旁路；

（b）触发叶片离开空气隙，霍尔元件被磁场饱和

1—叶轮叶片；2—霍尔元件；3—永久磁铁；4—底板；5—导磁板

发动机不停地运转，产生数字脉冲信号，信号的频率随发动机转速的增大而增大。叶轮叶片的数目决定信号数目，叶轮的形状决定信号波形。

3. 电磁感应式曲轴/凸轮轴位置传感器

1）组成

电磁感应式曲轴/凸轮轴位置传感器主要由永久磁铁、线圈、信号转子等组成，如图 6 – 17 所示。

2）工作原理

电磁感应式曲轴/凸轮轴位置传感器利用电磁线圈产生的脉冲信号来确定发动机转速和各缸的工作位置。此传感器为磁脉冲式传感器，由永久磁铁、线圈等组成。当触发轮齿经过传感器时，引起磁通量的改变，便在线圈中感应出一个交变的电压信号。该信号电压的大小与触发轮转速成正比。

电磁感应式曲轴/凸轮轴位置传感器的工作原理示意如图 6 – 18 所示。

信号转子的凸齿接近传感器探头时：气隙↓→磁路磁阻↓→磁通量↑→$E = \Delta\Phi/\Delta t$，$E > 0$；凸齿与探头对齐时，Φ 不变，$E = 0$。

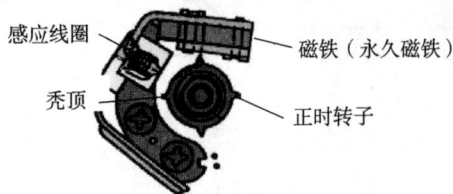

感应线圈 — 磁铁（永久磁铁）
秃顶 — 正时转子

图 6 – 17 电磁感应式曲轴/凸轮轴位置
传感器的结构组成

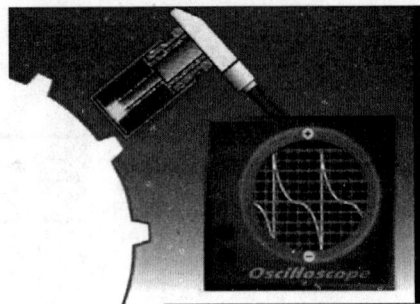

图 6 – 18 电磁感应式曲轴/凸轮轴位置
传感器的工作原理

信号转子的凸齿离开传感器探头时：气隙↑→磁路磁阻↑→磁通量↓→$E = \Delta\Phi/\Delta t$，$E < 0$。随着发动机转速的上升，传感器输出信号的频率越来越大，同时信号的振幅也越来越高。

二、任务实施

（一）实施准备

（1）准备好实训用发动机、万用表、解码器、示波器及各种型式曲轴/凸轮轴位置传感器等。

（2）掌握与实训车型相关的曲轴/凸轮轴位置传感器的理论知识。

（3）了解本次实训课所用仪器及设备的使用方法。

（4）强调实训中的安全注意事项。

（二）实施内容

检测注意事项：

◆ 测量电阻时，将点火开关置于"OFF"位置。

◆ 测量电压时，将点火开关置于"ON"位置。

◆ 点火开关打开时，严禁拔插各传感器及执行器接口，以免损坏 ECU。

◆ 按照 7S 管理操作，文明生产、安全操作。

1. 电磁感应式曲轴位置传感器的检测

以桑塔纳 2000GSi 型轿车的电磁感应式曲轴位置控制电路（见图 6 – 19）为例，当发动机运行时，若电磁感应式曲轴位置传感器出现故障导致信号中断，发动机会继续运转，也能再次起动。但是，喷油不是在进气门打开时完成，而是在进气门关闭之前完成，因此对混合气油气品质产生的影响很小，不会影响发动机的总体性能。由于发动机的控制单元不能判别即将到达压缩上止点的是哪个缸，因此爆震调节将停止。检测方法步骤如下：

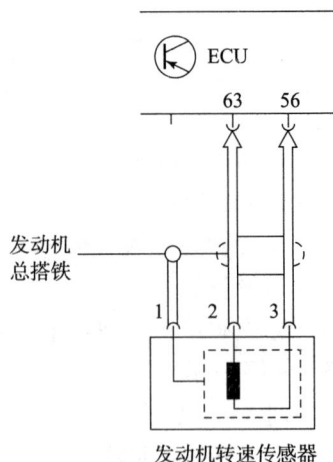

发动机转速传感器

图 6 – 19 桑塔纳 2000GSi 型
轿车的电磁感应式曲轴位置
传感器控制电路

1）测量各端子间的阻值

（1）拔下传感器线束插头。

（2）用万用表测量传感器一侧各端子阻值，即为传感器信号线圈的阻值。车型不同时，传感器阻值不同。桑塔纳2000GSi型轿车的电磁感应式曲轴位置传感器各端子间阻值见表6-2。

表6-2 桑塔纳2000GSi型轿车的电磁感应式曲轴位置传感器各端子阻值

测试端子	电阻值/Ω
2#—3#	450～1 000
3#—1#	∞
2#—1#	∞
1#—搭铁	不超过1.5
3#—56#	不超过1.5
2#—63#	不超过1.5

2）测量其输出信号

（1）对于安装在曲轴或凸轮轴附近的传感器，可以通过转动曲轴，用万用表测量其输出信号情况。若有电压输出，说明传感器能工作；否则，说明传感器有故障。

（2）对于安装在分电器内的电磁感应式传感器，也可以将分电器拆下，用手转动分电器轴，用万用表测量其输出信号情况。若有电压输出，说明传感器能工作；否则，说明传感器有故障。

3）测量其输出波形

（1）正确连接示波器。

（2）起动发动机，使之怠速工作。

（3）观察并记录测量的波形。

（4）参照标准波形（见图6-20）进行分析。各种电磁感应式曲轴位置传感器输出信号波形基本相同，若出现波形平缓，或有间断时，说明传感器有故障。

2. 霍尔式凸轮轴位置传感器的检测

以桑塔纳2000GSi型轿车的霍尔式凸轮轴位置传感器控制电路（见图6-21）为例，当

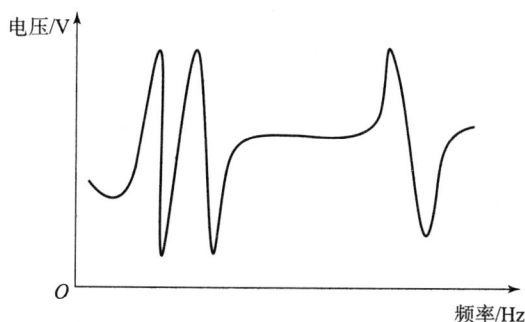

图6-20 桑塔纳2000GSi型轿车的
电磁感应式曲轴位置传感器标准波形

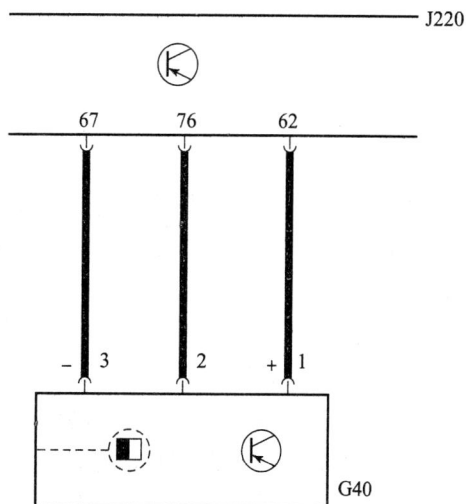

图6-21 桑塔纳2000GSi型轿车的
霍尔式凸轮轴位置传感器控制电路

发动机运行时，若霍尔式凸轮轴位置传感器出现故障而导致信号中断，电控单元 ECU 能够检测到故障信息，利用故障诊断仪可以读取故障信息。如故障码显示霍尔式凸轮轴位置传感器有故障，可用万用表检测该传感器电源电压和导线电阻。

1）测量传感器各端子间的阻值

桑塔纳 2000GSi 型轿车的霍尔式凸轮轴位置传感器检测步骤如下：

（1）拆下装有传感器的分电器。

（2）插好分电器线束插头。

（3）打开点火开关，用手转动分电器轴，观察用万用表测得的传感器信号的情况，测量数值参考表 6 - 3。

（4）关闭点火开关，用万用表测量各端子阻值，测试参考条件和数据参考表 6 - 3。

表 6 - 3　桑塔纳 2000GSi 型轿车的霍尔式凸轮轴位置传感器测量参考条件和数据

测试条件	测试端子	测试结果
点火开关 ON	1#—3#	4.5 ~ 5 V，若过低或过高，说明线束断路、短路或控制单元 ECU 有故障
点火开关 OFF	1#—62#	应不大于 1.5 Ω
	2#—76#	应不大于 1.5 Ω
	3#—67#	应不大于 1.5 Ω
	1#（62#）—2#	应为∞
	1#（62#）—2#	应为∞

若测量数值不符合表中要求，说明传感器有故障。

2）测量传感器的输出波形

（1）正确连接示波器。

（2）起动发动机，使之怠速工作。

（3）观察并记录测量的波形。

（4）参考标准波形（见图 6 - 22），进行分析。

各种霍尔式凸轮轴位置传感器的输出信号波形基本相同，为方波形。否则说明传感器有故障。

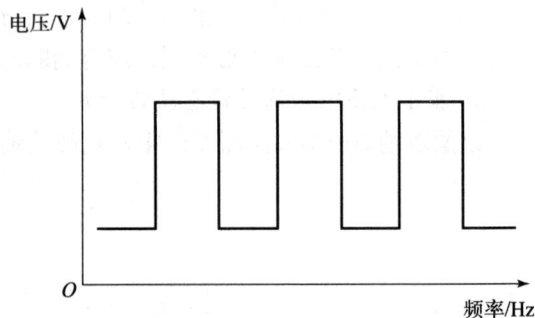

图 6 - 22　桑塔纳 2000GSi 型轿车的霍尔式凸轮轴位置传感器标准波形

3. 实训操作

1）曲轴位置传感器检测实训

利用现有实训车辆，进行发动机曲轴位置传感器检测实训。

（1）查找汽车电路资料信息，识读电路图。

（2）分析电路，得出可能产生的故障。

（3）制定检测与诊断工作计划。

（4）实施检测与诊断工作计划。

①数据流检测，将检测结果填入表6-4中。

表6-4　数据流检测记录

数据块组	读取参数	读取条件	读取值	实际值	结论

②信号波形检测，在图6-23中画出波形。

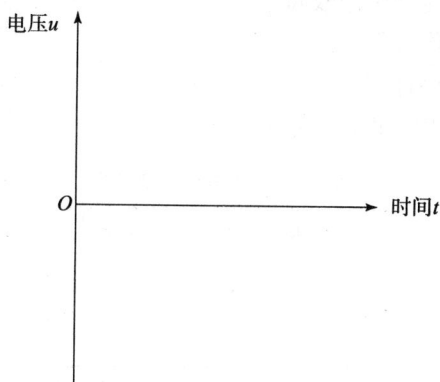

图6-23　曲轴位置传感器的检测波形

③信号电压检测，将检测结果填入表6-5中。

表6-5　信号电压检测记录

被测参量	测量条件	测量点	标准值	实测值	结论

④线路导通性检测，将检测结果填入表6-6中。

表6-6　线路导通性检测记录

被测参量	测量条件	测量点	标准值	实测值	结论

⑤线路短路性检测，将检测结果填入表6-7中。

表6-7　线路短路性检测记录

被测参量	测量条件	测量点	标准值	实测值	结论

⑥故障诊断与排除。

（5）环保工作。

（6）总结与评价。

2）凸轮轴位置传感器检测实训

利用现有实训车辆，进行发动机凸轮轴位置传感器检测实训。

（1）查找汽车电路资料信息，识读电路图。

（2）分析电路，得出可能产生的故障。

（3）制定检测与诊断工作计划。

（4）实施检测与诊断工作计划。

①信号电压检测，将检测结果填入表6-8中。

表6-8　信号电压检测记录

被测参量	测量条件	测量点	标准值	实测值	结论

②供电电压检测，将检测结果填入表6-9中。

表6-9　供电电压检测记录

被测参量	测量条件	测量点	标准值	实测值	结论

③线路导通性检测，将检测结果填入表6-10中。

表6-10　线路导通性检测记录

被测参量	测量条件	测量点	标准值	实测值	结论

④线路短路性检测，将检测结果填入表6-11中。

表6-11　线路短路性检测记录

被测参量	测量条件	测量点	标准值	实测值	结论

⑤传感器元件检测，将检测结果填入表6-12中。

表6-12　传感器元件检测记录

被测参量	测量条件	测量点	标准值	实测值	结论

⑥数据流分析与故障排除。

（5）环保工作。

（6）总结与评价。

✱ 任务二　爆震传感器的检修

发动机爆震

爆震俗称敲缸，是发动机燃烧过程中产生的异常燃烧现象。爆震的特点主要包括：

（1）发动机内发生不规则的"哐哐""咔咔""当当"的金属敲击声。

（2）发动机震颤。

（3）发动机温度过高。

（4）燃料燃烧不完全，废气中有黑烟。

（5）发动机功率下降。

（6）油耗增大。

（7）正常行驶中，转速忽然莫名其妙地变动。

在本学习任务中要掌握以下知识：

（1）掌握爆震传感器的结构及工作原理。

（2）掌握爆震传感器的常见故障。

（3）了解发动机哪些故障现象与爆震传感器故障有关。

一、相关知识

（一）爆震传感器的作用

爆震传感器用于检测发动机气缸的爆震信号，并将其送到发动机 ECU 上，用于控制点火时刻，防止发动机发生爆震。点火时间过早是产生爆震的一个主要原因，由于要求发动机能发出最大功率，为了不损失发动机功率而又不产生爆震，安装爆震传感器，使电子控制装置自动调节点火时间。当爆震发生时，ECU 则推迟点火时刻；爆震消失时，则提前点火时刻，使点火时刻在任何工况下都保持最佳值。

（二）爆震的检测方法

（1）发动机气缸压力检测法。通过直接检测燃烧压力变化来检测发动机振动的测量准确度较高，但传感器安装困难，且耐久性较差。

（2）发动机机体振动检测法。通过检测发动机机体振动频率来检测爆震的主要优点是测量准确度高、传感器安装方便且输出电压较高，因此现代汽车广泛采用此法。振动检出型爆震传感器通常安装在发动机机体上，可将发动机的振动信号转换成电压信号，以此检测发动机的爆震强度。振动检出型爆震传感器安装的纵向位置通常位于发动机机体的中间部位，以四缸机为例，将爆震传感器装配在2缸和3缸之间，或者在1、2缸之间装一个，3、4缸之间装一个。它安装的垂向位置通常位于气缸上止点部位，以能准确检测出发动机气缸的爆震信号。

（3）燃烧噪声检测法。检测混合气燃烧噪声为非接触式检测，其耐久性较好，但测量准确度和灵敏度较低，实际应用较少。

（三）爆震传感器的分类

（1）按照检测方式不同，爆震传感器可分为共振型与非共振型两种。

爆震传感器的组成及原理

（2）按结构不同，爆震传感器可分为压电式和磁滞伸缩式两种。

（四）共振型磁滞伸缩式爆震传感器

1. 组成

共振型爆震传感器有很多种，其中应用最早的当属共振型磁滞伸缩式爆震传感器，它主要由铁芯、线圈、壳体及永久磁铁组成，如图6-24所示。

2. 工作原理

当发动机的气缸体出现振动时，该传感器在7 kHz左右处与发动机产生共振，强磁性材料铁芯的磁导率发生变化，致使永久磁铁穿过铁芯的磁

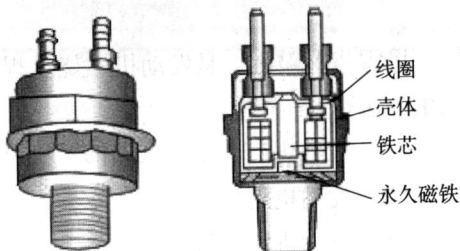

图6-24　共振型磁滞伸缩式爆震传感器

通密度也变化，从而在铁芯周围的绕组中产生感应电动势，并将这一电信号输入ECU。

当发动机产生振动时，磁芯受振动偏移，致使感应线圈内磁通量发生变化，由此在感应线圈内产生感应电动势，其大小与发动机振动的频率有关。当传感器的固有振动频率与发动机发生爆震时的振动频率一致且产生谐振时，传感器将输出最大电压信号。ECU根据谐振点输出的电压信号，即可判断出发动机爆震强度。

共振型磁滞伸缩式爆震传感器的特性曲线如图6-25所示。

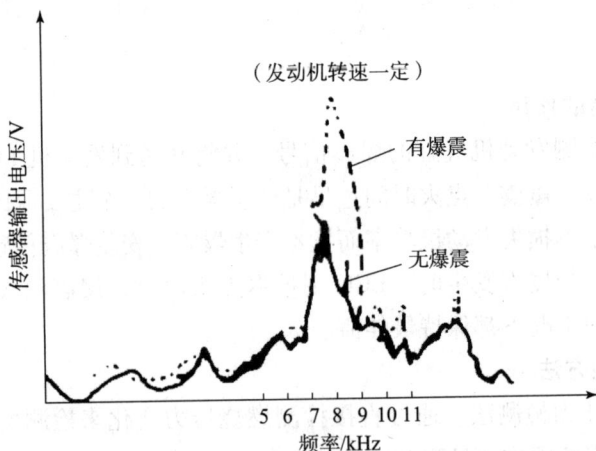

图6-25　共振型磁滞伸缩式爆震传感器的特性曲线

（五）共振型压电式爆震传感器

共振型压电式爆震传感器的应用最多，它一般安装在发动机机体上部，利用压电效应，

当爆震时产生的机械振动（约 6kHz）与共振型压电式爆震传感器自身的固有频率一致时，即产生共振现象。这时传感器会输出一个很高的爆震信号电压送至 ECU，ECU 及时修正点火时间，避免爆震的产生。

1. 组成

共振型压电式爆震传感器主要由振荡片和压电元件构成，其结构如图 6-26 所示。

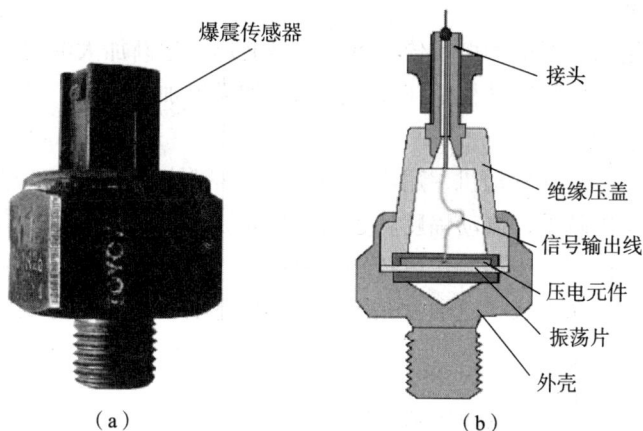

图 6-26　共振型压电式爆震传感器结构
（a）共振型压电式爆震传感器实物；（b）共振型压电式爆震传感器结构图

振荡片是感受气缸体振动的共振体，它的固有振动频率与爆震频率相匹配，振荡片固有频率通常设计成 5~10 kHz 范围，爆震时的气缸压力波的特征频率范围为 5~7 kHz，对于固定的机型特征频率为一固定值，如 6 kHz。爆震时，在爆震激扰力的作用下，振荡片发生共振，振幅得到加强。

2. 工作原理

当压电元件收到外力作用时，使晶体表面产生电压，电压大小与外力大小成正比。发动机爆震时，气缸内的燃气压力波冲击缸体，使金属质点产生振动加速度。当缸体的振动频率与振荡片的固有频率相等时，二者产生共振，振荡片的振动幅值得到明显加强，具有一定质量的振荡片，以一定的振动加速度作用在压电元件上，使压电元件受到强烈的机械振动压力波的作用，而产生能反映气缸燃气压力波变化特征的爆震电压信号。

二、任务实施

（一）实施准备

（1）准备好实训用发动机、万用表、解码器、示波器及各种型式爆震传感器等。

（2）掌握与实训车型相关的爆震传感器的理论知识。

（3）了解本次实训课所用仪器及设备的使用方法。

（4）强调实训中的安全注意事项。

（二）实施内容

检测注意事项：

◆ 测量电阻时，将点火开关置于"OFF"位置。

◆ 测量电压时，将点火开关置于"ON"位置。

◆ 点火开关打开时，严禁拔插各传感器及执行器接口，以免损坏 ECU。

◆ 按照 7S 管理操作，文明生产、安全操作。

1. 爆震传感器的检测

1）爆震传感器信号波形的检测

（1）工作波形检测。

起动发动机，用示波器检测爆震传感器的信号波形。逐渐加大油门，观察信号波形的变化，波峰值电压和频率应随发动机负荷和转速的增加而增加。否则，应检修传感器或线路。

（2）敲击波形检测。

打开点火开关，不起动发动机，用木槌敲击传感器附近的缸体，应显示有一振动波形，如图 6-27 所示，敲击越重，振动幅度就越大。如果波形显示只是一条直线，则说明爆震传感器没有信号输出，应进一步检测爆震传感器或线路。爆震传感器最常见的失效方式是其不产生信号，波形显示一条直线，这通常是因为爆震传感器被损伤，造成物理损坏。

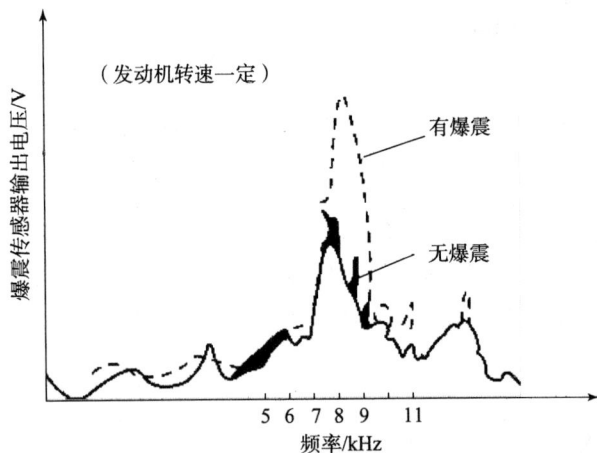

图 6-27 爆震传感器电压输出波形

注意：为了确保爆震传感器输出信号正常，务必保证爆震传感器的拧紧力矩准确无误。

2）爆震传感器信号电压的检测

拨开爆震传感器的连接插头，在发动机怠速时用数字万用表电压挡检测爆震传感器的连线端子与搭铁间的电压，应该有脉冲电压输出。如果没有，应该检查爆震传感器电阻及安装状态。

3）爆震传感器电阻的检测

粗略判断爆震传感器好坏时，可用数字万用表检测其电阻。对磁滞伸缩式爆震传感器，其内部有感应线圈，故用万用表检测时应有一定阻值（具体数值请参考各车型的维修手册）；若电阻值为零或无穷大均表示电磁线圈有断路或短路故障。对压电式爆震传感器，内部由压电材料制成，用万用表检测时，其电阻值应为无穷大，若电阻值为零则表示有短路故障。

捷达、桑塔纳车型爆震传感器的检测标准见表 6-13。

4）爆震传感器线路的检测

（1）信号线路断路故障检测。

（2）信号线路短路故障检测。

（3）屏蔽线破损故障检测。

表 6 – 13　捷达、桑塔纳车型爆震传感器的检测标准

检测项目	检测条件	检测部位（端子）	标准值
爆震传感器的电阻	断开点火开关、断开传感器连接器	1#—2#	>1 MΩ
		1#—3#	
		2#—3#	

（4）搭铁线断路故障检测。

2. 爆震传感器的更换

大众捷达、桑塔纳、宝来及速腾等大多数轿车装配有两只爆震传感器 G61 和 G66，而部分轿车只装配有一只爆震传感器 G61。爆震传感器被安装在进气道一侧缸体的侧面，捷达轿车 1、2 缸爆震传感器 G61 使用的是黑色插头，3、4 缸爆震传感器 G66 使用的是棕色插头；桑塔纳 2000 轿车 1、2 缸爆震传感器 G61 使用的是白色插头，3、4 缸爆震传感器 G66 使用的是蓝色插头。

为了避免爆震传感器传输错误的爆震信号，必须保证爆震传感器固定螺栓紧固有效，不松动。大众轿车爆震传感器固定螺栓的标准力矩为 20 N·m。过大、过小的力矩都会导致爆震传感器信号失准，甚至导致工作失效。

在发动机检修中，应注意不要碰击爆震传感器；装配爆震传感器时，应注意紧固力矩的大小；注意保护屏蔽线，接地线应搭铁良好。

3. 故障检测实例

（1）故障现象：一辆丰田卡罗拉轿车，发动机工作时出现爆震现象。

（2）故障现象确认：读取故障码，用综合故障诊断仪检测后，故障码为爆震传感器故障。

（3）技术参数。

①信号电压：在发动机暖机后，转速保持 4 000 r/min，输出信号电压应为 0.5～4.5 V，波形如图 6 – 28 所示，波长随发动机转速的增加而变短，不同车型的波形和振幅稍有差别。

②爆震传感器的阻值：在 20 ℃时其电阻值均应为 120～280 kΩ。

③ECU 电压（KNK1 电压）：4.5～5.5 V。

④爆震传感器的拧紧力矩：20 N·m。

（4）实施检测。

①检测爆震传感器的输出信号。

使用解码器读取爆震传感器信号波形或检测爆震传感器的信号电压。发动机运转时，信号电压应变化；发动机暖机后保持 4 000 r/min 的转速，信号电压（交流电压信号）应为 0.5～4.5 V，波形如图 6 – 28 所示。

若爆震传感器的输出信号电压为 0.5 V 或者更低，则爆震传感器短路；若爆震传感器的输出信号电压为 4.5 V 或者更高，则爆震传感器断路。出现上述两个故障中的任意一个时，ECU 将进入失效保护模式，点火正时推迟至最大延迟时间，失效保护模式一直持续到点火开关置于"OFF"位置为止。

项目六　电控汽油机点火系统故障检修

159

②检测 ECU 电压。

将点火开关置于"OFF"位置,脱开爆震传感器的线束插接器,用万用表检测爆震传感器线束侧两端子之间的电压,点火开关置于"ON"位置时,应为 4.5 ~ 5.5 V。否则检测线束或 ECU。检测 ECU 电压的连接示意图如图 6 – 29 所示。

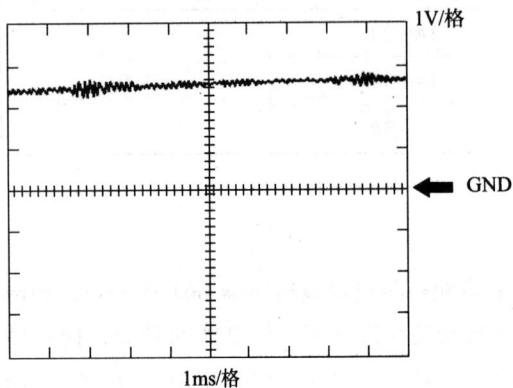

图 6 – 28　丰田卡罗拉爆震传感器的信号波形　　　　**图 6 – 29　检测 ECU 电压**

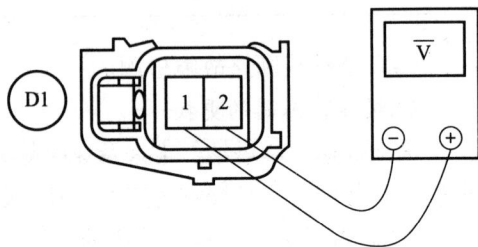

③检测爆震传感器电阻。

将点火开关置于"OFF"位置,脱开爆震传感器的线束插接器,用万用表检测爆震传感器线束侧两端子之间的电阻,在 20 ℃时,其阻值应该是 120 ~ 280 kΩ,否则应更换爆震传感器。

④检测爆震传感器的线路。

将点火开关置于"OFF"位置,断开 ECM 及爆震传感器的线束插接器,用万用表检测传感器插接头 1 号和 B31 – 110 端子之间的电阻,对应端子之间的电阻应该小于 1 Ω,任意端子与车身搭铁之间的阻值应小于 10 kΩ。否则检查维修线束。

4. 实训操作

利用现有车辆,教师设置故障,学生完成下列实训。利用维修资料,分析爆震传感器的可能故障点,对爆震传感器进行检测与维修故障诊断。

(1) 电阻检测,将检测结果填入表 6 – 14 中。

表 6 – 14　电阻检测记录

被测参量	测量条件	测量点	标准值	实测值	结论

(2) 线路导通性和绝缘性检测,将检测结果填入表 6 – 15 中。

表 6 – 15　线路导通性和绝缘性检测记录

被测参量	测量条件	测量点	标准值	实测值	结论

（3）信号波形检测，在图 6-30 中画出检测到的工作波形和敲击波形。

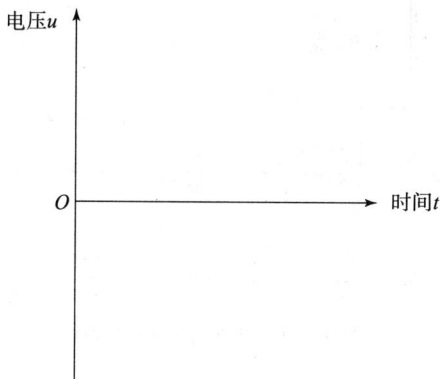

图 6-30　爆震传感器的检测波形

❋ 任务三　点火波形检测及点火正时的调整

在点火系统的故障中，主要的故障有无火、缺火、乱火、火弱及点火正时失准等，这些故障将会造成发动机不能起动或工作不正常。点火系统故障部位可分为低压线路和高压线路两部分。点火波形是汽油机在点火过程中，分缸高压线上的电压随时间的变化规律，如果实测的点火波形与标准波形出现明显差异，说明点火系统有故障。点火正时就是点火系统的高压电火花准时点着发动机气缸内的混合气。调整点火正时是在将分电器安装到发动机上时，通过调整和校正点火时机，使点火系统的高压电火花能准时点着气缸内的混合气；点火正时的调整因发动机的不同而有所差别。

在本学习任务中要掌握以下知识：

（1）点火波形的种类。

（2）点火波形的检测及分析方法。

（3）点火正时的调整方法。

一、相关知识

（一）点火波形的形成

点火波形是汽油机在点火过程中，分缸高压线上的电压随时间的变化规律。如果实测的点火波形与标准波形有明显差异，说明点火系统（或供油系统）有故障。点火波形形成规律如图 6-31 所示。

（1）将一次电路切断，一次电流磁场迅速消失，二次电压因互感而生。由于电感大，电容小，匝数比小，因此二次电压高。二次击穿电压为 1.5 万~2 万伏，AB 为发火线。

（2）二次电压击穿火花塞后，放电产生火花，电压降低形成火花线 CD。放电时间为 0.6~1.6 ms。当点火线圈的能量消耗到不足以维持火花放电时，火花终了，电压下降，残余能量在电容与电感之间充放电形成 4~8 个振荡波 DE。若能量大，则火花线高而宽。

（3）触点闭合一次则通电电流增加，产生互感，但感应电压方向相反，在二次电路会

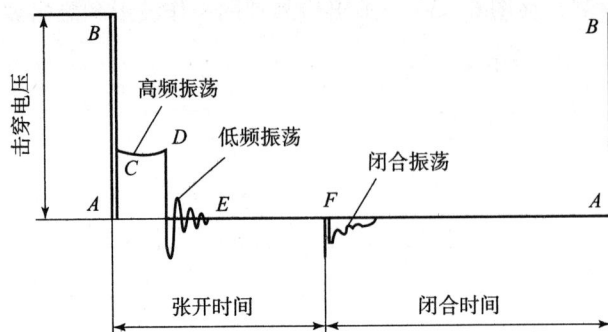

图 6 – 31 点火波形形成规律

导致一个较小反向电压，即形成第二次振荡波的 FA。

（4）闭合（导通）时间越长，电流越大，磁场能越大。

（二）点火波形的分析

1. 分电器点火次级陈列波形

通过测试点火次级陈列波形，可以有效地检查车辆的行驶性能。该波形主要是用来检查短路或开路的火花塞高压线以及由于积炭而引起的点火不良的火花塞。由于点火次级波形明显地受到各种不同发动机、燃油系统和点火条件的影响，所以它能够有效地检测出发动机机械部件和燃油系统部件以及点火系统部件的故障。并且，一个波形的不同部分还分别能够指明在发动机所有气缸中的哪个部件或哪个系统存在故障。

1）波形测试方法

按照波形测试设备使用说明连接好波形测试设备。起动发动机或路试车辆，使车辆行驶性能故障或点火不良等情况出现。调整触发电平直到波形稳定，使发动机的转速数值可以清楚地显示在波形测试设备的显示屏上。分电器点火次级陈列波形如图 6 – 32 所示，第一缸的点火峰值显示在最左边，其余的点火波形显示按照发动机点火顺序依次从左到右排列。

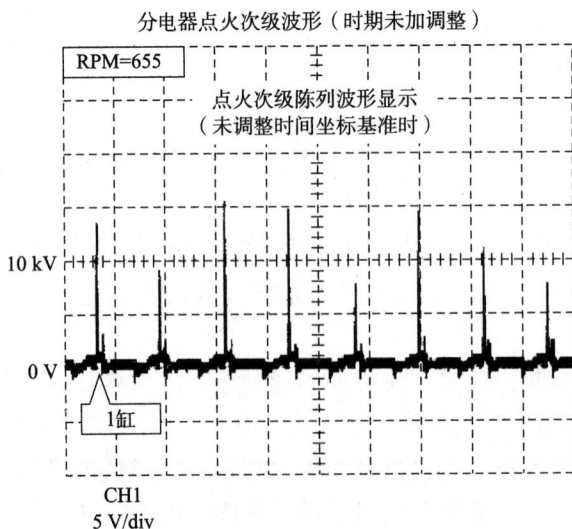

图 6 – 32 分电器点火次级陈列波形

2）波形分析方法

确认幅值、频率、形状和脉冲宽度等判定性尺度在各缸的点火波形上是否一致。各缸的点火峰值电压高度应该相对一致，基本相等，相互之间任何的差别都表明可能存在故障。如果有一个气缸的点火波形峰值电压明显比其他缸高出许多，则表明该缸的点火次级系统中存在着较高的电阻。这意味着点火高压线可能开路或电阻太大。反之，如果有一个缸的点火波形峰值电压比较低，则可能是点火高压线短路或火花塞间隙过小、火花塞受污损或破裂。

2. 分电器点火次级急加速陈列波形

点火次级急加速高压测试是为了测定最大电压或确定在一组气缸中某一确定气缸的点火电压，从而可以帮助查出在重负荷或急加速时的点火不良故障。由于点火次级波形明显地受到各种不同发动机、燃油系统和点火条件的影响，所以它能够有效地检测出发动机机械部件和燃油系统部件以及点火系统部件的故障。并且，波形之间的不同亦能够表明相对应气缸中的确定部件或系统的故障。

1）波形测试方法

按照波形测试设备使用说明连接好波形测试设备。起动发动机或路试车辆，使车辆行驶性能故障或点火不良等情况出现，分电器点火次级急加速陈列波形如图6-33所示。

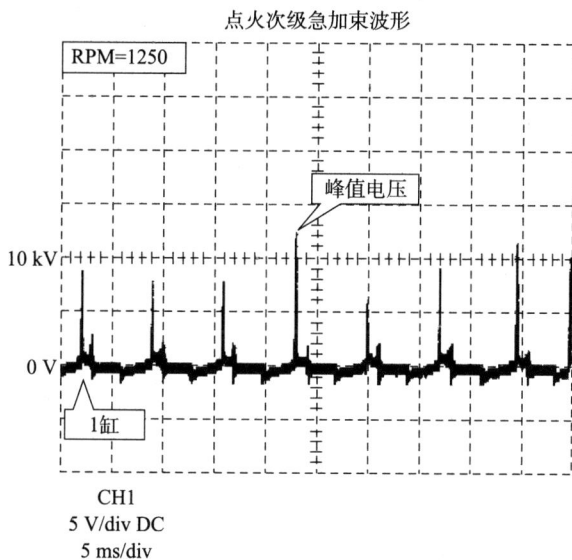

图 6-33 分电器点火次级急加速陈列波形

2）波形分析方法

确认幅值、频率、形状和脉冲宽度等判定性尺度在各缸的点火波形上是否一致。特别是在急加速或高负荷时，各缸之间的点火峰值电压高度应基本相等。在急加速或高负荷条件下由于气缸压力的增加，所有缸的点火峰值电压高度都应该增加。任何峰值电压高度与实际的偏差都意味着可能存在故障。如果有一个气缸的点火波形峰值电压明显比其他缸高出许多，则表明该缸的点火次级电路中电阻过大。这可能是点火高压线开路或电阻太大。反之，如果有一个缸的点火波形峰值电压比较低，则可能是点火高压线短路或火花塞间隙过小、火花塞受污损或破裂。

该项测试是检查发动机带负荷的情况下点火的断火情况，当急加速时所有气缸的击穿电压应该均匀地提高，如果某个气缸的击穿电压升高过大，则说明该气缸有问题。在有负荷或急加速时点火不良，并且同时还出现所有气缸的点火峰值电压都低的情况，这就可能意味着点火线圈的性能变差了。

3. 分电器点火次级单缸波形

点火次级单缸波形测试主要用来分析单缸的点火闭合角（点火线圈充电时间）；分析点火线圈和次级高压电路的性能（从燃烧线或点火击穿电压分析）；检查单缸混合气空燃比是否正常（从燃烧线分析）；分析电容性能（白金或点火系统）；查出造成气缸断火的原因（从燃烧线分析，如污浊或破裂的火花塞）。单缸次级点火波形可以使你观察每个气缸持续燃烧时间的变化以及电压和闭合角。

1）波形测试方法

按照波形测试设备使用说明连接好波形测试设备。按照行驶性能故障或点火不良等情况出现的要求来起动发动机或驾驶汽车。获得的分电器点火次级单缸波形，如图 6-34 所示。

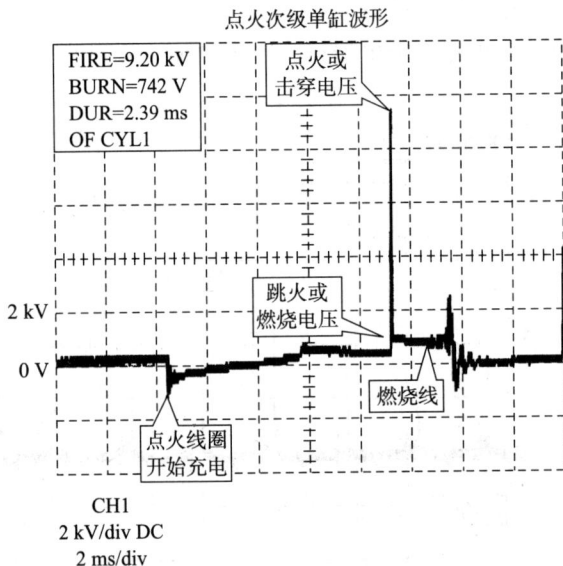

图 6-34　分电器点火次级单缸波形

FIRE——击穿电压，BURN——燃烧电压，DUR——闭合时间

2）波形分析方法

（1）点火线圈充电：点火线圈在开始充电时，保持相对一致的波形下降，这表明各缸闭合角相同以及点火正时精确。

（2）点火线：观察击穿电压高度的一致性，如果击穿电压太高（甚至超过了示波器的显示屏），表明在点火次级电路中电阻值过高（如开路或损坏的火花塞、高压线或是火花塞间隙过大），如果击穿电压太低，表明点火次级电路电阻低于正常值（污浊和破裂的火花塞或漏电的高压线等）。

（3）跳火或燃烧电压：观察跳火或燃烧电压的相对一致性，它说明的是火花塞工作和各缸空燃比正常与否，如果混合气太稀，燃烧电压就比正常值低一些。

（4）燃烧线：观察跳火或燃烧线应十分"干净"，即燃烧线上应没有过多的杂波。过多的杂波表明气缸点火不良，或由于点火过早、喷油器损坏、火花塞污浊以及其他等原因。燃烧线的持续时间长度与气缸内混合气浓或稀有关。燃烧线太长（通常超过2 ms）表示混合气浓，燃烧线太短（通常少于0.75 ms）表示混合气稀。

（5）点火线圈振荡：观察在燃烧线后面最少2个（一般多于3个）振荡波，这表明点火线圈和电容器（在白金点火系统中）是否是好的，总而言之动态峰值检测显示方式对发现各缸点火过程中的间歇性故障十分有用。

4. 电子点火（EI）次级单缸波形

点火次级单缸显示波形主要用来分析单缸的点火闭合角（点火线圈充电时间）；分析点火线圈和次级高压电路性能（从燃烧线或点火击穿电压分析）；检查单缸混合气空燃比是否正常（从燃烧线分析）；分析电容性能（白金或点火系统）；查出造成气缸断火的原因（污浊或破裂的火花塞，从燃烧线分析）。通过单缸次级点火波形可以逐缸地观察其不同点，进而帮助你确定混合气的空燃比、发动机机械部分或次级点火的故障。

1）波形测试方法

按照波形测试设备使用说明连接波形测试设备。按照行驶性能故障或点火不良等情况出现的要求来起动发动机或路试汽车。电子点火（EI）次级单缸波形如图6-35所示，在无分电器的点火系统中应调整示波器电压比例在5~10 kV/格之间，这样可以保证发动机气缸做功行程点火的正常显示。

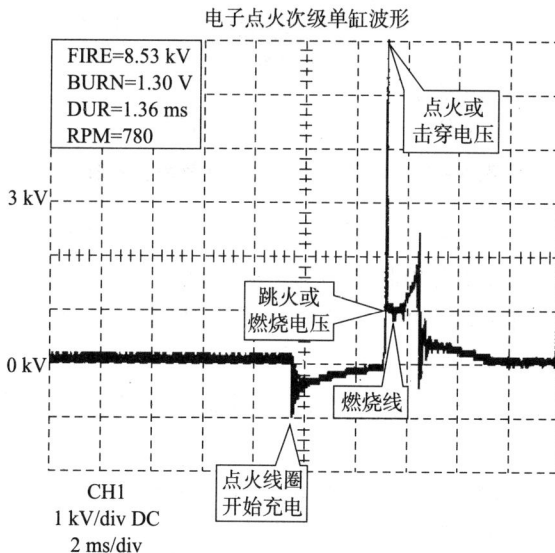

图6-35　电子点火次级单缸波形

2）波形分析方法

确认各缸幅值、频率、形状和脉冲宽度等判定性尺度的一致性，在加速或高负荷下检查对应特定部件的波形部分的故障。观察各缸跳火电压高度的一致性，在急加速或高负荷时，由于混合气燃烧压力的增加，跳火峰值电压将会增高，任何与其他击穿电压峰值高度的实际偏差都可能意味着有故障存在。

电控汽油机点火系统故障检修

165

如果一个缸的点火峰值波形明显比其他缸高出很多，则说明这个气缸的点火次级线路中电阻过高，这可能是点火高压线开路、阻值过大或者火花塞间隙不正确。如果一个缸的点火峰值波形比其他缸低，则表明点火高压线短路或火花塞间隙过小、火花塞受污损或破裂。在有负荷或急加速时点火不良还可能表现出所有气缸的点火峰值都低的情况，这时说明点火线圈性能变差了。

5. 电子点火次级单缸急加速波形

急加速波形的测试可以帮助确定一缸或多缸中的断火现象，电子点火次级单缸急加速波形如图6-36所示。

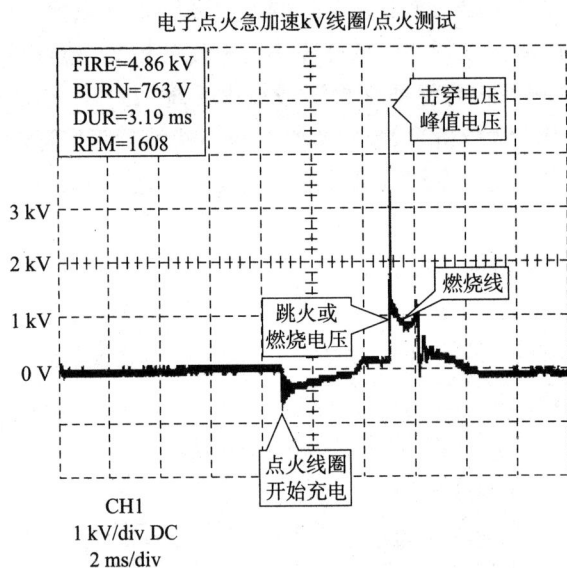

电子点火急加速kV线圈/点火测试

FIRE=4.86 kV
BURN=763 V
DUR=3.19 ms
RPM=1608

击穿电压
峰值电压

3 kV

2 kV

燃烧线

1 kV

跳火或
燃烧电压

0 V

点火线圈
开始充电

CH1
1 kV/div DC
2 ms/div

图6-36 电子点火次级单缸急加速波形

（1）点火线圈充电：在点火线圈开始充电时，正好是波形下降的地方，且波形保持连续，从而表明各缸一致的白金闭合角和精确的点火正时。

（2）点火线：观察击穿电压高度的一致性，如果击穿电压太高（甚至超过了示波器的显示屏），表明在点火次级电路中电阻值过高（如开路或损坏火花塞、高压线或是火花塞间隙过大），如果击穿电压太低，表明点火次级电路电阻低于正常值（受污损或破裂的火花塞或高压线漏电等）。

（3）跳火或燃烧电压：观察跳火或燃烧电压应保持相对一致性，它说明的是火花塞工作和各缸空燃比正常与否，如果混合气太稀，燃烧电压就比正常值低一些。

（4）燃烧线：观察火花或燃烧线应十分"干净"，即没有过多的杂波在燃烧线上，过多的杂波表明气缸点火不良或由于点火过早、喷油器损坏、火花塞污浊以及其他原因。燃烧线的持续时间长短与气缸内混合气浓或稀有关。燃烧线太长（通常超过2 ms）表明混合气浓，燃烧线太短（通常少于0.75 ms）表示混合气稀。

（5）点火线圈振荡：观察在燃烧线后面最少2个、一般多于3个的振荡波，这表明点火线圈和电容器（在白金或点火系统中）是否是好的。

6. 无分电器电子点火线圈高压试验

这个试验要求测试条件比较特殊——起动发动机但需断油,同时测试点火线圈最大输出。要求在不同工况和压力条件下(混合比变化、燃烧室紊流、极大的燃烧压力等),点火线圈都必须有能力提供必要的点火电压。因为点火线圈已被设计成在任何正常发动机工作方式下,都有能力提供超出所需要的最大电压。然而,由于振动、热疲劳、点火高压线圈的高电阻和其他因素可能导致点火线圈早期损坏,这个试验对发现点火线圈在有负荷的情况下(例如加速)出现的间歇性断火或起动困难及无法起动都是很有用的。

本试验既可在分电器点火系统又可在无分电器点火系统中运用,在分电器点火系统中只需要用汽车示波器的一个通道。而对于无分电器点火系统(1 个点火线圈给 2 个气缸点火或 1 个点火线圈对应 1 个气缸/火花塞点火),则汽车示波器上的 2 个通道都要用,一个用于做功行程火花塞上,另一个用于排气行程火花塞上。当起动时,在火花塞无喷油的情况下点火时,点火电压(击穿电压)最大,并同时显示在示波器上,如图 6 - 37 所示。

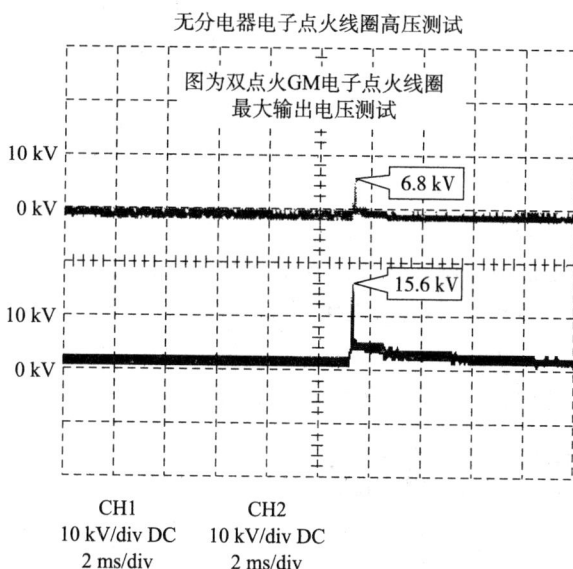

无分电器电子点火线圈高压测试

图为双点火GM电子点火线圈
最大输出电压测试

6.8 kV

15.6 kV

CH1	CH2
10 kV/div DC	10 kV/div DC
2 ms/div	2 ms/div

图 6 - 37 无分电器电子点火线圈高压测试波形

1)测试方法

按照波形测试设备使用说明连接波形测试设备,令喷油器不工作或切断燃油输送系统(燃油泵等),从而防止发动机着车,然后起动发动机,观察示波器波形。这个波形说明的是点火线圈在做功气缸和排气气缸中有不同的点火电压输出,从波形中可以看出由于压缩压力的不同,做功的气缸所需的点火电压较高。

2)波形分析

确定波形上点火峰值电压,通常在新式或高能点火系统中,击穿电压在 15 kV 左右,甚至超过 30 kV。击穿电压因火花塞间隙、发动机气缸压缩比和混合气空燃比不同而有所差异,如在双火花塞(EI)系统中,在排气行程的火花塞峰值电压要比在做功行程的火花塞峰值电压低近 5 kV。

注意:在判断击穿峰值电压较低的点火线圈是否可用时,首先应确认火花塞和高压线是否完好，因为在测试时，如果次级高压线短路或火花塞电阻过小（如间隙小、受污损等），可能导致点火线圈输出电压低。

（三）点火正时调整

点火正时：在发动机的压缩冲程终了，活塞达到行程的顶点时，点火系统向火花塞提供高压火花以点燃气缸内的压缩混合气做功，这个时间就是点火正时。为使点火能量最大化，点火正时一般要提前一定的量，所以是在活塞即将到达上止点的那一刻点火，而不是正好达到上止点时才点火，这个提前量叫点火提前角。

1. 点火正时的调整方法

1) 用突然加速法检查点火正时

（1）当突然加速时，如果发动机速度急速提高并伴有短促而轻微的突爆声（轻微爆震），而后很快消失则为点火正时。

（2）如果突然加速，发动机转速不能随节气门开大而增大，发动机发闷且排气管出现"突突"声，则为点火过迟。

（3）如果突然加速时，发动机出现严重的金属敲击声，即爆震（敲缸），则为点火过早。

注意：发动机应处于正常工作温度。

2) 使用点火正时灯检查点火正时

（1）查找并验证飞轮或曲轴前端带轮上1缸压缩终了上止点标记和点火提前角标记，擦拭使之清晰可见，如标记不清晰，最好用粉笔或油漆将标记描白。

（2）将点火正时灯正确连接到汽车发动机上，将传感器夹在1缸高压线上。点火正时灯如图6-38所示，将红色线接在蓄电池正极，黑色线接在蓄电池负极，信号线夹在1缸高压线上。利用点火正时灯检查点火正时如图6-39所示。

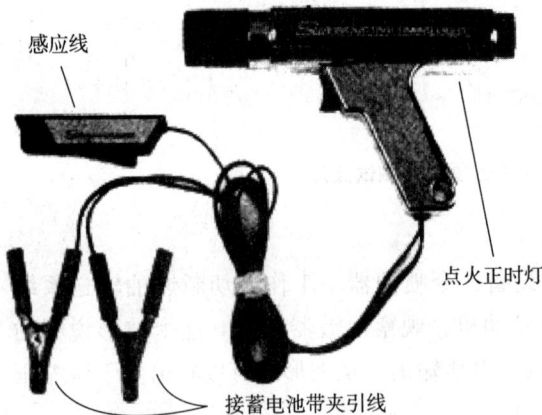

图6-38 点火正时灯

感应线
点火正时灯
接蓄电池带夹引线

图6-39 利用点火正时灯检查点火正时

（3）起动发动机，至正常工作温度状态，保持在怠速下稳定运转。打开正时灯并对准正时标记（正时刻度盘或正时指针），调整正时灯电位器，使正时标记清晰可见，此时表头读数即为发动机怠速运转时的点火提前角。用同样的方法可分别测出不同工况、转速时的点火提前角并记录。

（4）在拆下真空管接头并堵住（点火提前机构不起作用）的情况下，怠速时测出的点火提前角为初始提前角（基本点火正时）。

（5）测出的点火提前角应与规定标准值进行对照，判断点火提前角的大小是否符合要求。不符合要求的，应调整点火正时。

2. 点火不正时的故障现象

1）点火时间过早

（1）故障现象：

①起动机起动时，起动阻力大，曲轴转动困难。

②发动机加速时有严重爆震声，有时有敲缸声响。

③怠速运转不平稳，容易熄火。

④打开点火开关，摇转发动机，曲轴有反转现象。

（2）分析与诊断：

①分电器沿分火头旋转方向的逆方向转动过多。

②断电触点间隙过大。

（3）故障排除：

首先将分电器沿分火头旋转的方向转动少许，若起动后加速时仍有过早现象，一般是断电触点间隙过大，此时应该调整触点间隙至标准值。

2）点火时间过迟

（1）故障现象：

①起动时，发动机旋转轻快，不易起动。

②加速时，发动机沉闷无力，动力下降。

③消声器声响沉重，有时有放炮、回火现象。

④发动机温度过高。

（2）分析与诊断：

①分电器沿分火头旋转方向转动过多。

②分电器壳紧固螺钉松脱。

③断电触点间隙过小。

④离心或真空点火提前机构工作不良。

（3）故障排除：

①放松压板固定螺栓，将分电器沿分火头旋转方向的逆方向转动少许，若运转正常，则为分电器沿分火头旋转方向转动过多。

②检查触点间隙。

③检查离心调节器或真空调节器。

3）点火错乱

（1）故障现象：

①发动机不易起动，起动时有严重的回火、放炮现象。

②发动机起动后，有有规律的回火、放炮现象，加速时尤甚。

③怠速不稳，容易熄火。

④发动机动力性、经济性严重下降，排污严重超标。

（2）分析与诊断：

①高压分线排列顺序错乱。

②高压分线邻缸或对缸相互插错。

③分电器盖或高压分线严重串电。

④点火正时严重失准。

⑤分电器凸轮或分电器盖安装方向与原方向相差180°。

（3）故障排除：

①检查高压分线排列顺序是否与该发动机做功顺序一致。

②检查分电器盖是否串电。

③校正点火正时。

二、任务实施

（一）实施准备

（1）准备好实训用发动机、万用表、故障诊断仪、示波器、常用工具等。

（2）掌握本次实训课所用仪器及设备的使用方法。

（3）强调实训中的安全注意事项。

（二）实施内容

检测注意事项：

◆ 测量电阻时，将点火开关置于"OFF"位置。

◆ 测量电压时，将点火开关置于"ON"位置。

◆ 点火开关打开时，严禁拔插各传感器及执行器接口，以免损坏 ECU。

◆ 按照 7S 管理操作，文明生产、安全操作。

1. 点火波形的检测

汽车在工作过程中，点火系统的次级电压随着时间变化呈现一定的规律，而元件结构和性能参数的改变会引起点火系统次级电压波形发生变化，且两者之间具有对应关系。因此，将点火系统实测的次级电压波形和标准波形进行比对，就可以确定点火系统的技术状况，并确定故障部位和原因，从而排除故障。

进行点火系统诊断有点火系统初级电压波形分析法和次级电压波形分析法，两种方法各有特点，其中次级电压波形分析法较为常见，现以点火系统次级电压波形分析法介绍次级点火波形。如图 6-40 所示为示波器和发动机综合检测仪。

1）汽车示波器检测

汽车点火示波器可以将每缸的点火电压随着时间的变化关系用波形直观地显示出来。汽车示波器主要由传感器、电子电路、示波器、电源组成。传感器用来采集点火系统的信号、电压。电子电路把传感器采集的信号电压进行处理及控制。示波器显示发动机次级点火系统高压波形。电源提供电子电路、示波管等各部分所需的各种电压。

点火示波器的联机与准备工作：使用前应按要求对示波器通电预热，检查校正，待符合要求后再投入使用。点火示波器的点火传感器（包括夹持器等）与发动机点火系统连接，传统点火系统初级点火信号是从断电器触点两端采集的，次级点火信号是从点火线圈高压总线上采集的，具体连接方法请仔细阅读使用说明书。

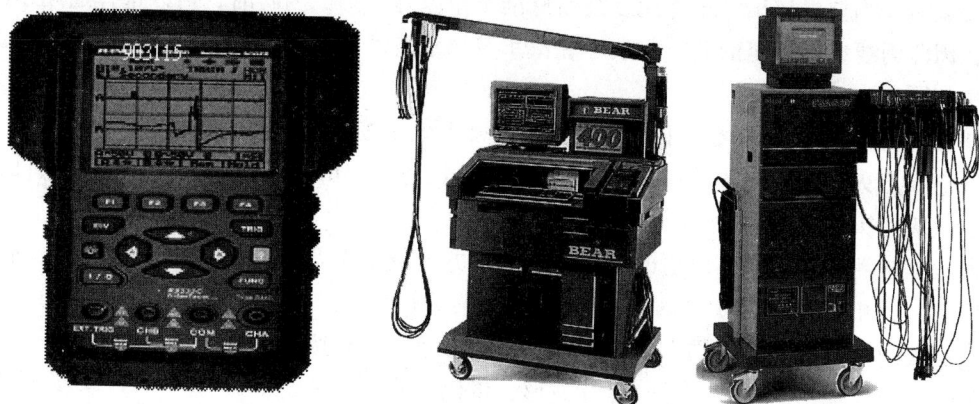

图 6 - 40   示波器和发动机综合检测仪

点火示波器是专门用来检测诊断汽油机点火系统技术状况的检测设备。当点火示波器连接在运转的汽油机点火系统电路上时，示波器屏幕上将显示出点火系统中电压随时间变化的曲线，即点火波形。示波器屏幕显示的波形，在垂直方向上表示电压，在水平方向上表示时间，基线的上方为正电压，下方为负电压。

KT600 示波器检测实例

（1）KT600 示波器的结构。

KT600 能实现次级点火波形的实时显示，装备了 32 位嵌入式芯片，在高达 20 MHz 采样频率的情况下能实时处理信号。KT600 示波器主要由主机和随机附件组成。主机包括 KT600 正面、背面、上接口、下接口四个部分，其主要结构包括触摸屏、Esc 返回菜单键、OK 确认键、电源开关、方向选择键、多功能辅助键、打印盒和打印机、USB 接口、示波通道（CH1、CH2、CH3、CH4）、触发通道等。随机附件包括示波器测试连接线、电源线、自诊断接头等。其结构如图 6 - 41 所示。

（2）KT600 示波器检测次级点火波形的测试步骤。

①连接 KT600 示波器和电源延长线，根据被测试车型的电瓶位置选择电瓶供电或者点烟器供电，如果选择点烟器供电，请先确认点烟器是否有 12 V 电压。在检测时一般根据点火系统的三类不同结构（传统点火、直接点火和双头点火）进行设备连接。下面介绍传统点火方式 KT600 示波器连接测试线的步骤：在包装箱中找出感性感应夹和一个容性感应夹，感性感应夹一端接 KT600 的 CH5/（CH3）端口，信号夹夹住发动机 1 缸的高压线，请查看信号夹上有"此面朝向火花塞"，注意不要夹反；容性感应夹一端接 CH1 端口，然后用其中的一个夹子夹住高压总线。

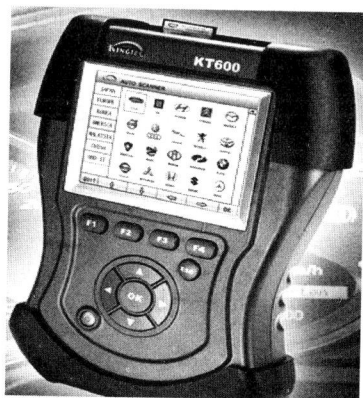

图 6 - 41   KT600 示波器结构图

②打开 KT600 电源开关，在主界面上选择示波器分析仪，确认进入主菜单。

③选择通用示波器菜单，在屏幕上有 12 个选项：通道、周期、电平、幅值、位置、停止、存储、载入、光标、触发、打印、退出，以及 3 个功能选项：通道设置、自动设置、配置取存，按左右方向键可以对选择项目进行调整。一般情况下，汽车专用示波器的波形显示

不需要调整，当要做超出汽车专用示波器标准菜单以外的测试内容时，可以选择通用示波器功能，因此需要掌握一定的调整方法。在汽车专用示波器测试过程中如果有相似菜单，调整方法也相同。

④在 KT600 主菜单下按上下方向键选择点火系统，按"OK"键确认。

⑤进入点火系统选择菜单，选择次级点火测试，按"OK"键确认，按照测试条件，屏幕显示次级点火波形。

⑥根据被测试发动机可以更改参数，按上下方向键选择需要更改项目，按左右方向键可以更改参数，更改完毕，按"Esc"键返回上级菜单。

⑦必要时可以通过选择周期、幅值、电平等参数，然后按上下方向键改变波形，也可以选择停止，冻结波形后选择存储，保存波形，供以后修车参考。

2）发动机综合检测仪检测

（1）EA1000 型发动机综合检测仪联机。

①传统点火系统的联机（见图 6 - 42）。

分析仪的电源夹持器夹持在蓄电池正、负极上，红色夹持器为正极，黑色夹持器为负极。初级信号红、黑小鳄鱼夹分别夹在点火线圈的初级接线柱上，红为正极，黑为负极。1 缸信号传感器（外卡式感应钳）卡在第 1 缸高压线上。次级信号传感器（外卡式电容器感应钳）卡在点火线圈中心高压线上。通过次级信号传感器的信号可获得次级点火波形，通过 1 缸信号传感器信号的触发，可获得按点火次序排列的各缸波形。

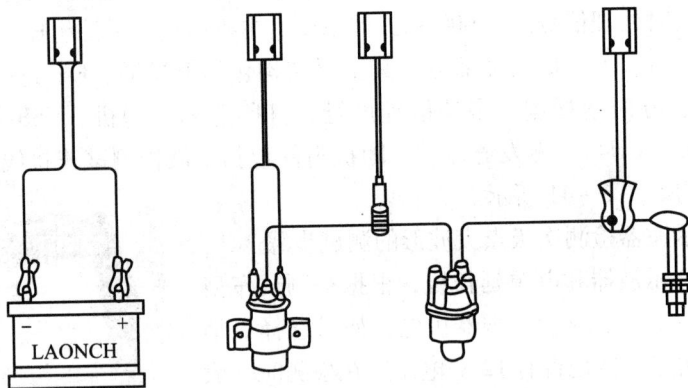

图 6 - 42　传统点火系统的联机

②无分电器点火系统的联机。

对于单缸独立点火线圈式，须采用分析仪的金属片式次级信号传感器联机，如图 6 - 43 所示。对于双缸独立点火线圈式，在检测任一点火波形时，须将 1 缸信号传感器和次级信号传感器共同卡在该缸高压线上，如图 6 - 44 所示。

（2）EA1000 型发动机综合检测仪的检测步骤。

①在分析仪主菜单（见图 6 - 45）上选择"汽油机"，在副菜单上选择"点火系统"，在点火系统的下级菜单中选择"次级点火信号"。

②单击界面下端的波形切换图标，可分别观测到次级多缸平列波、次级多缸并列波（三维波形）和次级多缸重叠波。当击穿电压值大于 20 kV 时，量程会自动切换为 40 kV。

图 6 – 43   单缸独立点火系统的联机

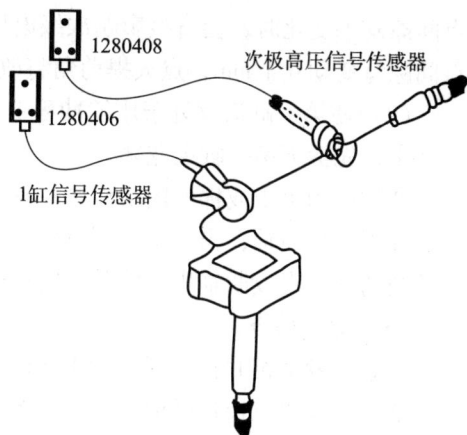

图 6 – 44   双缸独立点火系统的联机

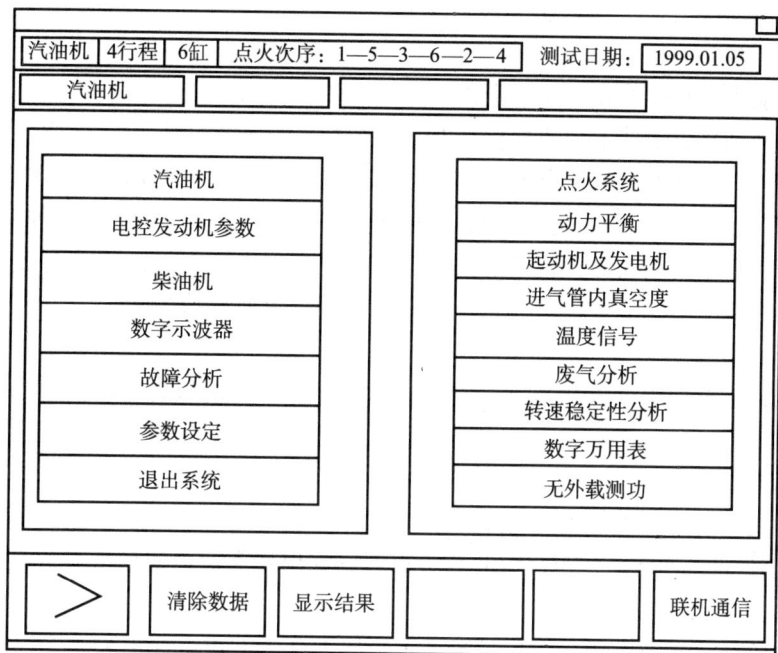

图 6 – 45   EA1000 型发动机综合检测仪菜单

③在点火系统的下级菜单中选择"初级点火信号",于是分析仪屏幕显示点火系统初级检测界面。

④单击界面下端的其他按钮,可实现数据存储、图形存储、故障诊断、图形打印和返回主菜单功能。

2. 点火正时的调整步骤

无论哪种型号的发动机,其点火正时的检测调整方法与步骤均应按生产厂家的规定进行。调整步骤如下:

(1)检查、调整断电器触点间隙。

用塞尺检查断电器触点的间隙,必要时进行调整,一般触点间隙为 0.35 ~ 0.45 mm(触点间隙发生变化时，会直接影响次级电压和点火提前角。如东风 EQ6100 发动机断电器的触点间隙每变动 0.1 mm，点火提前角将改变 1.5°）。

（2）使第一缸活塞处于压缩冲程上止点。

①首先拆下第一缸火花塞。

②然后用手指或棉纱团堵住第一缸火花塞安装孔。

③再摇转曲轴，当手指感到有较大压力冲击或棉纱团被冲出时缓慢转动曲轴，同时察看飞轮与离合器壳或曲轴皮带轮与正时齿轮盖上的正时标记。

（3）原地检查。

①起动发动机并预热至正常工作温度（70 ℃～80 ℃）。

②在发动机怠速运转时，将加速踏板突然踩到底。如转速迅速升高，说明点火正时恰当；如感到发闷或排气管放炮，说明点火过迟，应沿逆着分电器轴旋转的方向转动分电器壳体进行调整；如听到发动机内有金属敲击声，说明点火过早，应沿顺着分电器轴旋转的方向转动分电器壳体进行调整（顺迟逆早）。

（4）路试检验。

①起动发动机并预热至正常工作温度。

②将汽车开到平直道路上以直接挡、20 km/h 左右的速度行驶。

③将加速踏板迅速踩到底，如车速迅速提高且能听到发动机有轻微的爆震声（即金属敲击声），当车速升到 50 km/h 左右后爆震声消失，说明点火正时恰当；如加速发闷，排气管放炮，发动机无金属敲击声，说明点火过迟；如金属敲击声很大，说明点火过早。当点火时机不当时，应停车转动分电器壳体进行调整，直到点火时机恰当为止。

3. 点火正时调整实例

设备与工具：桑塔纳 AJR 发动机一台，点火正时灯、正时仪各一台，组合工具一套等。

1）检查点火正时

（1）一般检查。

起动发动机，使冷却液温度上升到 80 ℃，急加速，如转速不能随之立即增高，感到发闷，或在排气管中有"突突"声，说明点火过迟；如出现类似金属敲击声，说明点火过早。

（2）使用点火正时检查。

①查找并验证飞轮或曲轴前端皮带盘上 1 缸压缩终了上止点标记和点火提前角标记，擦拭使之清晰可见，如标记不清晰，最好用粉笔或油漆将标记描白。

②将点火正时仪正确连接到汽车发动机上，拔下真空调节装置的真空软管，起动发动机，使机油温升至 60 ℃以上。

③观察仪器显示的发动机转速，使其保持怠速，此时仪器显示的点火提前角即为初始点火提前角，应为 6°±1°，若不符要求，应进行调整。

若用点火正时灯检查，应拆下上止点传感器，将正时灯对准飞轮罩壳观察孔，调节电阻，当固定标记（罩壳上）和旋转标记（飞轮上）重合时，可测提前角。

（3）路试检查。

发动机走热后，在平坦、坚硬路面上以最高挡最低稳定车速行驶。急加速时，若听到轻微的突爆声且瞬间消失（装有爆震限制器的发动机就没有突爆声），车速迅速提高，则为点火正时正确；若突爆声强烈明显且长时间不消失，则为点火过早；若听不到突爆声，且加速缓慢，排气管有"突突"声，则为点火过迟。

2）调整点火正时

（1）转动曲轴，观察变速器壳体上的观察孔，使飞轮上的刻度线与壳体上的指针对齐，此时发动机1缸活塞置于正时位置。

（2）转动凸轮轴，使凸轮轴上正时齿轮的标记与气门室罩底面平齐。

（3）使机油泵轴驱动端部凸起的矩形块长边与曲轴的方向一致，将分电器总成插入安装孔，使其轴端凹槽与机油泵轴端的矩形凸起相配，将分电器壳体逆时针转动3°，然后用压紧板固定分电器。

（4）使分电器上的分火头指向分电器壳体上的1缸标记，盖上分电器盖，以分火头所指的旁电极为第一缸，顺时针按1—3—4—2的顺序插好分缸线，插好中央高压线和霍尔发生器连接器。

（5）装好正时传动带，起动发动机，检查点火正时。若不符合要求，则需调整。顺分火头转动方向转动分电器壳，则表明点火推迟；逆分火头转动方向转动分电器壳，则表明点火提前。

（6）调整完毕，再次检查点火提前角是否符合要求。否则再调整，再检查，直至符合为止。

4. 实训操作

利用现有车辆，教师设置故障，学生完成下列实训。利用维修资料对点火波形进行检测，对点火正时进行调整。

1）点火波形检测

（1）按照维修手册，对实训车辆进行点火波形检测，首先在表6-16中制订相应的工作计划。

表6-16 工作计划制订表

工作内容	工具/辅具	技术要求	备注

（2）根据上述工作计划对实训车辆的点火系统波形进行检测和分析，并记录在表6-17中。

（3）根据点火波形对点火系统进行故障诊断与排除，并记录于表6-18中。

2）点火正时调整

（1）按照维修手册，对实训车辆进行点火正时调整，首先在表6-19中制订相应的工作计划。

表6-17 详细检测分析记录

检测项目	检测结果	初步判断

表6-18 点火系统故障检测诊断与排除记录

故障现象	故障分析	故障诊断步骤	故障排除方法	故障排除后验证结果

表6-19 工作计划制订表

工作内容	工具/辅具	技术要求	备注

（2）根据上述工作计划对实训车辆进行点火正时调整，并在表6-20中记录下详细的调整步骤。

表6-20 详细调整步骤记录

序号	实施内容	备注

（3）在表6－21中详细记录实训车辆点火正时调整的故障检测诊断与排除内容。

表6－21　点火系统故障检测诊断与排除记录

故障现象	故障分析	故障诊断步骤	故障排除方法	故障排除后验证结果

✹ 任务四　微机控制点火系统的检修

采用微机控制点火系统，可使发动机实际点火提前角接近理想点火提前角，在各种运转条件下，点火提前角可获得复杂而精确的控制：怠速时，最佳点火提前角使发动机运转更平稳、排放污染最低、油耗最小；部分负荷时，可降低油耗和提高行驶特性；大负荷时，能满足发动机最大转矩输出和避免工作中产生爆震的要求。

微机控制点火系统与普通电子点火系统相比，在结构上多了一些传感器，在控制方式上由信号发生器的直接控制点火器，变为由电控单元ECU综合控制点火器。因此，在进行微机控制点火系统的故障诊断与排除时，应在普通电子点火系统故障诊断的基础上，增加传感器的检测与控制信号传输电路的检测。

车载的电控故障自诊断系统，为故障诊断与排除带来了许多方便。因此，我们在进行微机控制点火系统的故障诊断与排除时，要充分利用电控单元的自诊断功能，快速地查找故障原因，及时排除故障。需要指出的是微机控制的点火系统主要是利用信号来控制执行元件的，这些信号在传输过程中的衰减和失真，对控制结果造成了较大的偏差。针对这样的故障，有时还需要用到一些特殊的方法来加以检测与诊断。

在本学习任务中要掌握以下知识：

（1）微机控制点火系统的组成和控制电路。

（2）微机控制点火系统常见的故障诊断及检测思路。

一、相关知识

（一）微机控制点火系统的分类

1. 按照控制方式分类

按照控制方式分类，分为闭环控制和开环控制。闭环控制是在开环控制的基础上加装一个或两个爆震传感器，使发动机ECU对点火正时具有反馈控制能力，以防止爆震现象的发生。

2. 按照有无分电器分类

按照有无分电器分类，分为有分电器式和无分电器式。无分电器式点火系统因无机械磨损、能量损失小、无线电干扰弱、点火能量高而被广泛采用。

3. 按照点火方式分类

按照点火方式分类，分为点火线圈双缸同时点火方式和点火线圈单独点火方式两种。

（二）微机控制点火系统的组成与功能

微机控制点火系统主要由传感器、电子控制单元（ECU）、执行器（点火器、点火线圈、火花塞等）组成，传感器主要包括转速传感器、曲轴位置传感器、负荷传感器、温度传感器等，如图 6 – 46 所示。

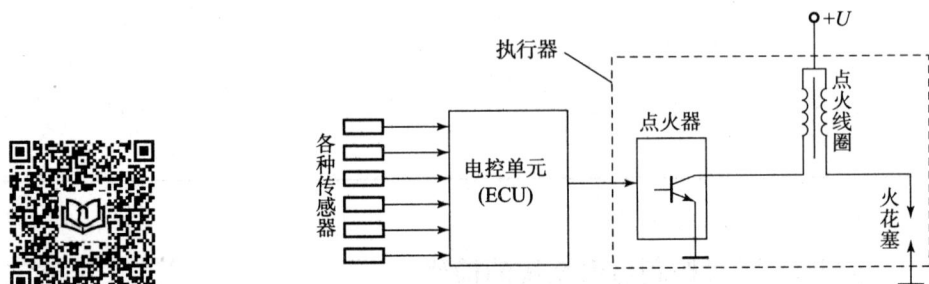

微机控制点火系统

图 6 – 46　微机控制点火系统的组成

ECU 接收各种传感器送来的信号，经过数据处理后输出点火控制信号（缸序信号和点火信号）并通过输出极传到执行器。执行器中的点火控制装置具有缸序判别、闭合角控制、恒流控制、安全信号灯电路，其主要是接收 ECU 发出的缸序判别信号 IGdA、IGdB 和点火控制信号 IGt，驱动点火线圈工作，并向 ECU 反馈信号 IGf。

（三）微机控制点火系统的基本工作原理

1. 有分电器式点火系统

1）组成

有分电器式微机控制点火系统由各种传感器、ECU、点火器、点火线圈、分电器、高压线和火花塞等组成，如图 6 – 47 所示。

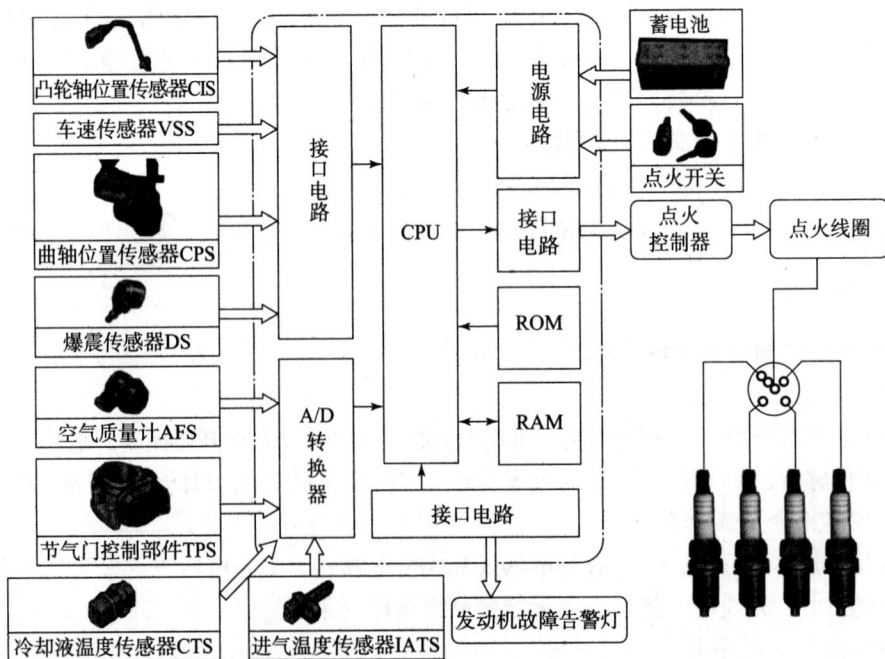

图 6 – 47　有分电器式微机控制点火系统的组成

2）基本工作过程

发动机 ECU 首先根据发动机的转速和负荷信号确定基本点火提前角，然后根据其他传感器的输入信号对其加以修正，得到最佳的点火提前角。随后，发动机 ECU 再根据发动机的转速信号和凸轮轴位置传感器信号，识别出第一缸上止点位置，确定点火正时，并向点火器发出点火指令，通过大功率晶体管实现对点火线圈一次电流的通断控制。当点火器大功率晶体管导通时，低压电路导通，有一次电流通过。当点火器大功率晶体管截止时，低压电路切断，一次电流迅速下降，在点火线圈二次绕组中感应出高压电流，此高压电流由中央高压线引入分电器并由其分配到各缸火花塞实现点火。

2. 双缸同时点火系统

该点火系统用一个点火线圈同时为两个缸同步点火，电路相对简单，应用比较广泛。

1）组成

富康 1.6L 乘用车 TU5JP4 发动机装备了 BOSCH MP5.2 电子控制系统，其点火系统采用了点火线圈双缸同时点火的方式，主要由凸轮轴位置传感器、发动机转速传感器、爆震传感器、发动机 ECU、点火线圈、高压线和火花塞等组成。此系统有两个点火线圈，每个点火线圈的二次绕组两端各连接一个火花塞，分别是 1、4 缸和 2、3 缸，如图 6-48 所示。

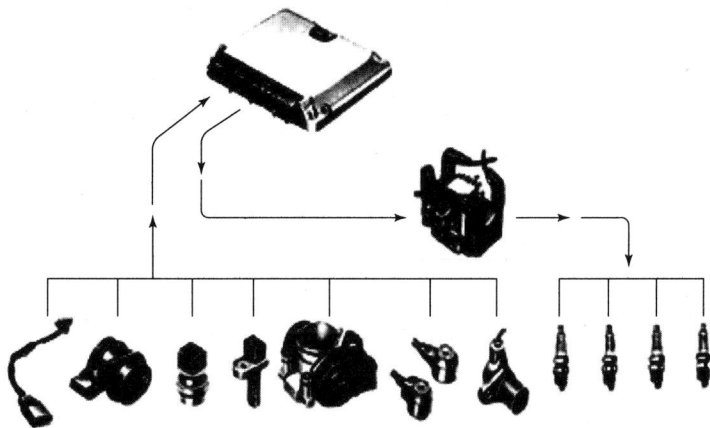

图 6-48　富康 1.6L 乘用车 TU5JP4 发动机点火系统的组成

2）基本工作过程

点火线圈双缸同时点火方式是每两个气缸的火花塞同时配备一个点火线圈，即两个火花塞共用一个点火线圈，两个气缸同时点火。例如：当第一缸接近压缩行程的上止点时，火花塞跳火点燃混合气，为有效点火。而第四缸此时接近排气行程上止点，缸内气体的温度较高而压力较低，火花塞跳火但击穿电压很低，所以对有效点火缸的点火能量影响很小。

3. 单独点火系统

单独点火系统是指每个气缸配用一个点火线圈，每个火花塞单独进行点火，其特点是能量损失和电磁干扰较小，适合在四气门发动机上应用。其火花塞安装在两凸轮轴之间，布局方便，应用广泛。

1）组成

丰田卡罗拉 1ZR-FE 型发动机采用的单独点火系统主要由凸轮轴位置传感器、发动机转速传感器、爆震传感器、发动机 ECU、带点火器的点火线圈和火花塞等组成。

2）基本工作过程

单独点火系统的工作原理如图 6－49 所示，发动机 ECU 根据凸轮轴位置信号、发动机转速信号及发动机做功的顺序控制 VT1、VT2、VT3、VT4 的导通与截止，从而在各缸点火线圈二次绕组中感应出高压电，直接导入火花塞跳火。

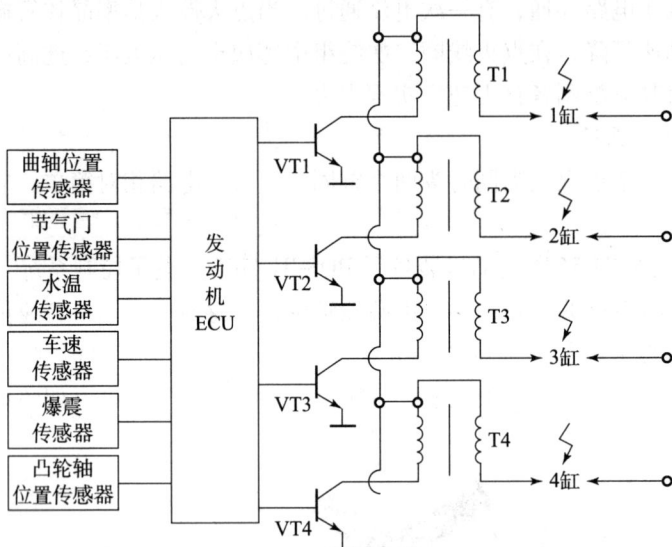

图 6－49　单独点火系统的工作原理

二、任务实施

（一）实施准备

（1）准备好实训用发动机、万用表、故障诊断仪、示波器、常用工具等。

（2）掌握本次实训课所用仪器及设备的使用方法。

（3）强调实训中的安全注意事项。

（二）实施内容

检测注意事项：

◆ 测量电阻时，将点火开关置于"OFF"位置。

◆ 测量电压时，将点火开关置于"ON"位置。

◆ 点火开关打开时，严禁拔插各传感器及执行器接口，以免损坏 ECU。

◆ 按照 7S 管理操作，文明生产、安全操作。

1. 微机控制点火系统的维护

1）火花塞的维护

火花塞工作于高温、高压等十分恶劣的条件下，是汽油发动机的易损件之一，其性能好坏直接影响发动机的工作状况。通常一级维护间隔里程为 15 000 km，每行驶 30 000 km 应更换。

（1）火花塞的清洁。

如果火花塞上有积炭、积油等，可用汽油、煤油或丙酮溶剂浸泡火花塞，待积炭软化后，用非金属刷刷净，用压缩空气吹干即可。切不可用刀刮、用砂纸打磨等，以防损坏电极或瓷质绝缘体。

（2）火花塞间隙的检查与调整。

测量火花塞间隙时，应用专用量规或塞尺，但塞尺所测值不太准确；调整火花塞间隙时，应用专用工具扳动侧电极来调整，不能扳动或敲击中心电极。

调整多级火花塞间隙时，应尽可能使各侧极与中心电极的间隙一致。各缸火花塞间隙应保持一致。

（3）火花塞拆装的注意事项。

①拔下高压线插头时应轻柔，操作时不可用力摇晃火花塞绝缘体，否则会破坏火花塞的密封性能。

②发动机冷却后方可拆卸火花塞，旋松所要拆卸的火花塞后，用压缩空气枪逐一吹净火花塞周围的污物，以防火花塞旋出后污物落入燃烧室内。

③螺孔周围、火花塞电极和密封垫必须保持整洁、干净无油污，否则会引发漏电、漏气及火花减弱等故障。

④安装时，先用套筒将火花塞对准螺孔，用手轻轻拧入，拧到约螺纹全长的1/2后，再用加力杠杆紧固。若拧动时手感不畅，应退出检查，检查是否对正螺口或螺纹中是否夹带杂质，切不可盲目加力紧固，以免损伤螺孔，殃及缸盖，特别是铝合金缸盖。

⑤应按要求力矩拧紧（通常为 20 N·m）。过松会造成漏气，过紧会使密封垫失去弹性，同样会造成漏气。锥座形火花塞由于不用密封垫，遵守拧紧力矩尤显重要。

2）分电器、点火器和点火线圈的维护

（1）检查分电器盖是否有裂纹，盖内各电极、分火头端是否严重烧蚀，如有应更换。

（2）分电器轴弯曲度不应超过 0.05 mm。

（3）当分电器中心电极烧损程度比标准长度短 2 mm 时，应更换。

（4）分电器轴的轴向间隙不允许超过 0.25 mm，否则应调整或更换。

（5）点火线圈和高压线是否有积垢或油污，如有应用酒精清洗。

（6）汽车在高温环境中行驶时，若点火器过热时易击穿，点火线圈过热易使高压火花减弱，出现发动机高速断火现象。因此，在高温环境下，必须及时检查点火器和点火线圈，如有问题应及时更换。

2. 丰田皇冠发动机微机控制点火系统的检修

丰田皇冠发动机点火系统属于分电器点火系统中的电脑控制点火器、点火器控制点火线圈的类型，如图 6 - 50 所示为其点火系统原理图。

如果没有高压火花，检修点火系统诊断故障的步骤如下：

（1）中央高压线是否跳火的检查。

①从分电器上拔下中央高压线。

②将高压线端接在备用火花塞上，将火花塞抵在缸体上，或者将高压线插好用正时灯夹子夹在高压线上。

③起动发动机，看是否跳火。

注意：每次用起动机转动发动机时不要超过 1 ~ 2 s，以防喷油器喷油，或者可以将喷油器线束拔下。

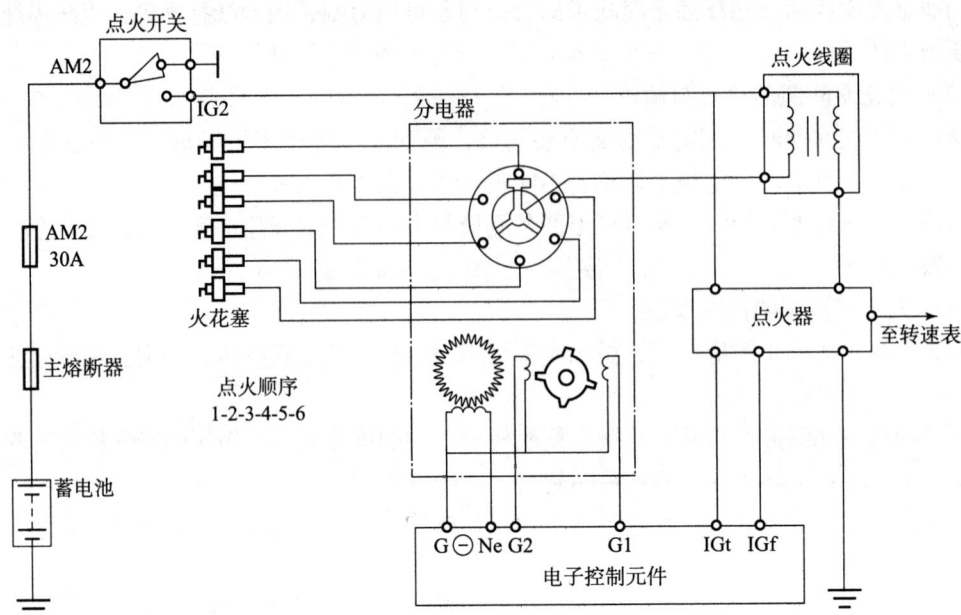

图 6 – 50　丰田皇冠发动机微机控制点火系统工作原理

（2）分缸高压线跳火和高压导线的检查，若分缸高压线不跳火而中央高压线跳火则需检查分电器和分缸高压线，步骤如下：

①拆下高压线罩和节气门体。

②捏住高压线橡胶套，小心地将高压线从火花塞上拔出。

③从分电器和点火线圈上拆下高压导线。

④用欧姆表测量每根高压导线的电阻，应小于 25 kΩ。如果电阻过大，应检查高压线接头和线本身，必要时更换。

⑤检查分电器盖、分火头及分电器的接触情况。

（3）检查 ECU 给点火器的触发脉冲信号。

①拔下点火器的电气插头。

②用万用表电压挡测信号电压。

③起动发动机时，电压表的读数应在 0.5 ~ 1 V 之间，这是一个脉冲信号。

④如果有脉冲信号，则说明电脑和传感器是完好的，故障在点火器和点火线圈。如果无脉冲信号，说明可能是传感器或电脑的故障。

（4）检查点火器和点火线圈。

①点火器的 6 根线中有一个是 12 V 电压，一个是搭铁。

②用一个二极管接到点火器线圈之间线上，起动发动机时试灯应闪亮。

③拔下点火线圈的电气插头，当点火开关处于 "ON" 位置时，其中有一个应是 12 V 电压。若无此电压，需根据电路图检查继电器和熔丝。

④测点火线圈的阻值，初级电阻为 0.36 ~ 0.65 Ω，次级电阻为 9 ~ 18 kΩ。

（5）检查传感器和 ECU，检查相应的传感器，主要是曲轴转角传感器、两个凸轮轴位置传感器。

①检查分电器转子与线圈之间的间隙，应为 0.2 ~ 0.4 mm。

②用棉丝擦掉传感器线圈上的铁粉。

③检查传感器自身线圈阻值，G1—Ge、G2—G 之间为 125 - 235 Ω，N—Ge 之间为 155 ~ 290 Ω。

④检查齿盘应不缺齿。

最后，如果其他部分都没有问题，可以更换汽车电脑，看故障是否依然存在，判断是否为汽车电脑故障。

3. 桑塔纳 AJR 发动机点火系统的检修

桑塔纳 AJR 发动机点火系统属于无分电器系统，也就是说每两个缸共用一个点火线圈。电路图如图 6 - 51 所示，检修方法与有分电器的不同。

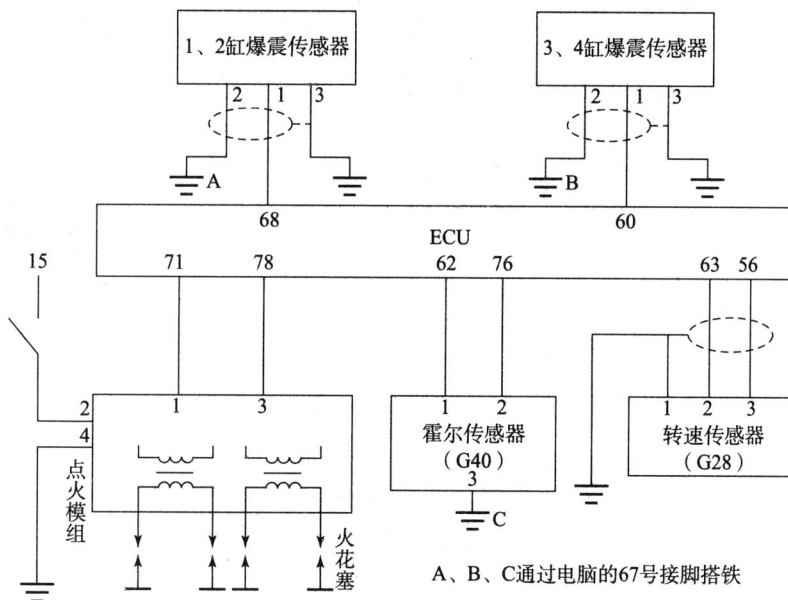

图 6 - 51　桑塔纳 AJR 微机控制点火系统电路图

（1）判断故障部位。这种点火系统无高压火花，要首先判断是点火模组的故障还是 ECU 和传感器的故障。

（2）检查点火模组。检查点火线圈的次级电阻，应为 4 ~ 6 kΩ，检查点火模组电源和搭铁是否正常。

（3）检查电脑和点火模组的脉冲信号。自制一个二极管试灯，串一个 330 Ω 的电阻，点火开关置于"OFF"后，拔下点火模组的电气插头，当发动车时分别用二极管试灯测 71#、1#和 78#、3#是否有脉冲电压，也就是说二极管试灯的正极接到 1#或 3#上，试灯负极接搭铁，发动车时试灯应闪亮。若试灯闪亮，说明 ECU 和传感器是完好的，故障在点火模组或继电器和熔丝；若试灯不闪亮，说明是 ECU 和传感器的故障。

（4）检查传感器。检查霍尔传感器和转速传感器等。

（5）做更换 ECU 试验。

4. 实训操作

利用现有车辆，教师设置故障，学生完成下列实训。利用维修资料对微机控制点火系统进行检测与维修。

（1）诊断仪初步诊断。用故障诊断仪读取故障码，用示波器测量各缸点火波形，并记录于表6－22中。

表6－22　诊断仪初步诊断记录

诊断仪的品牌型号	
选用的故障诊断插头	□OBD－Ⅱ　　　□CAN
进入发动机故障诊断的操作路径	
是否正常进入系统	□是　　　　□否
故障代码及内容	
数据流	

（2）检查电源、接地、线路、ECU、火花塞、点火器、点火线圈等，并记录于表6－23中。

表6－23　详细检测诊断记录

检测项目	检测结果	初步判断

（3）进行微机控制点火系统故障诊断与排除，并记录于表6－24中。

表6－24　微机控制点火系统故障检测诊断与排除记录

故障现象	故障分析	故障诊断步骤	故障排除方法	故障排除后验证结果

拓展知识

各种新工艺对点火系统的影响及改进措施

随着摩托车排放法规的不断加严，摩托车发动机需要采用一些新技术（如电喷系统、稀薄燃烧、废气再循环、代用燃料技术等）来应对，这对点火系统提出了更高要求。

（一）摩托车发动机点火理论

根据日本学者中原吉男提出的点火理论，火花塞通过电极放电点火，点火后能否在混合气中形成火源，火源能否爆发燃烧是两个不同概念。火花塞产生放电火花由点火系统决定，爆发燃烧除了点火系统，还与燃料性质、混合气浓度、气缸内压力、气缸内温度、气缸内气体流速等因素有关。

火花塞能在气缸内高温、高压和混合气包围中形成火花，除需要一定的高电压和点火能量外，还受火花持续时间和点火系统释放模式影响。一般情况下，试验室测试的摩托车火花持续时间≥200 ms，而实际上火花持续时间要求比200 ms大2~3倍。

学术界对于火花塞电极放电理论一直争论不休，热过程理论主张高温作用下油分子燃烧；化学过程理论主张火花热量使燃油分子活化后燃烧；电离论主张气体分子受电离冲击产生雪崩反应而产生火花放电。中原吉男认为产生火花放电分为两个过程，即电容放电和电感放电，电容放电即高压线圈使火花塞电极间产生放电，把高压线圈一次侧回路看成一个分布大电容，从电容放电开始，线圈一次侧电压急剧下降，此时在线圈二次侧产生感应高电压，使火花塞放电，这种现象称为电感放电。

（二）火花塞点火三要素

摩托车火花塞点火包括电极间高电压、火花塞的点火能量和火花放电持续时间3个要素。

1. 火花塞电极间高电压

在《内燃机电气设备》一书中指出，使火花塞电极产生火花高电压与电极间的距离有关，如用击穿电压梯度表示，大约为3 000 V/cm。实际上这个击穿电压梯度不是恒定的，在常压、常温下，电极间隙为3 mm时，所需击穿电压为11 000 V；电极间隙为0.5 mm时，所需击穿电压为2 900 V；这两种情况的击穿电压梯度分别为37 000 V/cm和58 000 V/cm。计算击穿电压的公式如下：

$$V_s = KP\delta$$

式中　V_s——所需击穿电压，kV；

K——常数；

P——混合气密度，kg/m^3；

δ——电极间隙，mm。

在一定条件下，击穿电压与电极间隙呈正比。在国内小型汽油机行业习惯采用以下经验数据：当火花塞间隙为0.6~0.7 mm时，各种因素都考虑在内，火花塞电极间击穿电压应大于7 000 V。

2. 火花塞的点火能量

火花塞点火、燃烧所需能量受空燃比、气缸压力（压缩比）、点火提前角、冷机、热机及气缸内气流流速等影响较大。一般空燃比小、气缸压力大、点火提前角大、冷机或火花塞电极温度过低等都需要加大点火能量。经分析，一般汽油机点火所需能量在20~30 mJ以上为好，能量小则火花弱，能量大则火花强，燃烧好。

3. 火花塞放电持续时间

火花塞放电持续时间是指从火花塞电极产生火花开始，到火花完全熄灭所经过的时间。它对发动机的稀薄燃烧、废气再循环、乙醇燃料或液化石油气等都有重要影响，对发动机的完全燃烧、尾气排放也起着不可低估的作用。

点火系统的放电模式直接影响火花持续时间。电感式点火系统比电容放电点火系统的火花持续时间长1倍。为增大摩托车发动机中低转速的点火能量，笔者曾在CDI中增加了稳压电路、倍压电路和加速电路，确实有些效果，不过为了适应稀薄燃烧等技术，建议采用电感式点火系统为好。

（三）各种新技术对摩托车点火系统的影响

1. 无铅汽油对点火系统的影响

按 GB 14622—2000 附录 E 的要求，无铅汽油含铅量≤0.005 g/L。这种汽油对减少环境污染、延长催化剂使用寿命都非常有益，但降低了汽油的抗爆性，易使火花塞产生积炭。中原吉男的试验表明，用含铅汽油时，火花塞电极的自洁温度为420 ℃ ~450 ℃；用无铅汽油时，火花塞电极的自洁温度为520 ℃ ~550 ℃。由于自洁温度能烧掉火花塞电极上的积炭，因此使用无铅汽油的发动机在怠速或低速工作时，火花塞电极周围极易积炭或形成电极间跨连失火。

2. 稀混合气燃烧对点火系统的要求

为降低排放，希望实现稀薄燃烧，同时要求点火系统提高点火能量和火花持续时间。但摩托车发动机属高速强化机型，要避免动力性能损失过大或发动机温度太高出现放炮等现象，混合气又不宜过稀，电感式数字高能点火系统就是为满足稀混合气点火要求而研制的，采用废气再循环也需要这种电感式数字高能点火系统。

3. 使用代用燃料对点火系统的要求

（1）采用液化石油气作为燃料时：与采用传统汽油作为燃料相比，采用液化石油气作为燃料的缺点是汽车冷机起动时困难，发动机低温时缺火倾向大，因此采用液化石油气作为燃料的发动机必须提高点火电压和增大点火提前角。通常点火所需电压是以汽油为燃料的130% ~150%，点火提前角要加大3° ~8°。

（2）采用乙醇汽油作为燃料时：世界上用乙醇作为燃料的国家主要有巴西、美国和中国。其中巴西用纯乙醇，中美两国用含乙醇10%的乙醇汽油。

根据 Q/SHR 010—2001 企业标准，使用含乙醇10%的乙醇汽油，能使抗爆性能提高3%，因此火花塞热值应提高一级。为了弥补采用乙醇汽油时动力下降的问题，往往需提高压缩比，增加点火能量。

4. 电喷技术对点火系统的影响

如果电喷系统采用进气道内喷射和数字点火模块，就不存在影响问题，如采用缸内直接喷射，则要考虑燃油射流对火花塞电极间的火花影响。

（四）火花塞的改进

根据前面分析，对火花塞的改进可归纳为：采用突出型并改进瓷裙形状；增大电极间隙、采用半遮盖型电极；采用高合金中心电极材料，减小中心电极直径等。

（1）采用突出型并改进瓷裙形状：所谓突出型火花塞就是使火花塞绝缘瓷体的裙部突出于铁壳之外。该火花塞中心电极易接触，爆发火焰升温快，跳火容易，自洁能力强。如果与半遮盖型同时使用，非常容易接触燃油分子，适合稀薄混合气和废气再循环等工况燃烧。当发动机吸气循环时，冷混合气又能使中心电极降温，避免发动机高负荷工况时火花塞炽热点火，对发动机热负荷变化适应性很强。改进瓷裙形状是为快速提高中心电极温度，改善自洁能力，适应无铅汽油、乙醇汽油、液化石油气燃料。

（2）增大电极间隙、采用半遮盖型电极：在增加点火系统能量的前提下，火花塞电极间隙由原 0.6~0.7 mm 增大到 1.1~1.2 mm，火花长而粗，便于点燃稀薄混合气及废气再循环稀混合气。半遮盖型促进了尖端放电，便于燃油分子通过正负电极空间。

（3）采用贵金属电极材料，使中心电极直径变细：目前较高质量的火花塞中心电极前端采用高镍丝，中心电极直径为 1.8~2.6 mm，日本已有中心电极直径为 1.1 mm 的火花塞。电极变细有利于火花放电，但电极材料要选用贵金属来提高化学和电腐蚀性能，目前尚有一定难度。

（4）等离子喷射火花塞：电极间隙约 2 mm，产生放电时火花为蓝色、直径约为 1 mm 以上。这种等离子喷射火花塞点火耗能为 1~2 J，而普通火花塞点火耗能仅 20~30 mJ，目前应用比较困难。

（五）结论

为适应稀薄混合气燃烧，应加大点火能量、延长火花放电时间，所以点火系统采用电感放电模式为好。配合摩托车发动机技术的提升，应在改进火花塞上下功夫。

故障案例

1. 一辆桑塔纳 2000 轿车，AJR 发动机，汽车加速时明显无力，油耗较高，且车速跑不到 80 km/h。客户反映已经检查燃油系统正常，要求查明原因并做处理。

2. 一辆迈腾轿车，起动时，起动机转动，但发动机无起动迹象。客户要求查明原因并做处理。

3. 一辆捷达轿车，BJT 发动机，1.6L 排量手动挡，行驶里程为 92 000 km。汽车加速无力且油耗较高，客户反映不久前曾清洗了节气门、喷油器，但故障码仍未消除。客户要求查明原因并做处理。

4. 一辆丰田凯美瑞轿车，冷车起动后，怠速一切正常，但高速运行较长时间就会偶尔出现抖动现象。当此故障出现时，感觉动力不足，转速上不去，跟缺缸情形类似。待发动机冷却后，再起动，开始一切正常，高速跑一段后，又出现此现象。已经确定进气系统和供油系统一切正常，客户要求查明原因并做处理。

项目总结 🖊

本项目主要介绍了曲轴/凸轮轴位置传感器的检修、爆震传感器的检修、点火波形检测及点火正时的调整、微机控制点火系统的检修四个任务。详细介绍了传统点火系统的组成、分类，主要零部件的构造、作用、工作过程和工作原理；曲轴/凸轮轴位置传感器的结构、类型、工作原理，霍尔式曲轴/凸轮轴位置传感器的检修，电磁式曲轴/凸轮轴位置传感器的检修；爆震传感器的类型、结构、工作原理及检修；点火波形的检测与分析；点火正时的调整步骤和方法；微机控制点火系统的组成、工作原理及检修。

通过本项目的学习，重点掌握曲轴/凸轮轴位置传感器的类型、工作原理及检修流程；爆震传感器的工作原理及检修；会使用正确的仪器采用正确的方法对次级点火波形进行检测分析及对点火正时进行调整；会对有分电器和无分电器的微机控制点火系统进行故障诊断与排除。

练习题

一、理论题

（一）填空题

1. 按照组成和产生高压电的方式不同，发动机点火系统分为：_____、_____、_____以及磁电机点火系统。

2. 传统点火系统的工作过程可分为三个阶段：触点闭合，_____；触点打开，_____；火花塞电极间的火花放电。

3. 光电式曲轴/凸轮轴位置传感器由_____、_____、_____和放大器组成。

4. 爆震传感器按照检测方式不同可分为_____与_____两种。

5. 微机控制点火系统主要由_____、_____、执行器组成。

（二）选择题

1. 传统点火系统与电子点火系统最大的区别是（　　）。
   A. 点火能量的提高　　　　　　　　B. 断电器触点被点火控制器取代
   C. 曲轴位置传感器的应用　　　　　D. 点火线圈的改进

2. 电子控制点火系统由（　　）直接驱动点火线圈进行点火。
   A. ECU　　　　　B. 点火控制器　　　　C. 分电器　　　　D. 转速信号

3. 一般来说，缺少了（　　）信号，电子点火系统将不能点火。
   A. 进气量　　　　　B. 水温　　　　　C. 转速　　　　　D. 上止点

4. 点火闭合角主要是通过（　　）加以控制的。
   A. 通电电流　　　　B. 通电时间　　　　C. 通电电压　　　　D. 通电速度

5. ECU 根据（　　）信号对点火提前角实行反馈控制。
   A. 水温传感器　　B. 曲轴位置传感器　　C. 爆震传感器　　D. 车速传感器

6. 发动机工作时，随冷却液温度提高，爆震倾向（　　）。
   A. 不变　　　　　B. 增大　　　　　C. 减小　　　　　D. 与温度无关

7. 点火线圈初级电路的接通时间取决于（　　）。
   A. 断电器触点的闭合角　　　　　　B. 发动机转速
   C. A、B 都正确　　　　　　　　　　D. A、B 都不正确

8. 下列说法正确的一项是（　　）。
   A. 在怠速稳定修正中，ECU 根据目标转速修正点火提前角
   B. 辛烷值较低的汽油，抗爆性差，点火提前角应减小
   C. 初级电路被断开瞬间，初级电流所能达到的值与初级电路接通时间长短无关
   D. 随着发动机转速提高和电源电压下降，闭合角增大

9. 采用电控点火系统时，发动机实际点火提前角与理想点火提前角的关系为（　　）
   A. 大于　　　　　B. 等于　　　　　C. 小于　　　　　D. 接近于

10. 混合气在气缸内燃烧，当最高压力出现在上止点（　　）左右时，发动机输出功率最大。
    A. 前10°　　　　B. 后10°　　　　C. 前5°　　　　D. 后5°

（三）判断题

1. 发动机起动时，按 ECU 内存储的初始点火提前角对点火提前角进行控制。 （   ）

2. 发动机冷车起动后的暖机过程中，随冷却水温的提高，点火提前角也应适当地加大。

   （   ）

3. 发动机工作时，随冷却液温度的提高，爆震倾向逐渐增大。 （   ）

4. 蓄电池的电压变化也会影响到初级电流。 （   ）

5. 轻微的爆震可使发动机功率上升，油耗下降。 （   ）

（四）简答题

1. 简述传统点火系统的组成、工作原理。

2. 简述霍尔式曲轴位置传感器的工作原理。

3. 论述电磁式凸轮轴位置传感器的检测流程。

4. 爆震传感器的类型有哪些？简述各类型爆震传感器的工作原理。

5. 点火波形有哪些类型？试简述一种点火波形类型的分析方法。

6. 简述点火正时的含义。

7. 论述点火正时的调整方法有哪些。

8. 微机控制点火系统主要由哪几部分组成？

9. 简述微机控制点火系统的工作原理。

10. 试论述如何对微机控制点火系统进行维护。

二、实操题

1. 丰田 8A 发动机曲轴/凸轮轴位置传感器的检修。

2. 桑塔纳 AJR 发动机爆震传感器的检修。

3. 大众 1.4T 发动机点火波形检测及点火正时调整。

4. 丰田卡罗拉汽车微机控制点火系统的故障检修。

教师为学生提供车辆，以及与车辆配套的维修手册、故障诊断仪、万用表，按所附的实训工作单做相应的记录，并由教师评判。

附：实训工作单

实训工作单

班级		姓名		日期	
教学项目					
任务				车（机）型	
相关知识					
工作过程记录					
评语				指导老师	

项目七

电控汽油机排放控制系统故障检修

知识目标

- 熟悉 4S 店汽车维修流程。
- 掌握三元催化转换器的作用、结构和工作原理。
- 掌握废气再循环控制系统的作用、结构和工作原理。
- 掌握二次空气供给系统的作用、结构和工作原理。
- 掌握燃油蒸发排放控制系统的作用、结构和工作原理。
- 理解三元催化转换器、废气再循环控制系统、二次空气供给系统、燃油蒸发排放控制系统故障对发动机工作性能造成的影响。
- 掌握故障诊断的一般流程和排除方法。

能力目标

- 能根据客户的描述现场验车并接车，按规定的程序利用仪器、仪表对故障车辆进行针对性的检查，确认故障现象，确定故障范围，并做准确记录。
- 能正确使用万用表对三元催化转换器、废气再循环控制系统、二次空气供给系统、燃油蒸发排放控制系统及电路进行检测。
- 能正确使用故障诊断仪读取三元催化转换器、废气再循环控制系统、二次空气供给系统、燃油蒸发排放控制系统的故障码与数据流。
- 能正确使用故障诊断仪、汽车专用示波器读取氧传感器波形。
- 能根据检测结果判定故障点并进行维修。
- 会进行工作质量检查。

项目概述

（一）项目内容

随着经济条件的迅猛发展，汽车在全国范围内已越来越普及，在人们交通越来越便利的同时，汽车尾气排放的污染也越来越成为威胁人们赖以生存环境的主要途径之一。所以对汽车排放污染物的监控与防治，已处于刻不容缓的地步。在世界各国，汽车污染早已不是新话题。随着汽车数量越来越多、使用范围越来越广，它对世界环境的负面效应也越来越大，尤其是危害城市环境，引发呼吸系统疾病，造成地表空气臭氧含量过高，加重城市热岛效应，使城市环境转向恶化。随着机动车的增加，尾气污染有愈演愈烈之势，由局部性转变成连续性和累积性，而各国城市市民则成为汽车尾气污染的直接受害者。本项目设置了4个学习任务，任务内容如下：

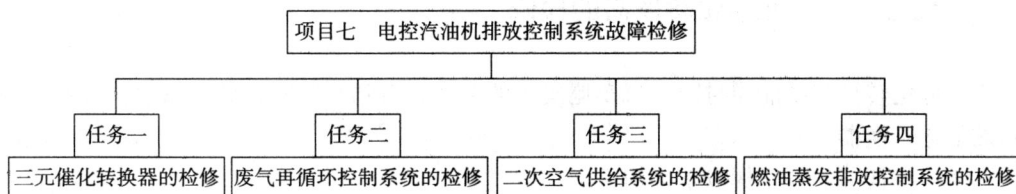

```
                项目七  电控汽油机排放控制系统故障检修
        ┌───────────────┬───────────────┬───────────────┐
     任务一            任务二            任务三            任务四
  三元催化转换器的检修  废气再循环控制系统的检修  二次空气供给系统的检修  燃油蒸发排放控制系统的检修
```

（二）项目知识

1. 排放控制系统的作用

汽车对大气的污染主要源自发动机排出的废气，三种有害排放物 CO、NO_x 和约占60%的 HC 都是由发动机排气管排出的。此外，曲轴箱气体和燃油蒸气的 HC 排放各约占汽车 HC 总排放的20%。对汽车排放的控制，就是通过改善燃烧、降低燃烧温度、阻断曲轴箱气体和燃油蒸气排放、净化排气管废气等手段，使汽车对大气的污染减小到最低的限度，以缓解汽车保有量增加对环境所带来的负面影响，满足人类对环境质量不断提高的要求。

2. 排放控制系统的组成

汽车上的排放控制系统有很多，根据所应用的燃烧技术不同，安装的排放控制系统也有所区别。常用的系统主要由三元催化转换器、废气再循环控制系统、二次空气供给系统、燃油蒸发排放控制系统等组成。

3. 排放控制系统的分类

汽油发动机的燃油喷射控制系统、电子点火控制系统及发动机怠速控制系统等电子控制装置的作用不但是提高发动机的动力性、经济性及工作稳定性，对排气污染的控制也都起到了很重要的作用。因此，笼统地讲，燃油喷射控制、点火提前角控制及发动机怠速控制也可归为汽车排放控制范畴。为使汽车排放控制能达到更高的要求，汽车上还采用了其他专门的汽车排放控制装置，这些汽车排放控制装置种类较多，根据控制的方式不同，可将它们分为机内净化、机外净化和污染源封闭循环净化三类。

1）机内净化

从进气系统入手，通过改善混合气的质量，使燃烧产生的有害成分降低。这一类的排放控制装置有：进气温度自动控制装置、废气再循环控制装置、混合比加浓式减速废气净化装置、进气歧管真空度控制阀等。

2）机外净化

对发动机排出的废气进行再净化处理，将废气中所含的 CO、HC 和 NO_x 等有害气体转化为无害的水（H_2O）、二氧化碳（CO_2）和氮（N_2）等气体。这一类的排放控制装置有：热反应器、氧化触媒转换器、三元催化转换器、二次空气供给装置等。目前广泛使用的发动机废气净化装置是三元催化转换装置。

3）污染源封闭循环净化

对曲轴箱气体及燃油蒸气等 HC 排放源实施封闭化处理，以阻断向空气排放 HC。这类控制装置有：曲轴箱强制通风装置、活性炭罐等。

现代汽车为能达到严格的排放控制要求，往往同时使用几种排放控制装置。

✿ 任务一　三元催化转换器的检修

三元催化转换器指能同时净化汽车尾气中的碳氢化合物、一氧化碳及氮氧化合物三种污染物的催化转换器。

在本学习任务中要掌握以下知识：

（1）三元催化转换器的作用、类型。

（2）三元催化转换器的结构和工作原理。

（3）三元催化转换器的检修方法。

一、相关知识

（一）三元催化转换器的定义

催化转换器（Catalytic Converter），又叫催化净化器。该装置安在汽车的排气系统内，其作用是减少发动机排出的大部分废气污染物。三元催化转换器由一个金属外壳，一个网底架和一个催化层（含有铂、铑等贵重金属）组成，可除去 HC（碳氢化合物）、CO（一氧化碳）和 NO_x（氮氧化合物）三种主要污染物质的 90%（所谓三元是指除去这三种化合物时所发生的化学反应）。当废气经过净化器时，铂催化剂就会促使 HC 与 CO 氧化生成水蒸气和二氧化碳；铑催化剂会促使 NO_x 还原为氮气和氧气。这些氧化反应和还原反应只有在温度达到 250 ℃时才开始进行。如果汽油或润滑油添加剂选用不当，使用了含铅的燃油添加剂或硫、磷、锌含量超标的机油添加剂，就会使磷、铅等物质覆盖于三元催化转换器的催化层表面，阻止废气中的有害成分与之接触而失去催化作用。这就是人们常说的三元催化器，是安装在汽车排气系统中最重要的机外净化装置，它可将汽车尾气排出的 CO、HC 和 NO_x 等有害气体通过氧化和还原作用转变为无害的二氧化碳、水和氮气。

（二）三元催化转换器的发明者

带有氧传感器的三元催化转换器是汽车排放控制方面最重要的发明之一，它是在环保技术专家斯蒂芬·沃尔曼（Stephen·Wallman）的领导下，由沃尔沃汽车公司在 20 世纪 70 年代初开发出来的。

1976 年，当首批装有带有氧传感器的三元催化转换器的沃尔沃汽车抵达加利福尼亚时，当地官员亲自开到位于华盛顿国会山的美国国会，问了这样一个问题："为什么像沃尔沃这样的小公司能够研制出这样的设备而美国汽车厂家却没有？"

三元催化转换器的发明者斯蒂芬·沃尔曼以其在沃尔沃汽车公司开创性的环保技术成就，被瑞典皇家汽车俱乐部授予 Clarence von Rosen 金质奖章。

（三）三元催化转换器的结构、作用及工作原理

1. 结构

三元催化转换器主要由催化剂、载体、垫层和壳体等几部分组成，其核心部分是催化

剂，发挥着净化汽车尾气的作用。三元催化反应器类似消声器，它的外面用双层不锈薄钢板制成筒形，在双层薄板夹层中装有绝热材料——石棉纤维毡，内部在网状隔板中间装有净化剂，净化剂由载体和催化剂组成。载体一般由三氧化二铝制成，其形状有球形、多棱体形和网状隔板等。净化剂实际上是起催化作用的，也称为催化剂。催化剂用的是金属铂、铑、钯。将其中一种喷涂在载体上，就构成了净化剂。

2. 作用

用三元催化转换器可降低所排废气中的三种主要污染物（碳氢化合物 HC、一氧化碳 CO 和氮氧化合物 NO_x）约 90%。但只有当空燃混合比在 14.7 的狭窄范围内时，才能进行完全催化反应，这就要求氧传感器的工作必须正常。

3. 工作原理

当高温的汽车尾气通过净化装置时，三元催化转换器中的净化剂将增强 CO、HC 和 NO_x 三种气体的活性，促使其进行一定的氧化－还原反应，其中 CO 在高温下氧化成为无色、无毒的二氧化碳气体；HC 化合物在高温下氧化成水和二氧化碳；NO_x 还原成氮气和氧气。三种有害气体变成无害气体，使汽车尾气得以净化。

二、任务实施

（一）实施准备

（1）准备好实训用发动机、常用工具等。

（2）掌握本次实训课所用仪器及设备的使用方法。

（3）强调实训中的安全注意事项。

（二）实施内容

1. 三元催化转换器的拆装

1）三元催化转换器（整体式）的拆装

（1）安全地顶起汽车。

（2）在三元催化转换器冷却后，拧下连接排气管与三元催化转换器的 4 个螺栓和螺母。

（3）拆下三元催化转换器和密封垫片。

（4）换上两片新密封垫片，放在前后排气管上。

（5）安装三元催化转换器，拧紧螺栓和螺母，其拧紧扭矩为 43 N·m。

2）预热式三元催化转换器（整体式）的拆装

（1）拆开电瓶负极电缆。

注意，拆装必须在点火开关转至 K 位且电瓶负极电缆拆开 90 s 后进行。

（2）拆下前排气管。

①松开两个螺栓，并拆开支架。

②拆下前排气管与中间排气管的两个紧固螺栓和两个紧固螺母。

③使用 14 mm 的套筒扳手，拆下前排气管与预热式三元催化转换器的 3 个紧固螺母。

④拆下前排气管和密封垫片。

（3）拆下预热式三元催化转换器。

①检查预热式三元催化转换器是否冷却。

②拆开副氧传感器接头。

③拆下螺栓、螺母和 No.1 排气歧管支架。

④拆下螺栓、螺母和排气歧管支架。

⑤拆下 3 个螺栓、2 个螺母、预热式三元催化转换器、密封垫片、护圈和衬垫。

⑥从预热式三元催化转换器上拆下 5 个螺栓和 2 个隔热罩。

（4）重新安装预热式三元催化转换器。

①使用 8 个螺栓将 2 个隔热罩安装在新的预热式三元催化转换器上。

②将新的衬垫、护圈和密封垫片装在预热式三元催化转换器上。

③使用 3 个螺栓和 2 个新螺母安装预热式三元催化转换器，拧紧扭矩为 29 N·m。

④使用螺栓和螺母安装排气歧管支架，拧紧扭矩为 42 N·m。

⑤使用螺栓和螺母安装 No.1 排气歧管支架，拧紧扭矩为 42 N·m。

⑥连接副氧传感器接头。

（5）重新安装前排气管。

①在前排气管左右端换上 2 片新密封垫片。

②临时安上前排气管与中间排气管的 2 个紧固螺栓和 2 个新的紧固螺母。

③使用 14 m 长的套筒扳手，拧紧前排气管与预热式三元催化转换器的 1 个新的紧固螺母，拧紧扭矩为 62 N·m。

④拧紧前排气管与中间排气管的 2 个紧固螺栓和 2 个紧固螺母，拧紧扭矩为 56 N·m。

⑤使用 2 个螺栓安装支架。

（6）连接电瓶负极电缆。

2. 三元催化转换器的检修

（1）简单人工检查。

通过人工检查可以从一开始判断 TWC 是否有损坏。用橡皮槌轻轻敲打 TWC，听有无"咔啦"声，并伴随有散碎物体落下。如果有此异响，则说明 TWC 内部催化物质剥落或蜂窝陶瓷载体破碎，那么必须更换整个转换器了。如果没有上述异响，应该检查 TWC 是否堵塞。TWC 芯子堵塞是比较常见的故障，可以用下面两种方法进行。

第一种方法是检测进气歧管真空度法。将废气再循环（EGR）阀上的真空管取下，将管口塞住，避免产生虚假真空泄漏现象。将真空管接到进气歧管上，让发动机缓慢加速到 2 500 r/min。若真空表读数瞬间又回到原有水平（47.5~74.5 kPa）并能维持 15 s，则说明 TWC 没有堵塞。否则应该怀疑是 TWC 或排气管堵塞。

第二种方法是检测排气背压法。从二次空气喷射管路上脱开空气泵止回阀的接头，再在二次空气喷射管路中接一个压力表，在发动机转速为 2 500 r/min 时观察压力表的读数，此时读数应该小于 17.24 kPa，如果排气背压大于或等于 20.70 kPa，则表明排气系统堵塞。若观察 TWC、消声器及排气管没有外伤，则可将 TWC 出口和消声器脱开后观察压力表读数是否有变化。若压力表显示排气背压仍然较高，则为 TWC 损坏；若压力表显示排气背压陡然下降，则说明堵塞发生在 TWC 出气口后面的部件。

（2）怠速试验法检查。

让发动机怠速运转，使用尾气分析仪测量此时的 CO 含量。当发动机正常工作时（空燃比为 14.7），这时的 CO 含量典型值为 0.5%~1%，使用二次空气喷射和 TWC 技术可以使急速时的 CO 含量接近于 0，最大不应超过 0.3%，否则说明 TWC 损坏。另外，据经验分析，急速时候的 NO_x 的排放量也能给我们一些帮助。通常在急速时候的 NO_x 应不高于 100 ppm（1 ppm 即百万分之一），而在稳定的工况下，NO_x 含量应该不高于 1 000 ppm，在发动机一切正常的情况下，而 NO_x 过高就可以怀疑是 TWC 故障了。

（3）快急速试验法测量。

让发动机处于快急速运转状态，并用转速表测量快急速是否符合规定值。用尾气分析仪测量发动机处于快急速状态下尾气中的 CO 和 HC 含量。如果发动机性能良好，则 CO 含量应该在 1.0% 以下，HC 含量应该在 10 ppm 以下。若两种数值都超标，则可临时拔下空气泵的出气软管，此时若 CO 和 HC 含量不变，则可以判定 TWC 已损坏，若读数上升，而重新接上软管后又下降，则说明燃油喷射系统故障或是点火系统故障。

（4）稳定工况试验法。

在完成基本急速试验后进行该项试验。按照厂家规定接好汽车专用数字式转速表，使发动机缓慢加速，同时应观察尾气分析仪上的 CO 和 HC 含量，当转速加到 2 500 r/min 并稳定后，CO 和 HC 含量应有缓慢下降，并且稳定在低于或接近于急速时的排放水平，否则怀疑是 TWC 损坏。这种方法不但能够对 TWC 是否有故障做出判断，还能有效地综合分析 TWC 在车辆行驶中的实际效能。这时因为 TWC 性能评价指标中有一项"空速特性检验"，它表示了受反应气体在催化剂中的停留时间。性能差的 TWC 尽管在低空速（如急速）时表现出较高的转化效率，但是在高空速（如实际行驶）时的转化效率是很低的，因而不能仅凭借急速工况评价催化剂的活性是否正常。此外，在具体检测中，还需要注意 TWC 的空燃比特性。TWC 在过量空气系数为 1 的附近时，转换效率最高，实际使用中就需要闭环电子控制燃油供给系统和氧传感器的配合。开环时候由于无法给予精确的空燃比，转换效率为 60% 左右，而闭环时平均转换效率可达 95%，因此，在对 TWC 进行怀疑的时候，也应该对电控系统和氧传感器进行相应检测。

（5）红外温度计测量法。

这是一种比较简单的测量方法。TWC 在实际使用过程中，其出口管道温度比进口管道温度至少高出 38 ℃，在急速时，其温度也相差 10%。但是若出口与入口处的温度没有差别或出口温度低于入口温度，则说明 TWC 没有氧化反应，此时应该检查二次空气喷射泵是否有故障，若没有故障，就说明 TWC 已经损坏。

（6）利用双氧传感器信号电压波形分析。

目前，许多发动机燃油反馈控制系统中，都安装两个氧传感器，分别装载于 TWC 的反应前、后两端。这种结构在装有 OBD - Ⅱ 代系统的汽车上，可以有效地检测 TWC 的性能。OBD - Ⅱ 诊断系统改进了 TWC 的随车监视系统，安装在 TWC 后端的氧传感器电压波动要比安装在 TWC 前端的氧传感器电压波动少得多。这是因为运行正常的 TWC 转化 CO 和 HC 时消耗氧气。当 TWC 损坏时，其转换效率基本丧失，使前、后端的氧气值接近，此时氧传感器信号的电压波形和波动范围均趋于一致，因此，需要更换 TWC。

✳ 任务二 废气再循环控制系统的检修

废气再循环 EGR（Exhaust Gas Recirculation）系统是目前用于降低发动机 NO_x 排放的一

种有效措施。它将一部分排气引入进气管与新混合气混合后进入气缸燃烧，从而实现再循环，并对进入进气系统的排气进行最佳控制。工作正常的 EGR 系统对发动机性能的不良影响很小，但若 EGR 系统出现异常，将会造成发动机怠速运转粗暴、熄火，燃油经济性变差，加速不良和严重爆震。如果故障长期存在，最后会导致发动机损坏。

在本学习任务中要掌握以下知识：

（1）废气再循环控制系统的作用、类型。

（2）废气再循环控制系统的结构和工作原理。

（3）废气再循环控制系统的检修方法。

一、相关知识

（一）废气再循环控制系统的组成

1. EGR 阀

EGR 阀内部膜片的一侧（下部）通大气，装有弹簧的另一侧为真空室，其真空度由 EGR 电磁阀控制。增大真空室的真空度，使膜片克服弹簧力上拱，阀的开度增大，废气环流量增加。当上部失去真空度时，膜片在弹簧力的作用下向下拱而使阀关闭，阻断废气环流。

EGR 步进电机式

EGR 阀开度传感器一般为电位计式传感器，其测量杆与 EGR 阀的膜片相连接，EGR 阀开度变化时，通过膜片带动测量杆移动，使电位计输出相应的电信号。

2. EGR 电磁阀

EGR 电磁阀有三个通气口，EGR 电磁阀不通电时，弹簧将阀体向上压紧，通大气阀口被关闭，这时 EGR 电磁阀使进气管与 EGR 阀真空室相通；当 EGR 电磁阀线圈通电时，产生的电磁力使阀体下移，阀体下端将通进气管的真空通道关闭，而上端的通大气阀口打开，于是就使 EGR 阀的真空室与大气相通。EGR 电磁阀具体的工作情况如下：

当需要增大废气再循环流量时，ECU 输出的占空比减小，EGR 电磁阀相对的通电时间减小，EGR 阀真空室通进气管的相对时间增大，其真空度增大而使 EGR 阀开度增大，废气再循环流量相应增加。

当 ECU 输出占空比为 0 的信号（持续低电平）时，EGR 电磁阀断电，这时，EGR 阀真空室与进气管持续相通，其真空度达到最大（直接取决于进气管的真空度），EGR 阀的开度最大，废气的再循环流量也达到最大。

当不需要废气再循环时，ECU 输出占空比为 100% 的信号（持续高电平），使 EGR 电磁阀常通电，EGR 阀真空室与大气常通，EGR 阀关闭，阻断了废气再循环。

（二）废气再循环控制系统的作用

EGR 主要通过以下几方面发挥作用：EGR 中的二氧化碳和水蒸气大大增加了工质的比热容，同时废气的加入也稀释了原来混合气中的氧浓度，从而使燃烧速度变缓，使燃烧过程中的最高温度和平均温度都有所下降，破坏了 NO_x 生成的有利环境，从而大大降低 NO_x 的排放。因为汽油机的负荷调节方式通常为量调节，所以在汽油机上应用 EGR 可以相应地增加进气量，EGR 率的增加能降低汽油机在中低负荷工况下的节流损失，降低汽油机的燃油消耗率。因为废气混入进气参与燃烧，会使发动机中的各个环节和参数发生变化，对发动机也会产生多方面的影响，而且影响是整体化的，必须总体考量。

（三）废气再循环控制系统的分类

从结构上划分，有内部 EGR 和外部 EGR 两种系统，区别在于废气是否通过进气系统进入缸内。

1. 内部 EGR 技术概述

内部 EGR 技术结构简单，不需要外部设备，一般情况下通过改变配气相位就可以实现，等同于提高缸内的残余废气系数。但是缸内的气流运动十分复杂，在不同工况下气流运动规律也不一样，所以这种实现废气再循环的方式很难控制 EGR 率；而且这种直接引入的方式，废气没有经过冷却，很大程度上提高了混合气温度，使降低 NO_x 排放的效果不够明显。

实现内部 EGR 通常有两种方法：废气残余法及废气再吸法。这两种方法在原理上是类似的，策略上有所不同。废气残余法是将排气门提前关闭，这样缸内就有一部分废气残余，在进气过程中实现残余废气与新鲜混合气的混合，此过程发动机会产生一部分压缩负功，为避免较大的功率损失，一般进气门的开启时刻也相应推迟。废气再吸法可以通过两种方案来实现：一是在进气冲程中再次开启排气门，这样活塞下行会将排气系统中的废气吸入缸内；二是在排气冲程中开启进气门，这样活塞上行会将部分废气压入进气系统，在接下来的进气冲程中将带有废气的混合气一同吸入缸内，但是无论是哪种方案，废气再吸法都需要气门的重复开启，实现起来存在困难。所以从应用难度来看，废气残余法更方便且易于实现。

2. 外部 EGR 技术概述

外部 EGR 技术是在排气系统上接入废气再循环管路，将废气引出再导入到进气系统中，让废气在进入气缸之前与新鲜空气充分混合。外部 EGR 和内部 EGR 相比，结构上要复杂得多，通常带有 EGR 阀、EGR 冷却器，还有一些特殊管路及附带的控制单元，也正是如此，外部 EGR 可以实现对废气的诸多参数的精确控制，从而最大限度地实现 EGR 的作用。根据管路连接的不同，外部 EGR 的技术路线也多种多样，以下简要介绍几种典型方案。

（1）一体增压式 EGR 系统。

在一体增压式 EGR 系统中，发动机的尾气分为两部分，一部分经过涡轮为压气机提供动力，另一部分通过 EGR 阀进入到压气机中增压，然后与增压后的新鲜空气混合，一同进入各个气缸。整套系统采用一个涡轮机，同时对两个压气机提供动力，两个压气机分别对新鲜空气和废气进行增压，是目前最新最先进的 EGR 技术。但是因为有两个压气机，增压匹配上的难度增大，结构也复杂得多，同时也大大增加了成本，目前国内还没有能力生产。

（2）进气节流式 EGR 系统。

此项技术方案是利用节流阀的作用，使进气管的废气入口处产生真空度，利用压力差来引入废气。这种方式在汽油机和柴油机上均可以使用，需要说明的是这个节流阀和汽油机的节气门是不同的，其作用主要是控制 EGR 率，也就是此系统应用在汽油机上时进气道上一共有两个节流装置。通常情况下发动机工作在大负荷时，节流阀开度较大，EGR 率较小；当发动机处在中小负荷工况时，节流阀开度也较小，保证所需的 EGR 率。该系统容易实现，结构也比较简单，控制上也不复杂，但是因为节流阀的存在，增加了进气阻力，使发动机的性能受到影响。

（3）低压 EGR 系统。

此系统从涡轮机前或涡轮机后将废气导出，经过 EGR 阀和冷却器后在压气机前端将废气导入，因为排气压力总是大于环境气压，所以这样的连接方式可以顺利地实现废气循环。

但是由于废气在压气机前就导入进气了，废气中的部分有害物可能会损伤压气机，使压气机的使用寿命大打折扣，在废气管路中加装后处理装置可以解决此问题，但也大大提高了成本。因为易于实现，此项方案在试验研究中应用广泛，但是在工业产品中比较少见。

（4）文丘里管式 EGR 系统。

根据文丘里管的工作原理，亚音速的气体通过文丘里管的时候会先产生一个膨胀过程，再产生一个压缩过程，膨胀过程中气体的温度和压力都会下降，所以在文丘里管的喉口处会产生负压，利用这个负压，就可以顺利地将废气引入到进气系统中。在使用了文丘里管以后，大大降低的废气的流动阻力，可以轻松地实现较高的 EGR 率，使发动机的功率损失小。文丘里管技术成熟，使用简单，成本较低，在产品中应用比较广泛。

（四）废气再循环控制系统的基本工作原理

当发动机在负荷下运转时，EGR 阀开启，使少量的废气进入进气歧管，与可燃混合气一起进入燃烧室。怠速时 EGR 阀关闭，几乎没有废气再循环至发动机。汽车废气是一种不可燃气体（不含燃料和氧化剂），在燃烧室内不参与燃烧。它通过吸收燃烧产生的部分热量来降低燃烧温度和压力，以减少氧化氮的生成量。进入燃烧室的废气量随着发动机转速和负荷的增加而增加。

废气再循环控制
系统的工作原理

ECU 根据各传感器的信号判断发动机工况与状态，以确定是否需要废气再循环或环流量的大小，并输出占空比可变的控制脉冲，通过控制 EGR 电磁阀的占空比来调节 EGR 阀的开度，以实现最佳的 EGR 率控制。在 EGR 电子控制系统的存储器中储存有各工况下的最佳废气环流量值，通常以电磁阀占空比参数的方式储存，ECU 根据发动机转速与发动机负荷（空气流量或进气压力）传感器信号，通过查找与计算的方式得到最佳的 EGR 电磁阀占空比值，并输出相应的占空比脉冲信号，将废气再循环流量始终控制在最佳值。

有的 EGR 电子控制系统通过 EGR 阀开度传感器反馈 EGR 阀开度信息，相应地在 ECU 的存储器中储存的是发动机各工况下的 EGR 阀开度参数。工作时，ECU 根据发动机转速与发动机负荷（空气流量或进气压力）传感器的信号查找并计算得到最佳的 EGR 阀开度，并与当前 EGR 阀开度比较。如果不相等，ECU 将调整占空比控制脉冲，将 EGR 阀的开度调整至最佳状态。

为确保发动机正常工作，在如下情况下，废气再循环电子控制系统使 EGR 再循环流量为 0。

（1）当发动机转速低于 900 r/min 或高于 3 200 r/min 时（高、低限值因车型而不同），ECU 输出控制信号，使发动机停止废气再循环。

（2）在发动机处于低温度状态时，ECU 也输出控制信号，不进行废气再循环。

（3）当发动机处于怠速工况时，ECU 输出控制信号，不进行废气再循环。

（4）在起动发动机时，ECU 输出控制信号，不进行废气再循环。

二、任务实施

（一）实施准备

（1）准备好实训用发动机、常用工具等。

（2）掌握本次实训课所用仪器及设备的使用方法。

（3）强调实训中的安全注意事项。

（二）实施内容

典型的 EGR 系统需按平均 16 200 km 或 12 个月的周期做全面检查和测试，以保证系统功能正常。

废气再循环控制系统的检修

检查的一般方法如下：

①检查进气歧管、EGR 控制阀、真空放大器、EGR 延迟电磁开关、温度阀等零部件之间的全部软管和接头，更换硬化、有裂纹的软管或有缺陷的接头。当要更换一个装置上的几条软管时，最好一次脱开一条，换上新管后再脱开另一条，以防接错。

②检查所有阀门和垫是否合适、有无损坏，如有必要，修理或更换损坏的零部件。

1. 测试废气再控制系统和阀门

在运行状况下检查 EGR 控制系统和阀门的顺序如下：

①起动发动机，运转至正常工作温度。

②发动机在空挡怠速下很快加速至大约 2 000 r/min，但不超过 3 000 r/min。

③观察 EGR 阀杆，应能看见阀杆运动（可由 EGR 阀杆上槽的相对位置的改变看出来）。

④重复上述过程几次，以确认杆的运动。如果阀杆运动，表明系统工作正常，否则需按不同故障现象作相应的诊断维修。

下面将介绍常见的故障现象及其产生原因、处理方法。

（1）在系统测试中，EGR 阀杆不运动。

产生原因：

①软管裂纹、泄漏、脱接或堵塞；

②EGR 阀失效，膜片穿通或阀杆黏结。

处理方法：

①检查各软管连接是否正常，有无泄漏或堵塞，发现有问题的软管，应更换；

②拨去 EGR 阀上的软管，接入外真空源，并向阀膜片施加 35 kPa 左右的真空。若阀不运动，则更换此阀；若阀开启约 3 mm 的行程，则握住供气软管，检查膜片是否泄漏，阀应持续开启 30 s 或更长时间，否则须更换此阀。

（2）在系统测试中，EGR 阀杆不运动，若用外真空源驱动，工作正常。

产生原因：

①冷却液控制的废气再循环（CCEGR）阀失效。

②控制系统故障——气道堵塞。

③真空控制单元（放大器）失效。

④化油器喉管信号气道堵塞；EGR 电磁阀或计时器工作不良。

处理方法：

①从旁路绕过 CCEGR 阀，使放大器直接接 EGR 阀，如果 EGR 阀杆恢复正常运动，须更换 CCEGR 阀。

②对于槽口式真空控制系统，则卸下化油器并检查节流阀内腔槽口（槽口式）及化油器节流体中有关的真空气道，包括气道软管端的限制量孔，利用合适的溶剂去除沉积物并用轻的气压检查气流，正常工作时恢复到槽口真空控制的 EGR 系统。

③对于喉管真空控制系统，则从化油器上的管接头脱开喉管信号软管，发动机怠速运

转，向信号软管施加 4~7 kPa 的真空度时，发动机转速至少要下降 150 r/min，EGR 阀杆应明显运动 3 mm 或更长，如果没有运动，须更换真空控制单元。

④如果前一测试中真空控制单元（放大器）工作正常，说明到化油器喉管的真空分流头堵塞，应用适当的化油器溶剂清除气道里的沉积物。

⑤断开电磁线圈的连接导线，重复系统测试，如果阀杆运动，接好电磁线圈导线，断开计时器，再重复系统测试并观察阀杆的运动。如果无运动，更换电磁线圈；如果有运动，更换计时器。

（3）发动机无怠速（怠速熄火、怠速非常粗暴或缓慢）。

产生原因：

①控制系统有故障——EGR 阀开启。

②EGR 阀在闭合位置严重泄漏。

处理方法：

①脱开 EGR 阀的软管并将其塞住，重测怠速，如果怠速很正常，更换真空控制单元（放大器）。

②如果摘除的真空软管不正确，卸下 EGR 阀检查，保证提升阀落座严密。如有必要，清除阀上沉积物；如发现阀已损坏，应更换。

（4）节流阀全开性能差。

产生原因：真空控制单元失效。

处理方法：脱开 EGR 阀软管并将其堵塞，做车辆道路测试，如果性能恢复，则更换真空控制单元。

（5）在环境温度低于 13 ℃时，汽车表现出很差的驱动性和阻风负荷特性。

产生原因：CCEGR 阀泄漏。

处理方法：需做泄漏试验，如有必要，更换 CCEGR 阀。

（6）在环境温度低于 13 ℃时，恒温器打开前，车辆怠速粗暴，或在稳定转速驱动后返回怠速时即失速。

产生原因：CCEGR 阀泄漏。

处理方法：需做泄漏试验，如有必要，更换 CCEGR 阀。

（7）起动后，发动机开始运转，返回怠速时失速。

产生原因：真空软管与 EGR 延迟电磁线圈的连接方式不当。

处理方法：应采用合适的软管，并按线路图正确连接。

（8）汽车经 1~3 h 降温后驶离时，车辆跳动、喘振或失速。

产生原因：EGR 延迟系统损坏。

处理方法：应测试延迟系统。若工作正常，更换合适的零部件。

2. 测试 EGR 阀和气道

如果控制系统工作正常，则应测试 EGR 阀和气道。

（1）把一只转速表接到发动机上。

（2）起动发动机并运转至正常工作温度。

（3）脱开通往 EGR 阀的真空软管，在其接头处插入手动真空泵软管。

（4）将发动机置于空挡怠速下向 EGR 阀施加 4 kPa 左右的真空信号。

（5）观察发动机转速表读数：如果随着真空信号的施加，怠速转速下降 150 r/min 或更多，说明 EGR 阀正在工作；如果转速不发生变化或下降量低于规定的最小值，说明有废物沉积在 EGR 阀和进气歧管气道上，需卸下 EGR 阀，并检查、清洁其气道及进气歧管的气道。

3. EGR 阀的维修

如果诊断出 EGR 阀有过量的沉积物，需从发动机上卸下此阀，检查提升阀及安置部位的状况。如果沉积物已超过一层薄膜，可用如下方法清洗：

（1）向提升阀及安置部位加适量的歧管热控阀溶剂，加溶剂时要极其小心，以免泼洒到膜片上损坏膜片。

（2）等待约 30 min，让溶剂充分软化沉积物。

（3）将手动真空泵软管连接膜片接头，施加足够的真空度使提升阀全开，不要推动膜片开启阀门，只能利用其真空源。

（4）用一个有利刃的工具细心刮去提升阀及座上已软化变松的沉积物，如果清洁阀门后发现阀杆，说明阀与座有过量磨损，需更换 EGR 阀总成。

（5）在发动机上安放新垫片，更换 EGR 阀，然后用 14 N·m 左右的扭矩拧紧安装螺栓。

（6）连接通往阀的真空管路，按前述方法测试系统。

✿ 任务三 二次空气供给系统的检修

二次空气供给系统又叫二次空气喷射系统。自从世界上第一个车辆排气污染控制标准实施以来，二次空气喷射系统已经被广泛地应用在汽车上，它实际上就是一种尾气排放控制实用技术，用以减少排气中的 HC 和 CO 的排放量。实践也已证明，空气喷射系统在汽油、柴油汽车上都能取得良好的效果。它的工作原理是空气泵将新鲜空气送入发动机排气管内，从而使排气中的 HC 和 CO 进一步氧化和燃烧，即把导入的空气中的氧在排气管内与排气中的 HC 和 CO 进一步化合形成水蒸气和二氧化碳，从而降低了排气中的 HC 和 CO 的排放量。

在本学习任务中要掌握以下知识：

（1）二次空气供给系统的作用、类型。

（2）二次空气供给系统的结构和工作原理。

（3）二次空气供给系统的检修方法。

一、相关知识

二次空气供给系统又叫二次空气喷射系统。二次空气喷射（Air Injection，AI）系统的功能：在一定工况下，将一定量的新鲜空气送入排气歧管（见图 7-1），促使发动机排出废气中的 CO 和 HC 进一步氧化，从而降低汽车废气中有害物的排放量。起动工况下，二次空气喷射系统还可以加快三元催化转换器的升温，使发动机尽快进入空燃比闭环控制过程，从而改善发动机的工作性能。

1. 系统组成与工作原理

二次空气分为上游气流和下游气流，如图 7-2 所示。上游气流流进排气歧管，下游气流进入三元催化转换器的空气室中。空气进入排气歧管及三元催化转换器的时机由发动机电

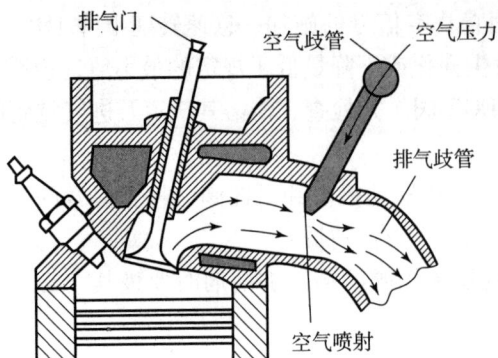

图 7-1 二次空气喷射系统的布置形式

二次空气供给系统

控单元（ECU）进行控制。

目前所用的二次空气供给方法有空气泵系统和脉冲空气系统两种方式。

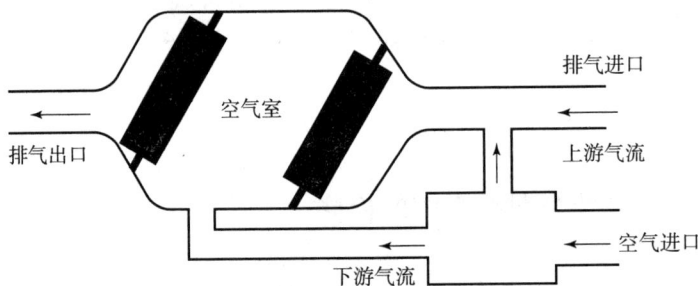

图 7-2 二次空气喷射系统的组成

1）空气泵系统

空气泵系统利用空气泵将压缩空气导入排气口和催化转换器。空气泵系统如图 7-3 所示，由真空控制空气旁通阀和空气分流阀组成，它们又控制从空气泵到排气口或催化转换器的空气量。空气分流阀到排气口和催化转换器之间各有一个单向阀，以防止在减速等工况时，排气管中的废气倒流至二次空气喷射系统。发动机控制模块控制两个电磁线圈，分别给旁通阀和分流阀供应真空。

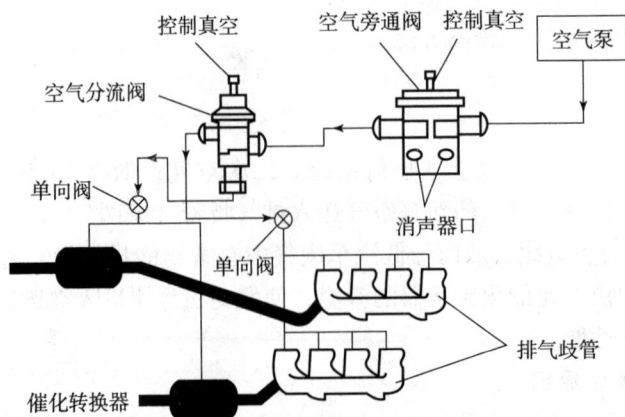

图 7-3 空气泵系统

空气泵是一种旋转叶片式容积泵（见图 7-4），其原理是利用离心方式将干净的空气泵入系统中。

图 7-5 所示为空气泵的工作过程。由图可见，由于转子带动翼板旋转，使空气泵内的压力低于进气口外的压力，所以空气被吸入空气泵。转子继续带动翼板旋转，使空气被压缩并流动到排气口，此时由于排气口外的压力比排气口内的小，而且还有翼板的推动作用，最终使空气从排气口排出。空气泵工作时，这一过程周而复始，将空气连续不断地泵入排气系统。

2）脉冲空气系统

同空气泵系统相比，脉冲空气系统不需动力源注入空气，而是依靠大气压力与废气真空脉冲之间的压力差使空气进入排气管，因此减少了成本及功率消耗，其工作原理如图 7-6 所示。

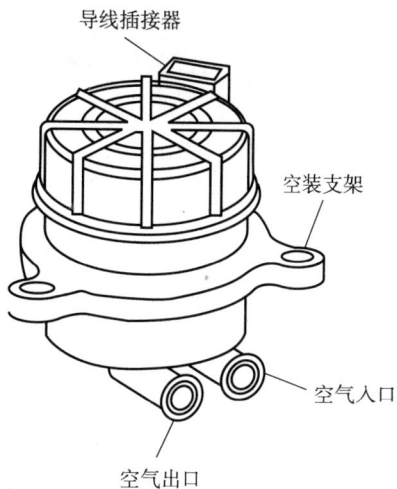

图 7-4 空气泵

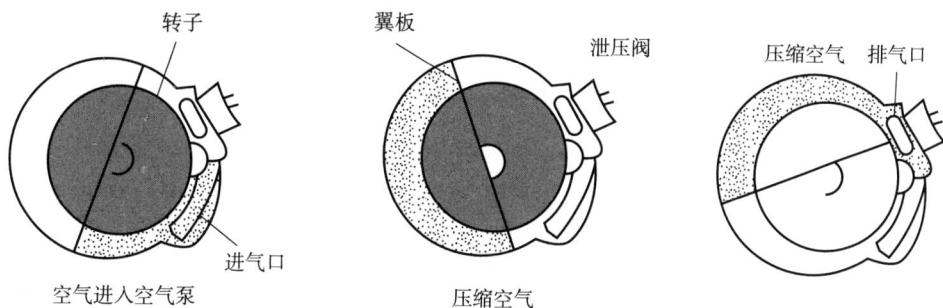

图 7-5 空气泵的工作过程

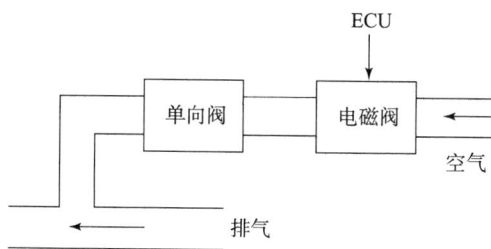

图 7-6 脉冲空气喷射系统原理图

空气来自空气滤清器，发动机电控单元（ECU）控制电磁阀的打开及关闭，电磁阀与单向阀相连。由于排气中压力是正负交替的脉冲压力波，当发动机以较低转速运转时，排气压力为负，空气由滤清器通过电磁阀和单向阀进入排气口；当排气压力为正时，因有单向阀，所以空气不能反向流动，但此时也没有新鲜空气进入排气口，即不能降低 HC 的排放量。脉冲空气系统的上、下游空气道各有一个电磁阀和一个单向阀。因为排气口的低压脉冲持续时间随发动机转速的提高而缩短，所以脉冲式二次空气喷射系统在发动机转速较低时，降低排放的效果更加明显。

2. 实例——韩国现代轿车二次空气喷射系统

韩国现代轿车二次空气喷射系统的组成如图 7-7 所示。二次空气控制阀由舌簧阀和膜片阀组成，来自空气滤清器的二次空气进入排气管的通道受膜片阀控制，膜片阀的开闭用进气歧管的真空度驱动，其真空通道由 ECU 通过二次空气电磁阀控制。装在二次空气控制阀

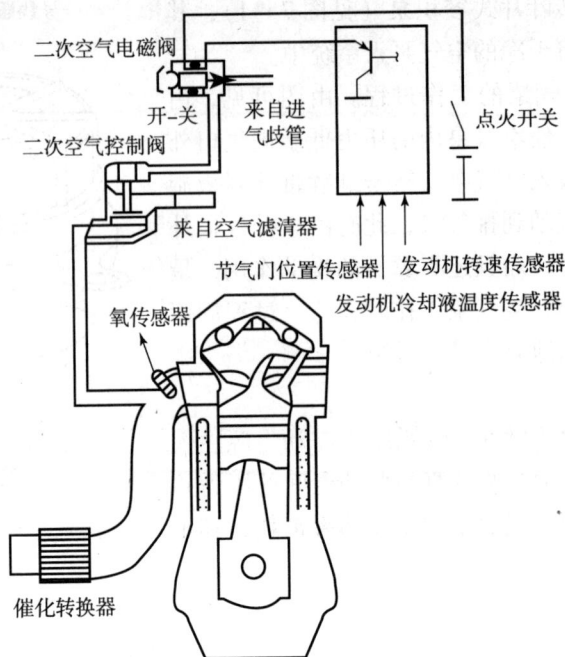

图7-7 韩国现代轿车二次空气喷射系统的组成

中的舌簧阀是一个单向阀，主要用来防止排气管中的废气倒流。

点火开关接通后，蓄电池即向二次空气电磁阀供电，ECU控制二次空气电磁阀的搭铁回路。二次空气电磁阀不通电时，关闭通向膜片阀真空室的真空通道，膜片阀弹簧推动膜片下移，关闭二次空气供给通道，不允许向排气管内提供二次空气。ECU给二次空气电磁阀通电时，电磁阀开启膜片阀真空室的真空通道，进气管真空度将膜片阀吸起，排气管内的脉动真空即可吸开舌簧阀，使二次空气进入排气管。

在下列情况下ECU不给二次空气电磁阀通电：

（1）电控燃油喷射系统进入闭环控制。

（2）冷却液温度超过规定范围。

（3）发动机转速和负荷超过规定值。

（4）ECU发现有故障。

二、任务实施

（一）实施准备

（1）准备好实训用发动机、常用工具等。

（2）掌握本次实训课所用仪器及设备的使用方法。

（3）强调实训中的安全注意事项。

（二）实施内容

1. 工作情况检查

如果二次空气喷射系统发生故障，则发动机温度升高时，系统不向排气口泵入空气，造成CO和HC的排放量升高。在对二次空气喷射系统进行检查时，需注意以下几点：

（1）诊断二次空气喷射系统，首先要检查该系统上所有真空软管和电路连接是否正常，有无老化、泄漏、连接松动等。

（2）空气泵的皮带必须有一定的张力，带轮松动会导致二次喷射系统不能正常工作。此外空气泵在皮带轮的后面有一个离心式滤清器，其作用是过滤空气中的灰尘。皮带轮与滤清器用螺栓连接在泵轴上，可分别检修，如图7-8所示。如果皮带轮或滤清器弯曲、磨损或损坏，应进行更换。

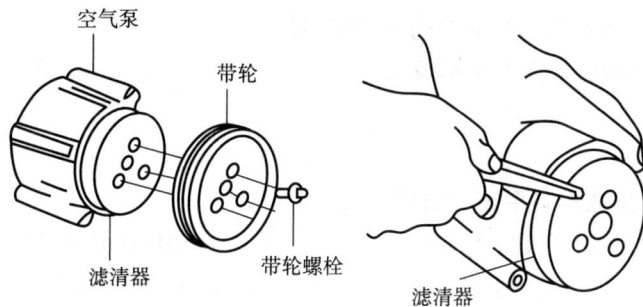

图7-8 空气泵带轮与离心式滤清器

（3）二次空气喷射系统中泄压阀的作用是在系统堵塞或阻力过大时释放压力，以防止空气泵压力过高。泄压阀通常连接在旁通阀和分流阀上，也有的连接在空气泵上。如果泄压阀卡在开启位置，来自空气泵的空气流将通过该阀连续排出。

（4）如果二次空气喷射系统中的软管出现烧坏的现象，这是高温排气进入造成的，说明单向阀有泄漏故障。

（5）发动机低温起动后，拆下空气滤清器盖，应能听到舌簧阀发出的"嗡、嗡"声。

（6）从空气滤清器上拆下二次空气供给软管，用手指盖住软管口检查，应符合下列要求：发动机温度在18 ℃～63 ℃范围内怠速运转时，有真空吸力；发动机温度在63 ℃以上时，起动后70 s内应有真空吸力，起动70 s后应无真空吸力；发动机转速从4 000 r/min急减速时，应有真空吸力。

检查结果若与上述不符，说明二次空气喷射系统工作不正常，应进一步检查。

2. 检查二次空气控制阀

拆下二次空气控制阀，从空气滤清器侧软管接头吹入空气应不漏气；用手动真空泵从真空管接头施加20 kPa真空度，从空气滤清器侧软管接头吹入空气应畅通。若不符合上述要求，说明膜片阀工作不良，应检修或更换；用手动真空泵从真空管接头施加20 kPa真空度，从排气管接头吹入空气应不漏气，否则说明舌簧阀密封不良，应更换。

3. 检查二次空气电磁阀

测量二次空气电磁阀电阻值，正常值应为36～44 Ω。拆开二次空气电磁阀上的软管，电磁阀不通电时，从进气管侧软管接头吹入空气应不通，从通大气的滤网处吹入空气应畅通；当给电磁阀接通蓄电池电源电压时，吹气通畅情况应与上述相反。若不符合上述要求，应更换该二次空气电磁阀。

❀ 任务四　燃油蒸发排放控制系统的检修

燃油蒸发排放控制系统，又叫汽油蒸气排放控制系统，是汽车发动机辅助控制系统之一，也是汽车发动机排放控制系统之一。

在本学习任务中要掌握以下知识：

（1）燃油蒸发排放控制系统的功用、类型。

（2）燃油蒸发排放控制系统的结构和工作原理。

（3）燃油蒸发排放控制系统的检修方法。

一、相关知识

（一）燃油蒸发排放控制系统的功用

最大限度地减少燃油蒸气从燃油箱释放到大气中。发动机在处于稳定状态时，如果燃油箱内的蒸气压力超过预定值，则 EVAP 双向阀打开，以使蒸气进入 EVAP 控制活性炭罐，暂时由活性炭保持在炭罐内。随着发动机的运转，新鲜空气进入炭罐的底部，并将燃油蒸气带入进气歧管内。

发动机工作时，ECU 根据发动机转速、温度、节气门等信号，用占空比控制炭罐电磁阀的开闭，实现排放控制阀上部的真空度，从而控制排放控制阀的开度。当排放控制阀打开时，燃油蒸气通过排放控制阀被吸入进气歧管。

燃油蒸发控制系统

（二）燃油蒸发排放控制系统的组成

燃油蒸发排放控制系统主要由活性炭罐储存装置、燃油蒸发净化控制装置和燃油箱燃油蒸发控制装置组成。

（三）燃油蒸发排放控制系统的工作原理

在汽车的排放污染中，由燃油蒸发造成的污染约占总量的 15% 。为了降低汽车的燃油蒸发污染，控制燃油箱逸出的燃油蒸气，电控汽油喷射发动机上普遍采用了燃油蒸发排放控制系统（EVAP），即活性炭罐清污控制系统，油箱中的燃油蒸气在发动机不运转时被炭罐中的活性炭所吸附，当发动机运转时，依靠进气管中的真空度将燃油蒸气吸入发动机中。电子控制单元根据发动机的工况通过电磁阀控制真空度的通或断实现对燃油蒸气的控制。

燃油蒸发控制系统的工作原理，是利用活性炭罐把燃油蒸气吸附在活性炭粒上，在发动机进入小负荷到中负荷工况范围时，通过发动机的真空吸力使燃油蒸气从活性炭罐内脱附，吸入气缸内参与燃烧。电控发动机的 EVAP 则是由电控单元根据水温传感器、发动机转速传感器、节气门位置传感器、空气流量传感器的工作信号等发动机运转参数，通过燃油蒸发控制电磁阀来控制系统的工作。

在发动机处于怠速工况和全负荷工况下时，活性炭罐中的燃油蒸气不应进入气缸，因为在怠速工况下进入易造成混合气过浓而使发动机熄火，在全负荷工况下进入又会引起混合气过稀而影响发动机的动力性。所以，活性炭罐内的燃油蒸气脱附应是受控制的，其控制方法有利用发动机真空度控制和利用电控单元控制两种形式，现在的汽油发动机通常利用电控单元控制形式。如果电控单元或电磁阀有故障，则会使 EVAP 运转失效或工作不正常，造成夏天行车时车厢内有燃油味，或者影响发动机的怠速稳定性。

二、任务实施

（一）实施准备

（1）准备好实训用发动机、常用工具等。

（2）掌握本次实训课所用仪器及设备的使用方法。

（3）强调实训中的安全注意事项。

（二）实施内容

（1）起动发动机，待发动机温度升高到正常工作温度时使其怠速运转。

（2）取下活性炭罐上的真空软管，用手指按住管口，检查真空软管内有无真空吸力。如果无真空吸力，表明系统工作正常，即当 EVAP 工作正常时，发动机怠速运转时电磁阀应不通，同时真空软管内也应无真空吸力；如果此时真空软管内有真空吸力，表明 EVAP 工作不良，再用万用表检查电磁阀线束连接器内电源端子的电压，若有电压，表明电控单元 ECU 有故障；若无电压，表明电磁阀有故障。

（3）踩下加速踏板，使发动机在高于 2 000 r/min 的工况下运转，检查真空软管内的吸力。如果真空软管内有真空吸力，表明 EVAP 工作正常；如果真空软管内无真空吸力，则应检查电磁阀线束连接器内的电源电压。若电压正常，表明电磁阀有故障；若电压异常或无电压，则表明电控单元 ECU 或控制线路有故障。

（4）取下电磁阀线束连接器，向电磁阀内吹气，电磁阀应不通气，然后将电源直接连接在电磁阀的两端子上，并向电磁阀内吹气，此时电磁阀应通气。否则表明电磁阀有故障，应更换电磁阀。对电磁阀主要测量其线圈电阻，其电阻值应该符合规定值，否则更换电磁阀。

（5）检查 EVAP 各管路是否松动、损坏或变形，检查油箱盖及衬垫是否变形或损坏。

（6）检查活性炭罐外壳有无裂痕、变形或损坏。活性炭罐的使用寿命一般为 6 万千米左右，在使用中应经常检查和维护。

拓展知识

汽油机 EGR 让发动机更高效

一般听到 EGR（废气再循环系统），我们会不由自主地联想到"减排""柴油车排放"等关键词。这没错，但是当 EGR 用于汽油车时，这项技术与尾气排放的关联性并不那么大。其原因很简单，汽油发动机中都安装了三元催化转换器，此装置已经起到了降低排放的作用。因此汽油机 EGR 有了另一项重要的任务——节能。

传统发动机节能技术

为了达到节能的目的，主机厂采用的发动机技术在不断改进。

涡轮增压也是近年来车企偏爱的一项技术，1.0 L 涡轮增压发动机可实现与 1.6 L 自吸发动机相媲美的功率，此外还可实现发动机的小型化。即便是偏爱自吸发动机的日本车企也在转向涡轮增压。这类发动机的空燃比为 14.7（$\lambda = 1$），在此条件下，发动机的三元催化效率最高。而当空燃比超过 14.7 时（$\lambda > 1$），因为空气在燃油混合气中的比例更高，因此称为稀薄燃烧，目前量产的只有奔驰的 M270 系列发动机采用这种燃烧方式。

目前汽油机的三大问题

第一点是泵气损失。汽油机是通过节气门体控制发动机的输出功率和扭矩的，因此当发动机负荷比较小时，节气门的开度就比较小，此时发动机的泵气损失就比较大。涡轮增压就是为了解决发动机小负荷区工作泵气损失大的问题而引入的。VVT 和不带冷却器的 EGR 可以起到相同的作用。

第二点是发动机爆震问题。无论直喷发动机还是涡轮增压发动机，汽油机小型化后发生爆震的倾向性会加强，目前只能依靠降低压缩比、推迟点火提前角的方式来抑制爆震，对于发动机的油耗和性能都会带来负面影响。

第三点是燃烧效率低。汽油机的排气温度要求是低于 950 ℃。而为了降低排气温度，发动机在高转速高负荷的工况下需要采用开环控制，也就是过喷油。通过过喷油把排气温度降低，但这部分"过喷射"的燃油将完全浪费。

解决方案：引进汽油机 EGR

当发动机转速较低、负荷较高的时候，通过引入 EGR 来降低燃烧温度以避免爆震。而引进 EGR 后，可降低燃烧温度，因此点火提前角可以提前一些，有助于功率发挥和降低油耗。

在转速较高时，引进 EGR 就无须采用过喷油的方式来保证排温在要求的 950 ℃以下。

传统发动机中采用的奥托循环效率与压缩比、比热容比有关。压缩比越大，发动机越容易爆震。由 EGR 引进的废气属于惰性气体，因此发动机可以适当地提高压缩比而不会发生爆震。奥托循环的热效率与压缩比呈正比关系，因此压缩比提高后，热效率随之提高。比热容比方面，空气的比热容比是 1.4，汽油的比热容比是 1，废气的比热容比是 1.3，因此 EGR 引入了废气后提高了比热容比。根据奥托循环效率公式：$\eta = 1 - 1/(\varepsilon \gamma - 1)$（其中 η 为效率，ε 为压缩比，γ 为比热容比），比热容比和压缩比提高可增加奥托循环效率。

采用 VVT（内部 EGR）和不带冷却器的外部 EGR 可以实现在低转速低负荷条件下降低泵气损失。

高压 EGR 与低压 EGR

带涡轮增压器的汽油机 EGR 分为高压 EGR 和低压 EGR。在压轮之前取气称之为高压 EGR，在涡轮之后取气称之为低压 EGR。对于传统的自然吸气发动机是无高低压之分的。

在压轮之前取气，气体压力较高，称为高压 EGR。经过涡轮做功后气体压力较小，称为低压 EGR。

高压 EGR 的优势在于已经批产，对于压轮和中冷器没有损害；另外，由于压力较高，空气流速较高，使 EGR 反应速率较高。但是高压 EGR 覆盖不到前面所说的抗爆震区域，此外其成本要略高于低压 EGR。

低压 EGR 的优势在于排气经过压轮、中冷器后，平均分配到 4 个气缸中，因此 4 个缸的燃烧比较均匀，各缸的燃烧一致性比较好。另外，废气 100% 都经过压轮，使其响应速率提高，减少涡轮迟滞现象。

针对低压 EGR，还细分为脏端取气与清洁端取气，前者指的是在三元催化转换器（Catalyst）之前取气，后者则是在三元催化转换器之后取气。

脏端取气的优势在于燃油经济性好，首先一部分 CO 和 HC 并没有充分燃烧，取气之后循环再次燃烧，可降低油耗；其次还可以降低 HC 的排放量。

清洁端取气的优势在于对压轮、EGR 冷却器、中冷器不易造成腐蚀，因为混合气经过三元催化转换器后相对比较干净。系统的可靠性要高于脏端取气方法。

通过引进 EGR，发动机在抗爆震区域可节油 4% ~ 6%，在优化燃烧区域可节油 5% ~ 15%，内部 EGR 区域可节油 1% ~ 2%，减少泵气损失区域可节油 2% ~ 4%。

对于直喷发动机，EGR 还可以降低发动机排气中的颗粒物，对缓解中国地区雾霾天气有着积极作用。

故障案例

故障现象：6 吨油罐车驾驶员说，几天来车辆在行驶过程中无论低速、中速还是高速工作都正常，但一旦松开加速踏板后，发动机易熄火。在怠速停车时发动机也易出现熄火现象。

故障诊断：起动发动机，感觉发动机明显工作不稳，且发动机抖动较严重。上路试车，确实有驾驶员所说的症状存在。采用 V. A. G1551 读取电控部分的故障码、测量发动机怠速转速，无故障码显示，怠速转速在 500 ~ 650 r/min 之间波动。

（1）首先对点火系统进行检查：拔掉分缸高压线起动试火，火花很强。拆下各缸火花塞观察，燃烧情况很好。用断缸法进行试验时，各缸反应都一致。用发动机正时灯测量点火提前角，点火提前角符合规定。

检查供油系统：在燃油分配管的检查接头上安装燃油压力表，测得燃油压力为正常值；拆下喷油器，进行解体后并用超声波清洗，装车后故障依旧。

（3）检查油罐车供气系统：空气滤清器较清洁；测量进气管真空度，正常；检测各气缸的压缩压力，正常；检测 MAP 传感器及反馈电压，正常；拆卸怠速控制阀，清除积炭后，故障依旧。

（4）检查排放控制系统：将燃油蒸气通道阻断使其暂停工作，故障存在；将废气再循环（EGR）系统中的废气通道阻断使其暂停工作时，故障消失。由此判断，是 EGR 系统故障造成怠速易熄火。拆下发动机上电磁阀和 EGR 阀进行检查，是 EGR 阀关闭不严，阀门漏气。对 EGR 阀解体检查，发现阀门和阀座上均结有积炭，是积炭导致阀门关闭不严而漏气。

排除故障：将 EGR 阀门和阀座上的积炭清除，并用细研磨膏研磨阀门和阀座的接合面，经测试不漏气后装复试车，加油后发动机怠速运转平稳，再用 V. A. G1551 检测，发动机怠速转速为 800 r/min，发动机不熄火。故障排除。

项目总结

（1）燃油蒸发排放控制系统的作用是最大限度地减少燃油蒸气从燃油箱释放到大气中。发动机在处于稳定状态时，如果燃油箱内的蒸气压力超过预定值，则 EVAP 双向阀打开，以使蒸气进入 EVAP 控制活性炭罐，暂时由活性炭保持在炭罐内。随着发动机的运转，新鲜空气进入炭罐的底部，并将燃油蒸气带入进气歧管内。

（2）燃油蒸发排放控制（EVAP）系统主要由活性炭罐储存装置、燃油蒸发净化控制装置和燃油箱燃油蒸发控制装置组成。

（3）三元催化器是安装在汽车排气系统中最重要的机外净化装置，它可将汽车尾气排出的 CO（一氧化碳）、HC（碳氢化合物）和 NO_x（氮氧化合物）等有害气体通过氧化和还原作用转变为无害的二氧化碳、水和氮气。

（4）废气再循环（EGR）系统用于降低废气中的氧化氮（NO_x）的排出量。氮和氧只有在高温高压条件下才会发生化学反应，使发动机燃烧室内的温度和压力满足条件，在强制加速期间更是如此。

当发动机在负荷下运转时，EGR 阀开启，使少量的废气进入进气歧管，与可燃混合气一起进入燃烧室。怠速时 EGR 阀关闭，几乎没有废气循环至发动机。汽车废气是一种不可燃气体（不含燃料和氧化剂），在燃烧室内不参与燃烧。

练习题

一、填空题

1. 汽车排放污染主要来源于_____。

2. 柴油机的主要排放污染物是_____、_____和_____。

3. 发动机排出的 NO_x 量主要与_____有关。

4. 开环控制 EGR 系统主要由_____和_____等组成。

5. 在开环控制 EGR 系统中，发动机工作时，ECU 给 EGR 电磁阀通电停止废气再循环的工况有：_____、_____、_____。

6. 随发动机转速和负荷减小，EGR 阀开度将_____。

7. 三元催化转换器的功能是_____。

8. 影响 TWC 转换效率的最大因素有_____、_____。

9. 在闭环控制过程中，当实际的空燃比小于理论空燃比时，氧传感器向 ECU 输入的电压信号一般为_____。

10. 丰田凌志 LS400 轿车氧传感器加热线圈在 20 ℃时阻值应为_____。

11. 给发动机控制模块反馈信号的传感器主要有_____、_____。

12. 在三元催化转换器前后各装一个氧传感器的目的是_____。

13. 三元催化剂是_____的混合物。

14. 正常情况下转换器出气口应该至少比进气口温度高_____。

15. 废气再循环的主要目的是_____。

16. 减少氮氧化合物的最好方法就是降低_____。

17. 废气再循环会使混合气的着火性能和发动机输出功率_____。

18. 在诊断 EGR 系统之前，发动机的温度必须处于_____。

19. 目前所用的二次空气供给方法有_____、_____两种。

20. 进入废气中的氧气较少时，氧化钛式氧传感器的二氧化钛半导体阻值_____。

21. 汽油机的主要排放污染物是_____、_____、_____。

22. EVAP 是 _____ 英文缩写。

23. EGR 系统主要有 _____ EGR 系统和 _____ EGR 系统。

24. TWC 是利用转换器中的 _____ 将有害气体变为无害气体。

25. 影响 TWC 转换效率最大的因数是 _____ 和 _____。

26. 氧传感器可分为 _____ 和 _____ 两类。

27. 当废气中的氧浓度高时，二氧化钛的电阻值 _____。

28. 二次空气供给系统在一定情况下，将 _____ 送入排气管，以降低 CO 和 HC 的排放量。

29. 装有氧传感器和三元催化转换装置的汽车，禁止使用 _____ 汽油。

30. 发动机工作进行废气再循环时，废气再循环量的多少可用 _____ 来表示。

31. NO_x 是控制中的氧气与氮气在 _____、_____ 条件下形成的。

32. OBD 是 _____ 系统。

33. 应急备用系统工作时，只能根据 _____ 信号和 _____ 信号将发动机工况简单地分为起动、怠速和非怠速三种。

34. 失效保护使 ECU 根据 _____ 信号和 _____ 信号按固定的喷射时间控制发动机工作。

35. 三元催化转换器正常起作用是以减少 _____ 的排放。

36. 燃油蒸发排放管的作用是 _____。

37. 三元催化转换器是安装在 _____ 和 _____ 之间。

38. 目前采用的三元催化转换器有几种形式，其中包括 _____、_____ 等。

39. 转换器中的转换剂覆盖在氧化铝颗粒或陶瓷体上，多为 _____ 和 _____ 的混合物。

40. 二氧化锆氧传感器采用 _____ 做敏感元件。

41. 氧传感器失效一般有两种原因：一是 _____ ；二是 _____。

42. 装在排气管中的三元催化转换器会影响废气分析仪上 _____ 和 _____ 的读数。

43. 减少 NO_x 最好的方法是 _____。

44. EGR 率定义为 _____。

45. 根据发动机工况不同，进入进气歧管的废气量一般在 _____ 之间变化。

46. 废气再循环控制系统部件主要由 _____、_____ 和 _____ 等组成。

47. _____ 是曲轴箱强制通风系统中最重要的部件。

48. 如果把四尾气分析仪的传感器装在催化器下游，分析仪上 _____ 和 _____ 的读数不受三元催化转换器的影响。

49. 排气温度传感器用来检测 _____ ；用以判断 _____。

二、判断题

1. 韩国大宇轿车上的 EVAP 轿车系统采用的是 ECU 控制。 （　　）

2. 在所有的 EVAP 系统中，活性炭罐上都设有真空控制阀。 （　　）

3. 气缸内的温度越高，排出的 NO_x 量越多。 （　　）

4. 在冷起动后，立即拆下 EGR 阀上的真空软管，发动机转速应无变化。 （　　）

5. 三元催化转换器一般为整体不可拆卸式。 （　　）

6. 故障自诊断系统必须要有专门的传感器。 （　　）

7. 自诊断系统对所设故障码以外的故障无能为力，特别是机械装置、真空装置等。 （　　）

8. 自诊断系统只能根据传感器输入信号来判定有无故障，但不能确定故障的具体部位。 （　　）

9. 当点火系统发生故障造成不能点火时，失效保护系统使 ECU 立即切断燃油喷射。 （　　）

10. 失效保护系统只能维持发动机继续运转，但不能保证控制系统的优化控制。（　　）

11. 二氧化锆氧传感器的输出特性在空燃比 14.7 附近有突变。 （　　）

12. 一般氧传感器安装在排气管处三元催化装置前面。 （　　）

13. 三元催化转换器必须定期进行维护，延长其使用寿命。 （　　）

14. 三元催化转换器发生破裂、失效时也会造成发动机动力性下降。 （　　）

15. 三元催化转换器的工作正常与否可以用废气分析仪来测试。 （　　）

16. 燃烧的温度越低，氮氧化合物排出的就越多。 （　　）

17. EGR 系统会对发动机的性能造成一定的影响。 （　　）

18. 诊断二次空气喷射系统，首先要检查该系统上所有真空软管和电路连接。 （　　）

19. 在使用三元催化转换器来降低排放污染的发动机上，氧传感器是必不可少的。 （　　）

20. 氧传感器失效时会导致混合气过稀，不会导致混合气过浓。 （　　）

21. 非加热型的氧传感器一般在 5 万 ~ 8 万千米时应更换一次。 （　　）

22. 怠速时，CO 的排放量最多，NO_x 最少。 （　　）

23. 加速时，HC 排放量最少，NO_x 增加最显著。 （　　）

24. 曲轴箱窜气的主要成分是 HC 和 CO。 （　　）

25. 燃油蒸气的主要有害成分是 HC。 （　　）

26. 活性炭罐受 ECU 控制，在各种工况下都工作。 （　　）

27. 废气再循环的作用是减少 HC、CO 和 NO_x 的排放量。 （　　）

28. 发动机温度过高不会损坏三元催化转换器。 （　　）

29. 空燃比反馈控制在各种电控发动机上都使用。 （　　）

30. 空燃比反馈控制的前提是氧传感器产生正常信号。 （　　）

31. 废气排放控制仅在采用 OBD - Ⅱ 系统中使用。 （　　）

32. 发动机排出的 NO_x 只与气缸内的最高温度有关。 （　　）

33. 柴油机的主要污染物是 HC、NO_x 和炭烟。 （　　）

34. EGR 控制系统是将适量废气重新引入气缸燃烧，从而提高气缸的最高温度。 （　　）

35. 废气再循环取决于 EGR 开度，而 EGR 开度由 ECU 控制。 （　　）

36. 发动机的排气温度大于 815 ℃时，TWC 转换效率下降。 （　　）

37. 当氧化锆氧传感器内外侧氧浓度差小时，两电极产生的是高电压（约 1 V）。 （　　）

38. 拆开二次空气电磁阀上的软管，电磁阀不通电时，从进气管侧软管头吹入。（　　）
39. 发动机在全负荷模式下，废气再循环控制系统将停止工作。（　　）
40. HC 包括未燃烧和未完全燃烧的燃油、润滑油及其裂解产物和部分氧化物。（　　）
41. NO$_x$ 是燃烧过程中形成的多种氮氧化合物，是由于混合气在高温、富氧下燃烧时产生的。（　　）
42. 只有当混合气的空燃比保持稳定时，三元催化转换器的转换效率才能得到精确控制。（　　）
43. 三元催化转换器是汽车发动机上普遍采用的一种机外废气净化装置。（　　）
44. 传统三元催化转换器只对一氧化碳和碳氢化合物起催化转换作用。（　　）
45. 氧化锆式氧传感器输出信号的强弱与工作温度无关。（　　）
46. 线性 EGR 阀由发动机控制模块控制。（　　）
47. EGR 系统工作提前会产生怠速不稳失速现象，但不会使发动机产生回火现象。（　　）
48. 如果二次空气喷射系统发生故障时，会使 HC 的排放量降低。（　　）
49. 在对车辆做排放检测前，一定要对发动机进行充分的预热。（　　）
50. 尾气分析仪可以检测到三元催化转换器存在故障。（　　）
51. 用电控加速踏板可明显改善发动机燃油消耗和尾气排放。（　　）
52. 采用 EGR 系统对发动机性能不会造成影响。（　　）
53. 氧传感器内部有一个加热器，可使传感器的输出信号稳定。（　　）
54. 测试尾气时必须把分析仪的采样管插到三元催化转换器的下游。（　　）
55. 测试尾气时必须把分析仪的采样管插到三元催化转换器的上游。（　　）
56. 很多双级催化器采用空气喷射系统在催化器之间的空间喷入空气以提供氧气。（　　）
57. 预热转换器一般都采用在比较大的车型上。（　　）
58. 三元催化转换器工作时的氧化反应会产生大量的热。（　　）

三、选择题

1. 行驶时（　　）排放量最多，（　　）排放量最少。
A. NO$_x$；HC   B. NO$_x$；CO   C. HC；CO   D. CO；HC

2. 减速时（　　）排放量最少，（　　）排放量显著增加。
A. NO$_x$；HC   B. NO$_x$；CO   C. HC；CO   D. CO；HC

3. 本田车系的 VAEC 电磁阀电阻为（　　）Ω。
A. 10 ~ 15   B. 14 ~ 20   C. 14 ~ 30   D. 10 ~ 25

4. 废气再循环的作用是抑制（　　）的产生。
A. HC   B. CO   C. NO$_x$ D. 有害气体

5. 在（　　）时废气再循环控制系统不工作。
A. 行驶   B. 怠速   C. 高转速   D. 热车

6. 采用三元催化转换器必须安装（　　）。
A. 前氧传感器   B. 后氧传感器

C. 前、后氧传感器   D. 空气流量传感器

7. 如果三元催化转换器良好，后氧传感器信号波动（   ）。

A. 频率高   B. 增加   C. 没有   D. 缓慢

8. 发动机过热将使（   ）。

A. EGR 系统工作不良   B. 燃油蒸发量急剧增多

C. 三元催化转换器易损坏   D. 曲轴箱窜气增加

9. 氧化锆只有在（   ）以上的温度时才能正常工作。

A. 90 ℃   B. 40 ℃   C. 815 ℃   D. 500 ℃

10. 氧化钛氧传感器工作时，当废气中的氧浓度高时，二氧化钛的电阻值（   ）。

A. 增大   B. 减小   C. 不变   D. 不确定

11. 在用四气分析仪测试复合式车辆废气时：技术员甲说当混合气较浓时，O_2 读数会偏低；技术员乙说混合气较浓时，CO 读数较高。谁正确？（   ）

A. 只有甲正确   B. 只有乙正确   C. 两人均正确   D. 两人均不正确

四、名词解释

1. EGR 率。

2. EVAP。

五、问答题

1. 在现代的汽车上装用的排放控制系统都有哪些？

2. 简述氧传感器信号的检测方法。

3. 二次空气供给系统的功能是什么？

4. 简述氧化锆氧传感器的工作原理。

5. 什么是废气再循环？

6. 三元催化转换器一般在使用或维修中要注意哪些方面？

7. 一般发动机控制模块使炭罐控制电磁阀通电应考虑哪些条件？

项目八

电控汽油机常见故障诊断

知识目标

- 熟悉 4S 店汽车维修流程。
- 掌握故障自诊断系统的功能组成。
- 掌握常见车型故障自诊断系统的清除方法。
- 掌握节气门位置传感器的作用、结构和工作原理。
- 掌握汽车常见故障诊断和排除方法。

能力目标

- 能根据客户的描述现场验车并接车，按规定的程序利用仪器、仪表对故障车辆进行针对性的检查，确认故障现象，确定故障范围，并做准确记录。
- 能正确使用故障诊断仪读取传感器故障码与数据流。
- 能正确使用故障诊断仪读取执行元件故障码及数据流。
- 能正确使用故障诊断仪/汽车专用示波器读取传感器波形。
- 能根据检测结果判定故障点进行维修。
- 会进行工作质量检查。

项目概述

（一）项目内容

现代汽车的电子化程度不断提高，这在极大地优化了汽车的技术性能的同时，也使汽车的控制系统越来越复杂，这些复杂的电子装置一旦出现故障，就会带来很大的检修困难。一般装有微处理器控制单元的汽车，都具有故障自诊断系统，可以用它来对汽车内传动系统、控制系统各部分工作状态进行自动检查和监测。

当汽车出现故障时，装在仪表盘上的故障指示灯就会闪亮以警告车主汽车出现的问题，同时故障代码将存入存储器，以便及时发现隐患，保证汽车的安全运行。

本项目设置了 3 个学习任务，任务内容如下：

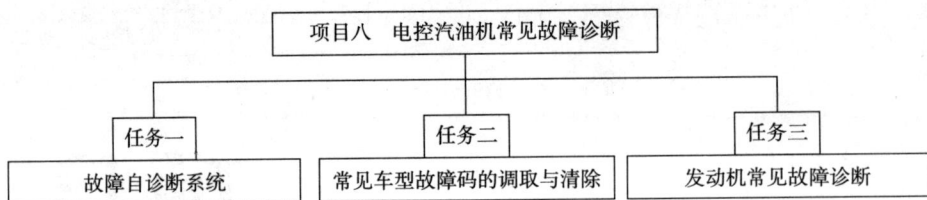

```
                    ┌─────────────────────────────────┐
                    │  项目八  电控汽油机常见故障诊断  │
                    └─────────────────────────────────┘
              ┌──────────────┼──────────────────────────┐
         ┌─────────┐    ┌─────────┐              ┌─────────┐
         │  任务一  │    │  任务二  │              │  任务三  │
         └─────────┘    └─────────┘              └─────────┘
      ┌─────────────┐ ┌───────────────────┐ ┌───────────────────┐
      │ 故障自诊断系统│ │常见车型故障码的调取与清除│ │ 发动机常见故障诊断 │
      └─────────────┘ └───────────────────┘ └───────────────────┘
```

（二）项目知识

1. 汽车自诊断系统的历史及发展

1）专用汽车检测仪

20 世纪 70 年代后期，为了进一步提高现代汽车使用和维修的方便性，出现了专用汽车检测仪用来检测汽车电控系统的工作状况。例如美国福特公司研制的 EEC－I 和 EEC－U 检测仪，它可用于监控电控汽油发动机的信号，并找出故障部位。由于这种专用检测仪在诊断故障时对汽车维修人员的技术要求较高，因而一直未能普及开来。

故障诊断仪的发展

2）随车诊断系统

进入 20 世纪 80 年代，一种新型诊断系统即随车诊断系统问世，它是利用微处理控制单元对电控系统各部件进行检测和诊断，自行找出故障，故也被称为故障自诊断系统。由于它可以对汽车电控系统参数实行连续监控，并能记录各系统的间歇故障，因此查找故障及时方便，所以其使用较为广泛。但是由于微处理器内存有限，故其诊断项目受到一定的限制，而且不能诊断较为复杂的故障，因此人们又在研制和开发更新更好的诊断系统。

3）多功能车外诊断系统

为了扩充随车自诊断系统的诊断容量和诊断功能，20 世纪 80 年代末，福特的车外诊断仪 OASIS、丰田的 Diaqmonitor 诊断系统、日产公司的 Consult 等相继诞生，这些系统功能较为齐全，但是价格较为昂贵，专业技术要求高，且标准不统一，因而其使用和维护也受到一定的限制。进入 20 世纪 90 年代以后，一些符合国际标准、易操作且价格较为合理的多功能诊断系统研制成功。如日本大发研制的 DOT－21 型车外诊断系统等。

现代汽车自诊断系统是自成体系，不具有通用性，因而不利于推广，给汽车的售后服务和维修造成了很大的困难。因此，诊断系统必须标准规范，这样其诊断模式和诊断接口便可统一，只用一台仪器便可对各种车辆进行诊断和检测，这必将大大推进汽车自诊断系统的发展。

4）规范化的 OBD－II 自检测系统

OBD－II 是大家比较熟悉的新一代汽车故障自诊断规范。它是由美国汽车工程师协会和加州环保组织提出，统一了汽车故障自诊断的各项技术指标。它有三种形式：SAE J－1850 PWM；SAE J－1850 VPM；ISO 9141－2。目前，故障自诊断规范已被全世界上的大多数国家接受，它将是故障自诊断技术今后的发展方向。

OBD－II 随车诊断系统具有以下特点：

（1）按照 SAE 标准，提供统一的 16 针诊断座，安装于驾驶室仪表板下方。其中 16#脚为电源输入，4#脚为车身接地，5#脚为信号回路接地。

（2）OBD－II 诊断模式采用高效率的明码编码方式以及压缩数据包方式传递信息，读取和消除故障码可在瞬间利用仪器完成。

（3）OBD－Ⅱ诊断座仍保留了通过跨接诊断的引脚从故障指示灯或 LED 灯、电压表上读取故障码的功能。

（4）OBD－Ⅱ资料传输线有两个标准：①ISO—k 和 ISO—I 国际统一标准 7#、15#脚；②SAE—J1850 美国统一标准 2#、10#脚。

（5）各种车辆相同故障码代号及故障码意义统一。OBD－Ⅱ故障码由 5 个字组成。

（6）具有行车记录功能，能记录车辆行驶过程的有关数据资料。

（7）具有重新显示记忆故障功能，由仪器直接消除故障码功能。

5）CAN 总线技术

CAN 总线技术是德国博世公司从 20 世纪 80 年代开始为解决现代汽车中众多的控制与测试仪器之间的数据交换而开发的一种中行数据通信协议。CAN 总线是一种多主总线，特别适合汽车上多节点控制单元交换数据，故障自诊断模块充分利用了这一技术。今后，CAN 总线技术将朝着提高通信速率、编码效率以及容错处理能力的方向发展。

6）网络化及信息化

网络技术在汽车上的应用，一方面体现在汽车电控单元之间联网交换数据，另一方面是通过无线电基站与外界交换信息。今后随着 Internet 推广普及，网络技术与信息服务大量应用于汽车工业将是必然。故障自诊断技术借用了成熟的网络通信技术，能够快速诊断出各电控系统的故障，并且汽车发生故障或紧急情况时，电脑还会通过网络通知有关的汽车服务人员，并通过卫星定位系统帮助汽车服务人员查找到你具体的方位，以便及时地给予救助。可以预见，随着网络与信息技术在汽车上的广泛应用，也必将把汽车故障自诊断技术应用推向更高水平。

2. 电控发动机的常见故障

（1）发动机不能起动。

（2）发动机动力不足。

（3）发动机耗油量大。

（4）发动机怠速过高。

（5）发动机怠速不良。

（6）发动机进气回火。

（7）发动机排气管放炮。

（8）发动机冷起动困难。

❋ 任务一 故障自诊断系统

现代汽车电控系统日趋复杂，给汽车维修工作带来了越来越多的困难，对汽车维修技术人员的要求越来越高。电子控制系统的安全容错处理能力，使汽车不致因为电子控制系统自身的突发故障导致汽车失控和不能运行。针对这种情况，汽车电控技术设计人员，在进行汽车电子控制系统设计的同时，增加了故障自诊断功能模块。它能够在汽车运行过程中不断监测电子控制系统各组成部分的工作情况，如有异常，根据特定的算法判断出具体的故障，并以代码形式存储下来，同时起动相应故障运行模块功能，使有故障的汽车能够被驾驶到修理厂进行维修，维修人员可以利用汽车故障自诊断功能调出故障码，快速对故障进行定位和修复。因此，从安全性和维修便利的角度来看，汽车电控系统都应配备故障自诊断功能。

在本学习任务中要掌握以下知识：
(1) 故障自诊断系统的作用。
(2) 故障自诊断系统的结构和工作原理。
(3) 故障自诊断系统的使用方法。

相关知识

（一）汽车自诊断系统的功能

1. 发现故障

输入到微处理器的电平信号，在正常状态下有一定的范围，如果此范围以外的信号输入时，ECU 就会诊断出该信号系统处于异常状态下。例如，发动机冷却水温信号系统规定在正常状态时，传感器的电压为 0.08 ~ 4.8 V（−50 ℃ ~ +139 ℃），超出这一范围即被诊断为异常。如果微机本身发生故障则由设有紧急监控定时器（WDT）的时限电路加以监控；如果出现程序异常，则定期进行的时限电路的再设置停止工作，以便采用微机再设置的故障检测方法。

2. 故障分类

当微机工作正常时，通过诊断用程序检测输入信号的异常情况，再根据检测结果分为不导致妨碍的轻度故障、引起功能下降的故障以及重大故障等。并且将故障按重要性分类，预先编辑在程序中，当微机本身发生故障时，则通过 WDT 进行重大故障分类。

3. 故障报警

一般通过设置在仪表板上报警灯的闪亮来向车主报警。在装有显示器的汽车上，也有直接用文字来显示报警内容的。

4. 故障存储

当检测故障时，在存储器中有存储故障部位的代码，一般情况下，即使点火开关处于断开位置，微机和存储部分的电源也保持接通状态而不致使存储的内容丢失。只有在断开蓄电池电源或拔掉熔断丝时，由于切断了微机的电源，存储器内的故障代码才会被自动消除。

5. 故障处理

在汽车运行过程中如果发生故障，为了不妨碍正常行驶，由微机进行调控，利用预编程序中的代用值（标准值）进行计算以保持基本的行驶性能，待停车后再由车主或维修人员进行相应的检修。

（二）故障自诊断的组成及使用工具

1. 故障自诊断模块

应该包括监测输入、逻辑运算及控制、程序及数据存储器、备用控制回路、信息和数据驱动输出等模块。

2. 故障自诊断工具——解码器

解码器可以通过故障自诊断系统读取汽车故障和各种运行参数，有的还能调整汽车运行参数，甚至可以对汽车电脑重新编程。简单地说，故障

故障诊断仪的使用

自诊断技术在维修行业的应用主要是通过解码器来体现的。各汽车厂家的原厂专用解码器都不尽相同，针对各自的车型有不同的特殊功能，但一般都有读取故障码、清除故障码、数据流分析、执行元件测试等四项基本功能。

（三）故障自诊断的基本原理

1. 传感器的故障自诊断

由于传感器本身就是产生电信号的，因此，对传感器的故障诊断不需要专门的线路，而只需要在软件中，编制传感器输入信号识别程序即可实现对传感器的故障诊断。水温传感器的正常输入电压值为 0.3 ~ 4.7 V，对应的发动机冷却水温度为 - 30 ℃ ~ 120 ℃。所以，当ECU 检测到的电压信号超出此范围量时，如果是偶尔一次，ECU 的诊断程序不认为是故障。但如果不正常信号持续一段时间，则 ECU 诊断程序即判定冷却水温传感器或其电路存在故障。将此情况以代码（此代码为设计时已经约定好的代表水温传感器信号异常故障的数字码）形式存入随机存储器中。同时，通过检查发动机警告灯，通知驾驶员和维修人员，发动机电控系统中出现故障。当发现水温传感器不正常后，ECU 便采用一个事先设定的常数来作为水温信号的代用值，使系统工作于运行状态。

2. 微机系统的故障自诊断

微机系统如果发生故障，控制程序就不可能正常运行，微机处于异常工作状态。这样便会使汽车因发动机控制系统故障而无法行驶。为了保证汽车在微机出现故障时仍能继续运行，在控制系统工程中，设计有后备回路备用集成电路系统。当 ECU 中微机发生故障时，ECU 自动调用后备回路完成控制任务，进入简易控制运行状态，用固定的控制信号，使车辆继续行驶。由于该系统只具备维持发动机运转的简单功能而不能代替微机的全部工作，所以此后备回路的工作又称为"跛行"模式。

采用备用系统工作时，故障指示灯亮，备用回路只按照起动信号和怠速触点闭合状态，以恒定的喷油持续时间和点火提前角对喷油器和点火器进行控制。

3. 执行器的故障自诊断

汽车电子控制系统中，执行器是决定发动机运行和汽车行驶安全的主要器件，当执行器发生故障时，往往会对汽车的行驶造成一定的影响。因此，对于执行器故障的处理方法通常是当确认为执行器故障时，由 ECU 根据故障的严重程度采取相应的安全措施，在控制系统中，又专门设计了故障保险系统。由于对执行器进行的是控制操作，控制信号是输出信号。因此，要想对各执行器的工作情况进行诊断，一般要增设故障诊断电路，即 ECU 向执行器发出一个控制信号，执行器要有一条专用回路来向 ECU 反馈其执行情况。发动机电子控制系统中，对执行器进行故障诊断的典型部件是点火器。正常情况下，当 ECU 对点火器进行控制时，点火器每进行一次点火，便由点火器内的点火确认电路将点火执行情况以电信号的形式反馈给 ECU。当点火线路或点火器出现故障时，ECU 发出点火控制命令后，得不到反馈信号，此时便认为点火器已经不能正常工作。由于发动机工作时，如果点火系统发生故障，便会使未燃烧的混合气进入排气装置和排气管道。排气净化装置中的催化剂温度就会大大超过允许值。同时，未燃烧的混合气在排气管内集聚过多，还会引起排气系统的爆炸。为此，采用故障保险系统，当 ECU 接收不到点火确认信号后，立即切断燃油喷射系统电源，停止燃油的喷射。

（四）故障分析时的注意事项

1. 出现的故障代码不一定是真实故障

汽车故障自诊断系统的应用，为及时发现故障并进行故障维修提供了方便。维修人员通过解读故障代码，大多能判明故障可能发生的原因和部位。然而，在对汽车进行维修时，若仅仅靠故障代码寻找故障，往往会出现判断上的失误。实际上，故障代码只是电控汽车电脑认可的一个是或非的界定，不一定是汽车真正的故障部位。如故障码显示 VVT 电磁阀故障，结果是由于机油严重变质引起的阀体堵塞、卡滞。

在对电控汽车进行维修时应综合分析判断，结合汽车故障的现象来寻找故障部位。电控发动机运转要正常，首先强调的是发动机本身机械部分及与电控系统无关的电器及其线路部分必须保持良好的工况，否则，无论怎样检查电控系统都是徒劳。

2. 出现故障码时还必须进行信号判断

控制系统某个传感器是否正常，会以数字代码的形式显示，在维修时只要有故障码出现，首先要检测代码显示的信号是否正常。根据检测值与标准值对比分析是可能发生的原因中的哪一个，进行维修直至代码消失，再进行其他修理。

3. 出现错码或相关码时要进行正确判断

由于发动机工况故障现象相似，ECU 检测失误时，自诊断系统可能显示错误的故障码。例如，对于安装有三元催化转换器的电控汽车，一旦使用含铅汽油，这类故障就较为明显。在进行汽车检修时，经常会发现故障代码显示的是"水温传感器断路或短路"故障，而发动机故障症状却是无论发动机在冷车状态下或者热车状态下都不能顺利起动，并且伴有怠速不稳及回火现象，发动机的转速始终不能提高。显然这些故障与水温传感器的关系并不十分密切，对水温传感器进行单体测量后并未发现任何故障。但是，当从车上拆下三元催化转换器并剖开后发现，三元催化转换器内部严重堵塞，因此，可以断定发动机故障是由此引起的。在一些欧洲车辆上，当车辆怠速发抖、耗油、动力不足，报出故障码显示是空气流量计时，这个元件自身可能并没有损坏，往往是氧传感器损坏引起空气流量传感器报出相关码。这类故障都应该与发动机的实际故障症状进行分析比较后，进行综合诊断才能进行正确的维修。

4. 车辆有故障但无故障码时的检修方法

电控汽车控制电脑对传感器信号进行检测时，只能接收其设定范围之内的传感器非正常信号，从而判断传感器的好与坏，记录或不记录故障代码。因某种原因导致传感器灵敏度下降、反应迟钝、输出特性偏移等，则自诊断系统就测不出来，无故障码输出，但发动机确有明显故障症状。比如出现常见的车辆抖动、冒黑烟、怠速不稳、加速不畅等故障现象时，一些维修人员就不知从何下手，更不知如何处理。

这类故障在维修中较难判断，这时候应根据发动机的故障症状进行分析研究，然后借助仪器进行数据流分析，通过元器件的测试等功能进行诊断，而且还要借助其他诊断仪，如示波器、发动机分析仪、油压表等，对传感器进行针对性检测，以便找到并排除传感器故障。例如，当发动机转速失准并伴有行驶中发动机怠速不稳、无故障码输出时，首先需要考虑的是空气流量传感器或进气压力传感器是否出了故障。因为这两个传感器的性能好坏，直接影响 ECU 所控制的发动机基本喷油量，还要考虑点火、正时、油压、机械等方面可能引起的故障，尽管此时没有显示相应的故障代码，也应该对它们进行必要的检查。

✳ 任务二　常见车型故障码的调取与清除

大多数汽车的故障码由两位数组成，1993 年以前，由于各厂家采用不同的诊断座、不同的故障代码和不同的诊断功能，形成了不同车辆使用不同的检测方法。比如奥迪故障码由 4 位数组成。随着诊断功能的增加，1992 年以后的福特车系，发动机故障码由 2 位数升为 3 位数，故障代码由原来的 72 条增加到 160 条。各种车系诊断座规格、种类也不相同：例如福特车诊断座有 9 种，1993 年以后由 "6 + 1" 针诊断座改为 "17 + 8" 针诊断座；奔驰车系有圆形 9 针、38 针诊断座和长方形 8 针、16 针诊断座；丰田车系有方形 23 针、圆形 17 针和方形 17 针诊断座。这些 1993 年以前的随车电脑诊断系统，按美国标准称为第一代随车电脑诊断系统（OBD－I）。这种诊断系统自成体系，不具有通用性，且种类繁多，不利于使用统一的专用仪器，给汽车的售后服务、维修造成很多不便。这种诊断系统不适用现代汽车技术发展的需要。

1994 年，美国汽车工程师协会（SAE）提出了第二代随车电脑诊断系统 OBD－Ⅱ 的标准规范，经环境保护机构（EPA）及美国加州资源协会（CARB）认证通过，并要求各个汽车制造厂依照 OBD－Ⅱ 的标准提供统一的诊断模式及诊断座、统一的故障码，只用一台仪器，即可对各种车辆进行诊断检测。

（一）OBD－Ⅱ 的主要特点

（1）诊断座统一为 16 针诊断座，安装在驾驶室仪表板下方。

（2）具有数值分析资料传输功能 DLC，数据资料传输线有 ISO 和 SEA 两个标准。

（3）具有统一含义的故障码。

OBD 故障诊断仪

OBD－Ⅱ 故障码由 5 个字组成，如 P1352。

第一个字为英文字母代码，代表测试系统；P 代表发动机变速器电脑（POWER RAIN）；B 代表车身电脑（BODY）；C 代表底盘电脑（CHADDIS）；U 未定义，待 SEA 另行发布。

第二个字代表制造厂码，目前 0 代表 SEA 定义的故障码；1、2 和 3 等为汽车制造厂码。

第三个字为 SAE 定义的故障代码。

最后两个字为原厂故障码。

（4）具有用仪器直接读取和清除故障码功能。

（5）具有行车记录功能，能记录车辆行驶过程中的有关数据资料。

这个功能是汽车电脑扫描器通过 OBD－Ⅱ 诊断口，将汽车运行中各传感器和执行元件的工作参数直接地随机显示出来，并在行车时逐一观察汽车各部分的工作状况，同时还可以在读出故障后，进一步检查发生故障的部位及其在行驶中的变化情况，这对分析和检查故障非常有效。

（6）具有重新显示记忆故障的功能。

汽车电脑随机检测和读出的各部分工作状态参数可以记忆存储，对记录下来的内容，包括故障码，若连接汽车电脑扫描器又可重复显示。重复显示出来的故障信息，根据故障诊断指南、菜单式的人机对话与存储在软件中的汽车技术标准资料库，对各车型的点火顺序、火花塞规格间隙、点火正时、怠速、排放等基本技术数据资料进行数据分析，这将给查找故障

带来极大的方便。

（二）常见车型 OBD – Ⅱ 故障码人工读取方法举例

读取随车电脑诊断系统 OBD – Ⅱ 的故障码可以使用专用仪器。下面列举一些利用跨接导线的读取方法。

（1）通用公司车系读取发动机故障码的方法，是将 OBD – Ⅱ 诊断座的 6#端子搭铁，再由仪表板上"CHECK ENGINE"灯闪烁来读取故障码。

（2）福特公司车系读取发动机故障码的方法，是将 OBD – Ⅱ 诊断座的 13#端子搭铁，再由仪表板上"CHECK ENGINE"灯闪烁来读取故障码。

雪佛兰故障诊断

（3）克莱斯勒公司车系可将点火开关接通，等 5 ~ 10 s 后，由"CHECK ENGINE"灯闪烁来读取故障码。

（4）丰田车系发动机故障码的读取方法，是将 OBD – Ⅱ 16 针诊断座 5#、6#端子跨接或将 TE1、E1 端子跨接，由仪表板上"CHECK ENGINE"灯闪烁来读取故障码。

（5）三菱车系可由 OBD – Ⅱ 诊断座读取 5 个系统的故障码。

①发动机故障码的读取可将 OBD – Ⅱ 诊断座 1#端子搭铁，由仪表板上"CHECK ENGINE"灯闪烁来读取故障码。

②变速器电脑故障码可由 LED 显示灯跨接 OBD – Ⅱ 诊断座的 6#和 4#端子，由跨接 LED 灯的闪烁数来读取。LED 灯是一只发光二极管串接一只 0.5 W、330 ~ 360 Ω 的电阻。

③ABS 电脑故障码可由 LED 灯跨接 OBD – Ⅱ 诊断座 8#、4#端子，由 LED 灯闪烁来读取。ABS 故障码的清除方法是在点烟器后方有一个两头插头，分别为红/黄和绿/白线，两线分别与 ABS 电脑 9#及 10#端子相连。跨接上述两线，将点火开关接通，此时 ABS 电磁阀全关，LED 灯闪烁；等待 7 s 后，将点火开关关闭，并将跨接线断开；再将点火开关接通，即清除了 ABS 故障码。

④安全气囊 SRS 电脑故障码可用 LED 灯跨接 OBD – Ⅱ 诊断座 12#和 14#端子，由 LED 灯闪烁数来读取。

⑤定速 C/C 电脑故障码可用 LED 灯跨接 OBD – Ⅱ 诊断座 13#和 4#端子，由 LED 灯闪烁数来读取。

⑥沃尔沃车系读取发动机故障码方法，是将 OBD – Ⅱ 诊断座 3#端子跨接 LED 灯来读取故障码。

虽然 2000 年以后的车型已经大部分为通用型 OBD 系统，但还有少部分车型使用自有的诊断接口，本任务就介绍一些常见车型的故障码读取和消除的方法。

在本学习任务中要掌握以下知识：

（1）日系汽车常见车型故障码的读取与消除方法。

（2）美系汽车常见车型故障码的读取与消除方法。

（3）德系汽车常见车型故障码的读取与消除方法。

一、相关知识

（一）日本丰田车系

1. 调取故障码

丰田车系的故障诊断座有三种类型，如图 8 – 1 所示。

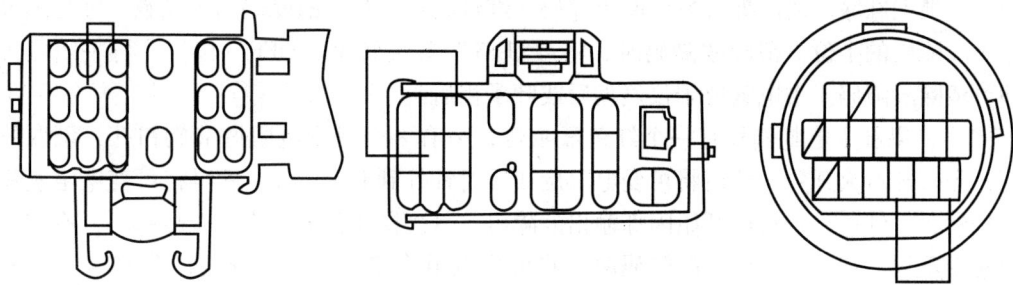

图 8-1 丰田车系诊断座

故障码的调取方式可分为普通方式和试验方式。

（1）普通方式调取故障码：打开点火开关，不起动发动机，用专用跨接线短接故障诊断座上的 TE1 与 E1 端子，仪表盘上的故障指示灯 "CHECK ENGINE" 即闪烁输出故障码。

（2）试验方式调取故障码：首先关闭点火开关，用专用跨接线短接诊断座上的 TE2 与 E1 端子；然后再打开点火开关，起动发动机，并以不低于 10 km/h 的车速进行路试；路试后，再短接诊断座上的 TE1 与 E1 端子，仪表盘上 "CHECK ENGINE" 灯即闪烁输出故障码。

1994—1995 年生产的部分丰田轿车装有 16 针 OBD-Ⅱ诊断座，用跨接线短接诊断座上的 5#和 6#端子，即可由仪表盘上 "CHECK ENGINE" 灯读取故障码。

丰田车系故障码为两位数，"CHECK ENGINE" 灯闪亮与熄灭的时间间隔均为 0.5 s，闪亮的次数代表故障码数值，一个故障码的十位与个位之间有 1.5 s 熄灭的间隔，两个代码之间有 2.5 s 熄灭的间隔，每一循环重复显示之间有 4.0 s 的间隔。丰田车系故障码输出波形如图 8-2 所示。

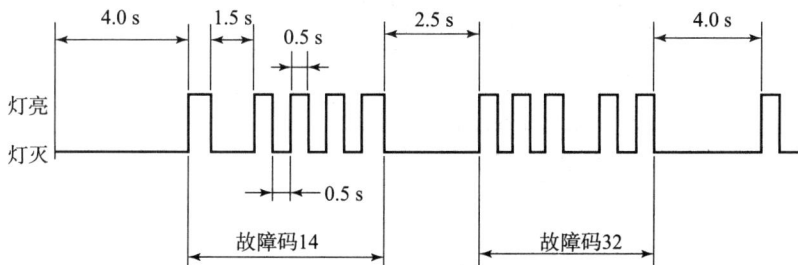

图 8-2 丰田车系故障码输出波形

2. 清除故障码

故障排除后，应将 ECU 中存储的故障码清除，方法有两种：一是关闭点火开关，从熔丝盒中拔下 EFI 熔丝（20 A）10 s 以上；二是将蓄电池负极电缆拆开 10 s 以上，但此种方法同时使时钟、音响等有用的存储信息丢失。

（二）日本日产车系

随车型不同，故障码的调取与清除分三种不同方式：

（1）如果在主电脑侧有一红一绿两个指示灯，另有一个 "TEST"（检测）选择开关，调取故障码时，先打开点火开关，然后将 "TEST" 开关转至 "ON" 位置，两个指示灯即开始闪烁。根据红绿灯的闪烁次数读取故障码，红灯闪烁次数为故障码的十位数，绿灯闪烁的次数为故障码的个位。清除故障码时，将"TEST"开关转至"OFF"位置，再关闭点火开关即可清除故障码。主电脑位于仪表盘后或叶子板后。

（2）如果在主电脑侧只有一个红色显示灯，另有一个可变电阻调节旋钮孔，调取故障码时，先打开点火开关，然后将可变电阻旋钮顺时针拧到底，等2 s后再将可变电阻旋钮逆时针拧到底，红色显示灯即开始闪烁输出故障码。每次操作只能输出一个故障码，有多个故障码时需重复上述操作。清除故障码时，将可变电阻旋钮顺时针拧到底，等15 s后再逆时针旋到底，再等2 s后关闭点火开关即可清除故障码。

（3）如果仪表盘上有故障指示灯"CHECK ENGINE"，则可通过短接诊断座上的相应端子调取故障码，日产车系故障诊断座位于发动机盖板支撑杆上方的熔丝盒内，有12针和14针两种，如图8-3所示。调取故障码时，先打开点火开关，然后取出12针或14针诊断座，并用跨接线短接诊断座上6#和7#针（14针诊断座）或4#和5#端子（12针诊断座），等2 s后拆开短接导线，仪表盘上的"CHECK ENGINE"灯即闪烁输出故障码，输出波形如图8-4所示。每次操作只能输出一个故障码，有多个故障码时需重复上述操作。清除故障码时，将诊断座右上侧的两个端子短接15 s以上，再关闭点火开关即可清除故障码。

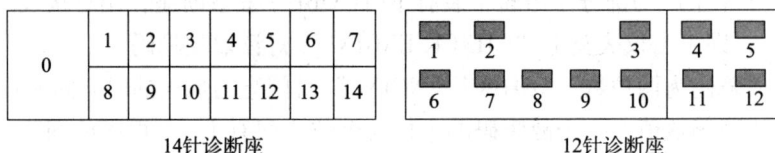

0	1	2	3	4	5	6	7
	8	9	10	11	12	13	14

14针诊断座　　　　12针诊断座

图8-3　日产车系故障诊断座

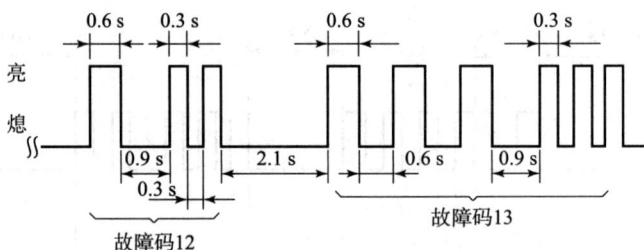

图8-4　日产车系故障码输出波形

（三）本田车系

1. 广州本田故障码的调取与清除

当仪表盘上的"MIL"灯点亮时，应按以下程序调取故障码：

（1）关闭点火开关。

（2）用专用短路插头SCS（或普通导线）短接2针诊断座，广州本田轿车诊断座位于仪表盘下方（见图8-5）。

（3）打开点火开关但不要起动发动机，仪表盘上的"MIL"或"CHECK ENGINE"灯将以闪烁次数输出故障码。故障码1~9将通过单纯的短闪来显示，故障码10~41通过长、短闪显示，长闪次数代表十位数，短闪次数代表个

本田人工读取
故障码

位数。多个故障码按由小到大顺序依次输出。

清除故障码的程序如下：

（1）从诊断座上拆开专用 SCS 短路插头。

（2）关闭点火开关。

（3）记下无线电台预设的频率。

（4）从副驾驶座位前面的仪表盘下熔丝/继电器盒中拆下 13 号（7.5 A）备用时钟熔丝，或拆开蓄电池负极电缆，等 10 s 以上即可清除故障码。

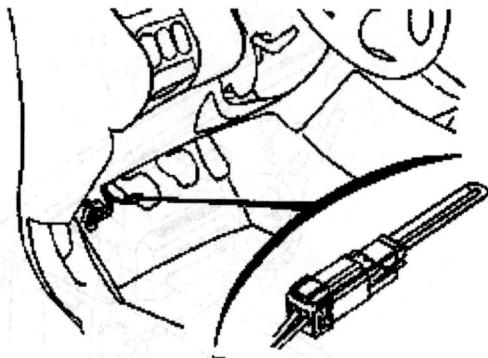

图 8-5 广州本田故障码调取方法

（5）重新设置无线电台的频率和时钟。

2. 日本本田故障码的调取与清除

日本本田各车型故障码的调取与清除方法、故障码含义略有不同，在维修时注意查阅相关资料。日本本田各车型故障码的调取与清除方法可分以下 3 种类型：

（1）在仪表盘上设有"CHECK ENGINE"灯。此类车型（如 ACCORD 等）故障码调取与清除方法和广州本田相同，只是诊断座位于工具箱内右侧或发动机室侧。

（2）电脑位于工具箱下面，在电脑上设有 1 个红色指示灯，此类车型（如 HONDA 等）的故障码调取方法是：将点火开关置于"ON"位置，电脑上的红色指示灯即开始闪烁输出故障码，但每次只输出 1 个故障码，故障码输出波形与广州本田相同；故障清除后，拆开蓄电池负极电缆 10 s 以上即可清除故障码；1 个故障码清除后，再进行路试，检查有无其他故障码。

（3）电脑位于驾驶员座椅下面，电脑上设有 4 个指示灯，此类车型的故障码调取方法是：将点火开关置于"ON"位置，电脑上的 4 个红色指示灯即开始闪烁输出故障码；每个指示灯闪亮代表一个数字（由左到右分别为 1、2、4、8），将闪亮的指示灯所代表的数字相加，即为输出的故障码，如图 8-6 所示，每次只输出 1 个故障码，故障清除后，拆开蓄电池负极电缆 10 s 以上即可清除故障码。

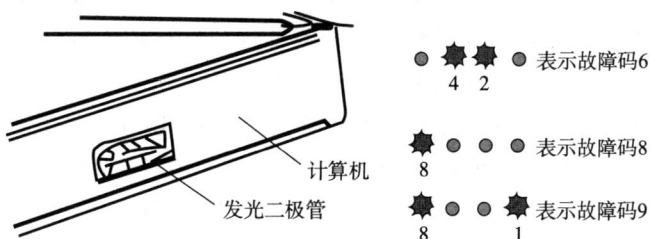

图 8-6 本田车系 4 个指示灯输出的故障码

（四）美国克莱斯勒车系

克莱斯勒车系一般使用 DRB-Ⅱ专用诊断仪调取或清除故障码，步骤如下：

（1）将 DRB-Ⅱ专用诊断仪连接到位于发动机舱内靠近发动机控制 ECU 的诊断座上，如图 8-7 所示。

（2）起动发动机，反复开闭空调开关，然后熄火发动机。

（3）接通点火开关并选择故障读取功能，即可从 DRB-Ⅱ诊断仪上读取所有故障信息。

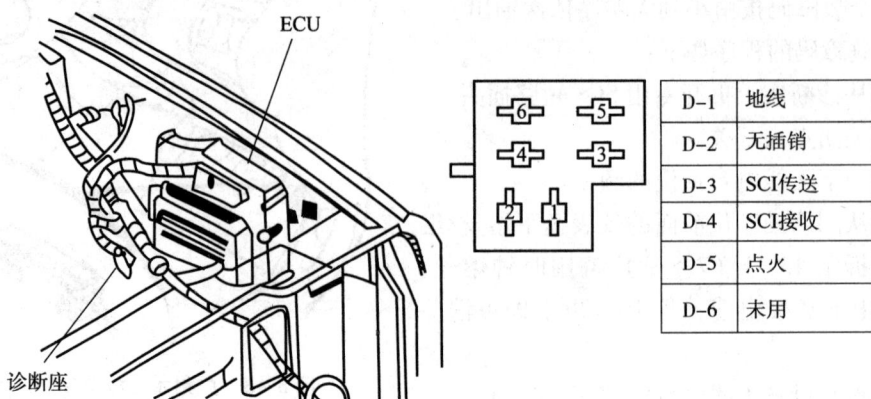

D-1	地线
D-2	无插销
D-3	SCI传送
D-4	SCI接收
D-5	点火
D-6	未用

图8-7 克莱斯勒车系故障诊断座

（4）清除故障码时，可在 DRB - Ⅱ诊断仪上输入取消故障码的指令，或拆开蓄电池负极电缆 15 s 以上即可。

没有专用诊断仪也可调取故障码，但只能调出常见故障的故障码，方法是：在 5 s 内将点火开关进行"ON - OFF - ON - OFF - ON"操作，仪表盘上的"CHECK ENGINE"灯熄灭后，再次点亮时即闪烁输出故障码。多个故障码可连续输出，最后以"55"代码结束。输出故障码时，指示灯先闪烁的次数代表故障码的十位数字，停 4 s 后闪烁的次数为故障码的个位数字。

（五）美国福特车系

1991 年后福特公司生产的轿车多数装用的 EEC - Ⅳ系统，在此仅以装用该系统的美国福特车系为例介绍故障码的调取与清除方法。故障码的调取可分为 KOEO（Key On Engine Off）和 KOER（Key On Engine Running）两种状态。KOEO 状态是指将点火开关转置"ON"，但不起动发动机；KOER 状态是指在发动机运转状态下调取故障码。福特车系均可使用专用诊断仪（FORD SUPERSTAR Ⅱ）获取故障码。

美国福特车一般采用"6 + 1"端子诊断座。调取故障码时可使用指针式电压表或二极管灯，根据电压表的摆动次数（或二极管灯的闪烁规律）读取故障码，也可根据仪表盘上的"CHECK ENGINE"灯闪烁规律读取故障码。故障码以三位数表示。

用电压表读取故障码时，首先将电压表量程选择在 0 ~ 15 V，将电压表正表笔与蓄电池正极相连，负表笔与诊断座的"STO"（测试输出）端子连接，使电脑进入 KOEO 或 KOER 状态，再用导线连接诊断座上的"STI"（测试输入）和"SIGNAL RETURN PIN"（信号返回）端子，即可根据电压表的摆动次数读取故障码。如输出故障码"112"时，电压表指针先摆动 1 次，停 2 s，再摆动 1 次，又停 2 s，随后摆动 2 次。

清除故障码时，先进入 KOEO 状态，当刚开始输出故障码时，立即拆下诊断座上的连接导线，即可清除故障码。

1994 年后装用 OBD - Ⅱ系统且保留短接方式调取故障码的福特车，将 16 针 OBD - Ⅱ诊断座上的 13#端子与 15#端子短接，即可从仪表盘上的"CHECK ENGINE"灯读取故障码。

美国福特车系故障码调取方法如图 8 - 8 所示。

（六）德国大众车系

德国大众车系装用 Motronic 系统的桑塔纳、帕萨特、奥迪、捷达等轿车，故障码的调取一般使用专用的故障诊断仪 V. A. G1551（见图 8 - 9）或 V. A. G1552 及专用传输线。V. A. G1552 与 V. A. G1551 的区别主要是不带打印功能。专用传输线有多种以适应不同车型。

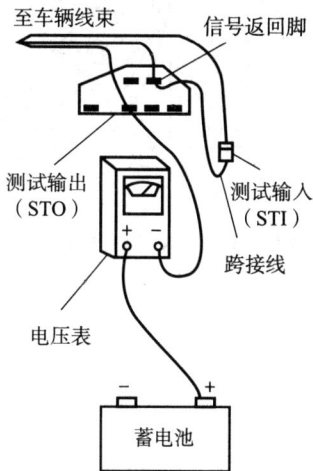

图 8 - 8　美国福特车系故障码调取方法

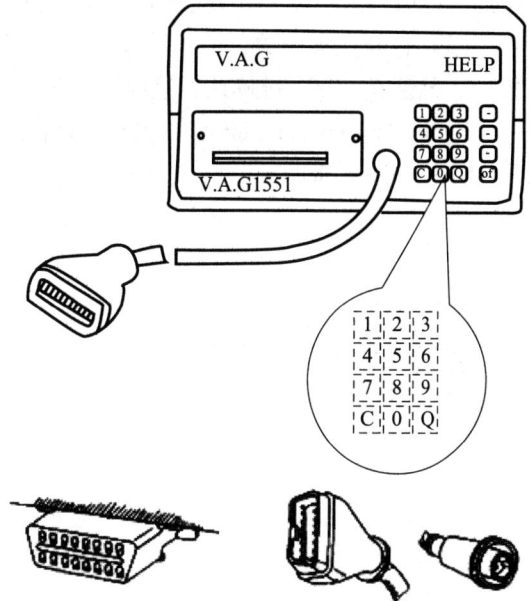

图 8 - 9　大众车系专用诊断仪 V. A. G1551

V. A. G1551 功能代码含义如下：

01：显示 ECU 版本号；

02：故障查询；

03：执行机构诊断；

04：基本设定；

05：清除故障码；

06：结束，退出；

07：ECU 编码；

08：测量数据显示。

使用专用诊断仪调取故障码时应注意：各车型诊断座位置和型式不同，必须选用带有不同连接器的专用传输线。如桑塔纳 2000 诊断座位于换挡手柄前部、捷达三轿车诊断座位于中央继电器盒右侧，两车型的诊断座均为 16 针，必须选用 V. A. G1551/3 专用传输线；奥迪A6 轿车诊断座位于发动机室靠近驾驶员座位侧的辅助继电器盒内，有两个 2 针诊断座，必须选用 V. A. G1551/1 专用传输线。此外，从 1989 年开始，德国大众公司生产的部分车型都在仪表板上配备了故障指示灯"CHECK"，不需专用诊断仪而利用"CHECK"灯也可读取故障码，但也有些车型的"CHECK"灯只起一个警告灯的作用，调取故障码时还必须使用自制的二极管灯。

大众车系使用专用诊断仪调取和清除故障码的操作方法基本相同，操作前应检查蓄电池电压必须大于 11.5 V，发动机工作温度必须高于 80 ℃。

下面以桑塔纳 2000 轿车为例。

1. 正确操作步骤

（1）关闭点火开关，将专用传输线 V. A. G1551/3 的一端（5#端子）与诊断仪相应接口连接，传输线另一端（16#端子）与换挡手柄前部的故障诊断座连接，如图 8 - 10 所示。

（2）打开点火开关，输入发动机 ECU 的地址代码"01"，然后按"Q"键确认，这时屏幕显示：

Rapid data transmission Q（快速数据传递）

01—Engine electronics（发动机电控单元）

经一段时间后屏幕上显示 ECU 的版本号和编号。

（3）按"→"键进入功能选择，屏幕显示：

Rapid data transmission Q（快速数据传递）

Select function × ×（功能选择× ×）

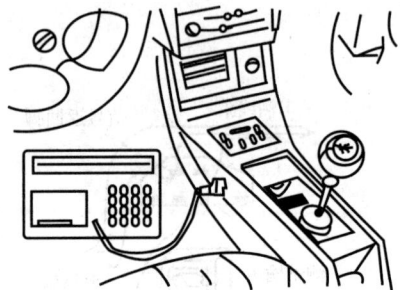

图 8 - 10   V. A. G1551 诊断仪的连接

（4）输入功能代码"02"，再按"Q"键确认，无故障时，屏幕上显示：

No fault（无故障）

有故障时，屏幕上将显示出故障数量。如有 2 个故障，屏幕上显示：

2 fault Recognized（发现 2 个故障）

之后按"→"键，将依次显示每一个已检测到的故障代码及故障原因。在显示故障原因时，若屏幕底部出现"/SP"，表示该故障为间歇性出现的故障。有多个故障码时，可将故障信息打印出来。

（5）故障码调取完成后，输入功能代码"06"，再按"Q"键确认即可退出。然后关闭点火开关，拆下专用诊断仪和传输线。

2. 清除故障码

（1）按调取故障码步骤（1）、（2）、（3）进行操作后，输入功能代码"05"，并按"Q"键确认，即可清除故障码。此时屏幕上将显示：

Rapid data transmission（快速数据传递）

fault memory is erased（故障码已清除）

若故障码所代表的故障还没有排除，故障码将无法清除。屏幕上将显示：

Rapid data transmission（快速数据传递）

fault memory not erased（故障码没有清除）

（2）故障码清除完毕后，输入功能代码"06"，再按"Q"键确认即可退出。然后关闭点火开关，拆下专用诊断仪和传输线。

（七）德国奔驰车系

奔驰车系的车型众多，电脑控制系统更新快。1992 年前生产的奔驰车采用机电组合式燃油喷射系统，1992 年后多采用 LH 型电控燃油喷射系统。奔驰车的更新换代按 SEL、S、C、E 等划分成不同级别，不同级车主要是电脑控制系统不同，从而使故障自诊断方式也不同，有些只能用专用诊断仪调取和清除故障。1992 年后生产的奔驰车多数装用 16 针（位于发动机舱、驾驶室前壁上）或38针诊断座（位于右前避震器侧），如图8-11所示。

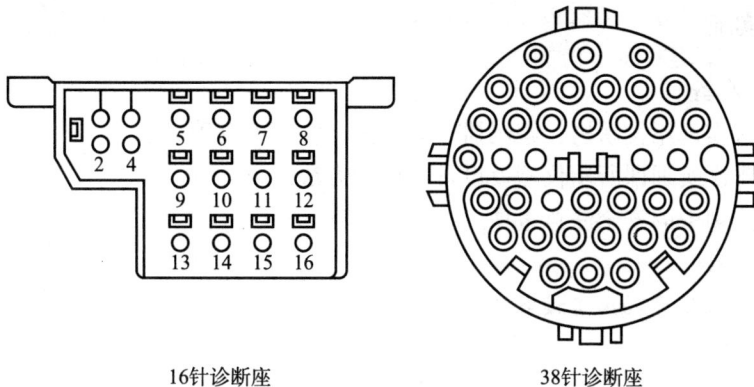

16针诊断座   38针诊断座

图8-11　奔驰车系故障诊断座

奔驰车系各型轿车，即使装有16针OBD-Ⅱ诊断座，也无法人工调取故障码。

1. 16针诊断座故障码的调取与清除

将指针式电压表（或二极管灯）连接到16#电源端子与所需诊断的系统端子（电控燃油喷射系统为4#端子，电控点火系统为8#端子，综合控制电脑为1#端子）之间，打开点火开关，但不起动发动机，此时电压表指针应不摆动（或二极管灯不亮），否则说明电脑不良。然后用另一根导线使诊断系统端子（4#端子）搭铁2~4 s，此时仍应保持电压表（或二极管灯）连接在诊断座端子之间，松开搭铁导线后观察电压表指针摆动（或二极管灯闪亮）规律，读取故障码。每次只能调出一个故障码，若有多个故障码时，必须重复上述操作。

清除故障码时，先按上述方法调取故障码，等故障码输出完毕2~3 s后，再使搭铁线搭铁6~8 s，松开搭铁线后关闭点火开关30 s以上，即可清除故障码。与调取故障码类似，每次操作只能清除一个故障码，有多个故障码时需重复上述操作。最后再重复故障码调取程序，若输出故障码为"1"，说明系统正常，否则说明仍有故障或故障码没有清除。

2. 38针诊断座故障码的调取与清除

38针诊断座故障码的调取与清除与16针诊断座类似，只是连接端子号不同。与发动机有关的诊断端子介绍如下：诊断座上3#端子为电源端子，4#和5#端子分别为右侧和左侧LH控制电脑诊断端子，7#端子为电子节气门控制系统诊断端子，17#和18#端子分别为右侧和左侧EZL/AKR（点火控制电脑）诊断端子。

（八）德国宝马车系

1989年后生产的宝马车多数采用DME 55端子或88端子电脑，除欧规宝马车外，都可用仪表盘上的"CHECK ENGINE"灯读取故障码。而欧规宝马车系仪表盘上没有故障灯，调取故障码时必须在DME电脑相应端子上连接二极管灯。

打开点火开关，在5 s内将节气门全开5次，即可由仪表盘上的"CHECK ENGINE"灯或在电脑相应端子上连接的二极管灯读取故障码。故障码为4位数，闪烁输出故障码时，4位数的位与位之间熄灭间隔为3 s。

清除故障码时，拆开蓄电池负极电缆15 s以上，再起动发动机怠速运转1 min以上即可清除故障码。

二、任务实施

（一）实施准备

（1）准备好实训用发动机、解码器、短接线、常用工具等。

（2）掌握本次实训课所用仪器及设备的使用方法。

（3）强调实训中的安全注意事项。

（二）实施内容

1. 丰田发动机故障码人工读取

1）调码条件

（1）保证——保证挂好空挡，拉紧手刹。

（2）确认——确认节气门处于全关闭状态。

（3）尽量——尽量使发动机处于正常温度。

（4）测量——测量蓄电池端电压应在 11 V 以上。

（5）关闭——关闭其他所有用电设备。

（6）打开——打开点火开关到"ON"挡。

2）调、读码方法

（1）调码——关闭点火开关，找到故障诊断插座，如人工方式调码需将诊断座上相应端子（丰田发动机相应端子名称是 TE1 和 E1）用跨接线跨接。TE1 表示自诊断系统；E1 表示 ECU 搭铁；TE1 与 E1 相连之后是激活自诊断系统。

（2）读码——将点火开关旋转到仪表灯全亮挡（不要起动发动机），用人工方式调码操作后，需观察仪表上故障报警灯的闪烁规律获取故障码。

3）故障代码显示过程

（1）故障报警灯起始、熄灭 4.5 s 后开始闪烁。

（2）故障代码以两位数显示，先闪烁显示为十位数，后闪烁显示为个位数。

（3）十位数和个位数之间报警灯熄灭时间为 1.5 s。

（4）具有多个故障代码存在时，报警灯从小到大逐个显示。当故障代码全部显示完后，若不停止调码操作，报警灯将循环反复显示。故障码具体意义见故障码表 8 - 1。

表 8 - 1　丰田 8A - EF 发动机故障代码表

故障码	含　　义
故障灯常闪	系统正常
11	主电脑继电器工作不良，无电源信号
12	①起动发动机 2 s 以上，主电脑无法取得 Ne 信号；或 Ne 及 G1、G2 信号不良 ②发动机在 600～4 000 r/min 之间运转 3 s 以上无法取得 G 信号
13	①发动机转速大于 1 500 r/min，时间持续 0.3 s 以上无 Ne 或 G1、G2 信号 ②发动机转速在 500～4 000 r/min 之间，侦测 4 次 Ne 信号，但无 G 信号或 STA 断线
14	点火系统 IGT 或 IGF 回路不良

故障码	含　义
15	第 2 组点火系统 IGT 或 IGF 回路不良
16	主电脑与自动变速器电脑连线不良
17	1 号凸轮轴位置传感器信号不良
18	2 号凸轮轴位置传感器信号不良
21	氧传感器输出电压低于 0.35 V 或高于 0.7 V，1 min 以上无变化
22	水温传感器信号短路或断路超过 0.5 s
24	进气温度传感器信号短路或断路超过 0.5 s
25	空燃比（混合气）过稀或漏气
26	空燃比（混合气）过浓或漏油
27	辅助氧传感器信号不良
28	发动机右氧传感器输出电压低于 0.35 V 或高于 0.7 V，1 min 以上无变化
29	发动机右辅助氧传感器信号不良
31	①进气压力传感器/真空传感器信号不良 ②空气流量传感器 VC 断路或 VC 与 E2 之间短路
32	空气流量传感器 E2 断路或 VS 与 VC 之间短路
34	进气压力信号 PIM 电压不良（涡轮增压太高）
35	①进气压力或大气压力传感器信号线路短路或断路 ②LS400 发动机电脑内海拔压力传感器信号不良时会出现 16 号或 35 号故障码。
41	节气门位置传感器 VTA 信号断路或短路超过 0.5 s
42	行驶中，发动机转速在 2 500～4 500 r/min 之间持续 8 s 以上无法取得车速信号
43	当点火开关置于 "ON" 位时起动发动机，此时主电脑收到转速在 8 000 r/min 以上，却未收到起动信号
47	Lexus GS300 与 SC300 辅助节气门位置传感器线路断路或短路，或 IDL2 与 VTA2 电压超过 1.5 V
48	真空开关电磁阀（VSV）断路或短路
51	当空调开关没有关，A/T 挡位不在 P 挡或 N 挡，节气门未全关，读取故障码时，会出现 51 号故障码，表示正常
52	当发动机转速在 1 600～6 700 r/min 之间，左侧爆震传感器传给电脑的信号少于 6 次
53	发动机在 650～5 200 r/min 之间运转时，一直没有接收到爆震信号，表示主电脑不良
54	涡轮增压进气冷却器不良
55	当发动机转速在 1 600～6 700 r/min 之间，右侧爆震传感器传给电脑信号少于 6 次

项目八　电控汽油机常见故障诊断

续表

故障码	含　义
61	变速器内车速信号不良
62	S1 电磁阀回路不良
63	S2 电磁阀回路不良
64	SL 锁定电磁阀不良
71	当水温在 60 ℃ 以上，EGR 温度传感器低于 70 ℃，而电脑侦测到 EGR 打开持续 2 min 以上
72	燃油断油控制电磁阀不良
78	发动机转速低于 100 r/min 时，燃油泵断电或监控线路不良

（5）一个故障代码和另一个故障代码之间报警灯熄灭时间为 2.5 s。

（6）无故障代码（正常代码）报警灯将以 0.26 s 的时间间隔连续闪烁。

4）消码方法

（1）人工方式：a. 取下跨接线或诊断接头；b. 关闭点火开关；c. 拔下 BACK 保险 30 s 以上；d. 插回保险；e. 重新调读码；f. 报警灯闪烁正常码或解码仪显示无故障码表示消码成功。

（2）仪器方式：a. 用解码仪进行调、读码操作；b. 打印、记录显示故障码；c. 进入到消除故障码功能，单击"确认"按钮；d. 仪器显示故障码已消除。

任务三　发动机常见故障诊断

当汽车发生故障时，维修人员要首先向车主了解故障发生的现象、频率、近期是否进行过维修和保养，之后进行试车，判断基本故障现象，然后再用诊断仪器进行诊断。

在本学习任务中要掌握以下知识：

（1）发动机不能起动故障诊断流程。

（2）发动机冷起动困难故障诊断流程。

（3）发动机动力不足故障诊断流程。

（4）发动机油耗过大故障诊断流程。

（5）发动机怠速不稳故障诊断流程。

（6）发动机进气回火故障诊断流程。

（7）发动机排气管放炮故障诊断流程。

一、相关知识

（一）发动机不能起动

1. 故障现象

曲轴转动正常，有起动转速，但发动机长时间不能起动。

2. 故障主要原因及处理方法

电子控制系统引起发动机不能起动的基本原因是无高压火、点火正时

发动机不能起动

严重失准或不喷油。

3. 故障诊断流程

发动机不能起动故障诊断流程如图 8-12 所示。

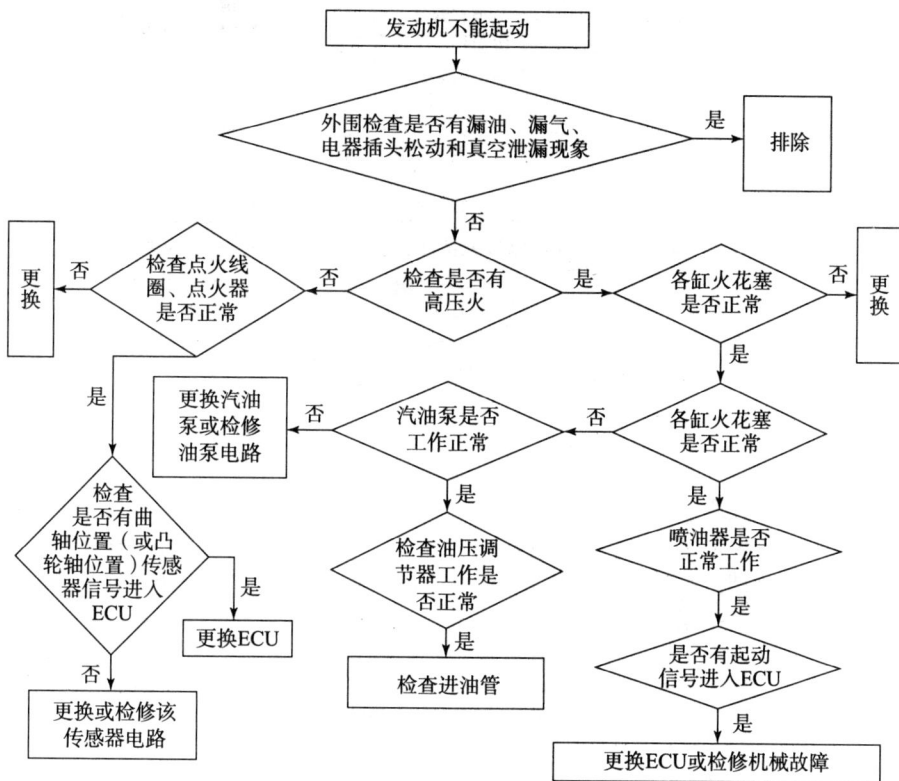

图 8-12　发动机不能起动故障诊断流程

4. 解释说明

点火放大器与点火线圈在很多车型上是合在一起的，故应一起检查。

（二）发动机冷起动困难

1. 故障现象

发动机在热车时起动正常，而冷态时需要经过较多次、长时间地转动起动机，但起动后发动机运转正常。

2. 故障主要原因及处理方法

造成冷起动困难的基本原因是混合气浓度不够、火花塞跳火弱、气缸压力偏低及汽油雾化不良等。

3. 故障诊断流程

发动机冷起动困难故障诊断流程如图 8-13 所示。

（三）发动机动力不足

1. 故障现象

车辆加速时速度增加缓慢，有踩空油门的感觉。

避免冷起动困难

积炭对动力的影响

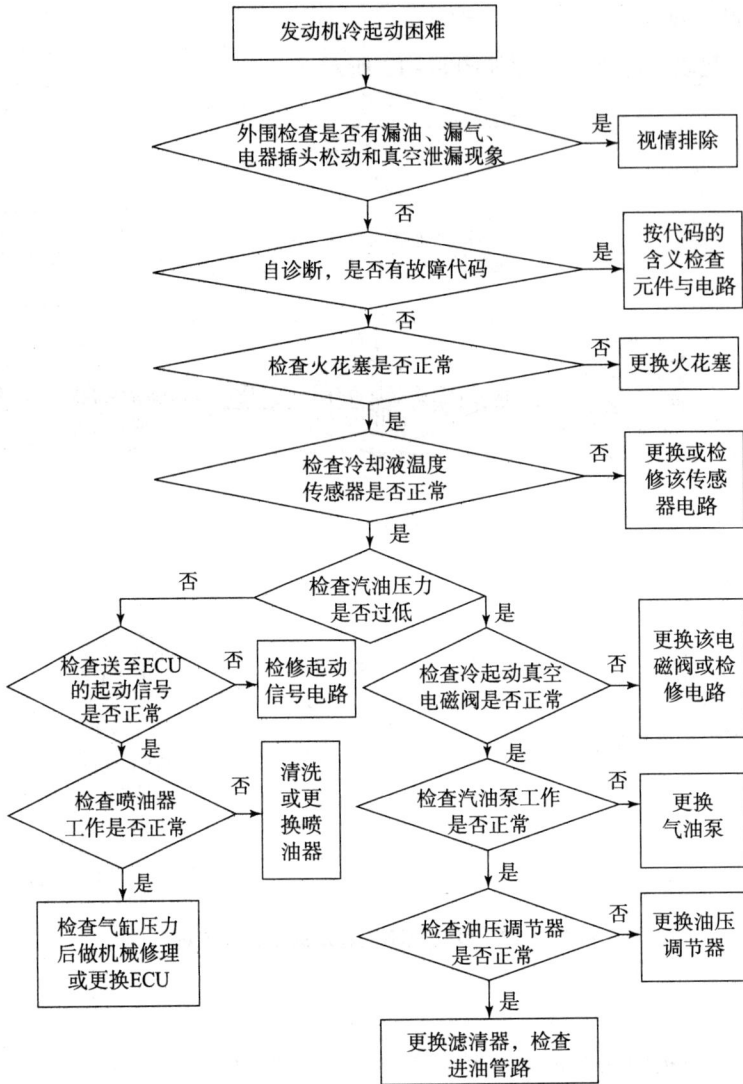

图 8 – 13　发动机冷起动困难故障诊断流程

2. 故障主要原因及处理方法

电子控制系统引起发动机动力不足的基本原因是高压火弱、点火正时失准或喷油量少等。

3. 故障诊断流程

发动机动力不足故障诊断流程如图 8 – 14 所示。

（四）发动机耗油量大

1. 故障现象

发动机耗油明显偏高，有时伴有发动机性能不良和冒黑烟等现象。

2. 故障主要原因及处理方法

电子控制系统引起发动机耗油量大的基本原因多数情况是由于火花塞点火弱、缺火和喷油量不足或过多造成。

油耗高检测

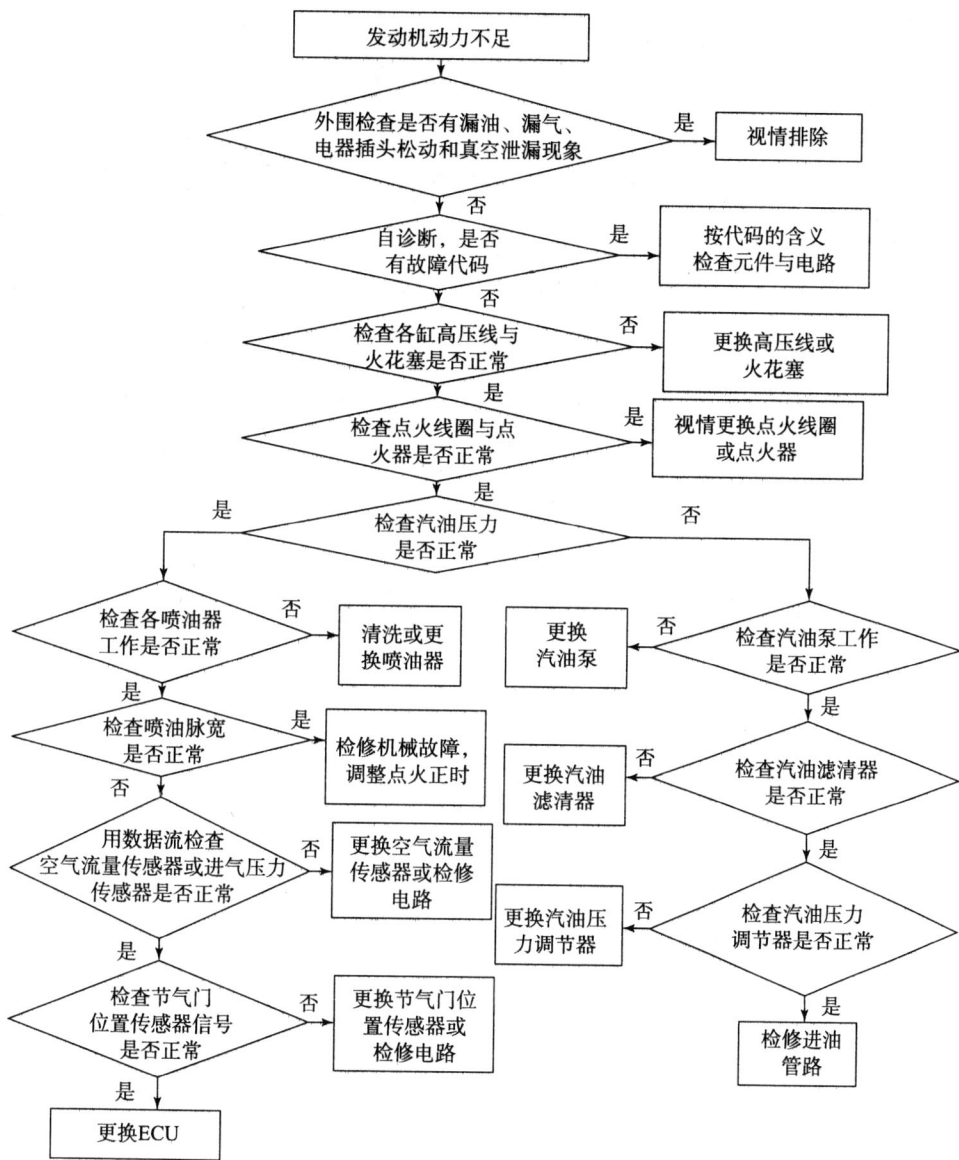

图 8 − 14　发动机动力不足故障诊断流程

3. 故障诊断流程

发动机耗油量大故障诊断流程如图 8 − 15 所示。

（五）发动机怠速不稳

1. 故障现象

无怠速

怠速不稳 1

怠速不稳 2

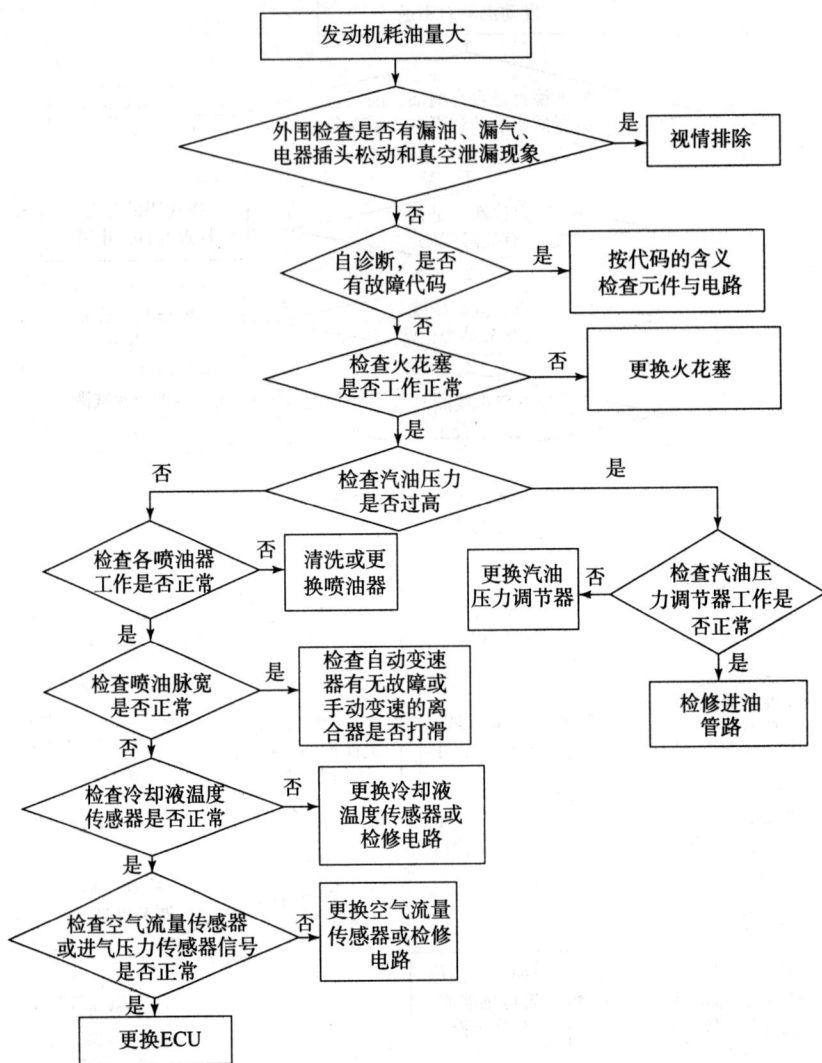

图 8 - 15　发动机耗油量大故障诊断流程

　　发动机热车后怠速仍然偏高，调整怠速不起作用，发动机经过初始状态调整获得了准确的怠速后，在实际运转中，经常产生怠速偏低、抖动、游车或熄火现象，发动机低温、空调运转与转向助力的时候都有提速现象，但都不是很稳定，有时在其他工况下还伴有动力不足的现象。

　　2. 故障主要原因及处理方法

　　发动机的怠速一般都是由 ECU 根据冷却液的温度、转向助力状态、空调运转状态和挡位开关的状态，通过控制怠速空气调节器来自动调整怠速工况的空气量，进而自动调整怠速工况的喷油量来调节的。怠速不稳与冷却液温度传感器、转向助力开关、空调开关、挡位开关、节气门、燃油压力、空气流量计（空气流量传感器）、火花塞等不稳有关。

　　3. 故障诊断流程

　　发动机怠速不稳故障诊断流程如图 8 - 16 所示。

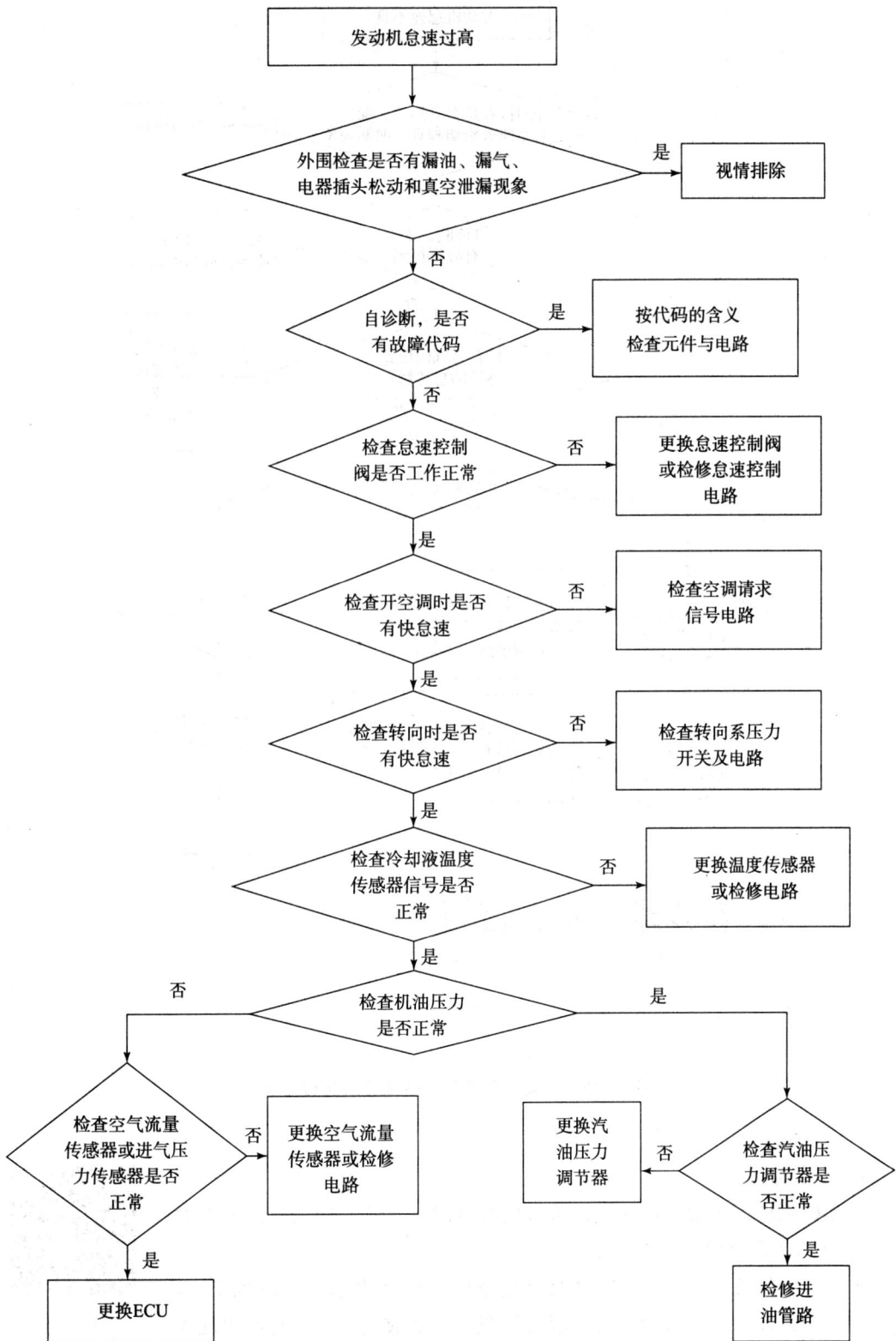

图 8-16　发动机怠速不稳故障诊断流程

```
                    ┌──────────────────┐
                    │   发动机怠速不良    │
                    └──────────────────┘
                             │
                ╱──────────────────────╲        是    ┌──────────┐
              ╱ 外围检查是否有漏油、漏气、 ╲──────────→│ 视情排除  │
              ╲ 电器插头松动和真空泄漏现象 ╱          └──────────┘
                ╲──────────────────────╱
                             │否
                      ╱────────────╲      是      ┌──────────────┐
                    ╱  自诊断，是否  ╲──────────→│  按代码的含义  │
                    ╲  有故障代码    ╱            │  检查元件与电路 │
                      ╲────────────╱             └──────────────┘
                             │否
                    ╱────────────────╲    否    ┌──────────────┐
                  ╱  检查节气门位置传    ╲──────→│  更换节气      │
                  ╱  感器的怠速触点信     ╲      │  门位置传      │
                  ╲  号是否工作正常      ╱      │  感器或检      │
                    ╲────────────────╱        │  修电路        │
                             │是              └──────────────┘
         否      ╱────────────────╲      是
       ┌────────╱  单缸断火是否有    ╲────────┐
       │        ╲  缸工作不良       ╱        │
       │          ╲────────────────╱          │
       ▼                                        ▼
  ╱──────────╲  否  ┌──────────┐  ┌────────┐  否  ╱──────────╲
╱ 检查怠速控制 ╲───→│更换怠速控制│  │更换    │←────╱检查不良的火 ╲
╲ 阀是否正常   ╱     │阀或检修怠速│  │火花塞  │      ╲花塞是否正常 ╱
  ╲──────────╱      │控制电路    │  └────────┘        ╲──────────╱
       │是          └──────────┘                           │是
       ▼                                                     ▼
  ╱──────────╲  否  ┌──────────┐  ┌────────┐  否  ╱──────────╲
╱ 检查空气     ╲───→│更换空气流量│  │清洗或更│←────╱检查不良的喷 ╲
╲ 流量传感器或进╱     │传感器或检修│  │换喷油器│      ╲油器是否正常 ╱
╱ 气压力传感器信╲     │电路        │  └────────┘        ╲──────────╱
╲ 号是否正常   ╱     └──────────┘                          │是
  ╲──────────╱                                              ▼
       │是                                          ┌──────────┐
       ▼                                            │  检查缸压  │
  ╱──────────╲  否  ┌──────────┐                    │ 做机械维修 │
╱ 检查氧传感器 ╲───→│更换氧传感器│                    └──────────┘
╲ 工作是否正常 ╱     │或检修电路  │
  ╲──────────╱      └──────────┘
       │是
       ▼
  ┌──────────┐
  │  更换ECU  │
  └──────────┘
```

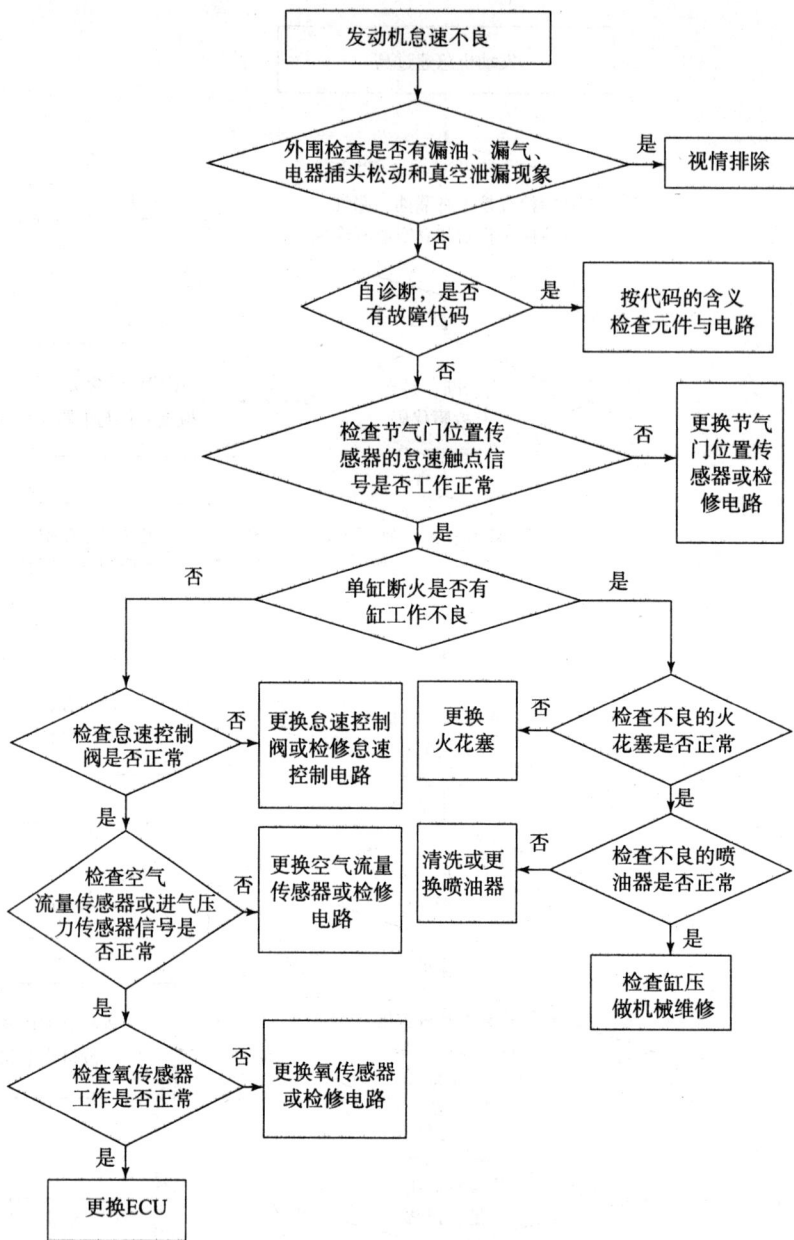

图 8 – 16　发动机怠速不稳故障诊断流程（续）

（六）发动机进气回火

1. 故障现象

发动机工作不正常，迅速增加节气门开度时进气管有回火，加速无力。

2. 故障主要原因及处理方法

如果混合气过稀，混合气的燃烧速度下降，燃烧火焰会延续到下一次进气门打开，使进气歧管内的可燃混合气燃烧，造成进气管内有回火现象。

回火放炮

3. 故障诊断流程

发动机进气回火故障诊断流程如图 8 – 17 所示。

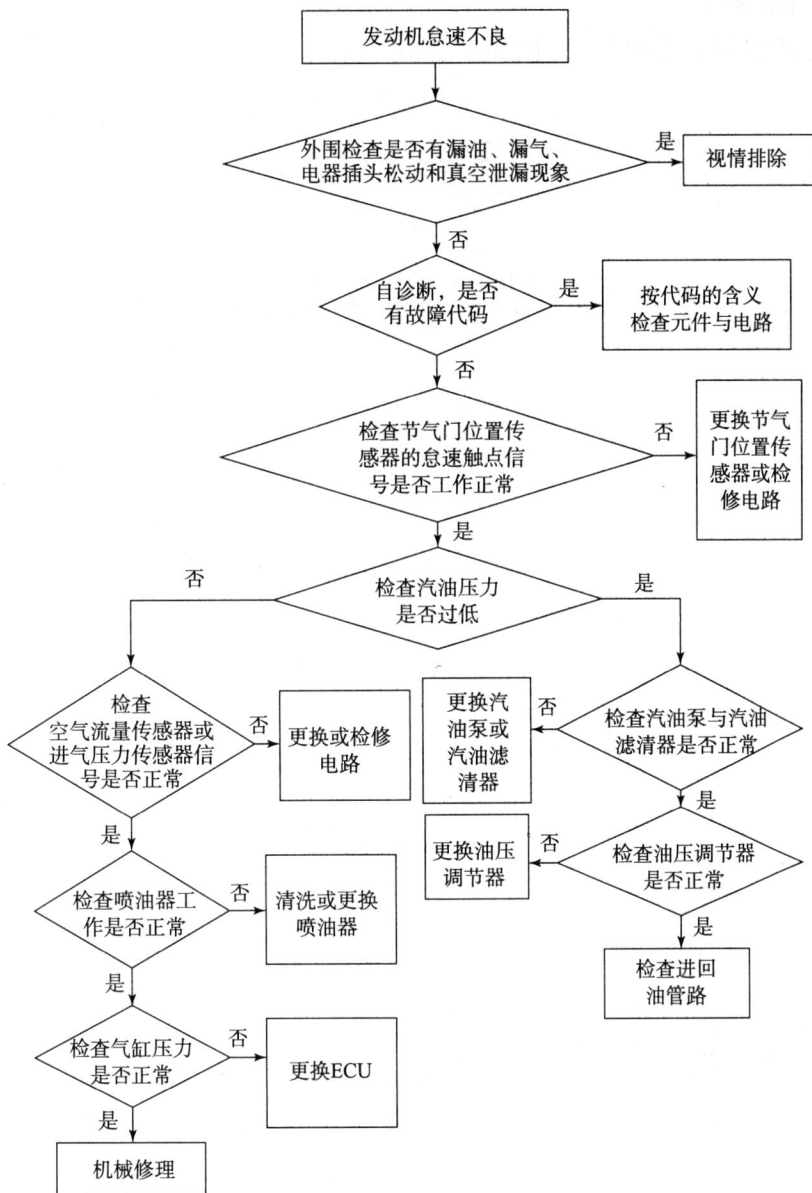

图 8 – 17　发动机进气回火故障诊断流程

（七）发动机排气管放炮

1. 故障现象

发动机工作不正常，排气管放炮，同时伴随有冒黑烟现象，发动机动力下降，油耗增加。

2. 故障主要原因及处理方法

当可燃混合气的浓度过高或点火过迟时，混合气在做功行程未燃烧彻底，进入排气管后继续燃烧，并产生放炮声。

放炮现象

项目八　电控汽油机常见故障诊断

3. 故障诊断流程

发动机排气管放炮故障诊断流程如图 8 – 18 所示。

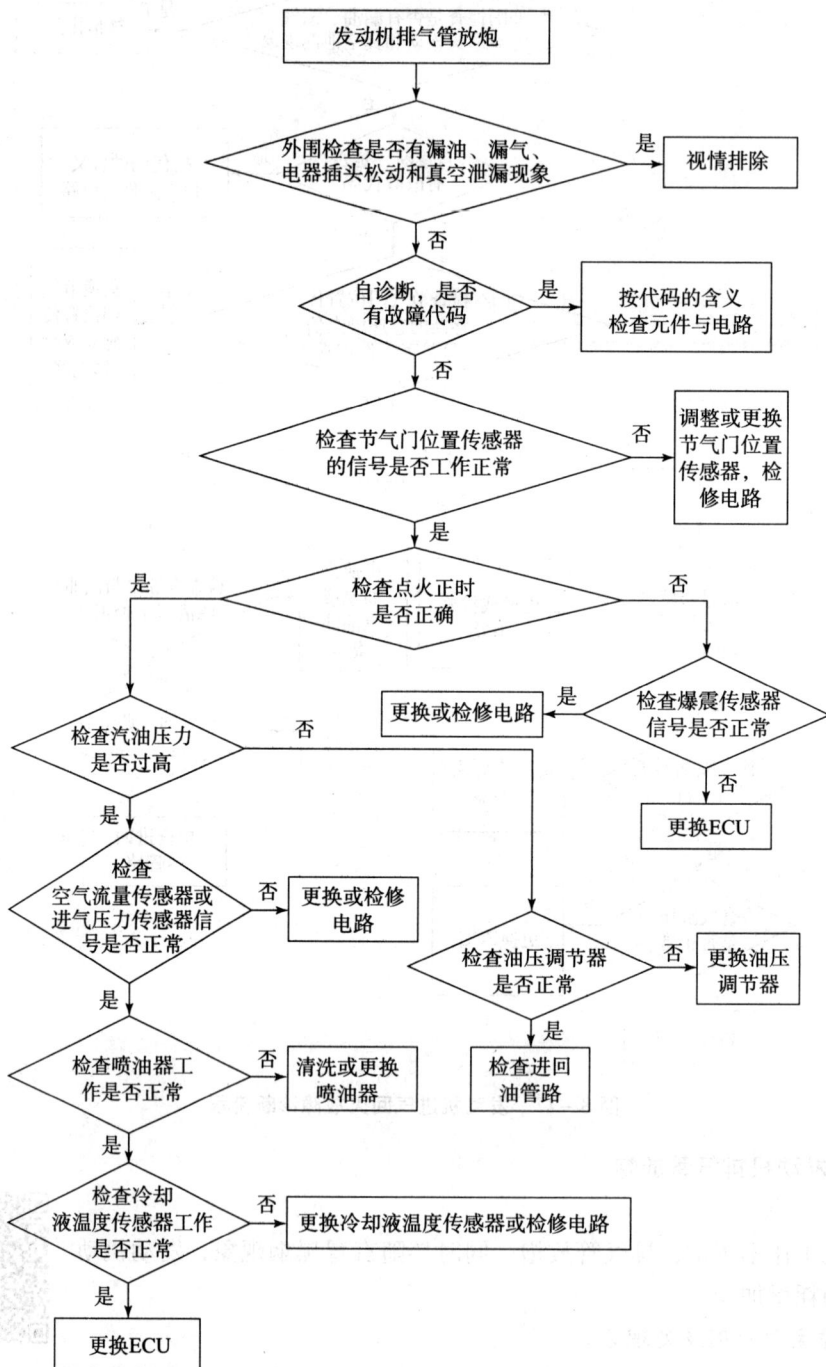

```
                    ┌──────────────────┐
                    │   发动机排气管放炮   │
                    └──────────────────┘
                              │
                    ╱───────────────────╲        是    ┌──────────┐
                   ╱ 外围检查是否有漏油、漏气、╲─────────→│  视情排除  │
                   ╲ 电器插头松动和真空泄漏现象 ╱        └──────────┘
                    ╲───────────────────╱
                              │否
                      ╱───────────╲          是    ┌──────────┐
                     ╱ 自诊断，是否  ╲───────────→│ 按代码的含义 │
                     ╲ 有故障代码    ╱            │ 检查元件与电路 │
                      ╲───────────╱              └──────────┘
                              │否
                    ╱───────────────╲      否    ┌──────────┐
                   ╱ 检查节气门位置传感器 ╲─────────→│ 调整或更换  │
                   ╲ 的信号是否工作正常    ╱        │ 节气门位置  │
                    ╲───────────────╱          │ 传感器，检  │
                              │是              │ 修电路     │
                              │                └──────────┘
         是    ╱───────────────╲    否
        ┌────╱   检查点火正时     ╲────┐
        │    ╲   是否正确         ╱    │
        │     ╲───────────────╱     │
        │                            ▼
  ╱──────────╲  否              ╱───────────╲  是   ┌──────────┐
 ╱ 检查汽油压力 ╲─────┐        ╱ 检查爆震传感器 ╲────→│ 更换或检修电路 │
 ╲ 是否过高    ╱     │        ╲ 信号是否正常   ╱      └──────────┘
  ╲──────────╱      │         ╲───────────╱
        │是         │               │否
        ▼           │         ┌──────────┐
 ╱──────────╲  否   │         │ 更换ECU   │
╱   检查      ╲─────┐│        └──────────┘
╲ 空气流量传感器或╱  ││
╲ 进气压力传感器信╱  ││  ┌──────────┐
 ╲号是否正常  ╱    ││  │ 更换或检修  │
  ╲────────╱     ││  │ 电路      │
        │是       ││  └──────────┘
        ▼         ▼│
 ╱──────────╲    ╱───────────╲  否   ┌──────────┐
╱ 检查喷油器工 ╲   ╱ 检查油压调节器 ╲────→│ 更换油压  │
╲ 作是否正常   ╱   ╲ 是否正常     ╱     │ 调节器    │
 ╲──────────╱     ╲───────────╱     └──────────┘
        │是  否         │是
        │  ┌──────────┐ ▼
        │  │ 清洗或更换 │ ┌──────────┐
        │  │ 喷油器    │ │ 检查进回  │
        │  └──────────┘ │ 油管路    │
        ▼              └──────────┘
 ╱──────────╲  否   ┌──────────────────┐
╱ 检查冷却    ╲────→│ 更换冷却液温度传感器或检修电路 │
╲ 液温度传感器工╱     └──────────────────┘
╲ 作是否正常  ╱
 ╲──────────╱
        │是
        ▼
   ┌──────────┐
   │  更换ECU  │
   └──────────┘
```

图 8 – 18　发动机排气管放炮故障诊断流程

二、任务实施

（一）实施准备

（1）准备好实训用发动机、解码器、万用表、常用工具等。

（2）掌握本次实训课所用仪器及设备的使用方法。

（3）强调实训中的安全注意事项。

（二）实施内容

1. 桑塔纳 2000 大众时代超人发动机不能起动故障诊断与排除

（1）起动发动机试车，发现起动机运转但是发动机不起动，使用故障诊断仪读取故障码。

（2）检查各缸点火，如不正常，则检查火花塞及其点火控制电路。

（3）检查燃油供给系统，连接燃油压力表，检测起动发动机时燃油压力。如不正常，则检查喷油器及喷油控制电路。

（4）若点火、燃油系统均正常，判断为电控单元损坏或锁止。电控单元锁止条件一般为发动机防盗系统工作、发动机 ECU 电源不正常、曲轴位置传感器无输出信号、变速器挡位不在 N/P 挡（装配自动变速器汽车），因此根据实际情况判断故障位置。

2. 丰田 8A－EF 发动机怠速严重抖动故障诊断与排除

（1）起动发动机试车，发现怠速不稳甚至熄火，则使用故障诊断仪读取故障码。

（2）单缸断火法检测各缸工作状态，若不正常，则检查点火、喷油元件及控制电路。

（3）检查怠速控制阀及其电路是否正常。检查 ISC 阀阀芯动作是否良好。

（4）检查空气流量传感器及其控制电路。

（5）检查氧传感器及其控制电路。

故障案例

1. 一辆丰田锐志轿车，装配 5RG－FE 型发动机，已行驶 1.5 万千米，出现怠速不稳，发动机抖动，冷车时更为严重，甚至熄火。

故障诊断：用仪器读取故障码，经诊断没有故障码；按照流程检查是否漏油漏气、电插头是否松动，正常；检查节气门位置传感器，正常；检查各缸点火是否正常，正常；检查怠速阀及其电路，正常；检查空气流量传感器及空气滤清器，正常；检查氧传感器，正常，但在读取氧传感器数据流时发现实际值与标准值严重不符。

故障判断：氧传感器是检测排气中氧含量的传感器，因为之前已经检测过空气流量传感器及空气滤清器，所以怀疑某缸喷油器故障，进行单缸断火法检测，发现喷油器没有故障，进而怀疑是废气再循环系统故障，检测发现 VSV 控制阀卡死不能关闭 EGR 废气再循环控制阀，导致在怠速时有废气参与燃烧，导致怠速不稳故障。

2. 一辆桑塔纳 2000GSi 轿车，行驶 4 万千米，发现发动机急加速回火，行驶动力不足。

故障诊断：用仪器读取故障码，经诊断没有故障码；按照流程检查是否漏油漏气、电插头是否松动，正常；检查各缸点火是否正常，正常；检查油压及喷油器，正常；检查空气流量传感器时发现怠速时输出电压为 1.3 V，急加速时，输出电压为 2.5 V，并且不再变化，而正常空气流量传感器输出电压范围为 0～4.8 V，说明空气流量传感器输出信号不准确，更换空气流量传感器后故障排除。

项目总结

本项目从发动机原理出发，介绍了使用故障诊断仪读取故障码判断故障的具体方法和没有故障码时对发动机故障诊断和排除的具体思路，注意检测时不要忽略机械故障。

练习题

一、理论题

（一）填空题

1. 故障诊断应按 6 个步骤进行，即向用户询问相关情况、_____、基本检查、_____、疑难故障诊断和_____等。

2. 发动机故障诊断的基本方法可分为直观诊断、_____、_____和_____等。

3. 用万用表测量元件的_____或_____，用万用表测量元件或连接线路的_____等均可判断元件或线路是否正常。

4. 利用数据流进行故障诊断分析时，可根据需要进行时域分析、_____、_____和_____。

5. 示波器提供了信号电压变化趋势、_____、_____、相关性等分析依据及方法。

6. 可以用_____、_____的电子元件来替代怀疑有故障的元件，以判断故障原因，这种方法称为_____。

7. 发动机常见的故障有以下四种：_____、_____、_____、_____。

（二）判断题

1. 电子控制系统的故障诊断应先从外部进行直观检查。 （　　）
2. 进行故障诊断时，应先利用故障诊断仪读取故障码。 （　　）
3. 故障码分析法是一种简便快捷的故障诊断方法。 （　　）
4. 自诊断系统能检测出控制系统中所有类型的故障。 （　　）
5. 示波器有多个通道接口，能够同时显示多个波形。 （　　）
6. 应在断开蓄电池之前读取故障码。 （　　）
7. 喷油器上的 O 形密封圈可以重复使用。 （　　）
8. 当故障码显示某个传感器有故障时，一定是这个传感器自身的故障。 （　　）
9. 故障码与故障并不是明确的一一对应的关系。 （　　）

（三）简答题

1. 试分析发动机油耗过大故障的原因。
2. 试分析发动机排气放炮故障的原因。
3. 如何利用数据流进行故障分析？

二、实操题

1. 利用故障诊断仪和电路图检测大众 2000GSi 发动机故障。
2. 利用故障诊断仪和电路图检测丰田 8A - EF 发动机故障。

任务工单

实训任务 1.3　发动机电控系统常用检测工具的使用

姓名		班级		学号	
实训车型		VIN 码		实训地点	
授课教师		时间		成绩	
实训目的	1. 万用表的使用方法 2. 故障诊断仪的使用方法 3. 示波器的使用方法				
工具选择	万用表、解码器、示波器、常用工具等				
注意事项	检测注意事项： ◆ 测量电阻时，将点火开关置于"OFF"位置。 ◆ 测量电压时，将点火开关置于"ON"位置。 ◆ 点火开关打开时，严禁拔插各传感器及执行器接口，以免损坏 ECU。 ◆ 为了防止损坏诊断仪，在连接或断开诊断仪之前一定将点火开关旋至"LOCK（OFF）"位置。 ◆ 按照 7S 管理操作，文明生产、安全操作。				
检修流程及 数据记录	1. 万用表的使用 （1）选择合适的量程，测量蓄电池电压，测量时注意红表笔接正极，黑表笔接负极，测量的电压值是＿＿＿＿＿＿。 （2）选择合适的量程，测量继电器电阻值。测量的电阻值是＿＿＿＿＿＿。 （3）选择蜂鸣挡，测量线束的导通性，是否蜂鸣？是□　否□ 2. 故障诊断仪的使用 教师设置故障，学生练习使用 KT600 故障诊断仪。 （1）从专用工具箱中拿出解码器及线束。 （2）把测试总线装在解码器主体上。 （3）把 16 针测试线与测试总线相连，并固定好。 （4）关闭点火开关，把 16 针测试线与时代超人发动机测试插头相连。 （5）打开点火开关，解码器由发动机测试插头提供电源，进入解码器欢迎菜单。 （6）进入测试程序，选择发动机程序进行检测。 （7）读取故障码。 （8）清除故障码重新设定。 3. 示波器的使用				

姓名		班级		学号	
实训车型		VIN 码		实训地点	
授课教师		时间		成绩	

检修流程及数据记录	我们以金德 KT600 为例，练习示波器的使用方法，读取节气门位置传感器的波形。 (1) 在主界面上选择示波器分析仪。 (2) 根据提示选择传感器——节气门位置传感器。 (3) 观察并记录波形，练习对波形的通道、幅值、位置等进行调整。

检查结果

检测项目		检测条件	标准值	测量值	结论
万用表的使用	测蓄电池电压				
	测电阻				
	测线束导通性				
故障诊断仪的使用	读取故障码				
示波器的使用	显示节气门位置传感器波形				

检查结论	

考核评价

考评项目		自我评价	小组评价	教师评价
素质考评（20分）	劳动纪律（10分）			
	工位整理（10分）			
工单考评（20分）				
实操考评（60分）	工具使用（10分）			
	任务方案（10分）			
	实施过程（30分）			
	完成情况（10分）			
合计				
综合评价				

指导老师评语：_____

_____

_____

实训任务 2.1　空气流量传感器的检修

姓名		班级		学号	
实训车型		VIN 码		实训地点	
授课教师		时间		成绩	
实训目的	1. 掌握空气流量传感器的作用 2. 正确使用相应检测工具 3. 能正确检测热线/热膜式空气流量传感器				
工具选择	万用表、解码器、示波器、常用工具等				
注意事项	检测注意事项： ◆ 测量电阻时，将点火开关置于"OFF"位置。 ◆ 测量电压时，将点火开关置于"ON"位置。 ◆ 点火开关打开时，严禁拔插各传感器及执行器接口，以免损坏 ECU。 ◆ 为了防止损坏诊断仪，在连接或断开诊断仪之前一定将点火开关旋至"LOCK（OFF）"位置。 ◆ 按照 7S 管理操作，文明生产、安全操作。				
检修流程及 数据记录	1. 利用故障诊断仪检查空气流量传感器并记录相应数据（以桑塔纳 2000AJR 发动机为例） 1）读取故障码 （1）按故障诊断仪，按菜单引导选择对应选项，进入发动机控制单元，读取故障码。是否读取到与空气流量传感器相关的故障码？是□　否□ （2）清除故障码后，起动发动机，再次读取故障码。是否读取到与空气流量传感器相关的故障码？是□　否□，故障码为＿＿＿＿＿＿＿＿＿。 （3）若有故障码，应检查是否存在机械故障，是否存在线束断路、插接器虚接的现象？是□　否□ （4）请判断故障是否在空气流量传感器本身？是□　否□ 2）读取数据流 （1）节气门在怠速位置时，读取到的空气流量传感器的数据为＿＿＿＿＿＿＿＿＿＿＿ ＿＿＿＿＿＿＿＿＿＿＿＿＿＿＿＿＿＿＿＿＿＿＿＿＿＿＿＿＿＿＿＿＿＿＿＿＿＿ （2）节气门突然全开时，读取到的空气流量传感器的数据变化为＿＿＿＿＿＿＿＿＿＿＿ ＿＿＿＿＿＿＿＿＿＿＿＿＿＿＿＿＿＿＿＿＿＿＿＿＿＿＿＿＿＿＿＿＿＿＿＿＿＿ 2. 利用万用表检查空气流量传感器并记录相关数据 （1）空气流量传感器的安装位置：＿＿＿＿＿＿＿＿＿＿＿＿＿＿＿＿＿＿。该空气流量传感器的类型是＿＿＿＿＿＿＿＿＿＿，插头端子数是＿＿＿＿＿＿。 （2）检查附加熔断器（30 A）是否良好。 （3）打开点火开关，测量空气流量传感器 2#端子供电电压为＿＿＿＿V，是否正常？是□　否□ 检查熔断器至空气流量传感器 2#端子之间的线路是否良好？是□　否□ （4）检测空气流量传感器 3#端子搭铁是否正常？是□　否□ （5）检测空气流量传感器 3#端子至 ECU 的 12#端子之间线路是否良好？是□　否□ 检测空气流量传感器 3#端子至 ECU 的 11#、13#端子之间线路绝缘性是否良好？是□　否□ （6）测量空气流量传感器 4#端子的供电电压为＿＿＿＿V，是否正常？是□　否□ （7）检查空气流量传感器 4#端子至 ECU 的 11#端子之间的线路是否正常？是□　否□

任务工单

姓名		班级		学号	
实训车型		VIN 码		实训地点	
授课教师		时间		成绩	

检修流程及 数据记录	检测空气流量传感器 4#端子至 ECU 的 12#、13#端子之间线路绝缘性是否良好？ 是□　否□ （8）起动发动机至工作温度，测量空气流量传感器 5#端子的信号电压。急速时电压为_____V；节气门回到急速位置，急踩加速踏板时电压为_____V，是否正常？ 是□　否□ （9）检查空气流量传感器 5#端子至 ECU 的 13#端子之间的线路是否正常？是□　否□ （10）检测空气流量传感器 5#端子至 ECU 的 11#、12#端子之间线路绝缘性是否良好？ 是□　否□ 3. 利用示波器检查空气流量传感器并记录相关数据 （1）节气门在急速位置时，观察并画出输出波形： （2）突然加大节气门到全开，2 s 后再将节气门快速关闭，再稳定急速 5 s，此时观察并画出空气流量传感器输出的波形： （3）根据波形，分析该空气流量传感器性能： _____ （4）本次实训中存在的疑问有哪些？最大的难点是什么？ _____

	检测项目		检测条件	标准值	测量值	结论
检查结果	故障码	故障记录				
	数据流	空气流量数据				
	电压	2#端子供电电压				
		4#端子供电电压				
		5#端子供电电压				
	导线导 通性	3#—12#				
		4#—11#				
		5#—13#				
	导线间 的绝缘性	3#—11#				
		3#—13#				
		4#—12#				
		4#—13#				
		12#—13#				
		5#—11#				
		5#—12#				

姓名		班级		学号	
实训车型		VIN 码		实训地点	
授课教师		时间		成绩	

检查结论					

考核评价	考评项目		自我评价	小组评价	教师评价
	素质考评（20分）	劳动纪律（10分）			
		工位整理（10分）			
	工单考评（20分）				
	实操考评（60分）	工具使用（10分）			
		任务方案（10分）			
		实施过程（30分）			
		完成情况（10分）			
	合计				
	综合评价				

指导老师评语：_____

_____

_____

任务工单

实训任务 2.2　进气压力传感器的检修

姓名		班级		学号	
实训车型		VIN 码		实训地点	
授课教师		时间		成绩	

实训目的	1. 掌握进气压力传感器的作用 2. 正确使用相应检测工具 3. 能正确检测进气压力传感器
工具选择	万用表、真空泵、解码器、示波器、常用工具等
注意事项	检测注意事项： ◆ 测量电阻时，将点火开关置于"OFF"位置。 ◆ 测量电压时，将点火开关置于"ON"位置。 ◆ 点火开关打开时，严禁拔插各传感器及执行器接口，以免损坏 ECU。 ◆ 为了防止损坏诊断仪，在连接或断开诊断仪之前一定将点火开关旋至"LOCK（OFF）"位置。 ◆ 按照 7S 管理操作，文明生产、安全操作。
检修流程及 数据记录	1. 利用故障诊断仪检查进气压力传感器并记录相应数据（以丰田 8A – FE 发动机为例） （1）读取故障码。 ①将点火开关打到"ON"挡，读取故障码。是否读取到与进气压力传感器相关的故障码？是□ 否□ ②清除故障码后，起动发动机，再次读取故障码。是否读取到与进气压力传感器相关的故障码？是□ 否□，故障码为＿＿＿＿＿＿＿＿＿。 ③若有故障码，应检查是否存在机械故障，是否存在线束断路、插接器虚接的现象？是□ 否□ ④请判断故障是否在进气压力传感器本身？是□ 否□ （2）检查是否存在机械故障，管路有无老化、破裂、漏气、错插的现象。 ＿＿＿＿＿＿＿＿＿＿＿＿＿＿＿＿＿＿＿＿＿＿＿＿＿＿＿＿＿＿＿＿＿＿＿＿ （3）读取数据流。 ①节气门在怠速位置时，读取到的进气压力传感器的数据为＿＿＿＿＿＿＿＿＿ ＿＿＿＿＿＿＿＿＿＿＿＿＿＿＿＿＿＿＿＿＿＿＿＿＿＿＿＿＿＿＿＿＿＿＿＿ ②节气门突然全开时，读取到的进气压力传感器的数据变化为＿＿＿＿＿＿＿＿＿ ＿＿＿＿＿＿＿＿＿＿＿＿＿＿＿＿＿＿＿＿＿＿＿＿＿＿＿＿＿＿＿＿＿＿＿＿ 2. 利用万用表检查进气压力传感器并记录相关数据 （1）进气压力传感器的安装位置：＿＿＿＿＿＿＿＿＿＿＿＿＿＿＿＿＿。该进气压力传感器的类型是＿＿＿＿＿＿＿＿＿＿，插头端子数是＿＿＿＿＿＿。 （2）打开点火开关，测量进气压力传感器 3#端子供电电压为＿＿＿＿V，是否正常？是□ 否□ 检查进气压力传感器 3#端子至 ECU 的 VC 端子之间的线路是否良好？是□ 否□ 检测进气压力传感器 3#端子至 ECU 的 E2、PIM 端子之间的线路绝缘性是否良好？是□ 否□ （3）检测进气压力传感器 1#端子搭铁是否正常？是□ 否□ （4）检测进气压力传感器 1#端子至 ECU 的 E2 端子之间线路是否良好？是□ 否□

姓名		班级		学号	
实训车型		VIN 码		实训地点	
授课教师		时间		成绩	

| 检修流程及
数据记录 | 检测进气压力传感器 3#端子至 ECU 的 VC、PIM 端子之间线路绝缘性是否良好？
是□ 否□

（5）拔下进气歧管处的真空软管，将手动真空泵连接到进气压力传感器上，打开点火开关，不起动发动机。使用手动真空泵向进气压力传感器内施加真空，测量在 100 mmHg、200 mmHg、300 mmHg、400 mmHg、500 mmHg 真空度下进气压力传感器的输出电压分别为_____V、_____V、_____V、_____V、_____V。是否正常？是□ 否□

（6）接通点火开关，不起动发动机，检测进气压力传感器 2#端子与搭铁之间的信号电压为_____V，是否正常？是□ 否□
当发动机怠速运转时，信号电压为_____V；当缓加速时，信号电压应随之_____；当急加速时，信号电压为_____V；当恒速时，信号电压应为_____V；急减速时，信号电压应为_____V。是否正常？是□ 否□

（7）检查进气压力传感器 2#端子至 ECU 的 PIM 端子之间的线路是否正常？是□ 否□
检测进气压力传感器 2#端子至 ECU 的 E2、VC 端子之间线路绝缘性是否良好？
是□ 否□

3. 利用示波器检查进气压力传感器并记录相关数据
（1）将示波器连接到进气压力传感器信号输出端，起动发动机，使其稳定怠速后，观察并画出输出波形：

（2）将节气门逐渐开至全开，2 s 后再将节气门快速关闭，再稳定怠速 2 s，观察并画出进气压力传感器输出的波形：

（3）突然加大节气门到全开，2 s 后再将节气门快速关闭，再稳定怠速 5 s，观察并画出进气压力传感器输出的波形：

（4）根据波形，分析该进气压力传感器性能：
_____

（5）本次实训中存在的疑问有哪些？最大的难点是什么？
_____ |

任务工单

姓名		班级		学号	
实训车型		VIN 码		实训地点	
授课教师		时间		成绩	

检查结果	检测项目		检测条件	标准值	测量值	结论
	故障码	故障记录				
	数据流	进气压力传感器数据流				
	电压	3#端子供电电压				
		2#端子输出电压				
		1#端子电压				
	导线导通性（电阻）	1#—ECU 的 E2	关闭点火开关，拔掉传感器上的插接器			
		2#—ECU 的 PIM				
		3#—ECU 的 VC				
	导线间的绝缘性（电阻）	1#—ECU 的 PIM	关闭点火开关，拔掉传感器上的插接器			
		1#—ECU 的 VC				
		2#—ECU 的 VC				

检查结论	

考核评价	考评项目		自我评价	小组评价	教师评价
	素质考评（20分）	劳动纪律（10分）			
		工位整理（10分）			
	工单考评（20分）				
	实操考评（60分）	工具使用（10分）			
		任务方案（10分）			
		实施过程（30分）			
		完成情况（10分）			
	合计				
	综合评价				
	指导老师评语：_____ _____ _____				

实训任务 2.3　冷却液/进气温度传感器的检修

姓名		班级		学号	
实训车型		VIN 码		实训地点	
授课教师		时间		成绩	

实训目的	1. 掌握温度传感器的安装位置、作用 2. 正确使用相应检测工具 3. 能正确检测温度传感器
工具选择	万用表、解码器、示波器、烧杯、加热器、电吹风、常用工具等
注意事项	检测注意事项： ◆ 测量电阻时，将点火开关置于"OFF"位置。 ◆ 测量电压时，将点火开关置于"ON"位置。 ◆ 点火开关打开时，严禁拔插各传感器及执行器接口，以免损坏 ECU。 ◆ 为了防止损坏诊断仪，在连接或断开诊断仪之前一定将点火开关旋至"LOCK（OFF）"位置。 ◆ 加热用于测量的冷却液温度传感器时，只需将其工作部分放入水中即可，检测过程中不要将冷却液温度传感器从水中取出。 ◆ 按照 7S 管理操作，文明生产、安全操作。
检修流程及数据记录	1. 利用故障诊断仪检查冷却液/进气温度传感器并记录相应数据（以桑塔纳 2000AJR 发动机为例） 1）读取故障码 （1）接故障诊断仪，按菜单引导选择对应选项，进入发动机控制单元，读取故障码。是否读取到与冷却液/进气温度传感器相关的故障码？是□　否□ （2）清除故障码后，起动发动机，再次读取故障码。是否读取到与冷却液/进气温度传感器相关的故障码？是□　否□，故障码为_____。 （3）若有故障码，应检查是否存在机械故障，是否存在线束断路、插接器虚接的现象？是□　否□ （4）请判断故障是否在冷却液/进气温度传感器本身？是□　否□ 2）读取数据流 （1）用故障诊断仪读取发动机冷机时的静态数据流，读取到的冷却液/进气温度传感器的数据为_____ （2）起动发动机，读取发动机系统不同运行工况下的动态数据流，读取到的冷却液/进气温度传感器的数据变化为_____ 踩下加速踏板，使发动机温度上升，观察"发动机冷却水温"数值逐渐_____，"冷却水温传感器输出的电压值"数值应逐渐_____。 2. 利用万用表检查冷却液/进气温度传感器并记录相关数据 1）冷却液温度传感器的检查 （1）冷却液温度传感器的安装位置：_____ 冷却液温度传感器的作用：_____ 该冷却液温度传感器的类型是_____，插头端子数是_____。 （2）打开点火开关，测量冷却液温度传感器 3#端子供电电压为_____V，是否正常？是□　否□ （3）检测冷却液温度传感器 3#端子至 ECU 的 53#端子之间线路是否良好？是□　否□

姓名		班级		学号	
实训车型		VIN 码		实训地点	
授课教师		时间		成绩	

<table>
<tr><td rowspan="...">检修流程及
数据记录</td><td>

检测冷却液温度传感器 3#端子至 ECU 的 67#端子之间线路绝缘性是否良好？是□　否□

(4) 检测冷却液温度传感器 1#端子搭铁是否正常？是□　否□

(5) 检测冷却液温度传感器 1#端子至 ECU 的 67#端子之间线路是否良好？是□　否□

检测冷却液温度传感器 1#端子至 ECU 的 53#端子之间线路绝缘性是否良好？是□　否□

(6) 将冷却液温度传感器线束插头接好，起动发动机，将发动机逐渐升温，测量冷却液传感器 1#与 3#端子之间的电压为_____V，温度越低时电压越_____，温度越高时电压越_____。是否正常？是□　否□

(7) 记录冷却液温度传感器的电阻值，并分析工作状态。

温度/℃	阻值/Ω	温度/℃	阻值/Ω
−20		40	
0		60	
10		80	
20		100	

2）进气温度传感器的检查

(1) 进气温度传感器的安装位置：_____

进气温度传感器的作用：_____

该进气温度传感器的类型是_____，插头端子数是_____。

(2) 打开点火开关，测量进气温度传感器 1#端子供电电压为_____V，是否正常？是□　否□

(3) 检测进气温度传感器 1#端子至 ECU 的 54#端子之间线路是否良好？是□　否□

检测进气温度传感器 1#端子至 ECU 的 67#端子之间线路绝缘性是否良好？是□　否□

(4) 检测进气温度传感器 2#端子搭铁是否正常？是□　否□

(5) 检测进气温度传感器 2#端子至 ECU 的 67#端子之间线路是否良好？是□　否□

(6) 记录进气温度传感器的电阻值，并分析工作状态是否正常？是□　否□

温度/℃	阻值/Ω	温度/℃	阻值/Ω
−20		40	
0		60	
10		80	
20		100	

3. 冷车时，将冷却液温度传感器插头断开，观察发动机是否顺利起动？是□　否□

故障现象：_____

4. 热车时，将冷却液温度传感器插头断开，观察发动机是否顺利起动？是□　否□

故障现象：_____

如果不能顺利起动，此时将节气门开度加大，再起动发动机；若能起动，原因是什么？

_____

_____

5. 本次实训中存在的疑问有哪些？最大的难点是什么？

_____

</td></tr>
</table>

姓名		班级		学号	
实训车型		VIN 码		实训地点	
授课教师		时间		成绩	

检查结论	

考核评价	考评项目		自我评价	小组评价	教师评价
	素质考评 （20 分）	劳动纪律（10 分）			
		工位整理（10 分）			
	工单考评（20 分）				
	实操考评 （60 分）	工具使用（10 分）			
		任务方案（10 分）			
		实施过程（30 分）			
		完成情况（10 分）			
	合计				
	综合评价				
	指导老师评语：＿＿＿＿＿＿＿＿＿＿＿＿＿＿＿＿＿＿＿＿＿ ＿＿＿＿＿＿＿＿＿＿＿＿＿＿＿＿＿＿＿＿＿＿＿＿＿＿＿ ＿＿＿＿＿＿＿＿＿＿＿＿＿＿＿＿＿＿＿＿＿＿＿＿＿＿＿				

任务工单

实训任务2.4　节气门体组件的检修、清洗与匹配

姓名		班级		学号	
实训车型		VIN 码		实训地点	
授课教师		时间		成绩	

实训目的	1. 掌握节气门体的作用、安装位置、分类 2. 掌握节气门位置传感器的作用、安装位置、分类 3. 正确使用相应检测工具 4. 能正确检测节气门位置传感器 5. 能正确清洗与匹配节气门体
工具选择	万用表、解码器、示波器、常用工具等
注意事项	检测注意事项： ◆ 测量电阻时，将点火开关置于"OFF"位置。 ◆ 测量电压时，将点火开关置于"ON"位置。 ◆ 点火开关打开时，严禁拔插各传感器及执行器接口，以免损坏 ECU。 ◆ 为了防止损坏诊断仪，在连接或断开诊断仪之前一定将点火开关旋至"LOCK（OFF）"位置。 ◆ 清洗节气门时，千万不可让清洁剂进入旁通气道。 ◆ 在调整基本怠速之后，若发动机怠速运转有不规则振动时，则应熄火，并将蓄电池负极电缆脱开约 10 s 以后，再重新接上，并怠速运转发动机约 10 min。 ◆ 按照 7S 管理操作，文明生产、安全操作。
检修流程及数据记录	1. 利用故障诊断仪检查节气门位置传感器并记录相应数据（以桑塔纳 2000GSi 发动机为例） 1）读取故障码 （1）将点火开关打到"ON"挡，读取故障码。是否读取到与节气门位置传感器相关的故障码？是□　否□ （2）清除故障码后，起动发动机，再次读取故障码。是否读取到与节气门位置传感器相关的故障码？是□　否□，写出节气门位置传感器故障码及其含义＿＿＿＿＿＿＿＿＿ （3）若有故障码，应检查是否存在机械故障，是否存在线束断路、插接器虚接的现象？是□　否□ （4）请判断故障是否在节气门位置传感器本身？是□　否□ 2）读取数据流 （1）当加速踏板在怠速位置时，节气门开度为＿＿＿＿＿＿＿＿＿＿＿＿＿＿＿＿。 （2）当加速踏板在全开位置时，节气门开度为＿＿＿＿＿＿＿＿＿＿＿＿＿＿＿＿。 （3）当加速踏板缓慢踩下时，节气门开度是否逐渐加大＿＿＿＿＿＿＿＿＿＿＿＿＿ （4）当加速踏板缓慢踩下时，节气门开度有无跳跃性变化＿＿＿＿＿＿＿＿＿＿＿。 2. 利用万用表检查节气门位置传感器并记录相关数据 （1）节气门位置传感器的安装位置：＿＿＿＿＿＿＿＿＿＿＿＿＿＿＿＿＿＿＿＿＿ 该节气门位置传感器的类型是＿＿＿＿＿＿＿，插头端子数是＿＿＿＿＿＿。 （2）打开点火开关，测量节气门位置传感器 4#端子供电电压为＿＿＿＿＿V，是否正常？是□　否□ 检查节气门位置传感器 4#端子至 ECU 的 62#端子之间的线路是否良好？是□　否□ 检测节气门位置传感器 4#端子至 ECU 的 67#、66#、59#、69#、74#、75#端子之间的线路绝缘性是否良好？是□　否□

姓名		班级		学号	
实训车型		VIN 码		实训地点	
授课教师		时间		成绩	

检修流程及数据记录	（3）检测节气门位置传感器 7#端子搭铁是否正常？是□　否□ （4）检测节气门位置传感器 7#端子至 ECU 的 67#端子之间线路是否良好？是□　否□ 　检测节气门位置传感器 7#端子至 ECU 的 62#、66#、59#、69#、74#、75#端子之间线路绝缘性是否良好？是□　否□ （5）接通点火开关，不起动发动机，检测节气门位置传感器 5#端子与搭铁之间的信号电压。当节气门关闭时，信号电压为_____V，当节气门全开时信号电压为_____V。是否正常？ 　是□　否□ （6）检查节气门位置传感器 5#端子至 ECU 的 75#端子之间的线路是否正常？ 　是□　否□ 　检测节气门位置传感器 5#端子至 ECU 的 62#、66#、67#、59#、69#、74#端子之间线路绝缘性是否良好？是□　否□ （7）检测怠速开关 F60，接通点火开关，节气门全开时，检测 J338 线束插头 3#与 7#端子间的电压为_____V，节气门全闭时为_____V。是否正常？是□　否□ 　检测节气门位置传感器 3#端子至 ECU 的 69#端子之间的线路是否正常？是□　否□ 　检测节气门位置传感器 3#端子至 ECU 的 62#、66#、67#、59#、74#、75#端子之间线路绝缘性是否良好？是□　否□ 3. 利用示波器检查节气门位置传感器并记录相关数据 （1）将示波器连接到节气门位置传感器信号输出端，打开点火开关，不起动发动机。慢慢让节气门从全闭位置到全开位置，观察并画出输出波形： （2）根据波形分析传感器性能_____ _____ _____ 4. 节气门体的清洗步骤 _____ _____ _____ 5. 节气门体的匹配步骤 _____ _____ _____ _____ _____ 6. 本次实训中存在的疑问有哪些？最大的难点是什么？ _____ _____ _____

任务工单

姓名		班级		学号	
实训车型		VIN 码		实训地点	
授课教师		时间		成绩	

检查结果	检测项目		检测条件	标准值	测量值	结论
	故障码	故障记录				
	数据流	节气门位置传感器数据流	打开点火开关			
	电压	4#—7#间供电电压	打开点火开关			
		5#—7#间输出电压	打开点火开关			
		7#端子电压	打开点火开关			
		3#—7#间电压	打开点火开关			
	导线导通性（电阻）	4#—ECU 的 62#	关闭点火开关，拔掉传感器上的插接器			
		5#—ECU 的 75#				
		7#—ECU 的 67#				
		3#—ECU 的 69#				
	导线间的绝缘性（电阻）	4#—ECU 的 67#、66#、59#、69#、74#、75#	关闭点火开关，拔掉传感器上的插接器			
		7#—ECU 的 62#、66#、59#、69#、74#、75#				
		5#—ECU 的 62#、66#、67#、59#、69#、74#				
		3#—ECU 的 62#、66#、67#、59#、74#、75#				

姓名		班级		学号	
实训车型		VIN 码		实训地点	
授课教师		时间		成绩	

检查结论					

考核评价	考评项目		自我评价	小组评价	教师评价
	素质考评 （20 分）	劳动纪律（10 分）			
		工位整理（10 分）			
	工单考评（20 分）				
	实操考评 （60 分）	工具使用（10 分）			
		任务方案（10 分）			
		实施过程（30 分）			
		完成情况（10 分）			
	合计				
	综合评价				

指导老师评语：_____

_____

_____

实训任务 3 电控汽油机怠速控制系统的检修

姓名		班级		学号	
实训车型		VIN 码		实训地点	
授课教师		时间		成绩	

实训目的	1. 掌握怠速控制系统的作用、安装位置、分类 2. 正确使用相应检测工具 3. 能正确检测怠速控制系统
工具选择	万用表、解码器、示波器、常用工具及节气门体等
注意事项	检测注意事项： ◆ 测量电阻时，将点火开关置于"OFF"位置。 ◆ 测量电压时，将点火开关置于"ON"位置。 ◆ 点火开关打开时，严禁拔插各传感器及执行器接口，以免损坏 ECU。 ◆ 为了防止损坏诊断仪，在连接或断开诊断仪之前一定将点火开关旋至"LOCK（OFF）"位置。 ◆ 按照 7S 管理操作，文明生产、安全操作。
检修流程及数据记录	1. 利用故障诊断仪检查怠速控制系统并记录相应数据（以桑塔纳 2000AJR 发动机为例） 读取故障码： （1）接故障诊断仪，按菜单引导选择对应选项，进入发动机控制单元，读取故障码。是否读取到与怠速控制系统相关的故障码？ 是□ 否□ （2）清除故障码后，起动发动机，再次读取故障码。是否读取到与怠速控制系统相关的故障码？ 是□ 否□，故障码为_____。 （3）若有故障码，应检查是否存在机械故障，是否存在线束断路、插接器虚接的现象？是□ 否□ （4）请判断故障是否在怠速控制系统本身？ 是□ 否□ 2. 利用万用表检查怠速控制系统并记录相关数据 （1）怠速控制系统的安装位置：_____ 结构形式：_____ 怠速控制系统的作用：_____ 该怠速控制系统的类型是_____，插头端子数是_____。 （2）打开点火开关，测量节气门位置传感器 4#端子供电电压为_____V，是否正常？是□ 否□ 检查节气门位置传感器 4#端子至 ECU 的 62#端子之间的线路是否良好？ 是□ 否□ 检测节气门位置传感器 4#端子至 ECU 的 67#、66#、59#、69#、74#、75#端子之间的线路绝缘性是否良好？ 是□ 否□ （3）检测节气门位置传感器 7#端子搭铁是否正常？ 是□ 否□ （4）检测节气门位置传感器 7#端子至 ECU 的 67#端子之间线路是否良好？ 是□ 否□ 检测节气门位置传感器 7#端子至 ECU 的 62#、66#、59#、69#、74#、75#端子之间线路绝缘性是否良好？ 是□ 否□ （5）接通点火开关，不起动发动机，检测传感器 5#端子与搭铁之间的信号电压。当节气门关闭时，信号电压为_____V，当节气门全开时信号电压为_____V。是否正常？是□ 否□ （6）检查节气门位置传感器 5#端子至 ECU 的 75#端子之间的线路是否正常？是□ 否□

姓名		班级		学号	
实训车型		VIN 码		实训地点	
授课教师		时间		成绩	

检修流程及数据记录

检测节气门位置传感器 5#端子至 ECU 的 62#、66#、67#、59#、69#、74#端子之间线路绝缘性是否良好？是□ 否□

（7）检测怠速开关 F60，接通点火开关，节气门全开，检测 J338 线束插头 3#与 7#端子间的电压为_____V，节气门全闭时为_____V。是否正常？是□ 否□

检测节气门位置传感器 3#端子至 ECU 的 69#端子之间的线路是否正常？是□ 否□

检测节气门位置传感器 3#端子至 ECU 的 62#、66#、67#、59#、74#、75#端子之间线路绝缘性是否良好？是□ 否□

（8）检测节气门定位器。

打开点火开关，用数字万用表测量 ECU 上的 66#端子的电压值为_____V，59#端子的电压值为_____V。是否正常？是□ 否□

测量节气门定位器导线的导通情况。用数字万用表测量 ECU 线束插座至节气门定位器电线插头间的电阻值为_____Ω，是否正常？是□ 否□

直流电动机检测。电动机 1#、2#端子阻值为_____Ω，是否正常？是□ 否□

3. 本次实训中存在的疑问有哪些？最大的难点是什么？
_____

检查结论

考核评价

考评项目		自我评价	小组评价	教师评价
素质考评（20分）	劳动纪律（10分）			
	工位整理（10分）			
工单考评（20分）				
实操考评（60分）	工具使用（10分）			
	任务方案（10分）			
	实施过程（30分）			
	完成情况（10分）			
合计				
综合评价				

指导老师评语：_____
_____
_____

任务工单

实训任务4.1　可变气门正时控制系统的检修

姓名		班级		学号	
实训车型		VIN 码		实训地点	
授课教师		时间		成绩	

实训目的	1. 掌握 VVT 系统的检测方法 2. 正确使用相应检测工具
工具选择	万用表、解码器、示波器、常用工具等
注意事项	检测注意事项： ◆ 测量电阻时，将点火开关置于"OFF"位置。 ◆ 测量电压时，将点火开关置于"ON"位置。 ◆ 点火开关打开时，严禁拔插各传感器及执行器接口，以免损坏 ECU；为了防止损坏诊断仪，在连接或断开诊断仪之前一定将点火开关旋至"LOCK（OFF）"位置。 ◆ 按照 7S 管理操作，文明生产、安全操作。
检修流程及 数据记录	1. 利用故障诊断仪检查 VVT 系统并记录相应数据 （1）读取故障码。 ①接故障诊断仪，按菜单引导选择对应选项，进入发动机控制单元，读取故障码。是否读取到与 VVT 系统相关的故障码？是□　否□ ②清除故障码后，起动发动机，再次读取故障码。是否读取到与 VVT 系统相关的故障码？是□　否□，故障码为＿＿＿＿＿＿＿＿＿＿。 ③若有故障码，应检查是否存在机械故障，是否存在线束断路、插接器虚接的现象？是□　否□ （2）VVT 系统拆卸要注意先＿＿＿＿＿＿＿＿＿＿＿＿＿＿。 2. VVT 控制阀及其控制电路检测 （1）将故障诊断仪连接至检测端口，并进入主动测试菜单栏，起动发动机维持在怠速状态，对控制阀进行主动检测，此时空调系统＿＿＿＿＿（是/否）工作，此时发动机温度为＿＿＿＿℃。 　　检测时观察发动机转速，控制阀工作＿＿＿＿＿（是/否）怠速不稳或失速。 　　如无变化说明控制阀或其控制电路失效，应进行拆卸检测。主动测试后注意清除故障代码。 （2）拆卸检测。拆下 VVT 控制阀，用万用表检测电磁阀两个端子之间的电阻常温下为＿＿＿＿＿Ω。将电池正极接至电磁阀端子1，端子2接至电池负极或搭铁，电磁阀阀芯是否能迅速移动？是□　否□，否则应更换控制阀。 （3）控制电路检测：VVT 电磁阀有两根导线连接到 ECU 端口，具体是什么端子可查阅不同车型的维修手册，检查导线端子之间的电阻为＿＿＿＿＿Ω；控制阀两端子分别与搭铁之间的电阻为＿＿＿＿＿Ω。 3. 机油滤网检测 检查机油控制阀滤清器，检查滤网有无阻塞？是□　否□ 4. 检查凸轮轴正时齿轮总成 将正时链条绕在凸轮轴正时齿轮上，用游标卡尺测量齿轮和链的直径为＿＿＿＿＿mm，若不符合标准，则更换链条和齿轮。

姓名		班级		学号	
实训车型		VIN 码		实训地点	
授课教师		时间		成绩	

检修流程及数据记录	5. 液压相位器检测（机械转动及锁销锁止） 对于 VVT 控制器中检查时可使用压缩空气代替发动机油压。 （1）用胶布封住各油孔，以防止机油飞溅。 （2）分别挑开提前室和延迟室油孔，充入大约_____kPa 的压缩空气。 （3）将压缩空气同时施加在提前侧和延迟侧，此时锁销处于解锁状态。将压缩空气同时施加在提前侧和延迟侧，可防止当锁销被释放时正时齿轮突然移动。 （4）逐渐减少延迟侧的压缩空气，此时正时齿轮_____（是/否）向提前侧移动。当凸轮轴正时齿轮到达最提前的位置时，断开正时延迟侧压缩空气。然后，断开正时提前侧压缩空气，相位器保持在最提前位。 （5）将正时齿轮轻轻反方向转动，在未达到最延迟侧时，正时齿轮_____（是/否）可以在任意位置平滑转动，转到最延迟侧时，锁销进入锁定位置卡死，此时转动正时齿轮_____（是/否）锁止良好。 6. 以上步骤均没有问题则更换 ECU

检查结果	检测项目		检测条件	标准值	测量值	结论
	故障码	故障记录				
	数据流	气门开度				
	VVT 控制阀	怠速是否稳定				
		电磁阀电阻				
		电磁阀动作				
	VVT 阀电路导通性	导线一				
		导线二				
	机油滤网	是否堵塞				
	正时齿轮	直径				
	液压相位器	提前侧移动				
		延迟侧移动				
		锁销				

任务工单

续表

姓名		班级		学号	
实训车型		VIN 码		实训地点	
授课教师		时间		成绩	

检查结论					

	考评项目		自我评价	小组评价	教师评价
考核评价	素质考评（20分）	劳动纪律（10分）			
		工位整理（10分）			
	工单考评（20分）				
	实操考评（60分）	工具使用（10分）			
		任务方案（10分）			
		实施过程（30分）			
		完成情况（10分）			
	合计				
	综合评价				

指导老师评语：_____

_____

_____

实训任务4.2 可变气门正时和气门升程控制系统的检修

姓名		班级		学号	
实训车型		VIN 码		实训地点	
授课教师		时间		成绩	

实训目的	1. 掌握 VTEC 系统的检测方法 2. 正确使用相应检测工具
工具选择	万用表、解码器、示波器、常用工具等
注意事项	检测注意事项： ◆ 测量电阻时，将点火开关置于"OFF"位置。 ◆ 测量电压时，将点火开关置于"ON"位置。 ◆ 点火开关打开时，严禁拔插各传感器及执行器接口，以免损坏 ECU。 ◆ 为了防止损坏诊断仪，在连接或断开诊断仪之前一定将点火开关旋至"LOCK（OFF）"位置。 ◆ 按照 7S 管理操作，文明生产、安全操作。
检修流程及数据记录	1. VTEC 可变正时系统检测 进气摇臂总成的检修： （1）发动机不工作时，拆下气门室罩盖，转动曲轴分别使各缸处于压缩上止点位置，用手按压中间摇臂，主摇臂和次摇臂是否能够单独运动？是□ 否□ （2）用专用堵塞塞住油道减压孔，拆下油压检查孔处的密封螺栓，通入压力为 400 kPa 的压缩空气，用手推动正时片端部使其向上移动 2~3 mm。 转动曲轴使活塞处于压缩上止点位置，三个摇臂并列平行时，从三个摇臂的缝隙中观察同步活塞的结合情况，同步活塞是否将三个摇臂连接为一体？是□ 否□ （3）当停止输入压缩空气时，再推动正时片使其向上移动，摇臂内的同步活塞是否迅速回位？是□ 否□ 2. VTEC 电磁阀及电路故障的查寻 （1）验证故障码，进行清除故障码操作后，按如下方法验证故障码： ①起动发动机，并使发动机达到正常工作温度。 ②进行道路试验，然后加速行驶，使发动机转速超过 4 800 r/min，并保持至少 2 s，若首次试验故障灯（MIL）不亮，则需重复两次以上这样的试验。 如果故障指示灯亮，记录故障码为_____，则进行下一步检查。 （2）检查 VTEC 电磁阀电阻，方法如下： ①关闭点火开关，并断开 VTEC 电磁阀插头。 ②检查 VTEC 电磁阀插座端子与地之间的电阻，电阻为_____Ω；如果电阻值正常，则进行下一步检查。 （3）检查 VTEC 电磁阀导线有无断路。 检查 VTEC 电磁阀插头端子与 ECM 的 26 芯插接器的 A4 端子之间的电阻为_____Ω。 （4）检查 VTEC 电磁阀导线有无短路，用欧姆表检查 VTEC 电磁阀插头端子与地之间的通路情况，电阻为_____Ω 和_____Ω。 3. VTEC 压力开关及电路故障的查寻 （1）验证故障码，进行清除故障码操作后，读取故障码为_____。 （2）检查 VTEC 压力开关： ①用万用表的电阻挡检查压力开关的两导线端子，在发动机熄火时是否导通？ 是□ 否□

任务工单

续表

姓名		班级		学号	
实训车型		VIN 码		实训地点	
授课教师		时间		成绩	

检修流程及数据记录	②当发动机工作（对电磁阀通电）转速为 3 000 r/min 时，检查 VTEC 压力开关在以上状态下插头端子是否导通？是□　否□ ③用万用表检测压力开关线束插头的棕/黑色线端子和搭铁之间是否导通？是□　否□ ④用万用表电阻挡检测压力开关线束插头的蓝/黑色线端子与 ECM－D6 端子对应的导线接点是否导通？是□　否□ （3）检查 VTEC 电磁阀机油压力： ①接上 VTEC 电磁阀插头。 ②卸下电磁阀测油压孔的 M10 螺栓，将专用的接头和压力表连接到电磁阀上。 ③起动发动机，并使发动机运转至正常的工作温度（冷却风扇转动）。 ④测发动机转速在 1 000 r/min、2 000 r/min 和 4 000 r/min 时的机油压力，油压为_____、_____及_____。 （4）检查 VTEC 电磁阀机油压力（加蓄电池电压）： ①关闭点火开关，再次断开 VTEC 电磁阀插头。 ②将蓄电池正极连接绿/白插头端子，负极接地。 ③起动发动机，并检查发动机转速在 3 000 r/min 时的机油压力，压力为_____。 4. 检查 VTEC 电磁阀 （1）检查 VTEC 电磁阀滤清器 O 形环： ①卸下 VTEC 电磁阀总成的 3 个紧固螺栓，从气缸盖上拆下 VTEC 电磁阀总成。 ②检查 VTEC 电磁阀滤清器 O 形环是否堵塞？是□　否□ 如果有堵塞，应更换滤清器和发动机润滑油。 （2）检查 VTEC 电磁阀的活动情况，卸下 VTEC 电磁阀的 3 个螺栓后，用手指推动 VTEC 电磁阀芯，检查其活动是否正常？是□　否□ 5. 使用电脑检测仪读取数据流 发动机转速小于 4 800 r/min 时，使用电脑检测仪检测 VTEC 电磁阀和油压开关状态为_____。 在发动机转速达到 4 800 r/min、车速高于 10 km/h、发动机水温高于 60 ℃、节气门度达到 25% 以上时，使用电脑检测仪检测 VTEC 电磁阀和油压开关，状态为_____。

检查结果	检测项目		检测条件	标准值	测量值	结论
	摇臂总成	无压缩空气时				
		有压缩空气时				
	VTEC 电磁阀	故障码				
		电磁阀电阻				
		导线通路				
		导线短路				
		O 形密封圈				
		阀芯灵活性				

姓名		班级		学号	
实训车型		VIN 码		实训地点	
授课教师		时间		成绩	

检查结果	检测项目		检测条件	标准值	测量值	结论
	VTEC 压力开关	故障码				
		熄火时导通性				
		运转时导通性				
		导线短路				
		导线断路				
	机油压力	转速为 1 000 r/min 时				
		转速为 2 000 r/min 时				
		转速为 4 000 r/min 时				
		转速为 3 000 r/min 时（加蓄电池）				
	数据流	发动机转速小于 4 800 r/min 时				
		发动机转速大于 4 800 r/min 时				

检查结论	

考核评价	考评项目		自我评价	小组评价	教师评价
	素质考评（20分）	劳动纪律（10分）			
		工位整理（10分）			
	工单考评（20分）				
	实操考评（60分）	工具使用（10分）			
		任务方案（10分）			
		实施过程（30分）			
		完成情况（10分）			
	合计				
	综合评价				
	指导老师评语： _____ _____ _____				

任务工单

实训任务4.3 进气增压控制系统的检修

姓名		班级		学号	
实训车型		VIN 码		实训地点	
授课教师		时间		成绩	

实训目的	1. 掌握进气增压系统的检测方法 2. 正确使用相应检测工具
工具选择	万用表、解码器、示波器、常用工具等
注意事项	检测注意事项： ◆ 测量电阻时，将点火开关置于"OFF"位置。 ◆ 测量电压时，将点火开关置于"ON"位置。 ◆ 点火开关打开时，严禁拔插各传感器及执行器接口，以免损坏 ECU。 ◆ 为了防止损坏诊断仪，在连接或断开诊断仪之前一定将点火开关旋至"LOCK（OFF）"位置。 ◆ 按照 7S 管理操作，文明生产、安全操作。
检修流程及 数据记录	1. 谐波进气增压控制系统的检测 1）检查谐波进气增压控制系统的工作情况 利用三通接头将真空表接入进气控制阀的真空管路中，起动发动机，发动机怠速运转时真空表_____（有/无）指示；迅速将节气门完全打开，真空表指针在_____kPa 的位置摆动，真空驱动器的拉杆_____（是/否）伸出。 2）检查真空驱动器 向真空驱动器的真空接口施加 53.3 kPa 的真空压力，真空驱动器拉杆是否移动？是□ 否□ 施加真空 1 min 后，拉杆是否回位动作？是□ 否□ 3）检查真空罐 用嘴或工具向真空罐内吹气，空气是否由 A 口通向 B 口？是□ 否□ 是否由 B 口通向 A 口？是□ 否□ 用手指按住 B 口，施加 53.3 kPa 的真空，1 min 内真空度是否变化？是□ 否□ 4）检查真空电磁阀 谐波进气增压控制系统电路中，主继电器触点闭合后，通过端子 3 给真空电磁阀供电，ECU 通过 ACIS 端子控制真空电磁阀的搭铁回路。 （1）检查真空电磁阀线圈有无短路或断路现象：断开点火开关，拔下真空电磁阀插接器，用万用表测量真空电磁阀插孔中两端子间的电阻，20 ℃时电阻值为_____Ω，同时两端子与阀壳是否导通？是□ 否□ （2）检查真空电磁阀的工作情况：当真空电磁阀未通电时，空气是否能从通道 E（接真空电动机）进入，从空气滤清器中排出？是□ 否□ 当给真空电磁阀两端子施加 12 V 电压后，空气是否能从通道 E 进入，从 F 口（接真空罐）排出？是□ 否□ 2. 涡轮增压控制系统的检测 1）控制电磁阀检测 （1）基本检查：

姓名		班级		学号	
实训车型		VIN 码		实训地点	
授课教师		时间		成绩	

检修流程及 数据记录	①连接故障诊断仪，选择读取测量数据块。 ②从增压控制电磁阀上拆下软管。接上辅助软管。起动执行元件诊断，并触发增压控制电磁阀主动开启和关闭。 ③电磁阀是否发出响声？是□ 否□ （2）增压控制电磁阀电气检测： ①拔下电磁阀的供电插头，用万用表测量其电阻值是_____Ω。 ②使起动机短时工作（允许发动机短时起动），用万用表（电压测量挡）测量电磁阀端子 1 处的电压是_____。 2）元件检测 （1）检查密封圈和轴承是否良好？是□ 否□ （2）检查工作轮和叶轮是否有积炭？是□ 否□

检查结果	检测项目		检测条件	标准值	测量值	结论
	真空驱动器	施压后				
		1 min 后				
	真空罐	A 到 B				
		B 到 A				
		真空度				
	真空电磁阀	电磁阀电阻				
		端子 1 与壳体				
		端子 2 与壳体				
		未通电时连接通路				
		通电时连接通路				
	涡轮增压电磁阀	电磁阀动作				
		电阻				
		端子 1 的电压				

任务工单

姓名		班级		学号	
实训车型		VIN 码		实训地点	
授课教师		时间		成绩	

检查结论					

考核评价	考评项目		自我评价	小组评价	教师评价
	素质考评（20分）	劳动纪律（10分）			
		工位整理（10分）			
	工单考评（20分）				
	实操考评（60分）	工具使用（10分）			
		任务方案（10分）			
		实施过程（30分）			
		完成情况（10分）			
	合计				
	综合评价				

指导老师评语：_____

实训任务 5.1　电动燃油泵的检修

姓名		班级		学号	
实训车型		VIN 码		实训地点	
授课教师		时间		成绩	
实训目的	1. 掌握电动燃油泵的作用、结构 2. 正确使用相应的检测工具 3. 掌握电动燃油泵及控制电路的分析检测方法				
工具选择	万用表、解码器、示波器、常用工具等				
注意事项	检测注意事项： ◆ 测量电阻时，将点火开关置于"OFF"位置。 ◆ 测量电压时，将点火开关置于"ON"位置。 ◆ 点火开关打开时，严禁拔插各传感器及执行器接口，以免损坏 ECU。 ◆ 为了防止损坏诊断仪，在连接或断开诊断仪之前一定将点火开关旋至"LOCK（OFF）"位置。 ◆ 按照 7S 管理操作，文明生产、安全操作。				
检修流程及 数据记录	1. 电动燃油泵工作情况的检查 （1）打开点火开关，是否听见燃油泵运转的声音？是□　否□ （2）用手握紧油管，是否有油压脉动感？是□　否□ 如果听到燃油泵运转声音，油管有脉动感，说明_____。 如果听不到燃油泵运转声音，油管无脉动感，说明_____。 2. 燃油泵电阻的检测 测量燃油泵电阻值为_____。 3. 燃油泵继电器的检测 简述燃油泵继电器检测过程： _____。 4. 燃油泵供电电压的检测 测量燃油泵供电电压值为_____。 5. 本次实训中存在的疑问有哪些？最大的难点是什么？ _____				
检查结果	<table><tr><td>检测项目</td><td>检测条件</td><td>标准值</td><td>测量值</td><td>结论</td></tr><tr><td>电动燃油泵 工作情况检查</td><td></td><td></td><td></td><td></td></tr><tr><td>燃油泵电阻的检测</td><td></td><td></td><td></td><td></td></tr><tr><td>燃油泵继电器的检测</td><td></td><td></td><td></td><td></td></tr><tr><td>燃油泵供电电压的检测</td><td></td><td></td><td></td><td></td></tr></table>				

任务工单

姓名		班级		学号	
实训车型		VIN 码		实训地点	
授课教师		时间		成绩	

检查结论					

考核评价	考评项目		自我评价	小组评价	教师评价
	素质考评（20分）	劳动纪律（10分）			
		工位整理（10分）			
	工单考评（20分）				
	实操考评（60分）	工具使用（10分）			
		任务方案（10分）			
		实施过程（30分）			
		完成情况（10分）			
	合计				
	综合评价				

指导老师评语：_____

_____

_____

实训任务 5.2　燃油系统压力的检测

姓名		班级		学号	
实训车型		VIN 码		实训地点	
授课教师		时间		成绩	

实训目的	1. 掌握燃油压力调节器的结构及工作原理 2. 掌握燃油压力调节器的检测方法 3. 掌握燃油系统压力的检测方法 4. 掌握燃油压力表的使用方法
工具选择	万用表、解码器、示波器、常用工具等
注意事项	检测注意事项： （1）注意通风，防止火源，准备好消防设施。 （2）在拆卸油管之前一定要先卸压。 （3）油管不得有老化渗漏现象。 （4）密封件、卡扣为一次性零件，维修时应更换。 （5）在起动发动机时注意安全。
检修流程及 数据记录	（1）找到燃油压力调节器的安装位置，并简述燃油压力调节器的作用。 　　　　　　　　　　　　　　　　　　　　　　　　　　　　　　　。 （2）燃油压力调节器的检查。 外观检查　　　　　　　　　　　　　　　　　　　　　　　　　　　。 怠速运转状态检查　　　　　　　　　　　　　　　　　　　　　　　。 （3）燃油系统压力卸压　　　　　　　　　　　　　　　　　　　　。 （4）燃油系统压力的检测： 怠速时燃油系统压力　　　　　　　　　　　　　　　　。 加速时燃油系统压力　　　　　　　　　　　　　　　　。 怠速时燃油系统压力　　　　　　　　　　　　　　　　。 发动机熄火 10 min 后，燃油系统压力　　　　　　　　　　　　　　。 （5）燃油系统压力分析： 如果燃油系统压力高，说明　　　　　　　　　　　　　　　　。 如果燃油系统压力低，说明　　　　　　　　　　　　　　　　。 （6）燃油系统压力的预置方法： 　　　　　　　　　　　　　　　　　　　　　　　　　　　　　　　。 （7）本次实训中存在的疑问有哪些？最大的难点是什么？

姓名		班级		学号	
实训车型		VIN 码		实训地点	
授课教师		时间		成绩	

检查结论					

考核评价	考评项目		自我评价	小组评价	教师评价
	素质考评（20分）	劳动纪律（10分）			
		工位整理（10分）			
	工单考评（20分）				
	实操考评（60分）	工具使用（10分）			
		任务方案（10分）			
		实施过程（30分）			
		完成情况（10分）			
	合计				
	综合评价				

指导老师评语：_____

_____

_____

实训任务 5.3 喷油器的检修

姓名		班级		学号	
实训车型		VIN 码		实训地点	
授课教师		时间		成绩	

实训目的	1. 掌握喷油器的结构及工作原理 2. 掌握喷油器的检测方法 3. 了解喷油器的清洗方法
工具选择	万用表、解码器、示波器、试灯、常用工具等
注意事项	检测注意事项： ◆ 测量电阻时，将点火开关置于"OFF"位置。 ◆ 测量电压时，将点火开关置于"ON"位置。 ◆ 点火开关打开时，严禁拔插各传感器及执行器接口，以免损坏 ECU。 ◆ 为了防止损坏诊断仪，在连接或断开诊断仪之前一定将点火开关旋至"LOCK（OFF）"位置。 ◆ 按照 7S 管理操作，文明生产、安全操作。
检修流程及 数据记录	1. 分析大众 AJR 发动机喷油器电路及控制电路 分析大众 AJR 发动机电路图，拆画并分析喷油器控制电路。 2. 喷油器就车检查 （1）听工作声音。 发动机怠速运转时，用听诊器测试各缸工作声音是否正常。 如果不正常，说明＿＿＿＿＿＿＿＿＿＿＿＿＿＿＿＿。 （2）单缸断火法。 拔下喷油器的接线插头，观察转速表变化并进行判断。 （3）测量喷油器的电阻。 用万用表测量喷油器的电阻，测得的电阻值是＿＿＿＿＿＿。 （低阻喷油器电阻值为 3～5 Ω；高阻喷油器电阻值为 12～17 Ω） （4）试灯测试。 将专用试灯接到喷油器两端，起动发动机，观察试灯是否闪烁？ 试灯闪烁说明＿＿＿＿＿＿＿＿＿＿＿＿＿＿＿＿＿＿＿。 如试灯不闪烁，说明＿＿＿＿＿＿＿＿＿＿＿＿＿＿＿＿＿＿。 （5）测示波器控制信号波形。 用示波器测试喷油器控制信号波形，画出电压驱动型喷油器控制信号波形图并分析波形图的含义。

姓名		班级		学号	
实训车型		VIN 码		实训地点	
授课教师		时间		成绩	

检修流程及数据记录	3. 本次实训中存在的疑问有哪些？最大的难点是什么？

检查结论	

考核评价	考评项目		自我评价	小组评价	教师评价
	素质考评（20分）	劳动纪律（10分）			
		工位整理（10分）			
	工单考评（20分）				
	实操考评（60分）	工具使用（10分）			
		任务方案（10分）			
		实施过程（30分）			
		完成情况（10分）			
	合计				
	综合评价				
	指导老师评语：				

实训任务 6.1.1　曲轴位置传感器的检修

姓名		班级		学号	
实训车型		VIN 码		实训地点	
授课教师		时间		成绩	
实训目的					

实训目的	1. 掌握曲轴位置传感器的作用 2. 正确使用相应检测工具进行检测 3. 能正确检测光电式、霍尔式、电磁式曲轴位置传感器
工具选择	万用表、解码器、示波器、常用工具等
注意事项	检测注意事项： ◆ 测量电阻时，将点火开关置于"OFF"位置。 ◆ 测量电压时，将点火开关置于"ON"位置。 ◆ 点火开关打开时，严禁拔插各传感器及执行器接口，以免损坏 ECU。 ◆ 为了防止损坏诊断仪，在连接或断开诊断仪之前一定将点火开关旋至"LOCK（OFF）"位置。 ◆ 按照 7S 管理操作，文明生产、安全操作。
检修流程及 数据记录	1. 利用故障诊断仪检查曲轴位置传感器并记录相应数据（以桑塔纳 2000AJR 发动机为例） 1) 读取故障码 （1）接故障诊断仪，按菜单引导选择对应选项，进入发动机控制单元，读取故障码。是否读取到与曲轴位置传感器相关的故障码？是□　否□ （2）清除故障码后，起动发动机，再次读取故障码。是否读取到与曲轴位置传感器相关的故障码？是□　否□，故障码为＿＿＿＿＿＿＿＿＿。 （3）若有故障码，应检查是否存在机械故障，是否存在线束断路、插接器虚接的现象？是□　否□ （4）请判断故障是否在曲轴位置传感器本身？是□　否□ 2) 读取数据流 在当前状态下，读取到的曲轴位置传感器的数据为＿＿＿＿＿＿＿＿＿＿＿＿＿＿＿＿＿＿＿＿＿＿＿＿＿＿＿＿＿＿＿＿＿＿＿＿ 2. 利用万用表检查曲轴位置传感器并记录相关数据 （1）曲轴位置传感器的安装位置：＿＿＿＿＿＿＿＿＿＿＿＿＿＿＿＿＿。 该传感器的类型是＿＿＿＿＿＿＿＿＿＿，插头端子数是＿＿＿＿＿。 （2）对于安装在曲轴附近的传感器，可以通过转动曲轴，用万用表测量其输出信号的情况测量曲轴位置传感器电压是否正常？是□　否□ （3）对于安装在分电器内的电磁感应式曲轴位置传感器，可以将分电器拆下，用手转动分电器轴，用万用表测量其输出电压是否正常？是□　否□ （4）检测曲轴位置传感器搭铁是否正常？是□　否□ （5）检测曲轴位置传感器 1#端子至 ECU 的 67#端子之间线路是否良好？ 是□　否□，阻值为＿＿＿＿Ω。 （6）检测曲轴位置传感器 2#端子至 ECU 的 63#端子之间线路是否良好？ 是□　否□，阻值为＿＿＿＿Ω。 （7）检测曲轴位置传感器 3#端子至 ECU 的 56#端子之间线路是否良好？ 是□　否□，阻值为＿＿＿＿Ω。

任务工单

姓名		班级		学号	
实训车型		VIN 码		实训地点	
授课教师		时间		成绩	

检修流程及数据记录	(8) 测量曲轴位置传感器 2#和 3#端子之间的阻值为_____Ω，是否正常？是□ 否□ (9) 测量曲轴位置传感器 2#或 3#端子和 1#端子之间的阻值为_____Ω，是否正常？是□ 否□ 3. 检查信号转子凸齿与磁头间的气隙为_____mm，是否正常？是□ 否□ 4. 利用示波器检查曲轴位置传感器并记录相关数据 (1) 发动机运转时，用故障诊断仪或示波器检测 2#端子和 1#端子之间的波形，观察并画出输出波形： (2) 根据波形，分析该曲轴位置传感器的性能： _____ (3) 本次实训中存在的疑问有哪些？最大的难点是什么？ _____

检查结果	检测项目		检测条件	标准值	测量值	结论
	故障码	故障记录				
	数据流	曲轴位置数据				
	电压	1#端子电压				
		2#端子电压				
		3#端子电压				
	电阻	2#—3#				
		3#—1#				
		2#—1#				
		1#—67#				
		3#—56#				
	间隙	凸齿与磁头				

姓名		班级		学号	
实训车型		VIN 码		实训地点	
授课教师		时间		成绩	

检查结论	

考核评价	考评项目		自我评价	小组评价	教师评价
	素质考评（20分）	劳动纪律（10分）			
		工位整理（10分）			
	工单考评（20分）				
	实操考评（60分）	工具使用（10分）			
		任务方案（10分）			
		实施过程（30分）			
		完成情况（10分）			
	合计				
	综合评价				

指导老师评语：_____

_____

_____

任务工单

277

实训任务 6.1.2　凸轮轴位置传感器的检修

姓名		班级		学号	
实训车型		VIN 码		实训地点	
授课教师		时间		成绩	
实训目的	1. 掌握凸轮轴位置传感器的作用 2. 正确使用相应检测工具进行检测 3. 能正确检测各种类型的凸轮轴位置传感器				
工具选择	万用表、解码器、示波器、常用工具等				
注意事项	检测注意事项： ◆ 测量电阻时，将点火开关置于"OFF"位置。 ◆ 测量电压时，将点火开关置于"ON"位置。 ◆ 点火开关打开时，严禁拔插各传感器及执行器接口，以免损坏 ECU。 ◆ 为了防止损坏诊断仪，在连接或断开诊断仪之前一定将点火开关旋至"LOCK（OFF）"位置。 ◆ 按照 7S 管理操作，文明生产、安全操作。				
检修流程及 数据记录	1. 利用故障诊断仪检查凸轮轴位置传感器并记录相应数据（以桑塔纳 2000AJR 发动机为例） 1）读取故障码 （1）接故障诊断仪，按菜单引导选择对应选项，进入发动机控制单元，读取故障码。是否读取到与凸轮轴位置传感器相关的故障码？是□　否□ （2）清除故障码后，起动发动机，再次读取故障码。是否读取到与凸轮轴位置传感器相关的故障码？是□　否□，故障码为_____。 （3）若有故障码，应检查是否存在机械故障，是否存在线束断路、插接器虚接的现象？是□　否□ （4）故障是否在凸轮轴位置传感器本身？是□　否□ 2）读取数据流 （1）在当前状态下，读取到的凸轮轴位置传感器的数据为_____ _____ （2）用手转动分电器轴，观察读取到的凸轮轴位置传感器的数据是否有变化？是□　否□ 2. 利用万用表检查凸轮轴位置传感器并记录相关数据 （1）凸轮轴位置传感器的安装位置：_____ 该传感器的类型是_____，插头端子数是_____。 （2）检测凸轮轴位置传感器 1# 与 3# 端子间的电压是_____V，是否正常？是□　否□ （3）检测凸轮轴位置传感器 1# 端子至 ECU 的 62# 端子之间的线路是否良好？是□　否□，阻值为_____Ω。 （4）检测凸轮轴位置传感器 2# 端子至 ECU 的 76# 端子之间线路是否良好？是□　否□，阻值为_____Ω。 （5）检测凸轮轴位置传感器 3# 端子至 ECU 的 67# 端子之间线路是否良好？是□　否□，阻值为_____Ω。				

姓名		班级		学号	
实训车型		VIN 码		实训地点	
授课教师		时间		成绩	

检修流程及数据记录	（6）测量凸轮轴位置传感器 1#（ECU 的 62#端子）和 2#（ECU 的 76#端子）之间的阻值为_____Ω，是否正常？是□　否□ （7）测量凸轮轴位置传感器 1#（ECU 的 62#端子）和 3#（ECU 的 67#端子）之间的阻值为_____Ω，是否正常？是□　否□ 3. 利用示波器检查凸轮轴位置传感器并记录相关数据 （1）发动机运转时，用故障诊断仪或示波器检测凸轮轴位置传感器的波形，观察并画出输出波形： （2）根据波形，分析该凸轮轴位置传感器的性能： _____ （3）本次实训中存在的疑问有哪些？最大的难点是什么？ _____

检查结果		检测项目		检测条件	标准值	测量值	结论
	故障码	故障记录					
	数据流	数据					
	电压	1#—3#					
	电阻	3#—1#					
		2#—1#					
		1#—62#					
		2#—76#					
		3#—67#					

任务工单

姓名		班级		学号	
实训车型		VIN 码		实训地点	
授课教师		时间		成绩	

检查结论					

考核评价	考评项目		自我评价	小组评价	教师评价
	素质考评（20分）	劳动纪律（10分）			
		工位整理（10分）			
	工单考评（20分）				
	实操考评（60分）	工具使用（10分）			
		任务方案（10分）			
		实施过程（30分）			
		完成情况（10分）			
	合计				
	综合评价				

指导老师评语：_____

_____

_____

实训任务6.2 爆震传感器的检修

姓名		班级		学号	
实训车型		VIN 码		实训地点	
授课教师		时间		成绩	

实训目的	1. 掌握爆震传感器的作用 2. 正确使用相应检测工具 3. 能正确检测爆震传感器
工具选择	万用表、解码器、示波器、常用工具等
注意事项	检测注意事项： ◆ 测量电阻时，将点火开关置于"OFF"位置。 ◆ 测量电压时，将点火开关置于"ON"位置。 ◆ 点火开关打开时，严禁拔插各传感器及执行器接口，以免损坏 ECU。 ◆ 为了防止损坏诊断仪，在连接或断开诊断仪之前一定将点火开关旋至"LOCK（OFF）"位置。 ◆ 按照7S 管理操作，文明生产、安全操作。
检修流程及 数据记录	1. 利用故障诊断仪检查爆震传感器并记录相应数据（以丰田卡罗拉发动机为例） 1）读取故障码 （1）接故障诊断仪，按菜单引导选择对应选项，进入发动机控制单元，读取故障码。是否读取到与爆震传感器相关的故障码？是□ 否□ （2）清除故障码后，起动发动机，再次读取故障码。是否读取到与爆震传感器相关的故障码？是□ 否□，故障码为＿＿＿＿＿＿＿＿＿＿。 （3）若有故障码，应检查是否存在机械故障，是否存在线束断路、插接器虚接的现象？是□ 否□ （4）故障是否在爆震传感器本身？是□ 否□ 2）读取数据流 发动机在当前工作状态时，读取到的爆震传感器的数据为＿＿＿＿＿＿＿＿＿＿＿＿＿ ＿＿＿＿＿＿＿＿＿＿＿＿＿＿＿＿＿＿＿＿＿＿＿＿＿＿＿＿＿＿＿＿＿＿＿＿＿ 2. 利用万用表检查爆震传感器并记录相关数据 （1）爆震传感器的安装位置：＿＿＿＿＿＿＿＿＿＿＿＿＿＿＿＿＿＿＿＿＿＿。 该爆震传感器的类型是＿＿＿＿＿＿＿＿＿＿，插头端子数是＿＿＿＿＿＿。 （2）在发动机暖机后，转速保持 4 000 r/min 时，爆震传感器输出信号电压应为＿＿＿＿V，是否正常？是□ 否□ 若爆震传感器电压低于0.5 V，则说明＿＿＿＿＿＿＿＿＿＿；若电压高于4.5 V，则说明＿＿＿＿＿＿＿＿＿＿。 （3）在环境温度为20 ℃时，检测爆震传感器的阻值为＿＿＿＿Ω，是否正常？是□ 否□ （4）检测爆震传感器的电源电压为＿＿＿＿V，是否正常？是□ 否□ （5）将点火开关置于"OFF"位置，断开爆震传感器的线束插接器，检测传感器插接头1#端子和 ECU 端子之间的电阻为＿＿＿＿Ω，是否正常？是□ 否□

任务工单

281

姓名		班级		学号	
实训车型		VIN 码		实训地点	
授课教师		时间		成绩	

检修流程及 数据记录	（6）将点火开关置于"OFF"位置，断开爆震传感器的线束插接器，检测传感器插接头2#端子和 ECU 端子之间的电阻为_____Ω，是否正常？是□ 否□ （7）将点火开关置于"OFF"位置，断开 ECM 及爆震传感器的线束插接器，任意端子与车身搭铁之间的阻值为_____Ω，是否正常？是□ 否□ 3. 用相应工具检测该爆震传感器的拧紧力矩为_____N·m，是否正常？ 是□ 否□ 4. 利用示波器检查爆震传感器并记录相关数据 （1）发动机当前状态运转时，观察并画出爆震传感器输出波形： （2）发动机暖机后保持 4 000 r/min 的转速时，观察并画出爆震传感器输出的波形： （3）根据波形，分析该爆震传感器的性能： _____ （4）本次实训中存在的疑问有哪些？最大的难点是什么？ _____

检查结果	检测项目		检测条件	标准值	测量值	结论
	故障码	故障记录				
	数据流	爆震数据				
	电压	信号电压				
	电阻	1#—ECU				
		2#—ECU				
		1#—2#				
		1#—搭铁				
		2#—搭铁				
	力矩	拧紧力矩				

姓名		班级		学号	
实训车型		VIN 码		实训地点	
授课教师		时间		成绩	

检查结论				

考核评价	考评项目		自我评价	小组评价	教师评价
	素质考评 （20分）	劳动纪律（10分）			
		工位整理（10分）			
	工单考评（20分）				
	实操考评 （60分）	工具使用（10分）			
		任务方案（10分）			
		实施过程（30分）			
		完成情况（10分）			
	合计				
	综合评价				
	指导老师评语：_____ _____ _____				

任务工单

实训任务 6.3 点火波形检测及点火正时的调整

姓名		班级		学号	
实训车型		VIN 码		实训地点	
授课教师		时间		成绩	

实训目的	1. 正确使用相应检测工具 2. 能正确检测点火波形 3. 能正确对点火正时进行调整
工具选择	万用表、故障诊断仪、点火正时灯、常用工具等
注意事项	检测注意事项： ◆ 测量电阻时，将点火开关置于"OFF"位置。 ◆ 测量电压时，将点火开关置于"ON"位置。 ◆ 点火开关打开时，严禁拔插各传感器及执行器接口，以免损坏 ECU。 ◆ 为了防止损坏诊断仪，在连接或断开诊断仪之前一定将点火开关旋至"LOCK（OFF）"位置。 ◆ 按照 7S 管理操作，文明生产、安全操作。
检修流程及数据记录	1. 利用故障诊断仪检查点火波形与点火正时并记录相应数据（以桑塔纳 2000AJR 发动机为例），读取故障码 （1）接故障诊断仪，按菜单引导选择对应选项，进入发动机控制单元，读取故障码。是否读取到与点火波形或点火正时相关的故障码？是□ 否□ （2）清除故障码后，起动发动机，再次读取故障码。是否读取到与点火波形或点火正时相关的故障码？是□ 否□，故障码为_____。 （3）若有故障码，应检查是否存在机械故障？是□ 否□ 2. 利用故障诊断仪检测点火波形并记录相关数据 （1）通常点火波形的检测方法有初级电压波形检测和次级电压波形检测两种，我们选择_____检测方法，利用 KT600 故障诊断仪对该发动机进行检测。 （2）将故障诊断仪感性感应夹一端接 KT600 的 CH5/（CH3）端口，信号夹夹住发动机_____，请查看信号夹上有"此面朝向火花塞"，注意不要夹反；容性感应夹一端接 CH1 端口，然后用其中的一个夹子夹住高压总线。 （3）观察该点火系统的输出波形，并画出： （4）将该输出波形和标准波形进行比较判断其是否正常？是□ 否□ （5）根据波形，分析该点火系统的性能： _____

姓名		班级		学号	
实训车型		VIN 码		实训地点	
授课教师		时间		成绩	

检修流程及数据记录	3. 利用相关仪器工具对该发动机的点火正时进行调整并记录相关数据 （1）起动发动机，使冷却液温度上升到 80 ℃，初步判断发动机工作是否正常？是□否□，急加速时如转速不能随之立即增高，感到发闷，或在排气管中有"突突"声，说明____；如出现类似金属敲击声，说明____。 （2）将点火正时仪正确连接到发动机上，拔下真空调节装置的真空软管，起动发动机，使机油温度升至 60 ℃以上。观察仪器显示的发动机转速，使其保持急速，此时仪器显示的初始点火提前角为____，是否正常？是□ 否□ （3）如果用点火正时灯检查，应拆下上止点传感器，将正时灯对准飞轮罩壳观察孔，当固定标记（罩壳上）和旋转标记（飞轮上）重合时，可测提前角，此时点火提前角是____，是否正常？是□ 否□ （4）按照正确的步骤，装好正时传动带，起动发动机，检查点火正时。点火正时调整完毕后，再次检查点火提前角是否符合要求？是□ 否□ 若不合要求，则需调整。顺分火头转动方向转动分电器壳，则____；逆分火头转动方向转动分电器壳，则____。 4. 本次实训中存在的疑问有哪些？最大的难点是什么？ _____ _____

检查结果	故障现象	故障分析	故障诊断步骤	故障排除方法	故障排除验证

姓名		班级		学号	
实训车型		VIN 码		实训地点	
授课教师		时间		成绩	

检查结论					

考核评价	考评项目		自我评价	小组评价	教师评价
	素质考评 （20 分）	劳动纪律（10 分）			
		工位整理（10 分）			
	工单考评（20 分）				
	实操考评 （60 分）	工具使用（10 分）			
		任务方案（10 分）			
		实施过程（30 分）			
		完成情况（10 分）			
	合计				
	综合评价				
	指导老师评语： _____ _____ _____				

实训任务6.4 微机控制点火系统的检修

姓名		班级		学号	
实训车型		VIN 码		实训地点	
授课教师		时间		成绩	

实训目的	1. 掌握微机控制点火系统的工作过程 2. 正确使用相应检测工具 3. 能正确检测微机控制点火系统
工具选择	万用表、解码器、试灯、常用工具等
注意事项	检测注意事项： ◆ 测量电阻时，将点火开关置于"OFF"位置。 ◆ 测量电压时，将点火开关置于"ON"位置。 ◆ 点火开关打开时，严禁拔插各传感器及执行器接口，以免损坏 ECU。 ◆ 为了防止损坏诊断仪，在连接或断开诊断仪之前一定将点火开关旋至"LOCK（OFF）"位置。 ◆ 按照 7S 管理操作，文明生产、安全操作。
检修流程及数据记录	1. 利用故障诊断仪检查微机控制点火系统并记录相应数据（以桑塔纳 2000AJR 发动机为例），读取故障码 　（1）接故障诊断仪，按菜单引导选择对应选项，进入发动机控制单元，读取故障码。是否读取到与微机控制点火系统相关的故障码？是□　否□ 　（2）清除故障码后，起动发动机，再次读取故障码。是否读取到与微机控制点火系统相关的故障码？是□　否□，故障码为＿＿＿＿＿＿＿＿＿＿＿＿。 　（3）若有故障码，应检查是否存在机械故障？是□　否□ 　2. 检查微机控制点火系统并记录相关数据 　（1）首先判断该微机控制点火系统的故障点，是点火模组的故障还是 ECU 和传感器的故障。 　自制一个二极管试灯，串一个 330 Ω 的电阻，将点火开关置于"OFF"后，拔下点火模组的电气插头，当发动车时分别用二极管试灯测 71#、1#和 78#、3#是否有脉冲电压？ 是□　否□ 　若试灯＿＿＿＿＿，说明 ECU 和传感器是完好的，故障在点火模组或继电器和熔丝；若试灯＿＿＿＿＿，说明是 ECU 和传感器的故障。 　（2）检查点火模组电源和搭铁是否正常？是□　否□ 　（3）检查相应传感器是否正常？是□　否□ 具体检查步骤为： ①检查分电器转子与线圈之间的间隙，为＿＿＿＿＿mm，是否正常？是□　否□ ②用棉丝擦掉传感器线圈上的铁粉。 ③线圈阻值：G1—Ge、G2—G 之间为＿＿＿＿＿Ω，N—Ge 之间为＿＿＿＿＿Ω，是否正常？是□　否□ ④检查齿盘是否缺齿？是□　否□ 　（4）检查点火器和点火线圈。 ①点火器的所有线中是否有一个是 12 V 电压，一个是搭铁？是□　否□

姓名		班级		学号	
实训车型		VIN 码		实训地点	
授课教师		时间		成绩	

检修流程及数据记录

②用一个二极管接到点火器线圈之间线上，起动发动机时试灯应闪亮。

③拔下点火线圈的电气插头，当点火开关处于"ON"位置时，其中有一个应是_____V电压，若无此电压，需根据电路图检查继电器和熔丝。

④测量点火线圈的阻值，初级电阻为_____Ω，次级电阻为_____Ω，是否正常？

是□ 否□

(5) 检查继电器是否正常？是□ 否□

(6) 检查熔丝是否正常？是□ 否□

(7) 检查 ECU 是否正常？是□ 否□

3. 本次实训中存在的疑问有哪些？最大的难点是什么？

_____

_____

_____

_____

_____

_____

检查结果

检测项目		检测条件	标准值	测量值	结论
故障码	故障记录				
电压	点火器电压				
电阻	初级电阻				
	次级电阻				
	传感器电阻				
间隙	转子线圈间隙				
其他	试灯				
	齿盘				
	铁粉				

姓名		班级		学号	
实训车型		VIN 码		实训地点	
授课教师		时间		成绩	

检查结论					

考核评价	考评项目		自我评价	小组评价	教师评价
	素质考评（20分）	劳动纪律（10分）			
		工位整理（10分）			
	工单考评（20分）				
	实操考评（60分）	工具使用（10分）			
		任务方案（10分）			
		实施过程（30分）			
		完成情况（10分）			
	合计				
	综合评价				

指导老师评语：_____

_____

_____

任务工单

289

实训任务 7.1　三元催化转换器的检修

姓名		班级		学号	
实训车型		VIN 码		实训地点	
授课教师		时间		成绩	
实训目的	1. 掌握三元催化转换器的作用 2. 正确使用相应检测工具 3. 能正确检修三元催化转换器				
工具选择	万用表、解码器、示波器、常用工具等				
注意事项	检测注意事项： ◆ 测量电阻时，将点火开关置于"OFF"位置。 ◆ 测量电压时，将点火开关置于"ON"位置。 ◆ 点火开关打开时，严禁拔插各传感器及执行器接口，以免损坏 ECU。 ◆ 为了防止损坏诊断仪，在连接或断开诊断仪之前一定将点火开关旋至"LOCK（OFF）"位置。 ◆ 按照 7S 管理操作，文明生产、安全操作。				
检修流程及数据记录	判断车辆由于三元催化转换器问题引发的动力下降问题的诊断检测方法。 方法一：利用红外测温仪测量三元催化转换器进、出口的温度，根据其温差的大小，即可判断催化转换器是否堵塞，正常工作的催化转换器，由于其内在陶瓷载体要进行氧化反应，会产生大量的热量，因此其出口温度应至少高于进口温度 20%～30%。如果进口温度大于上述值，则说明催化转换器工作不正常；三元催化转换器堵塞越严重，那么出口温度越低。 方法二：利用尾气分析仪检测节气门附近 HC 浓度的方法判断催化转换器是否堵塞。正常工作情况下，发动机进行进气、压缩、燃烧、排气。进气管节气门附近是不应该有 HC 的，但是，如果三元催化转换器堵塞，排气受阻，在进排气门重叠开启时，气缸中的可燃混合气便会返回进气管。所以利用尾气分析仪通过节气门附近的真空管接头便可以检测到 HC。一旦检测到 HC，便说明排气不畅通。 方法三：利用真空表检测进气真空度的方法判断三元催化转换器是否堵塞。如果排气受阻，会导致进气不畅通，因此进气的真空度比正常情况下要小（绝对压力高）。所以通过真空表检测进气歧管真空度可以判断催化转换器是否堵塞。 方法四：利用背压表测量排气背压的方法判断催化转换器是否堵塞。正常情况下排气背压为：发动机怠速时基本无压力，转速为 2 000 r/min 时应小于 8.23 kPa，如果过高便说明排气不畅。 方法五：对于催化转换器前后均装有氧化过滤器的车型，可以利用示波器波形的对比，对上、下游氧传感器的信号波形进行分析，从而来判断催化器是否堵塞。				
检查结果	方法一：进口温度_____，出口温度_____。 方法二：HC 检测　有□　无□ 方法三：进气歧管真空度_____。 方法四：排气背压_____。 方法五：波形：				

姓名		班级		学号	
实训车型		VIN 码		实训地点	
授课教师		时间		成绩	
检查结论					

考核评价	考评项目		自我评价	小组评价	教师评价
	素质考评 （20分）	劳动纪律（10分）			
		工位整理（10分）			
	工单考评（20分）				
	实操考评 （60分）	工具使用（10分）			
		任务方案（10分）			
		实施过程（30分）			
		完成情况（10分）			
	合计				
	综合评价				

指导老师评语：_____

_____

_____

任务工单

实训任务 7.2 废气再循环控制系统的检修

姓名		班级		学号	
实训车型		VIN 码		实训地点	
授课教师		时间		成绩	

实训目的	1. 掌握废气再循环控制系统的作用 2. 正确使用相应检测工具 3. 能正确检测废气再循环控制系统
工具选择	万用表、解码器、示波器、常用工具等
注意事项	检测注意事项： ◆ 测量电阻时，将点火开关置于"OFF"位置。 ◆ 测量电压时，将点火开关置于"ON"位置。 ◆ 点火开关打开时，严禁拔插各传感器及执行器接口，以免损坏 ECU。 ◆ 为了防止损坏诊断仪，在连接或断开诊断仪之前一定将点火开关旋至"LOCK（OFF）"位置。 ◆ 按照 7S 管理操作，文明生产、安全操作。
检修流程及数据记录	1. 废气再循环系统结构原理操作 （1）连接试验台电源和网络接口。 （2）打开右侧电源开关，用钥匙开启点火开关，此时发动机电脑开始工作，真空泵提供新鲜压缩空气，EGR 阀即开始工作。 （3）通过调节旋钮调整三个参数的大小，观察 EGR 阀的工作情况。若听到 EGR 阀工作声音稳定，无较大波动说明 EGR 阀正常工作；若听到 EGR 阀工作的声音变化极不稳定或抖动说明 EGR 阀不正常或停止工作。 （4）通过观察真空压力表，判断 EGR 阀的工作情况。当压力表有读数时（非零），说明 EGR 阀正在工作；反之，停止工作。 （5）试验台右侧的 3 个开关分别为进气压力、冷却液温度和发动机转速模拟开关，拨动开关可以打开或关闭进气压力、冷却液温度和发动机转速的输入。 （6）开关左侧的插孔为测试插孔，用万用表的正极插入插孔，负极插入 ECM 下方的插孔（接地），将万用表打到直流电压挡，可以测出电压读数与表盘上显示的电压基本相同。 （7）发动机转速调节旋钮左侧插孔是脉宽信号发生器测量插孔。连接示波器，将正极接到插孔，负极接地，观察示波器波形，为脉宽信号。信号大小（电压）与发动机转速相对应。 2. 废气再循环系统性能测试 （1）将汽车数据采集器连接电脑。 将 GND 和汽车数据采集器的 GND 孔相连：将黄色孔（脉宽信号发生器）和汽车数据采集器的 AD1 孔相连，将绿色孔（水温电压模拟）与汽车数据采集器的 AD2 孔相连，将蓝色孔（进气压力模拟）与汽车数据采集器的 AD3 孔相连，将 EGR 阀电压（绿色孔）与汽车数据采集器的 AD4 孔相连。 （2）打开点火钥匙，发动汽车。 （3）启动软件，开始测试。 ①固定水温及进气压力，调节发动机转速信号，观察 EGR 阀的工作状况。

姓名		班级		学号	
实训车型		VIN 码		实训地点	
授课教师		时间		成绩	

检修流程及数据记录	②固定进气压力及转速，调节水温信号，观察 EGR 阀的工作状况。 ③固定发动机转速及水温，调节进气压力信号，观察 EGR 阀的工作状况。 ④在上述三种情况下可由软件看到实时工作情况，单击"记录数据"按钮，保存测试数据。 ⑤完成实验数据处理。
检查结果	
检查结论	

考核评价	考评项目		自我评价	小组评价	教师评价
	素质考评 （20分）	劳动纪律（10分）			
		工位整理（10分）			
	工单考评（20分）				
	实操考评 （60分）	工具使用（10分）			
		任务方案（10分）			
		实施过程（30分）			
		完成情况（10分）			
	合计				
	综合评价				
	指导老师评语：				

任务工单

实训任务 7.3　二次空气供给系统的检修

姓名		班级		学号	
实训车型		VIN 码		实训地点	
授课教师		时间		成绩	
实训目的	1. 掌握二次空气供给系统的作用 2. 正确使用相应检测工具 3. 能正确检测二次空气供给系统				
工具选择	万用表、解码器、示波器、常用工具等				
注意事项	检测注意事项： ◆ 测量电阻时，将点火开关置于"OFF"位置。 ◆ 测量电压时，将点火开关置于"ON"位置。 ◆ 点火开关打开时，严禁拔插各传感器及执行器接口，以免损坏 ECU。 ◆ 为了防止损坏诊断仪，在连接或断开诊断仪之前一定将点火开关旋至"LOCK（OFF）"位置。 ◆ 按照 7S 管理操作，文明生产、安全操作。				
检修流程及数据记录	1. 二次空气系统故障诊断 　（1）起动发动机，诊断发动机起动是否正常，怠速运转是否平稳；观察仪表，怠速转速在＿＿＿r/min 左右；观察尾气排放情况，是否有异常现象？是□　否□ 　（2）连接 V. A. G1552 故障诊断仪，读取发动机故障码，是否有故障码显示？是□　否□ 　（3）进入动态测试，在读取数据流时，发现燃油修正值为＿＿＿，其他各项数值未发现异常。从燃油修正值可以看出 λ 氧传感器检测到尾气中是否有多余的氧，即空气是否过量。 　（4）利用尾气分析仪检测尾气，尾气中的 CO 含量为＿＿＿，HC 含量为＿＿＿，氧含量为＿＿＿。尾气中 CO、HC 的含量是否正常，但氧的含量是否超出正常值（正常值为 1% ~ 2%）。由此说明，λ 氧传感器检测到尾气中的氧是否过量，即进气量＿＿＿，因而提供给发动机 ECU 的信号是需要＿＿＿喷油量。 　（5）由上述数据可以看出，发动机的喷油量在不断增加，而发动机怠速转速是否提高，燃油是否充分燃烧，空气是过多还是过少。那么，最后问题的焦点锁定在排气系统。 　2. 二次空气供给系统检测 　1）观察排气管外观 　　对 λ 氧传感器的安装位置及各连接处进行检查。二次空气喷射系统，即将空气送到各缸排气门附近，利用燃烧后的高温，使废气中残余的 HC 和 CO 与空气混合后再燃烧，达到净化的目的。根据二次空气喷射系统的工作原理分析，燃烧产物（HC 和 CO）及未燃的汽油都可以在这里燃烧，如果该系统破损，尤其是二次空气阀破损，将直接导致空气漏进排气管内，使废气中的氧含量过高，所以氧传感器提供给 ECU 增加喷油的信号，燃烧不完的燃油在排气管内二次燃烧，这样反复修正，就会造成油耗增加而尾气中的 CO、HC 含量又正常的现象。检查二次空气喷射系统，查看二次空气阀是否损坏，如果损坏而处于常开或常关状态，使得空气源源不断或者无法被喷入排气管，导致氧含量一直上升或下降，就会发生故障。				

姓名		班级		学号	
实训车型		VIN 码		实训地点	
授课教师		时间		成绩	

检修流程及数据记录	2）继续检测 （1）用诊断检测仪对发动机做执行元件自诊断，检测二次空气泵起动及运行是否正常。如果正常，则建议更换二次空气组合阀。 （2）如二次空气泵能起动，但起动瞬间电流超出熔丝的范围（特别要注意新宝来车型，供电熔丝为 40 A，很容易出问题），熔丝暂时没烧坏，建议更换二次空气组合阀及二次空气泵。 （3）如二次空气泵不起动，则按照电路图对电路进行检测，主要对熔丝和继电器进行检查，维修完电路以后按照（1）和（2）步骤重新检测。 （4）一般情况下，按照上述 3 步即可解决故障，如还不能解决则建议检测氧传感器和发动机控制单元。
检查结果	
检查结论	

考核评价	考评项目		自我评价	小组评价	教师评价
	素质考评（20分）	劳动纪律（10分）			
		工位整理（10分）			
	工单考评（20分）				
	实操考评（60分）	工具使用（10分）			
		任务方案（10分）			
		实施过程（30分）			
		完成情况（10分）			
	合计				
	综合评价				
	指导老师评语：_____				

任务工单

295

实训任务7.4　燃油蒸发排放控制系统的检修

姓名		班级		学号	
实训车型		VIN 码		实训地点	
授课教师		时间		成绩	

实训目的	1. 掌握燃油蒸发排放控制系统的作用 2. 正确使用相应检测工具 3. 能正确检测燃油蒸发排放控制系统
工具选择	万用表、解码器、示波器、常用工具等
注意事项	检测注意事项： ◆ 测量电阻时，将点火开关置于"OFF"位置。 ◆ 测量电压时，将点火开关置于"ON"位置。 ◆ 点火开关打开时，严禁拔插各传感器及执行器接口，以免损坏 ECU。 ◆ 为了防止损坏诊断仪，在连接或断开诊断仪之前一定将点火开关旋至"LOCK（OFF）"位置。 ◆ 按照 7S 管理操作，文明生产、安全操作。
检修流程及 数据记录	1. EVAP 控制系统的维护与检测 　（1）一般维护：检查管路有无破损或漏气，炭罐壳体有无裂纹，每行驶 20 000 km 应更换活性炭罐底部的进气滤芯。 　（2）真空控制阀的检查：拆下真空控制阀，用手动真空泵由真空管接头给真空控制阀施加约 5 kPa 真空度时，从活性炭罐侧孔吹入空气时应畅通，不施加真空度时，吹入空气则不通。 　（3）电磁阀的检查：拆开电磁阀进气管一侧的软管，手动用真空泵由软管接头给控制电磁阀施加一定的真空度，电磁阀不通电时应能保持真空度，若接蓄电池电压，真空度应释放。测量电磁阀两端子间的电阻应为＿＿＿＿。 　2. 典型 EVAP 控制系统的检测 现代 SC6350B/SC1015XB 型汽车燃油蒸气排放控制系统的检修： 　（1）燃油蒸发排放系统软管和管道检查。检查燃油蒸发排放系统软管和管道连接、泄漏、堵塞及损坏等情况。若有必要进行更换。 　（2）活性炭罐排气阀的检查。 ①将点火开关处于关闭状态，从活性炭罐排气阀上断开插接件。 ②检查活性炭罐排气阀两插头间的电阻；活性炭罐排气阀的电阻值在 20 ℃（68 ℉）下应为＿＿＿＿。如果电阻在规定范围内，则进入下一步骤的检查。若不是这样，则进行更换。 ③从进气歧管及其管道上取下软管。 ④在插接件断开的情况下，向 A 管中吹气。空气不应从 B 管中出来。 ⑤将 12 V 的蓄电池接到活性炭罐排气阀插头上。在这种状态下，向 A 管吹气，空气应该从 B 管吹出。如果检查结果不是这样的，则更换活性炭罐排气阀。 ⑥将软管连接上。 ⑦将活性炭罐排气阀插接件紧紧地插入阀上。 　（3）活性炭罐的检查。

姓名		班级		学号	
实训车型		VIN 码		实训地点	
授课教师		时间		成绩	

检修流程及数据记录	①从活性炭罐上取下软管，并拆下活性炭罐。 ②空气吹进油箱管时，排气管道及空气管道中不应有阻力存在。若存在阻力，则必须更换活性炭罐。 ③安装活性炭罐并将软管接到炭罐上。注意：不要在活性炭罐排气管处抽吸空气，因为活性炭罐内的燃油蒸发物对人体有害。
检查结果	
检查结论	

考核评价	考评项目		自我评价	小组评价	教师评价
	素质考评 （20分）	劳动纪律（10分）			
		工位整理（10分）			
	工单考评（20分）				
	实操考评 （60分）	工具使用（10分）			
		任务方案（10分）			
		实施过程（30分）			
		完成情况（10分）			
	合计				
	综合评价				
	指导老师评语： _____ _____ _____				

任务工单

实训任务 8.2　常见车型故障码的调取与清除

姓名		班级		学号	
实训车型		VIN 码		实训地点	
授课教师		时间		成绩	
实训目的	1. 掌握故障码读取与清除的方法 2. 正确使用相应检测工具				
工具选择	解码器、示波器、常用工具等				
注意事项	检测注意事项： ◆ 测量电阻时，将点火开关置于"OFF"位置。 ◆ 测量电压时，将点火开关置于"ON"位置。 ◆ 点火开关打开时，严禁拔插各传感器及执行器接口，以免损坏 ECU。 ◆ 为了防止损坏诊断仪，在连接或断开诊断仪之前一定将点火开关旋至"LOCK（OFF）"位置。 ◆ 按照 7S 管理操作，文明生产、安全操作。				
检修流程及数据记录	1. 利用故障诊断仪读取和清除故障码（大众车系） （1）读取故障码。 ①关闭点火开关，将故障诊断仪连接到诊断座上。 ②打开点火开关起动发动机，怠速运行至稳定状态。 ③打开故障诊断仪，按照屏幕操作选择系统、车型等信息，进入故障码读取界面，进行故障码读取。 （2）清除故障码。 按屏幕提示操作进入清除故障码界面，清除故障码，观察故障码是否清除？是□　否□ 2. 人工读取故障码（丰田车系） （1）调码——关闭点火开关，找到故障诊断插座，将诊断座上相应端子（丰田发动机相应端子名称是 TE1 和 E1）用跨接线跨接。TE1 表示自诊断系统；E1 表示 ECU 搭铁；TE1 与 E1 相连之后是激活自诊断系统。 （2）读码——将点火开关旋转到仪表灯全亮挡（不要起动发动机），用人工方式调码操作后，需观察仪表上故障报警灯的闪烁规律并获取故障码。 （3）故障代码显示过程。 ①故障报警灯起始、熄灭 4.5 s 后开始闪烁。 ②故障代码以两位数显示，先闪烁显示为十位数，后闪烁显示为个位数。 ③十位数和个位数之间报警灯熄灭时间为 1.5 s。 ④具有多个故障代码存在时，报警灯从小到大逐个显示。当故障代码全部显示完后，若不停止调码操作，报警灯将循环显示。 ⑤一个故障代码和另一个故障代码之间报警灯熄灭时间为 2.5 s。 ⑥无故障代码（正常代码）报警灯将以 0.26 s 的时间间隔连续闪烁。 读取到的故障码为_____。 （4）消码方法。 ①人工方式：a. 取下跨接线或诊断接头；b. 关闭点火开关；c. 拔下 BACK 保险 30 s 以上；d. 插回保险；e. 重新调读码；f. 报警灯闪烁正常码或解码仪显示无故障码。				

姓名		班级		学号	
实训车型		VIN 码		实训地点	
授课教师		时间		成绩	

检修流程及数据记录	②仪器方式：a. 用解码仪进行调、读码操作；b. 打印、记录显示故障码；c. 进入到消除故障码功能状态，单击"确认"按钮；d. 仪器显示故障码已消除。

检查结果

故障码	故障内容	故障原因

检查结论

考核评价	考评项目		自我评价	小组评价	教师评价
	素质考评（20分）	劳动纪律（10分）			
		工位整理（10分）			
	工单考评（20分）				
	实操考评（60分）	工具使用（10分）			
		任务方案（10分）			
		实施过程（30分）			
		完成情况（10分）			
	合计				
	综合评价				

指导老师评语：_____

_____

_____

任务工单

实训任务 8.3　发动机常见故障诊断

姓名		班级		学号	
实训车型		VIN 码		实训地点	
授课教师		时间		成绩	

实训目的	1. 掌握发动机常见故障的诊断方法 2. 正确使用相应检测工具
工具选择	万用表、解码器、示波器、常用工具等
注意事项	检测注意事项： ◆ 测量电阻时，将点火开关置于"OFF"位置。 ◆ 测量电压时，将点火开关置于"ON"位置。 ◆ 点火开关打开时，严禁拔插各传感器及执行器接口，以免损坏 ECU。 ◆ 为了防止损坏诊断仪，在连接或断开诊断仪之前一定将点火开关旋至"LOCK（OFF）"位置。 ◆ 按照 7S 管理操作，文明生产、安全操作。
检修流程及数据记录	1. 桑塔纳 2000 大众时代超人发动机不能起动故障的诊断与排除 （1）起动发动机试车，发现起动机运转但是发动机不起动，使用故障诊断仪读取故障码，故障码为_____。 （2）检查各缸点火，1 缸跳火_____（是/否）正常；2 缸跳火_____（是/否）正常；3 缸跳火_____（是/否）正常；4 缸跳火_____（是/否）正常；若不正常，则检查火花塞及其点火控制电路。 （3）检查燃油供给系统，连接燃油压力表，起动发动机时燃油压力为_____Pa。如不正常，则检查喷油器及喷油控制电路。 （4）若点火、燃油系统均正常，判断为电控单元损坏或锁止，电控单元锁止条件一般为发动机防盗系统工作，发动机 ECU 电源不正常，曲轴位置传感器无输出信号，变速器挡位不在 N/P 挡（装配自动变速器汽车），根据实际情况判断故障位置。 2. 丰田 8A - EF 发动机怠速严重抖动故障的诊断与排除 （1）起动发动机试车，发现怠速不稳甚至熄火，使用故障诊断仪读取故障码，故障码为_____。 （2）单缸断火法检测各缸工作状态，1 缸_____（是/否）正常；2 缸_____（是/否）正常；3 缸_____（是/否）正常；4 缸_____（是/否）正常；若不正常，则检查点火、喷油元件及控制电路。 （3）检查怠速控制阀及其电路_____（是/否）正常，ISC 阀 B1 端子电压_____V，B2 搭铁_____（是/否）良好，检查各端子电阻值为_____。检查 ISC 阀阀芯动作是否良好。 （4）检查空气流量传感器及其控制电路。 （5）检查氧传感器及其控制电路。

检查结果	检测项目		检测条件	标准值	测量值	结论
	故障码	故障记录				
	检查各缸点火	1 缸				
		2 缸				
		3 缸				
		4 缸				

姓名		班级		学号	
实训车型		VIN 码		实训地点	
授课教师		时间		成绩	

检查结果	检测项目		检测条件	标准值	测量值	结论
	故障码	故障记录				
	检查燃油系统	燃油压力				
	检查电控单元锁止条件	防盗系统				
		电源				
		曲轴位置传感器				
		变速器挡位				
	故障码	故障记录				
	检查各缸点火	1 缸				
		2 缸				
		3 缸				
		4 缸				
	怠速控制阀	B1 电压				
		B2 搭铁				
		各端子短路				
		各端子断路				

检查结果	

考核评价	考评项目		自我评价	小组评价	教师评价
	素质考评（20分）	劳动纪律（10分）			
		工位整理（10分）			
	工单考评（20分）				
	实操考评（60分）	工具使用（10分）			
		任务方案（10分）			
		实施过程（30分）			
		完成情况（10分）			
	合计				
	综合评价				
	指导老师评语： _____ _____ _____				

任务工单

参 考 文 献

［1］许建强，张佳裔，王显廷. 汽车发动机电控系统与检修［M］. 北京：机械工业出版社，2014.

［2］宋作军，王玉华. 汽车发动机电控系统检修［M］. 北京：清华大学出版社，2010.

［3］明光星，李晗. 汽车发动机电控系统原理与检修一体化教程［M］. 北京：机械工业出版社，2013.

［4］何琨. 发动机电控系统检修［M］. 北京：清华大学出版社，2012.

［5］刘庆国. 汽车发动机电控系统检修［M］. 北京：电子工业出版社，2012.

［6］陈帮陆. 汽车发动机电控系统检修［M］. 北京：国防工业出版社，2012.

［7］李治国. 汽车发动机电控系统检修［M］. 长沙：中南大学出版社，2011.

［8］康国初. 汽车发动机电控系统检修［M］. 北京：清华大学出版社，2009.

［9］刘德发. 汽车发动机电控系统检修［M］. 北京：北京大学出版社，2009.

［10］谭本忠. 汽车波形与数据流分析［M］. 北京：机械工业出版社，2009.

［11］尹力云. 最新汽车数据流手册［M］. 沈阳：辽宁科学技术出版社，2007.

［12］娄云. 汽车电路分析［M］. 北京：机械工业出版社，2005.